中国社会科学院文库
哲学宗教研究系列
The Selected Works of CASS
Philosophy and Religion

中国社会科学院创新工程学术出版资助项目

中国社会科学院文库 · 哲学宗教研究系列
The Selected Works of CASS · Philosophy and Religion

世界佛教通史

A GENERAL HISTORY OF THE WORLD BUDDHISM

第十四卷 世界佛教大事年表

魏道儒 主编
本卷 夏德美 著

中国社会科学出版社

图书在版编目(CIP)数据

世界佛教通史．第14卷，世界佛教大事年表／夏德美著．
—北京：中国社会科学出版社，2015.12
ISBN 978－7－5161－7134－9

Ⅰ.①世…　Ⅱ.①夏…　Ⅲ.①佛教史—历史年表—世界
Ⅳ.①B949.1

中国版本图书馆CIP数据核字(2015)第285279号

出 版 人　赵剑英
责任编辑　黄燕生　孙　萍
责任校对　王　斐
责任印制　戴　宽

出　　版　中国社会科学出版社
社　　址　北京鼓楼西大街甲158号
邮　　编　100720
网　　址　http://www.csspw.cn
发 行 部　010－84083685
门 市 部　010－84029450
经　　销　新华书店及其他书店

印刷装订　北京君升印刷有限公司
版　　次　2015年12月第1版
印　　次　2015年12月第1次印刷

开　　本　710×1000　1/16
印　　张　24.5
插　　页　2
字　　数　433千字
定　　价　89.00元

《中国社会科学院文库》出版说明

《中国社会科学院文库》（全称为《中国社会科学院重点研究课题成果文库》）是中国社会科学院组织出版的系列学术丛书。组织出版《中国社会科学院文库》，是我院进一步加强课题成果管理和学术成果出版的规范化、制度化建设的重要举措。

建院以来，我院广大科研人员坚持以马克思主义为指导，在中国特色社会主义理论和实践的双重探索中做出了重要贡献，在推进马克思主义理论创新、为建设中国特色社会主义提供智力支持和各学科基础建设方面，推出了大量的研究成果，其中每年完成的专著类成果就有三四百种之多。从现在起，我们经过一定的鉴定、结项、评审程序，逐年从中选出一批通过各类别课题研究工作而完成的具有较高学术水平和一定代表性的著作，编入《中国社会科学院文库》集中出版。我们希望这能够从一个侧面展示我院整体科研状况和学术成就，同时为优秀学术成果的面世创造更好的条件。

《中国社会科学院文库》分设马克思主义研究、文学语言研究、历史考古研究、哲学宗教研究、经济研究、法学社会学研究、国际问题研究七个系列，选收范围包括专著、研究报告集、学术资料、古籍整理、译著、工具书等。

中国社会科学院科研局

2006 年 11 月

总　　序

魏道儒

2006 年底，在制订世界宗教研究所佛教研究室科研项目规划的时候，我想到国内外学术界还没有编写出一部佛教的世界通史类著作，就与几位同事商量，确定申报中国社会科学院重大课题——《世界佛教通史》。该课题于 2007 年 8 月正式立项，2012 年 12 月结项，其后又列选为中国社会科学院创新工程项目进行修改完善。呈现在读者朋友面前的这部书，就是当年同名课题的最终成果。

在申报《世界佛教通史》课题的时候，我们按照要求规划设计了相关研究范围、指导思想、撰写原则、主要问题、研究思路、预期目标等。八年多来，我们就是按照这些既定方案开展研究工作的。

“佛教”最早被定义为释迦牟尼佛的“说教”，其内容包括被认为是属于释迦牟尼的所有理论和实践。这个古老的、来自佛教信仰群体内部的定义尽管有很大的局限性，但由于强调了佛教起源于古代印度的史实，突出了释迦牟尼作为创教者的权威地位，符合了广大信众的崇拜需求，不仅长期获得公认，而且影响到现代人们对佛教的认识和理解。我们认为，“佛教”是起源于古代印度，在不同国家和地区流行了 2500 多年的一种世界性宗教，包含着不同国家和地区信教群众共同创造的精神产品和物质产品。我们这样理解“佛教”既与古老的定义不矛盾，又更符合这种宗教的历史发展事实，同时，也自然确定了我们这部《世界佛教通史》的研究范围和对象。

我们的《世界佛教通史》是一部佛教的世界通史，主要论述佛教从起源到 20 世纪在世界范围内的兴衰演变的主要过程。我们希望以辩证唯物主义和历史唯物主义为指导，坚持历史与逻辑相统一的原则，以史学和哲学方法为主，同时借鉴考古学、文献学、宗教社会学、宗教人类学、宗教心理学、宗教比较学、文化传播学等相关学科的理论和方法，在收集、整理、辨析第一手资料（个别部分除外）的基础上，全方位、多角度对世界范围内的佛教历史进行深入研究。

在考虑具体撰写原则时，我们本着“原始察终，见盛观衰”的史学原则，对每一研究对象既进行梳理脉络的纵向贯通，又进行考察制约该对象变化的多种因素的横向贯通。我们在论述不同国家和地区的佛教时，希望始终联系制约佛教兴衰变化的政治、经济、民族、科学技术和思想文化等因素，始终将宏观把握和微观探索结合起来，系统阐述众多的佛教思潮、派系、典籍、人物、事件、制度等，并且兼及礼俗、典故、圣地、建筑、文学、艺术等。我们强调重视学术的继承和规范，并且力争在思想创新、观点创新和内容创新三方面都取得成果。我们以“叙述史实，说明原因，解决问题”为研究导向和撰写原则，对纷繁复杂的研究对象进行实事求是、客观公正的阐述和评价。

我们在确定本课题的主要研究问题时已经注意到，在不同的国家和地区，在不同的历史阶段，同是佛教，甚至同是佛教中的某一个宗派，往往具有截然不同的内在精神和外在风貌。佛教在不同国家和地区中的政治地位、经济地位、法律地位，在当地思想文化体系中的位置和发挥的作用，在社会民众心目中的形象和价值，都是千差万别的。当我们综观世界范围内的佛教时，看到的不是色调单一而是绚丽多彩，不是停滞僵化而是变动不居。我们在研究不同的国家、地区和民族中的佛教时，一定会遇到特殊的情况、独有的内容和需要侧重解决的问题。对于各卷作者在研究中捕捉到的特殊问题，建议他们独立制订解决方案，提出解决办法。从本部书各卷必定要涉及的一些共同研究内容方面考虑，我们当时要求相关各卷侧重研究如下四个方面的问题。

第一，佛教的和平传播问题。

佛教从地方宗教发展成为亚洲宗教，再发展成为世界宗教，始终以和平的方式传播，始终与政治干预、经济掠夺和文化殖民没有直接联系，始终没有因为传教引发战争。我们可以看到，无论在古代还是在近代，无论在中国还是在外国，成功的、有影响的佛教传教者都不是以武力胁迫人们信教，都是以其道德高尚、佛学精湛、善于劝导和感化人而赢得信众。佛教的和平传播在世界宗教史上是独一无二的，可以说，这为当今世界各种文明之间建立联系提供了可资学习、借鉴的样板。关于佛教的和平传播问题，学术界虽然已经涉及，但是还没有推出结合佛教在不同国家和地区的具体情况进行集中论述的论著。我们希望本部书的相关各卷结合佛教在不同国家和地区的具体情况，比较全面系统地研究佛教和平传播的方式、过程，研究佛教传播与社会、政治、经济、文化等因素以及与自身教义之间的关联，探索佛教和平传播的内在规律。我们当时设想，如果能够对佛教和平传播问题进行更全面、更系统的考察、分析和评论，就会为学术界以后专门探讨佛教在不同文化中传播的方式、途径、过程、特点和规律建立更广泛的参照系统，提供更多的史实依据，确定更多的观察视角，列举更多的分析标本。我们认为，本部书有关各卷加强这方面的研究，对于加深认识今天全球范围内的宗教传播和文化传播具有重要现实意义。毫无疑问，这种研究也将会丰富文化传播学的内容。

第二，佛教的本土化问题。

佛教本土化是指佛教为适应所传地区的社会、民族、政治、经济和文化而发生的一切变化，既包括信仰、教义方面的变化，也包括组织、制度方面的变化。在有佛教流传的国家和地区，佛教本土化过程涉及社会的各个方面，从经济基础到上层建筑都会受到影响。从帝王到庶民的社会各阶层，包括信仰者和非信仰者、支持者和反对者、同情者和厌恶者都会不同程度地参与进来，对佛教本土化进程的深度、广度以及前进方向施加影响、发挥作用。正因为佛教本土化的出现，才使佛教在流传地有可能扎根、生长，才使当今世界各地区的佛教有了鲜明的民族特色。无论在任何国家和地区，佛教本土化的过程都是曲折反复、波谲云诡。如果只有温柔的相拥，没有无情的格斗；如果只有食洋不化的照搬照抄，没有别开生面的推陈出新，佛教要想在任何社会、民族和文化中扎根、生长都是不可想象的。学术界对佛教本土化问题虽有涉及，但研究还不够全面和深入，并且有许多研究空白。例如，对于19世纪到20世纪东方佛教的西方转型问题，就基本没有涉及。我们要求相关各卷把研究佛教的本土化问题作为一个重点，不同程度地探索各个国家和地区佛教形成本土特色的原因，描述佛教与当地社会、政治、经济和文化相互冲突、相互协调、相互适应的过程，分析导致佛教在特定区域、特定历史阶段或扎根生长、或蓬勃兴旺、或衰败落寞、或灭绝断根的诸多因素，以便准确描述佛教在世界各地呈现出的多种多样的姿态、色彩。我们相信，本书加强这方面的研究，一定会填补诸多学术空白，加深对各个国家和地区佛教的认识。

第三，佛教教义体系、礼仪制度和文化艺术的关系问题。

在世界各大宗教中，佛教以典籍最丰富、文化色彩最浓重、思想教义最庞杂著称。在以佛教典籍为载体的庞大佛教教义体系中，不胜枚举的各类系统的信仰学说、哲学思想、修行理论等，都是内容极为丰富、特点极为突出、理论极为精致、影响极为深远的。仅就佛教对生命现象的考察之系统全面，对人的精神活动分析之细致周密，为消除人生苦难设计的方案之数量众多，就是其他宗教望尘莫及的。无论在古代还是在近现代，诸如此类的佛教基本理论对不同阶层信仰者都有强大吸引力和持久影响力。各国家和地区的历代信仰者往往从佛教的教义体系中寻找到了人生智慧，汲取了精神营养，感受了心灵慰藉。相对来说，佛教的教义体系历来成为学术界关注的重点，研究得比较充分。但是，佛教是以共同信仰为纽带、遵守相同道德规范和生活制度的社会组织，所具有的并不仅仅是教义思想。除了教义体系之外，佛教赖以发挥宗教作用和社会影响的还有礼仪制度和文化艺术。相对来说，对于佛教的教义体系、礼仪制度、文化艺术三者之间的有机联系，各自具有的宗教功能和社会功能，三者在决定佛教兴衰变化中所起的不同作用等问题，学术界就涉及比较少了。我们希望本部书的相关各卷把研究佛教教义体系、礼仪制度和文化艺术三者有机结合起来，不仅重视研究三者各自具有的独特内容，而且重视研究三者之间错综复杂的相互关系，考察三者在决定佛教兴衰变化中所起的不同作用。这样一来，我们就有可能纠正只重视某一个方面而忽略其他方面的偏颇，有可能避免把丰富多彩的通史撰写成色调单一的专门史，从而使本部书对佛教的观察角度更多样，整体考察更全面，基本分析更客观。

第四，中国佛教在世界佛教中的地位问题。

中国人对佛教文化的贡献是长期的、巨大的和不可替代的。归纳起来，主要体现在三个方面。其一，中国人保存了佛教资料。从汉代到北宋末年，中国的佛经翻译事业持续了将近一千年，其间参与人数之多、延续时间之长、译出典籍之丰富、产生影响之巨大，在整个人类文化交流史上都是空前的、独一无二的。汉文译籍和中国人写的各类佛教著作保存了大量佛教历史信息。如果没有这些汗牛充栋的汉文资料，从公元前后大乘佛教兴起到公元13世纪古印度佛教湮灭的历史就根本无法复原，就会留下很多空白。其二，中国人弘扬了佛教。佛教起源于古印度，而传遍亚洲，走向世界，其策源地则是中国。中国人弘扬佛教的工作包括求法取经和弘法传经两个方面。所谓“求法取经”，指的是中国人把域外佛教文化传到中国。从三国的朱士行到明朝的官僧，中国人的求法取经历史延续了一千多年。历代西行者出于求取真经、解决佛学疑难问题、促进本国佛教健康发展、瞻仰圣地等不同目的，或者自发结伴，或者受官方派遣，怀着虔诚的宗教感情，勇敢踏上九死一生的险途，把域外佛教传播到中国。所谓“弘法传经”，指的是中国人把具有中国特色的佛教文化传到其他国家。从隋唐到明清的千余年间，中国人持续把佛教从中国传播到了日本、韩国、东南亚等地；近代以来，中国人又把佛教弘扬到亚洲之外的各大洲许多国家。中国人向国外弘法传经延续时间之长、参与人数之多、事迹之感人、成效之巨大，几乎可以与西行求法运动相提并论。中国人的弘法传经与求法取经一样，是整个世界佛教文化交流史上光辉灿烂的阶段，可以作为人类文明交流互鉴取得伟大成就的一个典范。其三，中国人直接参与佛教文化的丰富和发展进程。在两千多年的历史中，中国历代信众直接参与佛教思想文化建设，包括提出新思想、倡导新教义、撰写新典籍、建立新宗派、创造新艺术。可以说，没有中国固有文化对佛教文化的熏陶、滋养和丰富，当今世界佛教就不具备现在这样的风貌和精神。本部书旨在加强研究促成中国在唐宋时期成为世界佛教中心的历史背景、社会阶层、科技状况、国际局势等方面的问题，加强研究中国在促成佛教成为一种世界宗教过程中的作用和地位，加强研究中国在保存、丰富和发展佛教文化方面不可替代的作用。我们应该用世界的眼光审视中国佛教，从中国的立场考察世界佛教，对中国佛教在世界佛教中的地位、作用、价值有更全面、更深刻的认识。我们认为，加强这方面的研究，有利于为中国新文化走向世界提供重要的历史借鉴和思路，有利于我们树立对本民族文化的自觉、自信和自尊，有利于深刻认识佛教在当前中国对内构建和谐社会，对外构建和谐世界方面的重要性。

在收集、筛选、整理、辨析和运用史料方面，我们当时计划整部书切实做到把资料的权威性、可靠性和多样性结合起来，统一起来，从而为叙述、说明、分析和评论提供坚实的资料基础；计划整部书的所有叙述、所有议论以及所有观点都建立在经过考证、辨析可靠资料的基础上。对于能够运用什么样的第一手资料，我们根据当时课题组成员的研究方向、专业特长和发展潜力，确定本部书所采用的资料文本主要来自汉文、梵文、巴利文、藏文、西夏文、傣文、日文、英文、法文、越南文等语种，同时，也希望有些分卷在运用田野调查资料、实物资料方面做比较多的工作。

关于《世界佛教通史》的章节卷册结构，开始考虑并不成熟，仓促确定了一些基本原则。随着研究工作的深入，中间经过几次变动，最后确定本部书由十四卷十五册构成。第一卷和第二卷叙述佛教在印度的起源、发展、兴盛、衰亡乃至在近现代复兴的全过程。第三卷到第八卷是对中国汉传、藏传和南传佛教的全面论述，其中，作为中国佛教主体部分的汉传佛教分为四卷，藏传佛教为一卷两册，南传佛教独立成卷。第九卷到第十一卷依次是日本、朝鲜和越南的佛教通史。第十二卷是对斯里兰卡和东南亚佛教分国别阐述。第十三卷是对亚洲之外佛教，包括欧洲、北美洲、南美洲、大洋洲、非洲等五大洲主要国家佛教的全景式描述。第十四卷是世界佛教大事年表。对于各卷册的字数规模、所能达到的质量标准等，预先并没有具体规定，只是根据学术界的研究状况和我们课题组成员的具体情况确定了大致原则。当时我们清醒地认识到：本部书涉及范围广、时间跨度大，一方面，国内外学术界在研究不同时段、不同国家和地区佛教方面投入的力量、所取得的成果有很大差异，极不平衡。在这种情况下，有些部分的撰写者由于凭靠的学术研究基础比较薄弱，他们的最终成果难免受到这样或那样的制约和影响。另一方面，课题组主要成员对所负责部分的研究程度不同，有些成员已经在所负责方面出版多部专著，称得上是行家里手；有些成员则对所负责部分刚刚接触，可以说是初来乍到者。对于属于前者的作者，我们当然希望他们致力于捕捉新问题、提出新观点，得出新结论，拿出百尺竿头更进一步的著作；对于属于后者的年轻同事，自然希望他们经过刻苦努力，能够在某些方面有闪光突破，获得具有后来居上性质的成果。鉴于我们的研究工作是在继承、吸收、借鉴以往重要的、高质量的、有代表性的成果的基础上展开的，所以我们既要重视填补学术空白，重视充实薄弱环节，也要强调在重要的内容、问题方面有新发现和新突破。因此，我们要求各卷撰写者在不违背通史体例的情况下，对自己研究深入的内容适当多写一些，对自己研究不够、但作为史书又不能空缺的内容适当少写一些。总之，我们根据学术界的研究状况和课题组成员的能力，尽量争取做到整个《世界佛教通史》的各部分内容比例大体协调、详略基本得当。这里需要说明一下，本书各卷的定名并非完全意义上的现代国家概念，而是根据学术界的惯例来处理的。

当初在考虑《世界佛教通史》的学术价值、理论意义与现实意义方面，我们关注了社会需要、时代需要、理论发展需要、学科发展需要、培养人才需要等方面的问题，并且逐一按要求进行了论证。除此之外，我们也要求各位撰写者叙述尽量客观通俗，注意在可读性方面下些功夫，务使本部书让信教的和不信教的、专业的和非专业的绝大多数读者朋友都能接受，都能获益。

八年多来，课题组每一位成员都认真刻苦工作，为达到预期目标而不懈努力。可以说，每一位撰写者都尽了心、出了力、流了汗、吃了苦。但是，由于我们水平所限，时间所限，《世界佛教通史》不可避免地存在一些缺点、不足和错误，敬请读者朋友批评指正。我们将认真倾听、收集各方面的善意批评和纠错高见，争取本部书再版本错谬减少一些，质量提高一些。

目　　录

凡　例

（1）本年表始于释迦牟尼诞生，终于20世纪末（1999年），内容包括在世界范围内发生的与佛教宗派、思潮、人物、典籍、制度、礼俗等相关的重要事件。

（2）本年表所选取的内容主要依据《世界佛教通史》第1—13卷。为了既体现本部书的学术特点，又能使本年表内容相对独立完整，便于读者查阅相关资料，我们又利用其他资料进行了必要补充。比如，从汉代到五代的中国汉传佛教部分，就参考汤用彤的《两汉魏晋南北朝佛教史》《隋唐佛教大事年表》，任继愈的《汉—唐佛教简明年表》，陈垣的《释氏疑年录》等进行互校增补。汉传佛教1949年以后大陆部分根据纪华传提供的资料并参考其他相关著作补充，台湾部分根据台湾各主要佛教机构网站资料。

（3）本年表涉及的重要人物分为两类，第一类是最重要的人物，有生卒年则均标出；第二类是比较重要的人物，只在卒年条目下标出人物的主要生平事迹，包括年龄（大部分用虚岁汉数字表述，用周岁的地方以阿拉伯数字表述）、重要活动、著作、贡献、影响等。如果遇到同一事件、人物等的时间有不同说法的情况，或一并标出，或按本书撰写者的观点选择标出。

（4）每一年代条目下的内容凡有明确时间顺序者，按时间顺序排列，若没有，则按古代印度、中国（以汉传、藏传和南传为序）、日本、韩国、东南亚、亚洲之外（以欧洲、北美洲、南美洲、大洋洲、非洲为序）次序。

（5）没有具体年代的事件，如某世纪的，放在该世纪纪年最后。

（6）本年表涉及的月份，古代部分一律用农历。19世纪60年代以后用公历。

（7）有些译名为了防止歧义标注了原文。

世界佛教大事年表

约公元前 520 年

乔达摩·悉达多诞生于古印度迦毗罗卫国（今属尼泊尔）释迦族，为净饭王之子。后被尊称为释迦牟尼，成道后被称为佛陀或佛。释迦牟尼是佛教的创立者。

约公元前 491 年

乔达摩·悉达多因看到生、老、病、死等现象，为寻求人生解脱而出家，时年 29 岁。

约公元前 485 年

乔达摩·悉达多六年苦行未获解脱，放弃苦行，到古印度菩提伽耶（今属印度比哈尔邦）一棵毕钵罗树（后称菩提树）下坐禅 49 天，终于悟道，此即为成佛，时年 35 岁。

约公元前 485 年

释迦牟尼在鹿野苑（今属印度贝那勒斯城）向憍陈如等五人讲说自己所悟的四谛、十二因缘等理论，佛教史称“初转法轮”。憍陈如等五人信奉佛教成为释迦牟尼弟子，至此佛、法、僧三宝具足，标志着佛教正式成立。

约公元前 440 年

释迦牟尼弘法传教 45 年后，在拘尸那揭城（今属印度联合邦迦夏城）附近的娑罗树林涅槃，时年 80 岁。信徒分其舍利，建塔供养。

佛涅槃不久，大弟子迦叶在阿阇世王支持下，在王舍城（今属印度比哈尔邦底赖雅）灵鹫山七叶窟内召集500比丘举行“第一次结集”，以整理释迦牟尼佛的教义。

此后，富兰那长老（跋波）等率领近千名比丘在七叶窟外举行结集，世称“大众部结集”，亦称“窟外结集”“大众部小乘结集”等。

约公元前4世纪

耶舍长老在古印度毗舍离城（今属印度比哈尔邦穆查发普尔）召集700僧众举行“第二次结集”，亦称“毗舍离结集”“七百结集”。僧众因对有些戒条（“十事”）认识不同发生争论，导致僧团分裂，形成东方大众部与西方上座部。这是佛教历史上的第一次分派。

约公元前270年

孔雀王朝阿育王即位，王朝进入鼎盛时期。4年后，阿育王信奉佛教，派遣僧侣四处弘法，佛教逐渐传到师子国（今斯里兰卡）、缅甸、泰国、叙利亚、埃及、希腊等地。

约公元前250年

阿育王到蓝毗尼园、鹿野苑等佛教圣地朝觐，并建柱塔以纪念。最著名的有桑奇大塔等。佛教在社会上广泛流传，各地兴起开凿石窟之风。

阿育王时期，因比丘大天宣扬五事，导致僧团内部发生争论。阿育王直接干预，礼请目犍连子帝须为主持者，于华氏城（今属印度比哈尔邦首府巴特那）召集1000比丘举行“第三次结集”。目犍连子帝须自撰《论事》，对当时各种异议邪说予以批驳。

此时期，大众部分裂成九部：①大众部；②一说部；③说出世部；④鸡胤部；⑤多闻部；⑥说假部；⑦制多山部；⑧西山住部；⑨东山住部。

约公元前240年

师子国阿努拉达普拉王朝创始人盘陀迦阿巴耶之孙提婆南毗耶帝沙建造都波罗摩塔。塔中供养佛陀的锁骨舍利。

公元前 232 年

阿育王之子玛亨德长老和兰卡（今斯里兰卡）比丘一起在塔寺举行了一次巴利三藏结集（“大史”称之为第四次结集），历时十个月完成，由国王天爱帝须护法。这时阿利吒等兰卡僧人早已开始独立说法传戒，兰卡城乡各地佛教也已经普及。

公元前 2 世纪

西北印度弥兰陀国王与佛教关系密切，在巴利语的《弥兰陀王问经》以及该经的汉文异译本《那先比丘经》中，叙述了弥兰陀王敬服并皈依佛教的事迹。这标志着佛教教理传入在亚洲的希腊人之中。

佛教从古印度西北的迦湿弥罗等地越过葱岭向西域各地传播。

巴伽石窟开凿。

卡尔利石窟开凿。

阿玛拉瓦蒂大塔建造。

阿旃陀石窟开凿。

约公元前 187 年

古印度中部巽迦王朝补砂密多罗国王即位，他以婆罗门为国师，推行排佛政策，摧毁境内佛塔，尽杀僧尼，史称“中印度法难”。

菩提伽耶大塔、巴尔胡特（Bharhut）大塔建造。佛陀伽耶围栏雕刻完成。

公元前 138 年

汉武帝派张骞出使西域，此后张骞又于元狩四年（前 119）再度出使，疏通了汉朝远达西亚以外的西域交通。从此以后，汉王朝与西域的政治、经济、文化交流频繁起来，佛教最初就是沿着“丝绸之路”传到今天的新疆某些地区，然后经过河西走廊传到内地的。

公元前 124—前 70 年

早期安达罗王朝（萨塔瓦哈纳王朝）桑奇大塔塔门雕刻完成。

约公元前 2 世纪

《大事》的核心部分形成。

约公元前 2 世纪末叶

佛教从古印度西北部传到龟兹。

迦湿弥罗等地的佛教直接传播到中国新疆某些地区，此后，来自古印度以及安息、大夏、大月氏、康居等佛教流行地区的信仰者分别到中国内地传教弘法。这应该是佛教进入中国的最早时间。稍后，于阗也出现了佛教。

约公元前 1 世纪

大乘佛教兴起，大乘经最早传出，自此到公元 3 世纪，大乘佛教早期的各类经典都已经出现，包括般若类、净土类、华严类、法华类等，其中以般若类经典在大乘佛教初期最为流行。

数百名斯里兰卡僧人在曼陀罗寺举行集会，形成了两个对立的派别：主张修重于学的林居派和主张学重于修的村居派。前者又称为“阿兰若派”，后者又称为“法师派”或“读经派”。

瓦腊干跋国王复位之后，斯里兰卡僧团分裂为大寺和无畏山寺两派。约公元前 2 年，博士弟子景卢受大月氏王使伊存口授《浮屠经》。这是佛教初传汉代政治中心的一个重要事件。

公元 58—75 年（东汉永平年间）

汉明帝遣使求法。据说摄摩腾、竺法兰等被邀请至洛阳，汉明帝为其建立白马寺。佛教传播到东汉的政治中心洛阳。

楚王英信奉佛教。

公元 1 世纪上半叶

佛教正式传到越南。

公元 1—2 世纪

贵霜王朝迦腻色迦（Kaniṣka）王时代，在迦湿弥罗挑选通晓三藏乃至五明的阿罗汉比丘499人进行结集。此次主要结集论藏，属于说一切有部的结集，由马鸣菩萨笔受、润色，最后形成《阿毗达摩大毗婆沙论》。

《法华》类经典、《维摩诘经》出现。马鸣作《佛所行赞》等。

《六度集经》形成。

约公元100年

印度六派哲学之一的弥曼差派立派，以《弥曼差经》的出现为标志。

公元147年

安息国安世高到达洛阳。开始传教和佛经翻译工作。他翻译的佛经现存有22部26卷，主要是小乘禅数之学，影响最大的有《阴持入经》《安般守意经》等。安世高第一次把小乘禅法成功地译介到汉地，并且影响广泛，在汉地有了禅法传授系统。

月氏国（又译“月支”）人支谶到达汉地，从事经典翻译。译出的经典有14部27卷。他是把大乘佛教典籍译介到汉地的第一人，翻译的经典种类很多，涉及般若、华严、宝积、方等等主要大乘经类，最重要的译作有《道行经》《般舟三昧经》《兜沙经》等，基本反映了早期印度大乘佛教兴起时期的情况。

公元158—167年

汉桓帝并祭老子、浮屠，拉开了中国宗教崇拜格局巨变的序幕。

桓帝时，严佛调出家，这是已知最早的汉地僧人。严佛调曾与安玄翻译《法镜经》，还独立撰写《沙弥十慧章句》，成为中国第一位撰写佛教著作的学问僧。

公元179年

竺佛朔于洛阳译出《般舟三昧经》。

公元189年

东汉灵帝崩，天下混乱，牟子与母亲到交趾避乱，26岁回苍梧娶妻。牟子所写的《牟子理惑论》详细记载了汉明帝遣使求法的传说，反映了后汉佛教在中国的传播情况，以及当时中国与交趾人士对佛教教义的理解。

公元 195 年

下邳相笮融建“浮屠祠”，课人诵经，浴佛设斋。这是地方官吏建造寺院的第一例。

约公元 2—3 世纪

经量部成立。

龙树、提婆创立中观派。龙树的主要著作有《中论颂》（*Mūla - madhyamaka - kārikā*）、《十二门论》（*Dvādaśa - mukha -śāstra*）、《六十颂如理论》、《回诤论》、《大乘破有论》、《大智度论》（*Mahāprajñā - pāramitā - śāstra*）、《十住毗婆沙论》（*Daśa - bhūmikā - vibhāṣā -śāstra*）、《七十空性论》(*Śūnyatā - saptati*)、《大乘二十颂论》、《因缘心论颂》、《因缘心论释》、《菩提资粮论颂》（*Bodhi - sambhāra - kārikā*）、《宝行王正论》、《龙树菩萨劝诫王颂》、《一输芦迦论》。提婆的主要著作为《四百论》（*Catuḥśataka*）、《百论》(*Śata - śāstra*)、《百字论》（*Akṣara -śataka*）。

公元 2—4 世纪

《华严经》大本成立。

公元 3 世纪初

陀罗尼经典《无量门微密持经》出现。

公元 224 年

月支国优婆塞支谦到洛阳，受业于支谶弟子支亮；后至吴，从事经典翻译。其翻译的经典大小乘都有，大概有 36 部 48 卷，以大乘经典为主。其中《佛说菩萨本业经》直到东晋时期都比较流行。《佛说维摩诘经》在东晋以后盛行于佛教界和知识精英中，影响广泛。

天竺人维祇难与同伴竺律炎到达武昌，带来《昙钵经》（《法句经》）的梵本，应当地人之请，译出《法句经》2 卷。由于他们都不精通汉语，所以译本“颇有不尽”。到西晋惠帝（290—306 年在位）末年，沙门法立重新译为五卷本，由沙门法巨著笔，译本“其辞小华”。

公元 227—239 年

魏明帝在位期间，曾欲毁坏皇宫西面的佛寺，外国僧人通过施展灵异手段，规劝魏明帝把道西佛寺迁到道东，并且建造得规模更大。

公元 247 年

康僧会北上建业，开始弘法和译经事业。他相继争取到了吴主孙权、孙皓的支持，建建初寺，同时既翻译经典，又注解经典，主要继承安世高一系的禅法思想，以小乘佛教为主。其译著只有 2 部 14 卷，现存《六度集经》9 卷。康僧会曾制《菩萨连句梵呗》三契，又传《泥洹呗声》。

公元 249—254 年

三国魏嘉平年间，中天竺人昙柯迦罗到达洛阳，翻译《僧祇戒心》1 卷，又邀请外籍僧人担任戒师举行传戒仪式，使出家在制度上相对规范化和制度化。这是中国内地按照戒律授戒的开端，以后佛教界把昙柯迦罗奉为中国律宗的始祖。

康居沙门康僧铠到达洛阳，译出关于在家居士修行的《郁伽长者经》1 卷。此经也称为《在家出家菩萨戒经》，是东汉安玄所译《法镜经》的异译。康僧铠还译出《无量寿经》2 卷。

公元 254—256 年

三国魏正元年间，安息国沙门昙帝到达洛阳，译出《昙无德（法藏部）羯磨》1 卷，属于《四分律》的节译本。

大月支国人支彊梁接、越南僧人道清等在交州译出《法华三昧》。

公元 256—260 年

三国魏甘露年间，龟兹沙门帛延到洛阳，译出《首楞严经》2 卷、《须赖经》1 卷、《除灾息经》1 卷、《无量清净平等觉经》2 卷等。

公元 260 年

朱士行西行求法。此后在于阗得到大品《般若》的梵文本，托弟子带回内地，自己于当地逝世。朱士行所抄的经典西晋时由竺叔兰译为

《放光般若经》20 卷。朱士行虽然没有越过葱岭，但被认为是中国佛教史上西行求法第一人。

公元 281 年

西域人彊梁娄至在广州译出《十二游经》1 卷，今不存。

公元 281—306 年

安息国人安法钦在洛阳译出《道神足无极变化经》4 卷和《阿育王传》7 卷。

法力、法炬合译《法句本末经》4 卷、《福田经》1 卷、《大楼炭经》6 卷、《大方等如来藏经》1 卷。法力去世后，法炬还译出《优填王经》《恒水经》等 40 部 50 卷。这些经大多为阿含类经典的单品异译本。

公元 286 年

月支沙门竺法护至长安，译《正法华经》。

公元 291 年

五月，竺叔兰、无罗叉共同译出《放光般若经》30 卷。中山王司马缉率领众僧离城四十里迎接新到来的经典，这是大乘佛教教义进一步深入人心的表现。

竺叔兰翻译《首楞严经》2 卷。

公元 296 年

竺叔兰译出《异毗摩诘经》3 卷。

公元 299—304 年

河间王司马颙镇守长安期间，敬重供养名僧帛远。帛远曾注解《首楞严经》，并翻译了一些小部经典，尚存 6 部 6 卷，即《菩萨逝经》1 卷、《菩萨修行经》1 卷、《佛般泥洹经》1 卷、《大爱道般泥洹经》1 卷、《贤者五福经》1 卷。

公元3世纪末

手印思想被引入陀罗尼思想中，咒与手印的配合，成为早期密教的修行方式，也成为后来大乘密教的基本修行方式。

约公元3—4世纪

诃梨跋摩以有部为基础，博采小乘、大乘经教以及部派佛教诸部之学，著《成实论》。

此时，大乘佛教传出的经典以佛性如来藏类为首，包括《大般涅槃经》《如来藏经》《金光明经》《胜鬘经》等。这是中期大乘经典。

密教典籍《持明咒藏》（*Vidyā - dhāra - piṭakaṃ*）出现，奠定了持明门的形成基础。

公元3世纪末—4世纪中叶

新疆克孜尔石窟开始开凿。

公元301年

支法度译出《逝童子经》1卷、《善生经》1卷等4部5卷经典。

若罗严译出《时非时经》1卷。

公元304年

竺法护卒，年七十八。竺法护译经前后约47年，译籍150多部，包括大小乘经典，既有属于阿含部类中的小本单行经，也有大乘经典中的般若（如《光赞般若经》）、华严（如《菩萨十住行道品》《佛说如来兴显经》《度世品经》《渐备一切智德经》等）、宝积（《普门经》）、大集（《宝女经》）、涅槃（《方等泥洹经》）、法华、大乘戒律类、本生经类、西方撰述类等多部类中的单行经和根本经，展示了当时西域流行的佛经的基本面貌。其助手有聂承远和聂道真等。在竺法护逝世后，聂承远译出《越难经》1卷，聂道真译出24部36卷经典，其中有《文殊师利般涅槃经》1卷、《异出菩萨本起经》1卷、《菩萨受斋经》1卷等。

公元 312 年

道安出生。俗姓卫，常山（今河北正定）扶柳人，12 岁出家。

公元 320 年

陀罗·笈多一世（Gandra Gupta I）称帝，建立笈多王朝，定都华氏城（也有称是吠舍离），并发行了纪念金币，刻有他自己及其王后和盟族离车的名字。著名的那烂陀寺在这一时期建立。

公元 334 年

慧远出生。俗姓贾，雁门楼烦（今山西宁武）人。

公元 335—343 年

尸梨蜜卒，年八十余。他是受到东晋名士推崇的外国名僧，代表了东晋名僧的一个特殊类型。他是西域人，传说是国王之子，让国于弟之后出家。他于西晋永嘉年间（307—313）来到内地，住在建初寺。“丞相王导一见而奇之，以为吾之徒也。由是名显。”与他来往，且对他赏识的有太尉庾亮、光禄周𫖮、太常谢琨、廷尉桓彝等，都是一代名士。这一时期的西域来华高僧还有康僧渊等，都受到东晋名士的重视。

约公元 337 年

法显出生，俗姓龚，平阳武阳（今山西临汾一带，一说山西襄垣）人。

公元 340 年

东晋中书监庾冰辅政，提出沙门应该向王者行礼致敬，尚书令何充等人不同意，围绕这个问题展开多次辩论。

公元 344 年

鸠摩罗什出生。祖籍天竺，家世国相。

公元 348 年

佛图澄卒，年一百一十七岁。在石赵弘扬佛法，推行道化，建佛寺893所。建立了中国历史上第一个全国性的僧团，使佛教在北方的传播达到了前所未有的程度。他培养了许多弟子，成为以后弘扬佛教的中坚力量，著名者有释道安、竺法雅、竺法汰、竺僧朗等，推动了佛教向南北各地的传播和流行。

公元 351 年

竺僧朗在泰山西北方的金舆谷昆仑山中建立了寺院，开始弘法。此后他以泰山为传教基地，通过兴福业与南北五位统治者建立联系，获得道义支持、政治庇护和经济资助，为北方佛教持续发展做出贡献。

此后，佛图澄另一弟子竺法雅在高邑（在今河北）建立寺院，僧众百余人，是一个比较有规模的僧团。竺法雅倡导“格义”解释佛教。

约公元 354 年

道安在太行恒山（今河北阜平北）建塔造寺，开始传教。当时跟随其出家，或受他教化的人“中分河北”。慧远与弟慧持出家师之。

山东长清灵岩寺兴建。

公元 357 年

二月八日，沙门僧建在洛阳译出从月支国得到的《僧祇尼羯磨》及戒本，并请外国沙门昙摩羯多为立戒坛，净检等4人同坛受具足戒，成为中国最早的正式比丘尼。此前净检等24人曾从来自罽宾国的西域沙门智山受十戒，并且建立了竹林寺。

道安返回邺城，住受都寺，“徒众数百，常宣法化”。此时，道安已经成为继其师佛图澄之后又一位北方最有影响的僧团领袖。

公元 362—409 年

斯里兰卡国王室利·弥伽婆拉（又译：吉祥云色）从印度羯陵伽国（哥达瓦里河以北，孟加拉湾沿岸）迎来了佛牙和部分舍利，并由国王亲自安置在宫中，无畏山寺的长老主持了盛大的奉祀典礼。此后每年一度，都要将佛牙从王宫迎往无畏山寺供养。

公元 364 年

东晋哀帝诏竺潜在宫中讲《般若》。潜辞还剡山，诏支遁相继讲法。

公元 365 年

道安率僧徒到达襄阳，开始弘法，并从事佛教经典的整理和经录的编撰工作，还制定了僧尼规范，受到南北各地帝王、官僚、富豪的支持。

公元 366 年

支遁卒，年五十三。支遁与王洽、刘恢、殷浩、许询、郗超、孙绰等达官显宦多有交往。在教义方面注重老庄和佛教的结合，在解释般若方面，提出"即色义"。支遁的重要著作有《即色游玄论》，以及《释即色本无义》《道行指归》《大小品对比要钞》《逍遥论》、释迦牟尼、阿弥陀佛等佛菩萨《像赞》等，但绝大部分已经遗失。与支遁大致同时的于法开擅长《放光般若经》和《正法华经》，倡导般若学"识含义"，曾与支遁进行激烈辩论。

前秦僧人乐僔，到敦煌城东南 25 公里的鸣沙山，"忽见金光，状有千佛"，便在这里"造窟一龛"。不久，有法良禅师，从东届此，又于僔师窟侧，更即营建。敦煌莫高窟开始开凿。

公元 371 年

孙绰卒，年五十七。孙绰是东晋士族中很有影响的名士，他信奉佛教，与名僧竺道潜、支遁都有交往。著有《名德沙门论目》《道贤论》，及捍卫佛教的论战性质的《喻道论》，具有很大影响。

公元 372 年

前秦苻坚派遣僧人到高句丽赠佛像、经文，此为佛教传入高句丽之始。

公元 373 年

东晋孝武帝司马曜即位。他曾致书问候竺僧朗，并遣使送五色珠像一躯、明光锦五十匹、象牙（竹覃）五领、金钵五枚。

前秦苻丕攻打襄阳，道安为朱序所拘，不能离去，乃分张徒众。慧远带领弟子数十人，南适荆州，住上明寺。后欲往罗浮山，及届浔阳，见庐峰清静，足以息心，始住龙泉精舍。后经西林寺慧永请求刺史桓伊帮助，建东林寺。

公元 374 年

竺道潜卒，年八十九。竺道潜是晋丞相武昌郡公王敦之弟，是东晋佛教界的领袖。他把佛学与老庄结合起来弘扬。其著名弟子有竺法友、竺法蕴、康法识、竺法济等。

公元 374 年

僧阿道到高句丽传教，高句丽分别为其建肖门寺和伊弗兰寺。

公元 375 年

释道安于郭西精舍铸造丈八金铜无量寿佛，表明了他的弥陀信仰。

公元 377 年

郗超卒，年四十二。郗超信奉佛教，与名僧交往甚多。晚年闭门专心研究佛教，撰写了不少佛教著作，现仅存《奉法要》，《奉法要》是一本在家信徒学习、信仰、奉行佛法的概要性质的书。

公元 379 年

苻丕攻陷襄阳，把道安送到长安，苻坚大加赏赐。道安被安置在五重寺，周围僧众数千人。在苻坚的支持下，道安在长安的弘教传法事业达到顶峰。

公元 380 年

笈多王朝超日王（Vikrama - aditya）即位，他通过一系列战争，几乎统一了印度全境，疆域大致与孔雀王朝相当。超日王继续执行宗教宽容政策，保护各种宗教，除印度教繁荣外，大乘佛教等也蓬勃发展，大臣与将领多信奉印度教（湿婆教）或者大乘佛教。

竺法义卒，年七十四，为竺道潜弟子。法义游刃众典，尤善《法华》，重视观音信仰。

公元 383 年

僧伽提婆译出《阿毗昙八犍度论》，即《发智论》30 卷。

公元 384 年

吕光奉苻坚之命战败龟兹及诸国救兵，俘获鸠摩罗什。强迫鸠摩罗什娶龟兹王女。后凉诸王并不信奉佛教，也没有采取比较有力度的扶植佛教措施，所以，鸠摩罗什在凉州 16 年，主要是参与军政事务，在弘扬佛教方面并没有什么大的建树。

僧肇出生，京兆（今陕西省西安市）人。

印度僧人摩罗难陀由东晋来到百济，翌年在国都汉山创立佛寺，度僧十人，为百济佛教之始。从此以后，佛法渐兴。

公元 385 年

道安卒，年七十二。在佛图澄众多弟子中，道安最为知名，最具影响。从治理僧团到整理经典，从完善僧团制度到研究佛学义理，从组织译经到培养人才，从弘教下层民众到获取朝廷支持，道安几乎在佛教思想和实践的每一个环节、每一个方面都有积极探索，都获得显著效果。

昙无谶出生，中印度人。

公元 387 年

竺法汰卒，年六十八。汰少与道安同学，与道安避难行至新野，安分张徒众，命汰下京，止瓦官寺。法汰善于讲说论辩，在般若学方面主张“本无义”，曾派弟子昙一破沙门道恒“心无义”。

大约同一时期活跃在东晋的名僧还有尸梨蜜、康僧渊、康法畅等，他们都是西域人，都以言辞机变受到王导、周颉等名士高官的推崇。

公元 391 年

罽宾沙门僧伽提婆至浔阳，慧远请其重译《阿毗昙心》及《三法度论》，慧远亲自撰写序言，弘扬这两部著作。

高句丽第十八代故国壤王下令崇信佛教以祈福，由此佛教与民间习俗相并行。

公元 392 年

支法领西行求法，在于阗得《华严经》梵本三万六千偈及《四分律》梵本。

公元 396 年

东晋僧人昙始到辽东弘法。

戴逵卒。戴逵擅长雕刻及铸造佛像，推动了佛像中国化进程。他曾造一丈六尺高的无量寿佛木像及菩萨像。戴逵还创造了夹纻漆像的做法，把漆工艺的技术运用到雕塑方面，是今天仍流行的脱胎漆器创始者。戴逵在瓦官寺做的五躯佛像、顾恺之的《维摩诘像》及师子国送来的玉像，被后代合称为“瓦官寺三绝”。

公元 397 年

提婆到达建康（今南京），讲《阿毗昙》，跟随提婆学习毗昙的人非常多。毗昙讲习之风逐渐传播开来。

公元 398 年

北魏道武帝下诏“修整宫舍，令信向之徒，有所居止”，还“始作五级浮图，耆阇崛山及须弥山殿，加以缋饰。别构讲堂、禅堂及沙门座，莫不严具焉”。

南燕王慕容德建国。他曾授竺僧朗“东齐王”号，封给奉高（今山东泰安东）、山茌（今山东长清东南）二县租税，用以报答竺僧朗让“神祇盖护”自己的“大恩”。竺僧朗辞受王号，受二县租税。

公元 399 年

慧远之弟慧持辞远入蜀。后止龙渊精舍，大弘佛法，刺史毛璩雅相崇挹。

法显与同学慧景、道整、慧应、慧嵬等人从长安出发，踏上西行求法之路。

公元 4 世纪初

《大孔雀明王经》开始在印度流传。

斯里兰卡哥塔巴耶王即位（309 年）后，乌西利那帝沙长老率领 300 僧人离开无畏山寺，到南山寺另辟据点。其中的萨伽利长老后来住持了大军王（334—362 年在位）赐予的祇陀林寺，倡导大乘中观派主张，被称作祇陀林寺派。这是斯里兰卡佛教史上的第二次分裂，由此形成了大寺派、无畏山寺派和祇陀林寺派三足鼎立的局面。

公元 4 世纪

印度六派哲学之一的正理派形成，其标志是《正理经》（*Nyāya - sūtra*）的出现。传说《正理经》的作者为足目。足目乃 Akṣapāda 的意译，其生卒年月约在公元 50—150 年。足目应该仅撰作了《正理经》的雏形，到公元 4 世纪才集成现在看到的《正理经》的成熟形态。随着对《正理经》的注解与发挥的不断出现，形成了正理派。

印度教最重要的经典之一《薄伽梵歌》（*Bhagavad - gītā*）最终定型。

外籍僧人第一次到达吐蕃，吐蕃获得少量的佛教经典和宗教用品。

公元 4 世纪下半叶

佛教正式成为高昌国教，以大乘教法为主。

约公元 4—5 世纪

严守说一切有部传统立场的最后一位大师众贤作《阿毗达摩顺正理论》，维护正统立场。

大乘瑜伽行教即唯识教传出，包括《解深密经》《阿毗达摩大乘经》《楞伽经》《密严经》《佛地经》等。这是晚期大乘经典。

瑜伽行派形成。代表人物主要是无著、世亲。无著著作主要有：《显扬圣教颂》（*Prakaraṇa - ārya - vācā - kārikā*）、《摄大乘论》（*Mahāyāna - saṃgraha -śāstra*）、《大乘阿毗达摩集论》（*Mahāyāna - abhidharma - samuccaya -śāstra*）、《金刚般若经论》、《顺中论》、《六门教授习定颂》、《解深密经释论》。世亲一开始是小乘著名论师，著《阿毗达摩俱舍论》（*Abhidharma - kośa -śāstra*），认为大乘“非佛说”，皈依大乘后，著作主要有：《唯识三十颂》（*Triṃikā - vijñapti - kārikā*）、《唯识二十论》（*Viṃ śatikā - vijñaptimātratā - siddhi*）、《大乘五蕴论》（*Pañca - skandha - prakaraṇa*）、《大乘百法明门论》（*Mahāyāna -śata - dharma - prakāśa - mukha - śāstra*）、《大乘成业论》（*Karma - siddhi - prakaraṇa*）、《佛性论》《摄大乘论释》（*Mahāyāna - saṃgraha - bhāśya*）、《辩中边论》（*Madhyānta - vibhāga -śāstra*）、《十地经论》（*Daśa - bhūmi - vyākhyāna*）、《究竟一乘宝性论》（*Mahāyāna - uttara - tantra -śāstra*）、《妙法莲华经优波提舍》《无量寿经优波提舍》。

陈那（Dignāga，Dinnāga）改造并发展了正理派的因明学说，使其达到一个高峰，被赞誉为"新因明"。陈那著作有：《集量论》（*Pramāṇa - samuccaya -śāstra*）、《因明正理门论本》（*Nyāya - dvāra - tarka -śāstra*）、《佛母般若波罗蜜多圆集要义论》、《观所缘缘论》（*Ālambana - parīkṣtti*）、《取因假设论》、《观总相论颂》、《掌中论》（*Hasta - vāla - prakaraṇa*）。

印度六派哲学之一的数论派经过自在黑（约公元300—400年）等人的发展，进入古典数论时期，真正建立起来。数论派早期著述大多已经散佚，现存最古的完整经典是自在黑所撰《数论颂》（*Sāṃkhya - kārikā*），真谛大师所译《金七十论》系留存至今最早的《数论颂》注释书。

在梵语诗歌与戏剧领域，出现了古典时期最有成就的大师——迦梨陀娑（Kālidāsa），他被誉为"印度的莎士比亚"，其作品公认的有7部，即抒情短诗集《时令之环》，抒情长诗《云使》，叙事诗《鸠摩罗出世》《罗怙世系》，剧本《摩罗维迦和火友王》《优哩婆湿》《沙恭达罗》。

在戏剧领域，出现了一部划时代的戏剧理论著作《舞论》，这也是第一部印度文艺理论著作，一般认为，其原始文本产生于公元初，而在公元四五世纪定型，但没有定论。

公元4—6世纪

印度瑜伽派的根本经典《瑜伽经》（*Yoga - sūtra*）定型。据称编纂者是钵颠阇梨（Patañjali）。

公元401年

五月，后秦主姚兴灭凉，迎请鸠摩罗什入长安。姚兴待以国师之礼，提供逍遥园、长安大寺作为其主要译经场所，全力支持鸠摩罗什的译经事业，鸠摩罗什由此开启了一生最辉煌的时期。

公元 402 年

三月，桓玄自称太尉、专断朝政，鉴于佛教界腐败堕落等现象严重，下令沙汰僧尼，整顿僧团，慧远写《与桓太尉论料简沙门书》，表示同意。

四月，桓玄提出沙门应该礼敬王者问题，下达《与八座书》，与朝中重臣商量，并且致书慧远，征询意见。慧远写《答桓太尉书》，阐述自己的意见。

慧远与彭城刘遗民、豫章雷次宗、雁门周续之、新蔡毕颖之、南阳宗炳等 123 人，在庐山般若台精舍阿弥陀佛像前，建斋立誓，结社念佛，共期往生西方。

沙门张翘起义，自号“无上王”，与丁零鲜于次保聚众占据常山、行唐。

公元 403 年

慧远撰写《沙门不敬王者论》。

十二月三日，桓玄改元称帝，为了争取佛教信徒支持，特诏允许沙门不礼敬王者。

鸠摩罗什译出《摩诃般若波罗蜜经》（亦称《新大品经》《大品般若经》）40 卷（或 30 卷、24 卷），至第二年四月二十三日校正完毕。

公元 404 年

鸠摩罗什译出《百论》。

智猛与沙门十五人从长安出发，开始西行求法。他们先后经过鄯善、龟兹、于阗、波伦（今克什米尔西北部的巴勒提特）、罽宾、奇沙、迦维罗卫等国，获得梵本《大泥洹》《僧祇律》等经典。

这一时期西行求法的著名僧人还有于法兰、于道邃等。

北印度罽宾国人弗若多罗在长安中寺诵出《十诵律》梵本，由鸠摩罗什开始译出，后由昙摩流支与鸠摩罗什共同译完，又经卑摩罗叉对校梵本而成现行的《十诵律》。

公元 405 年

此前，姚兴下书，命鸠摩罗什的弟子僧䂮担任僧正，成为管理僧尼的最高僧官，秩同侍中，给传昭羊车各二人；僧迁担任悦众，法钦、慧斌共同掌管僧录。到弘始七年（405）又敕给亲信伏身、白从各三十人。在中国佛教史上，这是首次设立僧官管理机构。

鸠摩罗什译出《大智度论》（亦称《大智度经论》《摩诃般若释论》）100 卷。

顾恺之卒，年六十二。东晋画家、绘画理论家、诗人。他的著名佛教题材绘画作品很多，最著名的是瓦官寺的维摩诘像。他画的维摩诘有“清羸示病之容，隐几忘言之状”，把当时名士名僧追求的性情恬淡、形销神远的精神风范和外在形象在菩萨像上表现了出来。

公元 406 年

鸠摩罗什译出《成实论》。此后，鸠摩罗什弟子僧嵩、再传弟子僧渊等不遗余力地弘扬《成实论》，形成彭城系。

公元 408 年

鸠摩罗什译出《小品般若波罗蜜经》10 卷。

公元 409 年

罗什在大寺译出《中论》（亦称《中观论》）4 卷、《十二门论》1 卷。

公元 410 年

佛大先卒。又作佛驮先、佛陀斯那，5 世纪北印度罽宾国人，为一切有部之师，也是禅法的传持者，是当时最有名的禅师。佛大先的禅法，既有从天竺达摩多罗传来的顿禅，也有罽宾所传习的渐禅。

法显抵达师子国。时国王笃信佛法，净修梵行，佛教大为兴旺；城内四衢道头都有“说法堂”，每月三次铺施高座，道俗四众皆集听法。共有僧众五六万人，由国王于城内供养者五六千人。无畏山寺有僧 5000 人；寺东 40 里，有支提精舍，可有 2000 僧；城南有摩诃毗可罗精舍（大寺），有3000僧侣。王为众僧每造新寺，乃选最好牛一双，令其自耕四边，然后割给民户和田宅，书以铁券。众寺建有僧库，多储珍宝、无价摩尼，王者为之生贪。

公元411年

佛陀跋陀罗与弟子慧观等四十余人离开长安，南下庐山，投奔慧远。

公元412年

西行求法的法显从师子国返回，在山东牢山登陆。

慧持卒，年七十六。为慧远之弟，庐山僧团的重要成员，以持戒严谨著称，后离开庐山，到蜀地传教弘法，住在龙渊寺。慧持不仅受到刺史毛璩的敬重，也为当地佛教界所拥戴。

河西王沮渠蒙逊迎昙无谶入姑臧，待之甚厚，昙无谶在此学习汉语三年，遂着手翻译《涅槃经》前分。后昙无谶在于阗寻得《涅槃经》余品，回到姑臧后陆续译出，凡36卷（今存者凡40卷）。

佛陀耶舍诵出《四分律》45卷（或作60卷），竺佛念口译，道含笔受。这是小乘上座部系统法藏部传承的戒律，因全书由四部分组成，故称《四分律》。该律书规定比丘戒二百五十条，比丘尼戒三百四十八条。从唐代开始，这是在中国佛教界最流行的戒律典籍。

僧伽跋尼在庐山传律，译出《弥沙塞律抄》1卷。

公元413年

四月，鸠摩罗什卒，年七十。鸠摩罗什共翻译经典35部294卷，对中国佛教影响极大。后来中国佛教学派和宗派所依据的重要经典，基本上都是这一时期翻译成汉文的。如大小品《般若经》的重译和《大智度论》的新译，助长了大乘佛教般若学说的传播，《成实论》成为成实学派的主要经典，《中论》《十二门论》和《百论》成为三论学派的主要经典，《法华经》成为天台宗的主要经典，《金刚般若经》对禅宗有较大影响，《弥勒成佛经》和《弥勒下生经》是弥勒信仰的经典，《坐禅三昧经》是自安世高以来第一部大乘禅法经典，而《十诵律》是第一部完备的汉译小乘戒律，受鸠摩罗什影响由佛陀耶舍译的另一部完备的小乘戒律《四分律》，在唐以后成为内地通行的戒律。参与鸠摩罗什译经的弟子达五百人或八百人，从他受学、听法的弟子多至二三千人。主要弟子有僧略、道融、昙影、僧叡、道恒、僧肇、道标、慧睿、慧严、慧观、昙无成、僧导等。他们后来分布于大江南北，对南北朝时中国佛教学派的形成有直接影响。

法显到达建康，住道场寺，与早于他到达的天竺禅师佛陀跋陀罗共同译经，并得到宝云的支持，共翻译百余万言，主要有《摩诃僧祇律》40卷、《大般泥洹经》6卷、《杂藏经》1卷、《杂阿毗昙心》13卷、《僧祇比丘戒本》1卷、《方等泥洹经》2卷。此外，法显还带回梵本《长阿含经》《杂阿含经》《弥沙塞律》《萨婆多律》等。

公元414年

释慧永卒，年八十三。慧永与慧远同学于道安，比慧远先到庐山，住西林寺。后邀请慧远同住，并请求刺史桓伊帮助慧远建东林寺。

昙无谶在北凉译出《大涅槃经》初分十卷。

僧肇卒，年三十一。鸠摩罗什弟子，擅长般若学，曾和道融等讲习鸠摩罗什所译三论，人称解空第一；曾在姑臧（今甘肃武威）和长安的鸠摩罗什译场从事译经，评定经论。著有《肇论》《维摩经注》《长阿含经序》《百论序》《注维摩诘经序》《鸠摩罗什法师诔》等。

昙摩耶舍译出《舍利弗阿毗昙》。

公元415年

僧䂮卒，年七十三，为鸠摩罗什弟子。他的主要贡献是在管理僧团方面，曾被姚兴任命为国内僧主。

公元416年

昙无谶译《大云经》。

慧远卒，年八十三。慧远是东晋影响深远的高僧，他重视僧团建设，加强与北方和域外佛教界学术交流，鼓励经典翻译，把东林寺建设成为东晋的学术中心。慧远还首创以僧俗结社的形式，树立净土信仰，使庐山成为净土信仰的圣地，也促进了西方净土信仰在东晋社会的流行，并且产生了深远的历史影响。

公元 417 年

法显和佛陀跋陀罗共同译出《大般泥洹经》，共有 6 卷。

公元 418 年

三月十日，佛陀跋陀罗在建康（今南京）道场寺开始翻译《华严经》。南朝宋永初二年（421）十二月二十八日译完。佛陀跋陀罗所译《华严经》原为 50 卷，今本为 60 卷。它的出现，开辟了华严经学输入内地的新阶段。参加译事者有法业、慧观、慧义等百余人。所译经原本由支法领从于阗带回。

法显与佛陀跋陀罗译出大众部的律部《摩诃僧祇律》40 卷。

东晋时期，寺院 678 座，译经者 27 人，译经 263 卷，僧尼 24000 人。

公元 419—422 年

法显卒，年约八十六。法显是第一位留学印度，并携带佛经返回的中国僧人。法显撰写了《佛国记》，详细记载了西域、印度诸国的情况，成为研究西域、印度历史的重要依据。法显带回《摩诃僧祇律》、方等、涅槃等大量经典，并积极参与翻译，对汉传佛教律典的完备和涅槃佛性学说的传播做出了重要贡献。

公元 420 年

佛陀跋陀罗译出《大方等如来藏经》。

南朝宋武帝在内殿设斋，令沙门道照陈词。帝善之，别赐倸金三万。

范泰为僧慧义建立祇洹寺，且受慧义之请，将果竹园 60 亩施舍给寺院。

昙无竭带领弟子僧猛、昙朗等 25 人，从北方出发开始求法。此后他们辗转到达西域，经过罽宾等国，礼拜佛迹，又进入中天竺，同去的有 20 人死在途中，最终历尽千难万险，到达印度舍卫国。取得佛教经典后，从南印度坐船经过海路到达广州进入南朝宋境内。昙无竭从天竺回来后，带来了《观世音受记经》。

公元 421 年

昙无谶译出在于阗寻得的《大涅槃经》中、后分，共译成 40 卷 13 品，世称“北本涅槃”。

公元 423 年

七月，竺道生、释道严请罽宾律师佛驮什共于阗沙门智胜，译出法显在师子国所得梵本《弥沙塞部五分律》34 卷，及《比丘戒本》《羯磨》各 1 卷。

公元 424 年

求那跋摩从阇婆横渡南海到达广东。

西行求法的智猛从天竺回国。智猛在凉州译出《般泥洹经》20 卷，已不存。南朝宋元嘉十四年（437）入蜀，十六年（439）七月撰写《游行外国传》1 卷，记录自己的西行经过。元嘉末年卒于成都。

西域沙门畺良耶在钟山道林寺译出《观无量寿佛经》《观药王药上二菩萨经》各 1 卷，沙门僧含笔受，推动了净土信仰在南朝宋的传播。

公元 426 年

伊叶波罗东游彭城，为北徐州刺史太原王仲德译《杂阿毗昙心论》，到《择品》即中断，共译出 10 卷；元嘉八年（431），由求那跋摩续译，补足为 13 卷。

公元 427 年

智严与宝云合作译出《普曜经》6 卷、《广博严净》4 卷、《四天王》1 卷等。智严与宝云等人曾西行求法，到达罽宾，从佛陀先比丘学习禅法，并邀请佛陀跋陀罗到中国传教弘法。后被刘裕邀请到建康弘法。晚年带领弟子经海路到天竺，从陆路返回途中，在罽宾去世，时年七十八。

公元 429 年

佛陀跋陀罗卒，年七十一。佛陀跋陀罗曾与僧伽达多同游罽宾，跟随佛大先学习禅法。后受智严邀请，入长安弘传禅学，因为不习惯长安的世俗，而且与鸠摩罗什门下不合，与弟子慧观等四十余人离开长安，在庐山慧远处待有数年，译出《达摩多罗禅经》2 卷。此后，又在建康（今南京）从事翻译，重要译籍有六十《华严》《摩诃僧祇律》等。

公元 431 年

求那跋摩卒，年六十五。译有《菩萨善戒经》《四分羯磨》《优婆塞五戒相经》等。

公元 433 年

昙无谶卒，年四十九，为北凉译经巨匠，翻译《大般涅槃经》《方等大集经》《金光明经》《菩萨地持经》《优婆塞戒经》等重要大乘经典，引起了涅槃佛性学说的流行和对菩萨戒的提倡。

僧伽跋摩至建业（南京），应慧观等请，两年后于长干寺重新译出《杂阿毗昙心论》14 卷，后又译出《萨婆多部毗尼摩得勒加》10 卷等。

慧琳作《黑白论》（《均善论》），扬儒贬佛，对佛教的天堂地狱、因果报应、神不灭论的思想颇有微词。此后何承天著《报应问》《达性论》，支持慧琳，反对佛教的生死轮回说。

师子国比丘尼铁萨罗等 11 人到中国，在建康南林寺立戒坛，请印度僧人僧伽跋摩为传戒师，共为尼众三百余重授具足戒。此为中国比丘尼如法受戒之始。据传，当时为纪念师子国比丘尼到中国传授尼戒，在建康建一尼寺，命名为铁萨罗寺。

公元 434 年

竺道生卒，年八十一，为鸠摩罗什弟子。他主张佛性人人“本有”，提出一阐提人也可成佛，此说受到“旧学僧党”的攻击，被逐出建康。后来大本《涅槃经》在凉州译出，其说得到证实，于是在庐山宣讲此经，时称“涅槃圣”。他的顿悟成佛之说，在南北朝初期曾风行一时。

公元 435 年

南朝宋丹阳尹萧摹之向皇帝请奏，认为建造寺院无关神祇，有累人事，应限制铸铜像。

公元 436 年

南朝宋文帝下诏寻求沙门能述生法师顿悟义者，庾登之以法瑗上闻。文帝召见，瑗申辩详明。何尚之叹曰："意谓生公之没，微言永绝，今复闻象外之谈。湘宫寺成，召法瑗居之，帝每临幸听法。"

公元 438 年

太武帝拓跋焘诏令五十岁以下沙门尽皆还俗，以从征役。

公元 439 年

北魏灭北凉，徙沮渠牧犍宗族及吏民三万户（或作十万户）于平城，北凉沙门及佛事俱东。慧嵩、道朗、沮渠京声等逃到南朝宋国。沮渠京声将《观世音》《弥勒》二观经传到南方。

公元 440 年

求那跋陀罗译《楞伽》《深密》《胜鬘》《法鼓》等经。

公元 442 年

西域僧人畺良耶舍卒，年六十。耶舍博通阿毗昙、律部，精通禅观。南朝宋文帝元嘉元年（424）从西域赴建业，居钟山道林精舍，译有《观无量寿佛经》《观药王药上二菩萨经》。

罽宾僧人昙摩蜜多卒，年八十七。其翻译有《禅法要》《普贤观经》和《虚空藏观经》等。

公元 443 年

求那跋陀罗译出《楞伽阿跋多罗宝经》4 卷，此为《楞伽经》之首译。

宗炳卒，年六十九。宗炳信仰佛教，曾参加庐山慧远主持的"白莲社"，作有《明佛论》。

公元 444 年

正月，北魏太武帝拓跋焘下灭佛诏，规定自王公以下至于庶人，有私养沙门及师巫、金银工巧之人在家者，限于二月十五日前遣送官曹，不得藏匿。过期不送，一经查实，沙门身死，主人门诛。

玄高被杀，年四十三。玄高是佛陀跋陀罗弟子，学成之后隐居麦积山，跟随他学习的弟子有一百多人。又跟随昙比毗禅师学习禅法，学成之后在河北传授，研习者有三百多人。后受北魏王朝之邀前往平城（山西大同）弘扬禅法，因参与朝廷内政被杀。这一系的基本禅法为“五门禅”，禅观的内容为五阴、十二因缘和四谛，观想人生的“无常、苦、空、无我”，属于小乘禅法。

公元 445 年

沙门昙学、威德等在高昌译出《贤愚经》13 卷。

北魏太武帝灭佛后南逃的高僧释玄畅到达建康，宋文帝赞叹玄畅学识渊博，请为太子师。

公元 446 年

北魏太武帝拓跋焘因镇压盖吴起义到长安，发现一寺院内藏武器及数以万计的赃贿之物和密室等。在大臣崔浩的进言下，拓跋焘下诏：佛图形象及佛经尽皆击破焚烧，沙门无少长悉坑之，将灭佛推向高潮。

僧导在寿春寺接纳逃难僧人数百人之多。

公元 449 年

宝云卒，年七十四。东晋隆安（397—401）之初，宝云与法显、智严等人先后相随，西行求法，历于阗、天竺诸国。宝云在国外“遍学梵书，天竺诸国音字诂训，悉皆备解”。回到长安之后，跟随禅师佛陀跋陀罗修习禅定，不久又跟其离开长安南下到建康，住于道场寺。晋宋之际，宝云先后协助佛陀跋陀罗、法显、智猛、求那跋陀罗译经。宝云自己译出《新无量寿经》2 卷、《佛本行赞经》5 卷。由于宝云精通汉文和梵文，当时译出的不少经典都由宝云最后定稿，“众咸信服”。

公元 452 年

北魏文成帝拓跋濬即位，下诏复兴佛法。此后，佛教很快恢复起来。在朝廷主持复兴佛法的僧人主要是师贤和昙曜。文成帝亲自为师贤落发，令他担任道人统，掌管僧尼事务。

中天竺国三藏法师求那跋陀罗译出《八吉祥经》1卷和《现在佛名经》3卷。

公元454年

北魏文成帝敕有司于五级大寺内，为太祖以下五帝，铸释迦立像五，各长一丈六尺，都用赤金25万斤。

南朝宋孝武帝率群臣在中兴寺举行八关斋戒。

公元455年

北凉侯沮渠京声译出《治禅病秘要经》1卷。

公元456年

颜延之卒，年七十三。延之信仰佛教，著有《释达性论》《重释何衡阳》，主要阐释佛教因果报应理论。

公元457年

沙门释慧简译出《药师琉璃光经》，此经是从《大灌顶经》第十二卷中抄出的。慧简还依《药师经》抄写续命法。“续命法”在南北朝时期开始流传。

僧导卒，年九十五。僧导为鸠摩罗什弟子，著有《成实义疏》《空有二谛论》《三论义疏》。南下后，受到南朝宋武帝的支持，在寿春东山寺讲学，跟随的学生有上千人，形成成实学派中的寿春系，弟子有昙济、道猛、僧钟、道亮、法宠、慧开、慧勇等。

公元458年

昙标道人与羌人高阇谋反，南朝宋孝武帝因是下诏沙汰僧尼，自非戒行精苦，并使还俗。后由于诸寺尼出入宫掖，交关妃后，此制不能行。

罽宾国五比丘游行至日本，流通佛法、经像，教令出家，日本风俗发生改变。

公元 459 年

笈多王朝帝日王为庆祝打败白匈奴建立一座毗湿奴神庙，大概在此时开始建立那烂陀寺。

公元 460 年

师贤卒，昙曜接替他的职位，改称沙门统，北魏文成帝待之以师礼。昙曜开始主持开凿云岗石窟。

公元 462 年

九月，南朝宋有司上奏，要求沙门致敬王者。帝诏可。

北魏昙曜召集诸德，于云冈石窟通乐寺译出《大吉义神咒经》2 卷、《净度三昧经》1 卷（疑伪）等。

西域沙门功德直于荆州为沙门释玄畅译《菩萨念佛三昧经》6 卷、《无量门破魔陀罗尼经》1 卷。玄畅为《菩萨念佛三昧经》刊正文义，圆润语句。

公元 468 年

求那跋陀罗卒，年七十五。435 年，求那跋陀罗经师子国（今斯里兰卡）到广州，宋文帝遣使迎入建康祇洹寺，从事译经工作。南朝名士颜延之、彭城王刘义康和南谯王刘义宣等，皆以师礼事之。求那跋陀罗译有《杂阿含经》《大法鼓经》《胜鬘经》《楞伽经》《相续解脱经》和《无量寿经》等。

南朝宋明帝时期（465—472 年在位），天竺人竺法眷经过海路到达广州译经传法，先后译出《海意经》《如来恩智不思议经》《宝顶经》《无尽意经》《三密底耶经》等。

约公元 470—504 年

佛护（Buddhapālita）出生。他是南印度坦婆罗国人，曾作《中论颂》的释论，被认为是中观应成派的开创者。但应成派的代表并非佛护，而是此后的月称。月称亦作《中论颂》的释论，此论一出，其他释论几乎尽废。而且他作为与瑜伽行派对抗的主将，继清辨后继续“空有之争”。

公元 472 年

四月，北魏孝文帝下诏："比丘不在寺舍，游涉村落，交通奸滑，经历年岁。令民间五五相保，不得容止。无籍之僧，精加隐括，有者送付州镇；其在畿郡，送付本曹。违者加罪。"

西域人吉迦夜与沙门统昙曜等译出《付法藏因缘传》6 卷（疑伪）、《杂宝藏经》10 卷、《方便心论》1 卷等，共计 5 部 19 卷，由刘孝标笔受。

公元 473 年

北魏沙门慧隐谋反，伏诛。

公元 475 年

道猛卒，年六十五，为僧导弟子。道猛《成实》一部，最为独步，大化江西，学人成列。南朝宋元嘉二十六年（449），道猛至建业，居东安寺。宋明帝建兴皇寺，请猛为纲领，又请其开讲《成实》。道猛弟子道坚、惠弯、惠敷、僧训、道明，均擅《成实》。

公元 476 年

八月，北魏孝文帝"于永宁寺设大法供，度良家男女为僧尼者百有余人，帝亲为剃发，施以僧服，令修道戒，资福于显祖"。

同月，孝文帝"又诏起建明寺"，度僧建寺，广修供养。

公元 477 年

二月，孝文帝幸永宁寺设斋，赦死罪囚。

三月，又幸永宁寺设会，行道、听讲；命中、秘二省与僧徒讨论佛义。施僧衣服、宝器有差。又于方山太祖营垒之处，建思远寺。

此年，北魏平城有寺约 100 所，僧尼 2000 余人；各地有寺 6478 所，僧尼 77258 人。

宋道士陆修静卒，年七十二。陆修静为早期《道藏》的编辑者，也是南朝道教斋戒与仪范的制立者。他借用佛家的戒律思想提出"斋有九等"，并强调斋戒为立德之本。

公元 478 年

沈文季为丹阳尹。沈文季奉道排佛，责僧属籍，欲沙简僧尼。天宝寺释道盛时为僧主，面对这种情势，道盛对内约束僧尼，清净僧团，对外与沈文季周旋，成功解决了这次危机。

南朝宋时期，有寺院 1913 所，译经者 913 人，译经 23 部，僧尼 36000 人。

齐太祖高帝萧道成即位。即位前曾到钟山探访僧远。即位后幸庄严寺，听僧达法师讲《维摩经》。

南朝宋末齐初时，道教思想家顾欢写《夷夏论》，从种族立场反对佛教，引起了儒、释、道争论。

公元 480 年

北魏有司奏：前被敕以勒籍之初，愚民侥幸，假称入道，以避输课，其无籍僧尼罢遣还俗。

齐高帝建齐隆寺，敕蠲百户，赐田给寺院。

公元 481 年

二月，沙门法秀趁孝文帝“行幸三川”，京师防卫松懈之机，串通兰台御史张求等一百多人在平城发动起义。参加这次起义的还有燕国秀才平季、新投降的原南朝宋辅国将军崔僧佑。

僧渊卒，年六十八，为僧嵩弟子。僧嵩为鸠摩罗什弟子，擅长《成实论》《毗昙》《涅槃》诸学等，为北方讲习《成实论》的彭城系创始人。僧嵩弘扬《成实论》不遗余力，对南北影响很大。僧渊跟随僧嵩学习《成实论》《毗昙》，不到三年就有相当于十年的功底。僧渊弟子中有名的有昙度、慧记、道登等。慧记兼通数论，道登善《涅槃》《法华》，并为魏主元宏所重，驰名魏国。

公元 483 年

南朝齐竟陵王萧子良始在府邸置讲席。此后，不断招致名僧，讲论佛法，造经呗新声。道俗之盛，江左未有。

齐永明（483—493）中，三吴初造戒坛。

公元 484 年

扶南国王派遣那伽仙到南朝进献金缕龙王坐像、白檀像、牙塔等珍贵礼品，称扶南同样是信奉佛教的国家，以大自在天为守护神。

栖霞山寺庙始建，后成为南朝三论学派的发源地。

公元 486 年

北魏有司奏曰：“重被旨所检僧尼，寺主、维那，当寺隐审。其有道行精勤者，听仍在道，为行凡粗者，有籍无籍，悉罢归齐民。”

公元 487 年

释智林卒，年七十九。智林为高昌人，跟随宝亮过江，后往蕃禺。宋明帝初年，受敕回京。听说周颙著《三宗论》，写信劝其速成。后来返回高昌。智林著《二谛论》及《毗昙杂心论》，并注《十二门论》和《中论》。

慧可出生，俗姓姬，虎牢（今河南荥阳）人。

公元 488 年

僧伽跋陀罗于广州竹林寺译出《善见毗婆沙律》。此律为师子国觉音对优波离所集律藏的注释。其中载有“众圣点记”，是确定佛灭时代的重要依据。

公元 489 年

十月，齐文宣王召集京师硕学名僧五百余人，请定林僧柔法师、谢寺慧次法师于普弘寺迭讲。

齐竟陵王萧子良梦中咏维摩一契、古维摩一契，深得感触，于是召集僧人共同“造经呗新声”，创造佛教音乐。这是中国历史上第一次佛教音乐的研讨盛会。

释法瑗卒，年八十一。南朝宋时期庚澄之、何尚之、王俭皆与之交游，宋文帝令为南平穆王五戒师，西阳王子尚友，宋明帝建湘宫寺，请瑗为法主。

公元 490 年

五月，北魏沙门司马惠御自言圣王，谋破平原郡，擒获伏诛。

十二月十五日，瓦官禅房三藏法师法意译出《观世音忏悔除罪咒经》1 卷。

约公元 490—570 年

清辨（Bhavaviveka，或简称 Bhavya）创立中观自续派。清辨是南方末利耶那国的王族，也有说为摩揭陀国种姓大士。清辨主要著作有《根本中观般若灯释》（*Prajñā - pradīpa - mūla - madhyamaka - vṛtti*，又简称 *Prajñā - pradīpa*，即《般若灯论》）、《大乘掌珍论》（*Karatala - ratna*）、《中观心论颂》（*Madhyamaka - hṛdaya - kārikā*）、《中观心论注思择焰》（*Madhyamaka - hṛdaya - vṛtti - Tarkajvāla*）、《中观义集》《中观缘起论》《异部宗精释》等。

公元 491 年

受佛教不杀生影响，南朝齐武帝开始将茶叶作为祭品。

公元 492 年

北魏孝文帝下诏，每年限“大州度一百人为僧尼，中州五十人，下州二十人，以为常准，着于令”。对各州度僧人数量进行限制，以防止僧尼人数过分膨胀。

公元 493 年

孝文帝诏立《僧制》四十七条。

孝文帝迁都洛阳后，为佛陀禅师在少室山创建禅院（今之少林寺），并建翻经堂，由师住持，从事译经工作。佛陀禅师弟子慧光为地论宗南道派之祖。另有弟子道房，道房又传僧稠。

公元 494 年

齐竟陵王萧子良卒，年三十五。萧子良倡扬佛教，广招僧侣，著有《净住子净行法门》《维摩义略》《注遗教经》等。他还通过制定僧伽规范，对僧制进行了改革。

公元 495 年

孝文帝幸徐州白塔寺，谓诸王及侍官曰："此寺近有名僧嵩法师，受《成实论》于罗什，在此流通，后授渊法师，渊法师授登、纪二法师。朕每玩《成实论》，可以释人染情。故至此寺焉。"当时有沙门道登，精通佛理，被孝文帝赞赏，经常给他讲论经义。

公元 497 年

五月，孝文帝下诏在鸠摩罗什常住的寺院里建三级佛塔，寻访他的子嗣接续他的法脉。

南齐文学家、书法家张融卒，年五十四。张融主张三教融合，死后左手执《孝经》《老子》，右手执《小品》《法华经》。

公元 499 年

真谛出生，梵名波罗木陀，西天竺优禅尼国人。

日本沙门慧深来至荆州，言日本原本没有佛法，南朝宋时期，经来自西域罽宾国的 5 位比丘东渡日本，传播佛教后，日本风俗遂发生改变。

公元 5 世纪上半叶

印度六派哲学之一的胜论派形成完整的思想体系。该派根本经典《胜论经》（*Vaiśeṣika - sūtra*）于 1—2 世纪编纂完成，至 5 世纪上半叶，波罗奢思多跋陀（Praśastapāda）作《胜论经》的注释书《摄句义法论》，标志着该派思想的成熟。

印度六派哲学之一的吠檀多派建立成熟的思想体系。一般认为吠檀多派的建立是在公元前后，其开创者是跋达罗衍那（Bādarāyāna）。跋达罗衍那生平不详，传说是《梵经》（*Brahma - sūtra*）的作者。但现存的《梵经》约在 5 世纪上半叶编纂而成，所以跋达罗衍那最多是创作了该经的雏形。《梵经》又称《吠檀多经》《广博经》，乃吠檀多派的根本经典，也是吠檀多派的基本思想范型形成的标志。

印度僧人觉音到斯里兰卡，在大寺长老支持下，组织译场，开展大规模的译经活动，将僧伽罗文的三藏佛典译成巴利文，并对当时的许多佛教著作作了注疏，共编译出 19 部论著，这被称为斯里兰卡佛教史上的第三次结集。觉音把译著带回印度，以后又传入缅甸、泰国、柬埔寨、老挝及我国傣族地区，对这些国家和地区的佛教产生了深远的影响。觉音主要著作有《善见律毗婆沙》《清净道论》等。

与觉音同时代的大寺杰出论师还有佛授（Buddhadatta）和护法（Dhamma－pala）。前者为觉音的《论藏注》作纲要，后者继续完成觉音注释三藏未完成的部分。

5 世纪中叶

密教《金刚道场经》《灌顶大乘经》等经典出现，这些经典的特点是建立了以曼荼罗（Maṇḍala）坛法为中心的像法、供养法等系统修法。

公元 5—6 世纪

耆那教经典真正编成，以半摩揭陀语书写，共分为六类：十二支、十二次支、十杂、六惩戒经、四根本经、两经。

陈那（Dignāga 或 Dinnāga），5—6 世纪在世，主要著作有因明八论：《观三世论》《观总相论》《观境论》《因明论》《似因明论》《理门论》《取事施设论》《集量论》。

德慧（Guṇamati），5—6 世纪在世。瑜伽行派十大论师之一，安慧论师之师。著作相传有《随相论》《中论疏》及《唯识三十颂释》等，现在西藏的大藏经中，有其两部注释世亲论著之书，即《缘起初分分别说论疏》与《解说如理论疏》。

安慧（Sthiramati），5—6 世纪在世，与护法齐名，同为十大论师中的代表人物。主要著作有：《大乘阿毗达摩杂集论》（*Mahāyāna－abhidharma－samuccaya－vyākhyā*）、《大乘广五蕴论》《宝积经论》《大乘中观释论》《俱舍论实义疏》《大乘法界无差别论》《大乘庄严经论疏》《辩中边论疏》《三十唯识颂释》等。

印度传统绘画理论基本著作《画经》问世，提出了绘画六要素，即形象差异、度量比例、情感状态、美丽优雅、意象相似、色彩区别，成为后世印度传统绘画审美的基本标准。

公元 500 年

北魏宣武帝诏大长秋卿白整依照云冈石窟，于洛南伊阙山，为高祖、文昭皇太后营石窟二所。永平中，中尹刘腾奏为世宗复造石窟一，凡为三所。即今日龙门石窟的宾阳三洞。

公元 501 年

南印度人昙摩流支到洛阳，于白马寺译出《如来庄严智慧光明入一切佛境界经》2 卷。正始年间，又译出《信力入印法门经》5 卷和《金色王经》1 卷。

南朝齐陆杲撰《系观世音应验记》。

齐末有道士借张融之名作《三破论》攻击佛教“破国、破家、破身”。刘勰作《灭惑论》、僧顺著《释三破论》对道教的攻击进行反驳。

南朝齐时有寺 2015 所，译经 72 部，僧尼 32500 人。

公元 502 年

梁武帝萧衍即位。即位之初，就开始正乐，在他主持制定的 49 首三朝之乐中，和佛教相关的有第二十七“须弥山伎”、第三十五“金轮幢伎”、第四十二“青紫鹿伎”、第四十三“白鹿伎”、第四十四“设寺子导安息孔雀”等。

阇婆洲（爪哇岛）诃罗单国王瞿昙修跋陀罗遣使赠礼，并以佛教语言致书通好。此后他的儿子毗邪跋摩也遣使通好。

中天竺人求那毗地卒。他于齐建元初来到建康，住毗离耶寺，后译出《百喻经》《须达长者经》及《十二因缘经》各 1 卷，后于建业正（止）观寺摄受徒众，甚为有名。

公元 503 年

扶南国派遣曼陀罗仙携带梵本佛经和珊瑚佛像来到建业，梁武帝请曼陀罗仙、僧伽婆罗翻译《文殊师利所说般若波罗蜜经》2 卷、《法界体性无分别经》2 卷、《宝云经》7 卷。

梁武帝下《舍事道法诏》，宣布舍道入佛。

公元 504 年

僧韶卒，年五十八，高安人，擅长《毗昙》。这一时期，擅长《毗昙》的还有江陵僧慧、会稽慧基、建康智林、东平法护等。

公元 506 年

僧伽婆罗受梁武帝的征召，于寿光殿从事译经，嗣后又在华林园、正观寺、占云馆、扶南馆等处继续翻译经论，直到天监十七年（518），共译出《大乘十法经》1 卷、《度一切诸佛境界智严经》1 卷、《八吉祥经》1 卷、《孔雀王陀罗尼经》2 卷、《舍利弗陀罗尼经》1 卷、《菩萨藏经》1 卷、《解脱道论》13 卷、《阿育王经》10 卷等，凡 10 部 33 卷。

公元 508 年

北魏宣武帝令北印度人菩提流支、中印度人勒那摩提、北印度人佛陀扇多于洛阳殿内共译世亲的《十地经论》12 卷。宣武帝极为重视此论，亲至大殿担任一日笔受，后方付沙门僧辩。此后三年，菩提流支等还译出了《究竟一乘宝性论》4 卷、《法华经论》2 卷、《宝积经论》4 卷等瑜伽系重要著述。

宣武帝元恪下诏："缁素既殊，法律亦异。……自今以后，众僧犯杀人以上罪者，仍依俗断，余犯悉付昭玄，以内律僧制治之。"

公元 509 年

正月，泾州沙门刘惠汪聚众反，诏华州刺史奚康生讨之。

北魏沙门统惠深上书：诸州、镇、郡维那、上座、寺主，各令戒律自修，咸依内禁。若不解律者，退其本次。

沙门统慧深上言：出家之人，不应犯法积八不净物。然经律所制，通塞有方，依律，车牛淫人不净之物，不得为己私蓄。唯有老病年六十以上者，限听一乘。

公元 510 年

二月，秦州沙门刘光秀谋反，州郡捕斩之。

十二月，王敞谋反伏诛，事连嵩山中沙门。

梁武帝敕沙门宝唱撰《名僧传》31卷。搜集前代僧录、碑志以及口述等，区别部类，到天监十三年（514）编纂完成。

公元511年

夏，北魏诏曰："僧祇之粟，本期济施。俭年出贷，丰则收入，山林僧尼，随以施给。民有窘敝，亦即赈之。"

中天竺释迦檀像至，梁武帝率百官迎入太极殿。

公元512年

扶南（今柬埔寨）沙门僧伽婆罗在扬都寿光殿译《阿育王经》10卷。

梁武帝遣僧怀、慧令、智寂及僧诠等十人到摄山从道朗学习三论。道朗，辽东人，最初入关中习学罗什、僧肇的教义，后到建康，宣扬三论，著有《三宗论》，后人称之为摄山大师。僧诠学有成就，嗣后数代相传，有"摄岭相承"之说。僧诠门下有兴皇寺法朗、长干寺智辩、禅众寺慧勇、栖霞寺慧布四人，都长于三论，号称"诠公四友"。

北魏宣武帝延昌年间（512—515），菩提流支译出《入楞伽经》10卷。

公元513年

僧祐奉敕监造剡县（今浙江嵊州市）石佛，前后雕刻四年，造成极精美的五丈坐佛和十丈立佛，并造龛台、门、阁、殿、堂，以充供养。

公元514年

十一月，幽州沙门刘僧绍聚众反，自号净居国明法王，州郡捕斩之。

梁僧宝志卒。宝志著有《十二时颂》《十四科颂》《大乘赞十首》，强调"一切无非佛事，何须摄念坐禅"，主张即心即佛。

公元515年

六月，冀州沙门法庆聚众谋反，自称大乘。终因力量悬殊战败。

梁僧绍撰《华林殿众经目录》。

僧伽婆罗翻译《解脱道论》13卷。

范缜卒，年六十六。范缜著《神灭论》，梁武帝发动朝士对其进行抨击。萧琛作《难神灭论》，曹思文作《难神灭论》《重难神灭论》，庾咏作《敕答臣下神灭论》，沈约作《难神灭论》，他们批判神灭论的主导思想是依据梁武帝的“神明成佛”论。

公元 516 年

胡太后建永宁寺，又开凿伊阙，两工程皆壮丽奇伟。后菩提达摩至洛阳，见永宁寺，叹未曾有。永宁寺于 533 年毁于战火。伊阙石像今仍存。

中印度人瞿昙般若流支来到中国。于 538—543 年间，与昙曜、菩提流支共译出《正法念处经》《顺中论》等经论。

梁武帝敕宝唱撰《经律异相》1 部，并目录 55 卷。

公元 517 年

正月，北魏“大乘”余党复相聚结攻瀛洲，刺史宇文福讨平之。

北魏胡太后下令：“年常度僧，依限大州应百人者，州郡于前十日解送三百人，其中州二百人，小州一百人。州统、维那与官司精练简取充数。若无静行，不得滥采。”

胡太后下诏，严禁奴婢出家，诸王及亲贵亦不得辄启请；还规定在国家“敕度”之外，不准“私度”。

四月，梁武帝诏以宗庙用牲牢，有累冥道，宜皆以面为之。八座朝议以大脯代。

十月，梁武帝诏以宗庙犹用脯修，更议代之，于是以大饼代大脯，其余尽用蔬果。

梁武帝颁布《断食酒肉文》，要求僧尼禁酒肉，这对汉传佛教素食传统的形成至关重要。

梁武帝敕废天下道观，道士皆还俗。

梁武帝敕僧绍撰《众经目录》4 卷，宝唱撰《比丘尼传》4 卷，又撰《众经佛名》3 卷。

婆利国（文莱的加里曼丹岛）派使臣来到梁朝进献金席。

僧伽婆罗译《文殊师利问经》2 卷。

公元 518 年

北魏任城王元澄上奏，极言造寺建舍之害，提出年满五十岁的僧人才有资格申请建寺，而且在京城内不得随意建寺。得到了皇帝同意。

十一月冬，受胡太后之命，敦煌人宋云与崇立寺比丘惠生等人前往西域朝拜佛迹，求取佛经，成为中西交通史上的一件大事。这是中国佛教史上在正史中有明确记载的第一次官派求法。至正光二年（521）二月宋云、惠生一行始还，取得大乘经典 170 部，都是大乘妙典。宋云和慧生将沿途见闻记录下来，分别写成《宋云家记》和《慧生行记》。

僧祐卒，年七十四。僧祐是齐梁之际的律学大师，也是古代杰出的佛教文史学家，撰有《出三藏记集》15 卷、《萨婆多部相承传》、《十诵义记》、《释迦谱》5 卷、《世界记》5 卷、《法苑集》10 卷、《弘明集》14 卷、《法集杂记传铭》10 卷等。其中《出三藏记集》是现存最古的三藏目录和译经文献和传记的撰集，记录了从汉代到梁四百多年间，译出、撰集的典籍。

梁武帝敕释宝唱撰《梁代众经目录》，扩大了所录的范围，将“譬喻”“佛名”“神咒”等都列为一类，还以“有译”“无译”“一译”“异译”“多卷”“一卷”分类。

公元 519 年

梁武帝编撰《在家出家受菩萨戒法》，并根据这部戒法从慧约受菩萨戒，其后梁国的王侯、士、僧尼、庶民受菩萨戒者达到 48000 人。

昭明太子萧统讲真、俗二谛义，作《解二谛义令旨并答问》。

扶南国王留陀跋摩遣使来梁，向梁武帝赠送天竺栴檀瑞像和婆罗树叶。

会稽沙门慧皎著《高僧传》14 卷，始于汉永平，终于是岁。凡 450 余载 257 人，附见者 200 余人，分为 10 科，后代的僧传都以此为范式。

公元 520 年

魏明帝加朝服，大赦，请释、李两宗上殿，斋讫。侍中刘腾宣敕，请诸法师等与道士论义。

河南登封嵩岳寺塔始建。此塔是砖造密檐式塔的代表，为我国现存最早的砖塔，为佛教建筑艺术的佳作。

菩提达摩来东土，梁武帝览奏遣使迎请，因话不投机，又转而前往北魏。

公元 521 年

释法贞、释僧建有感于南方佛法昌盛，从北方来到南方。

公元 522 年

智藏卒，年六十五。他曾为梁武帝授菩萨戒，讲《涅槃》《般若》，著有《成实论大义记》和《成实论义疏》，是梁代弘扬《成实论》的三大师之一。他还把诵读《金刚般若经》和解厄延寿、去凶化吉的佛教法门结合，使《金刚经》得以广泛弘扬。

司马达等东渡日本，在大和阪田原设立草堂崇奉佛教，达等的女儿司马岛首先出家为尼，称为善信尼，达等的儿子也出家为僧，称为德齐，这是日本僧尼之始。

公元 524 年

僧伽婆罗卒，年六十五。僧伽婆罗在华译经 17 年之久，共译经书 11 部 38 卷，即《阿育王经》10 卷、《孔雀王陀罗尼经》2 卷、《文殊师利问经》2 卷、《度一切诸佛境界智严经》1 卷、《菩萨藏经》1 卷、《文殊师利所说般若波罗蜜经》1 卷、《舍利弗陀罗尼经》1 卷、《八吉祥经》1 卷、《十法经》1 卷、《解脱道论》13 卷、《阿育王传》5 卷。

公元 525 年

北魏佛陀扇多译出《如来狮子吼经》。

梁武帝敕命光宅寺法云为大僧正，武帝开讲同泰寺，特许法云“乘舆上殿，凭几听讲”。

梁武帝于同泰寺设“千僧会”。

公元 526 年

法超卒，年七十一。他曾被梁武帝任命为僧正。在律仪的制定上，法超著有《出要律仪》14 卷。

公元 526 年

在印度学佛五载的谦益回到百济。他是专门研究律部的僧人，回国时带回小乘佛教五部戒律。

公元 527 年

梁武帝第一次舍身入佛寺，在寺院总共待了四天，后被大臣重金赎回。

僧旻卒，年六十一。僧旻曾注《般若》，讲《胜鬘》，弘扬《观世音经》，号称“素王”，著有《四声指归》《诗谱决疑》等，是梁代弘扬《成实论》的三大师之一。

师子国（今斯里兰卡）王伽叶伽罗诃梨耶遣使致书于中国，要和梁朝廷共弘三宝。

公元 528 年

戒贤（梵名 Śīla－bhadra，约 528—651/529—645，音译尸罗跋陀罗）约于此年（一说为 529 年）出生于东印度三摩呾咤国王族，属婆罗门种姓。

尔朱荣称兵渡河，胡太后尽召肃宗六宫皆令入道，太后亦自落发。

孝庄帝即位，因国库空虚而卖官，其中包括卖僧官：“诸沙门有输粟四千石入京仓者，授本州岛统，若无本州岛者，授大州都；若不入京仓，入外州郡仓者，三千石，畿郡都统，依州格；若输五百石入京仓者，授本郡维那，其无本郡者，授以外郡；粟入外州郡仓七百石者，京仓三百石者，授县维那。”

新罗僧人异次顿为法灭身。

公元 529 年

京城大疫，梁武帝于重云殿为百姓设救苦斋，以身为祷。复幸同泰寺，设四部无遮大会，披法衣行清净大舍，亲升法座为众开《涅槃经》题，群臣以钱一亿万奉赎，皇帝设道俗大斋五万人。

法云卒，年六十三。萧齐时讲《法华》《净名》，号“作幻法师”，著有《成实论义疏》42 卷，是梁代弘扬《成实论》的三大师之一。曾解说梁武帝的《神灭论》。其对《法华经》的讲解后来形成《法华义记》8卷，世称“光宅疏”，是我国现存《法华经》注释书中仅次于竺道生所撰《法华经疏》之古本。

盘盘国（泰国南万伦湾沿岸一带）派遣使者送来舍利及画塔。

公元 529 年

新罗法兴王下令禁止杀生。

公元 530 年

波斯国使臣到梁朝进献佛牙。

丹丹国（马来西亚马来东北岸的吉兰丹）派使者向梁朝进贡象牙、佛经等。

公元 531 年

佛陀扇多译出《摄大乘论》2 卷，昙林等人笔受。

何胤卒，年八十六。其佛教论著有注《百法论》1 卷、《十二门论》1 卷。

公元 533 年

梁武帝到同泰寺讲《摩诃般若经》，与会的高僧有千人，僧俗共有 319642 人参加。

公元 534 年

北魏各地有寺 3 万余所，僧尼 200 万人。

魏末天下大乱，京邑第舍，大略为寺。杨衒之在《洛阳伽蓝记序》中这样写道：“王侯贵臣，弃象马如脱履。庶士豪家，舍资财若遗迹。”

梁武帝派使送菩提国真舍利及画塔，并献菩提树叶、詹糖等香。

新罗法兴王伐木天镜林以建精舍，是为新罗创寺之始，名大王兴轮寺。

公元 536 年

北魏菩提达摩卒（另说为 528 年或 532 年）。他被后世尊为汉地禅宗始祖。菩提达摩是南天竺僧人，梁普通年间（520—526）泛海来到广州，应梁武帝之请，到南朝建康。与梁帝问答，机缘不契，渡江来到嵩山少林寺，面壁而坐，时人称为壁观婆罗门。弟子有慧可，之后有僧璨，传他著有《信心铭》。达摩以《楞伽经》印心，所以慧可与僧璨都称为楞伽师。达摩的禅法为“二入四行论”，即“理入”和“行入”。

智顗出生，俗姓陈，字德安，荆州华容（今湖北潜江西南）人。

梁道士陶弘景卒，年八十五。他创茅山宗，援佛入道，曾梦中受佛教五戒，足见佛教戒律对道教的影响。

公元 537 年

阿育王佛塔出现舍利，梁武帝加以礼拜，虔诚至极，舍利于钵内放光。

梁武帝萧衍的母舅昙裕法师从扶南求得舍利（佛骨）来到广州。广州刺史萧裕为了迎接这一佛教至宝，特地在当地建造“宝庄严寺”。

公元 538 年

东魏孝静帝下诏：“天下牧守令长，悉不听造寺。若有违者，不问财之所出，并计所营功庸，悉以枉法论。”

东魏孝静帝时，杨衒之作《洛阳伽蓝记》。

慧光卒，年七十。他是北朝律学的最重要代表人物，造《四分律疏》，并删定羯磨，著有《羯磨戒本》的删定本、《四分律疏》4 卷，后世称之为“光统律师”。慧光也是《地论》南道的代表人物，他对《地论》也进行过翻译。北魏末年，慧光被任命为国都，在东魏又担任国统。慧光著有《佛性论》《增一数法》《众经目录》《大乘义章》等。慧光还作有《华严》《涅槃》《维摩》《十地》《地持》等的著疏。慧光弟子有法上、僧范、道凭、昙衍、道慎、昙遵、慧顺、灵询、僧达、道云、道晖等。南道逐渐演变为华严宗。

《地论》北道以道宠为代表。道宠跟随菩提流支学习地论，弟子上千人，著名的有牢宜、僧休、志念、法继、诞礼、儒果等。牢宜、儒果没有传承。僧休传宝袭，志念传道岳。地论学北道历经魏、齐、周，到隋唐，最后与摄论派北道合流。

梁武帝幸同泰寺，设盂兰盆斋。从此之后，盂兰盆节成为我国寺院中重要行事之一。

百济国圣明王派遣使者向钦明天皇进献释迦佛金铜像、幡盖、经论。佛教由官方传入日本。

公元 539 年

佛陀扇多译出《十法经》。

扶南来使赠送生犀，并言彼国有佛发。梁武帝令直使张汜等送扶南来使返国，并遣沙门释宝云前往迎请佛发，还请名德三藏法师携大乘诸经论等来梁。

公元 540 年

三阶教的创立者信行出生，魏州卫国人，或曰魏郡人。

公元 541 年

梁武帝下诏："又复公私传、屯、邸、冶，爰至僧尼，当其地界，止应依限守视，乃至广加封固，越界分断水陆采捕及以樵苏。"

西域于阗国向梁进献外国刻玉佛。

宕昌、蠕蠕、高句丽、百济、滑国各遣使朝贡。百济求《涅槃》等经疏及医工、画师、《毛诗》博士，梁武帝并许之。

公元 542 年

昙鸾卒，年六十七。昙鸾著有《调气论》《礼净土十二偈》《安乐集》《论气治疗方》《疗百病杂丸方》，今尚存者有《往生论注》《赞阿弥陀佛偈》（当即《礼净土十二偈》）、《略论安乐净土义》（盖即《安乐集》）。昙鸾大弘净土思想，为净土信仰在中国的扎根与流行奠定了思想基础。昙鸾影响很大，常被推为净土宗初祖。

公元 543 年

迦叶遗部的律本《解脱戒经》译出。

公元 544 年

兴轮寺成，新罗真兴王鼓励国人出家为僧尼。

公元 546 年

真谛携经论梵本 240 夹经水路到达南海郡（今广东南部）。

公元 547 年

梁武帝第三次舍身入佛，这次在寺庙的时间有 37 天之久。

公元 548 年

闰八月，真谛到达建业，准备翻译经论，正逢侯景叛乱，不得不逃出建康，辗转到了富春，才获得传译的机会。

公元 549 年

梁武帝遣使偕同新罗学僧觉德送佛舍利至新罗国，新罗真兴王亲率百官奉迎于兴轮寺。

三论宗的真正创立者吉藏出生，为西域安息国皇室后裔，生于金陵。

公元 551 年

梁简文帝萧纲订立《八关斋制条》。

惠亮从高句丽到新罗，被封为僧统，管理僧侣队伍，在新罗首次推行百座讲会和八关之法。

公元 552 年

真谛将归天竺，至广州。沙门东恺等请译《俱舍》等论。

公元 554 年

北齐樊逊作《举秀才对策》既反对佛教，也反对道教。

慧思至光州（今河南光山）开岳寺，讲《大品般若经》。

梁高僧慧皎卒。慧皎作《高僧传》14 卷，题材为类传体，分译经、义解、神异、习禅、明律、亡身、诵经、兴福、经师、唱导十个门类。体例完备，文辞婉约，为后来的僧传所效仿。

真谛在豫章宝田寺译出《弥勒下生经》一卷。

公元 556 年

那连提黎耶舍抵达邺城，受到北齐皇帝礼遇，住天平寺译经。译出《月灯三昧经》《大悲经》《施灯功德经》《大集徐弥藏经》等。

北印度僧那连提那舍到邺城，译出《菩萨见宝三昧经》《阿毗昙心论》等。

西魏僧官名称由“沙门统”改为“三藏”。

魏朝（包括东魏、西魏）有皇帝造寺 47 所，王公贵族造寺 839 所，百姓造寺 3 万余所；僧尼 200 万人。

梁代有寺院 2846 所，僧尼 82700 余人，外国译经僧共有 8 人，译出的经、律、论及传记等共 46 部 201 卷。

新罗人圆光入华求学。

公元 557 年

南朝陈武帝即位，集四部，设无遮大会。

被奉为华严宗初祖的法顺（世称杜顺）出生。雍州万年（今陕西长安）人。

约此年前，百济僧人玄光入华，曾受教于南岳慧思。

公元 558 年

五月，陈武帝幸大庄严寺舍身，翌日群臣表请还宫。

十一月，陈武帝幸庄严寺，发《金光明经题》。

十二月，陈武帝幸庄严寺，设无碍大会，行清净大舍，翌日群臣表请还宫。金陵七百寺值侯景焚荡几尽，自帝登极，悉令修复，翻经讲道不替前朝。

慧思造成金字《大品般若经》及《法华经》2 部，盛以琉璃宝函；其《立誓愿文》，当即此时所作。

陈武帝邀请法朗驻锡兴皇寺，宣讲《华严》《大品》《中论》《百论》《十二门》等诸经论，故法朗被尊为“兴皇大师”。

公元 560 年

大约此时，白匈奴南侵北印度，大肆毁佛，史称“北印度法难”。

真谛译《摄大乘论释》。

智䫞涉险北上，诣光州大苏山，师事慧思，证得法华三昧，慧思许之为说法人中最为第一，并常令代讲《大品般若》，闻者服之，由是闻名遐迩。

公元 563 年

僧实卒，年八十八。僧实曾在洛阳跟随勒摩提学习禅法，深受勒摩提赞扬。僧实禅法的特色为“九次调心法”，这是小乘禅法。西魏大统中宇文泰以僧实为昭玄三藏，周武帝初又以僧实为国三藏。

公元 564 年

中印度僧阇那耶舍与弟子耶舍崛多、阇那崛多到达长安。阇那耶舍译有《大乘同性经》《大云请雨经》等；耶舍崛多译有《金光明经·更广寿量大辩陀罗尼经》等；阇那崛多译有《法华经·普门品重诵偈》《佛语经》等。

真谛在广州译出《俱舍释论》，其弟子将真谛对俱舍的讲解整理成为义疏，在当年的闰十月译毕，共论文 22 卷、论偈 1 卷、“义疏”53 卷。天嘉七年（566）二月，真谛又重新翻译和讲解。到了光大元年（567）十二月完毕，经其弟子慧恺记录整理，而成《阿毗达摩俱舍释论》22 卷。真谛弟子中弘传《俱舍》之学的，有慧恺、智敫及法泰等，而以慧恺为最。

公元 565 年

陈文帝遣使与僧释明观等往新罗国通好，并送释氏经论一千七百余卷。

陈文帝建《胜天王般若忏》。

公元 566 年

那连提耶舍译出《大集月藏经》。

公元 567 年

卫元嵩上书周武帝“省寺减僧”，试图对佛教进行彻底的改造。

智顗禀承其师慧思之命，南下陈都金陵弘法。

公元 568 年

慧恺卒，年五十一。慧恺为真谛弟子，深受真谛器重。陈天嘉四年（563），在广州制旨寺请真谛翻译《摄大乘论》及释论，亲自笔受，不久又帮助真谛翻译《俱舍论》，并作两论之疏。慧恺著有《摄大乘论疏》8卷、《俱舍论疏》53 卷。慧恺的私淑弟子道岳（568—636），初习《杂心》，后弘《俱舍》，遂由毗昙学转入俱舍学。

公元 569 年

二月，北周武帝御大德殿，集百僚、道士、沙门等，讨论释老义。

三月十五日，北周武帝敕召有德众僧、名儒、道士、文武百官两千余人，帝御正殿，量述三教。以儒教为先，佛教为后，道教最上。时议者纷纭，情见乖咎，不定而散。二十日再次召集讨论，武帝提出："儒教、道教，此国常遵，佛教后来，朕意不立。"但由于当时的僧人极力辩解，武帝无法废除佛教。

四月，北周武帝敕司隶大夫甄鸾详度佛、道二教，定其深浅，辨其真伪。

真谛卒，年七十一。真谛在中国 23 年，翻译出的经论记传有 64 部278 卷。他翻译和注疏的重点是瑜伽行派无著、世亲、陈那等人的论著，属于佛教大乘有宗体系，此学说在陈代与《成实》《三论》形成了论辩的思潮，影响广泛。真谛所翻译的瑜伽行派和玄奘的瑜伽行派形成了新旧两种不同的说法，分别称为唯识古学与唯识新学。南朝的唯识学以《十地经论》与《摄大乘论》为主要依据。

傅大士卒，年七十三。著有《心王铭》。

沈君理请智顗居瓦官寺，开讲《法华经》。宣帝敕停朝一日，令群臣往听。自此，智顗前后居瓦官寺八年，创弘禅法，宣讲《大智度论》、说《次第禅门》等，又为毛喜出《六妙门》。这是智顗一生弘法活动的一个重要时期。

公元 570 年

北周阇那耶舍译出《大云请雨经》1 卷。

二月，甄鸾上《笑道论》，驳斥道教思想。

五月，周武帝召集群臣“详鸾上论”，认为甄鸾“伤蠹道法”，于殿廷焚烧此书。

九月，释道安上《二教论》，认为儒教是“外教”，佛教是“内教”，道教也属于“儒宗”。

周武帝敕命释僧玮为“安州三藏”，释僧晃为“绵州三藏”，释亡名为“夏州三藏”，释僧休为“雍州三藏”。

日本国内发生大瘟疫，朝廷下令将百济进献的佛像投入堀江，放火烧毁佛舍。

公元 571 年

法泰返回建业，讲授《摄大乘》《俱舍》二论。真谛在广州时，法泰为其笔受文义，近 20 年，所出计 50 余部，并述义记。与真谛合译《明了论》以及《疏》5 卷。

公元 573 年

十二月，周武帝召集百官、沙门、道士等辩论三教先后，得出“儒教为先，道教为次，佛教为后”的结论。

朝鲜玄光入中国并师事慧思，归国后广演教法，这是关于天台宗传入朝鲜的最早文字记载。

公元 574 年

五月十六日，周武帝于太极殿令道士、僧人辩论二教优劣，释智炫辩败道士张宾，武帝自升高座，提出“三不净”论。智炫说：“道教之不净尤甚。”武帝不悦而退。十七日，武帝下诏禁断佛、道二教。

六月，周武帝下诏设通道观，选取佛、道二教名人为学士，共 120 人，令会通三教，息灭争端。

公元 575 年

北齐后主下诏：“去秋已来，水潦人饥不自立者，所在付大寺及诸富户济其性命。”

智𫖮不顾陈宣帝的敕书挽留以及徐陵的“泣涕请住”，辞别金陵，入住天台山。

公元 577 年

北周灭北齐。正月，武帝入邺城，召集僧人赴殿，宣布废佛。虽有名僧慧远与武帝辩论，道林上表进谏，武帝仍不改毁佛之意。

北齐有皇室立寺 43 所，邺都有寺约 4000 所，僧尼 8 万人。全国有僧尼 200 余万。北周有寺 931 所。

慧思卒，年六十四。慧思被尊为天台宗三祖。他根据慧文"一心三观"思想提出了实相观，同时也提倡四念处和安乐行。

陈宣帝下诏云："智颢禅师，佛法雄杰，时匠所宗，训兼道俗，国之望也。宜割始丰县（天台县）调，以充众费；蠲两户民，用给薪水。"

百济向日本赠送经论、律师、禅师、比丘尼、咒禁师、造佛工、造寺工。

公元 579 年

印度僧毗尸多流支到越南，著《大乘方广总持经》等。

正月，诏命从旧沙门中拣选德行法高者七人于正武殿西修道。

二月，宣帝传位于静帝，自称天元皇帝，改元大象，下敕允许官民信奉佛教。

四月，宣帝又命修行者不许剃除须发，称"菩萨僧"，度 120 人在陟岵寺为国修道。

十月，北周开始恢复佛像及道教天尊像。

新罗向日本赠送佛像。

公元 580 年

五月，北周宣帝死，朝政由杨坚掌握。

六月，北周复行佛、道二教，旧沙门、道士精诚自守者，简令入道。佛教由此开始恢复。

法上卒，年八十六。法上为慧光弟子，北齐文宣帝高洋命其为戒师，曾任魏、齐昭玄大统。法上的弟子有法存、慧远等。

道信出生，俗姓司马，河内（在今河南沁阳）人。

印度僧人毗尼多流支从广州到越南法云寺传禅，创建越南第一禅派，史称毗尼多流支禅派。

公元 581 年

隋文帝即位伊始，下诏令在全国范围复兴佛教，“普诏天下，任听出家”。令计口出钱营造经像。京师及并州、相州、洛州诸大都邑之处，由政府抄写一切经置于寺内。民间佛经多于六经数十百倍。

三月，诏于五岳下各立一寺。

沙门彦琮与文士陆彦师、薛道衡等共修《内典文会集》。

沙门智周、宝暹、道邃、僧昙等十人以齐武平六年（575）相继西行，是年东自西域赍经论至长安，共获梵本 260 部，敕付有司翻译。因此设立翻经馆，立翻经学士。

兴皇法朗卒，年七十五。法朗为僧诠门下“诠公四友”之一，先后说法 20 余载，讲四论及《华严》《大品》等，影响日广，使三论之学出山林而入庙堂。法朗继承了僧诠的学说，作有《中论疏》（今不传），其说散见于吉藏的著述中。知名弟子有吉藏、罗云等 25 人，分布于长江上下游、关中各地。

昙衍卒，年七十九。昙衍从慧光出家，撰《华严经疏》7 卷。

公元 581—600 年

开皇中，隋文帝下诏赐给少林寺地一百顷。

吉藏受杨广之请，先后住扬州惠日寺和长安日严寺。

公元 582 年

迁都于龙首原，名城曰大兴城，殿曰大兴殿，门曰大兴门，县曰大兴县，园曰大兴园，尽以靖善房立大兴善寺，为京城寺庙之最。寺殿号大兴佛殿，制度与太庙同。

诏沙门僧猛住大兴善寺，为隋国大统。隋继承北魏的制度，设立昭玄寺掌管佛教，置大统一人、统一人、都维纳三人，还设置功曹主簿员管理各州郡县的沙门。

敕诏中天竺沙门达摩般若掌管翻译，立大兴善寺译场。是年三月译出《报业差别经》一部。

北天竺沙门那连提黎耶舍住大兴善寺草创译事，后移住广济寺为外国僧主。

公元 583 年

诏每年正月、五月、九月，自八日至十五日，凡京州诸寺均令行道，行道日皆不能杀生。

隋文帝巡视道坛，看见一幅老子化胡像，大生怪异。接着，文帝“敕集诸沙门道士，共论其本。又敕朝秀、苏威、杨素、何妥、张宾等，有参玄理者，详计奏闻”。彦琮在场，作《辩教论》，指出道教中的虚妄之处，尤其是自晋代以来流传的老子化胡一事的虚妄。

公元 584 年

敕天下凡北周已入官而未毁之佛像，再行安置。

宝琼卒。宝琼曾任大僧正，为陈代有名的成实论师，讲《成实》91遍，并撰《成实玄义》20 卷、《成实文疏》16 卷。

陈朝还形成了“新成实学”，代表人物如智嚼，其门下有智脱、智琰、智周、慧称、慧乘等。

司马达等之女岛出家成为善信尼，另外两个女子也出家为尼，是日本人出家之始。

公元 585 年

隋文帝杨坚于大兴殿受菩萨戒，大赦天下。

隋文帝应沙门昙延之请，遣使到突厥迎天竺犍陀罗沙门阇那崛多返华主译经之事，置十大德监掌译经。更召婆罗门僧达摩笈多、居士高天奴高和仁兄弟等，同传梵语。

那连提耶舍译《大云轮请雨经》2 卷，以及《大方等大云请雨经》1 卷。

在陈后主的多次敦请之下，智𫖮遂再往金陵，初止于灵曜寺。旋应诏赴太极殿，开讲《大智度论》及《仁王般若经》等，后主亲往听法。当时听法的名僧有慧旷、慧辩、慧晅等，场面十分宏大。后以灵曜寺过于偏隘，遂迁光宅寺居住。

日本苏我马子在自宅建佛殿供奉弥勒佛，又在大野丘北造塔供奉佛舍利。

日本敏达天皇决定废佛，破坏了舍利塔、佛殿和佛像，扣押善信等三尼，崇佛派受到沉重打击。

公元 586 年

正月，陈后主诏智顗赴崇政殿，为皇太子授菩萨戒，设千僧法会。

招提寺沙门僧就合成 60 卷《大集经》。支昙、罗什等所出《大集》，卷轴多以 30 成部，高齐时，那连提梨耶舍译出《月藏经》12 卷，隋初，又译出《日藏》15 卷，这就是《大集》的广本，但前后翻译，遂使支离，因此僧就合成之。

长安大兴善寺灵藏卒，年八十八。灵藏依颖律师出家，善《僧祇律》。

公元 587 年

下诏延请徐州昙迁、洛阳慧远、魏郡慧藏、清河僧休、济阴宝镇、汲郡洪遵六位德行高洁的“六大德”和他们的弟子各十人进京，将他们都安置在隋朝国寺大兴善寺进行佛学讨论、研究和佛教的弘传。

诏昙迁为昭玄大沙门统。

立净影寺，使沙门慧远常居讲说，于是四方投学七百余人，皆海内英华。

沧州僧人道正作《凡圣行法》6 部 50 卷，广破信行禅师三阶法。后至大兴城，从官府递状呈进。正在执政的高炯安排京中名僧讨论，道正辩论德胜，但京城大僧不愿听从，会议无果而散。道正留下所著的文本后返回，此后骊山一带仍有人遵其法行。

智顗于光宅寺讲《法华经》，弟子灌顶与听，记为《法华文句》。

苏我马子等人为祈愿天皇康复而筹建寺院，司马达等之子鞍部多须奈也为此出家，成为日本历史上第一位僧人。此后不久，苏我马子等拥立崇峻天皇，崇佛派取得彻底胜利。

公元 588 年

昙延卒，年七十三。昙延从蒲州僧妙听《涅槃》，后又从其他僧人听《华严》《大论》《十地》《地持》《佛性》《宝性》等诸经论，撰《涅槃义疏》15 卷，还撰有《宝性》《胜鬘》《仁王》等疏。

百济国派遣使臣进献佛舍利、僧人和工匠。苏我马子派遣善信尼赴百济学习受戒之法。大和国与百济的佛教交流更加密切，佛教在日本逐步兴盛起来。

公元 589 年

隋文帝平江南，下诏保护佛经、佛寺等，江南佛风继续盛昌。

三阶教信行得朝中大臣高炯荐推而入京。这是三阶教发展壮大的标志，表明其宣扬的佛法得到国家承认。

天竺沙门那连提黎耶舍卒。耶舍前后译经论 15 部 80 余卷。

李士谦论三教优劣，谓佛为日，道为月，儒为五星。他是隋代持三教融合观点的重要代表人物。

新罗僧人圆光来游长安。新罗国王频请归国。文帝有敕厚加劳问，放归本国。圆光陈时来华，求学于庄严僧旻之弟子，住苏州虎丘山，讲《成实》《般若》，后研究《摄论》，贞元四年卒于新罗，年九十九。

颜之推卒。著有《颜氏家训》，其中《归心篇》集中谈到对佛教的理解。

公元 590 年

文帝为蜀王秀立胜光寺，诏沙门昙迁徒众居之。

隋文帝“敕僚庶等，有乐出家者，并听”。甚至还鼓励私度。

隋文帝下诏敕问智𫖮，敦促其与隋朝合作。时秦王杨俊镇扬州，复致书延请，智𫖮不受其请。

南印度僧达摩笈多至长安，住兴善寺译经。

道尼奉敕入京，弘扬摄论学，著名弟子有僧道岳、慧休、智光等。

公元 591 年

令天下立寺无分公私，混同施造。

诏令天下州县各立僧、尼二寺。

晋王扬广任扬州总管，遣使奉迎智𫖮，智𫖮再三推辞，在杨广允诺四项条件之后，前往扬州，十一月二十三日于总管大厅设千僧会，为杨广授菩萨戒，取法名“总持”，杨广则号智𫖮为“智者大师”。授戒既毕，智𫖮即出居城外，同时坚请再赴荆湘。

公元 592 年

设置二十五众和五众。二十五众由国家下敕令、通过县崇选拔出来的25位在戒、定、慧三学方面均有所专长的僧人组成。五众则是面向有一定佛学基础的高级僧才进行的佛教高等教育。

敕阇那崛多同西域沙门若那竭多，开府高恭，恭子天奴、仁和及婆罗门毗舍达等，于内史省翻梵高书及干文，合二百余卷，奏闻进内。

敕诏彦琮入京，使掌翻译，住大兴善寺。

净影寺慧远卒，年七十，南地道论师，法上的弟子。周武帝灭佛时，慧远到了净影寺，被称为“净影寺慧远”，著有《大乘义章》《大乘起信论义疏》等，很有影响。

公元 593 年

敕令儒林郎侯白（君素）撰《旌异传》20 卷。又有晋府祭酒徐同撰《通命论》2 卷，翻经学士刘凭撰《内外旁通比较法》。

法经等 20 人奉敕撰写《众经目录》，次年七月完成。共收录大小乘三藏典籍 2257 部 5310 卷。

智𫖮于荆州当阳县（今当阳市）玉泉山创立玉泉寺，又重修十住寺，并于玉泉寺讲《法华玄义》。

慧可卒，年一百零七。被奉为禅宗二祖。慧可继承了菩提达摩重视《楞伽经》的传统，所以，慧可弟子们被称为“楞伽师”。不过，慧可倾向于对经文作自由解释，崇尚领会经典的宗旨大意，并不拘泥于文句。慧可对菩提达摩的思想有所发展。他吸收了大乘中观派的学说和《维摩诘经》所宣扬的“不二法门”的思想，认为“无名”与“智慧”并没有本质的区别，众生与佛也是不二的，解脱与否，完全系于个人的迷悟之间。慧可更强调自证自悟，这是对菩提达摩倡导的众生皆有佛性思想的发展。弟子有僧璨、惠、威、那、端、满诸禅师。其中，僧璨被奉为禅宗三祖。

公元 594 年

智𫖮于荆州玉泉寺讲《摩诃止观》，由此而完成天台宗思想体系的完整建设。荆州玉泉寺是智𫖮晚年弘法的重要场所，其一时法席之盛，不减于当年之瓦官。因此招致州官的恼怒干涉，以为有乖“国式”，智𫖮对此遂有“世调无堪，不能谐和得所”之遗恨。

三阶教信行卒，年五十五。信行认为现世已进入末法时代，应行普法，撰《三阶集录》等40余卷。弟子护送其遗骸到终南山下楩梓谷口的尸陀林中，林葬舍尸鸟兽。最终收取骸骨起塔供养，做塔铭碑。此后，信行的僧俗弟子或依林葬，或行火葬，都起塔于信行塔旁。唐代在此塔林建有塔院，遂具“百塔寺”之称。

日本推古天皇颁布“兴隆三宝诏”。

公元 595 年

敕撰《众经法式》10卷，约束僧尼。又有著作郎王邵撰《灵异志》20卷。

置于公元589年条下陈（557—589）。

晋王杨广遣使奉迎智顗，智顗再至扬州，止于禅众寺。六月，杨广奉书求学禅慧，智顗数辞不获，乃为撰《净名经疏》。

高句丽僧慧慈、百济僧慧聪到达日本，圣德太子亲自师从慧慈学习佛法。

公元 596 年

诏西京大禅定寺沙门童真为涅槃众主。

诏西京大兴善寺沙门洪遵为讲律众主。

诏西京真寂寺沙门法彦为大论众主。

诏京师大总持寺沙门宝袭补大论众主。

日本法兴寺落成。朝廷任命高句丽僧慧慈、百济僧慧聪住寺，马子之子善德担任寺司。法兴寺是日本最早的砖瓦结构建筑群。

稍后，圣德太子发愿建造飞鸟时代的另一所著名寺院四天王寺。

高句丽僧波若入天台山，师事智顗，求授禅法。当时来华学于智顗的新罗僧人还有圆光。

公元 597 年

敕立五众，请京师大总持寺沙门慧迁为十地众主。

敕西京大禅定寺沙门灵璨补为众主，于净影寺传扬故业。璨为慧远弟子，因慧远去世众侣无依，故敕补为众主。

敕京师大兴善寺沙门僧粲补为二十五众第一摩诃衍匠。

费长房编撰《历代三宝纪》，共收录大小乘经典 2146 部 6235 卷。该书共 15 卷，按照年代顺序编排，相当于编年体佛教史，记载了历朝历代的国家和佛教大事，比较详细地记载了佛教经典的翻译和流传状况。

襄州龙泉寺沙门慧哲卒，年五十九。慧哲初学于彭城寺宝琼，后师事兴皇法朗，讲三论、涅槃，号为象王哲。

公元 598 年

智𫖮卒，年六十七。此前杨广遣使入山，敦促智𫖮赴江都。行至石城寺，病卒。生前口授与杨广《遗书》，要求杨广护持佛法。第二年，杨广为建寺天台山麓，一依智𫖮生前所定之形制规模，寺初名天台，至炀帝大业元年（605 年）改名国清。智𫖮是天台宗的实际创立者，其代表性著作是被称为“天台三大部”的《法华文句》《法华玄义》《摩诃止观》，均为弟子灌顶笔录。

公元 599 年

下诏禁毁佛道等像。

晋王杨广置慧日、法云、日严、弘善四道场，国司供给，释、李两部各尽搜杨。晋王以吉藏名解著功，召入慧日。

大律都智文卒，年九十一。智文初依僧辩学，后归象公门下，梁中大同灵味、瓦官主寺启敕请智文于光业寺首开律藏于江南。前后讲《十诵律》85 遍，弟子甚众。撰有《律仪疏》《羯磨疏》《菩萨戒疏》等。

道成卒，年六十八。道成为智文弟子，讲《十诵律》《菩萨戒》《大品》《法华》诸经论 140 余遍，注《律大本》《羯磨》诸经疏 36 卷。

百济第二十九代法王元年十二月，下令禁杀生，收民家所养鹰鹞放之，又焚渔猎之具。这是将佛教的道德观念法制化、世俗化的表现。

公元 6 世纪

护法（梵名 Dharmapāla，音译达摩波罗）在世。护法为世亲三传弟子。据汉传佛教典籍，其寿甚短，只活了 32 岁，但却是瑜伽行派中期的代表人物。主要著作有：《大乘广百论释》《观所缘论释》《成唯识宝生论》《三十唯识论释》《二十唯识论释》。

十万偈本《金刚大道场经》形成。

公元 598 年

智顗卒。

公元 6 世纪中期

清辨与那烂陀寺住持护法（Dharma - pāla）之间展开论争，这是中观派与瑜伽行派第一次较大的论争。

公元 6 世纪后半叶

那烂陀寺中观派论师智光（Jñāna - prabhā）与瑜伽行派论师戒贤（Śīla - bhadra）之间展开论争。这是两派第二次较大的论争。

公元 6—7 世纪

法称（梵名 Dharma - kīrti）在世，乃南印度睹梨摩罗耶国人，属婆罗门种姓，是与陈那比肩的因明学论师。其主要著作有《释量论》（*Pramāṇa - vārttika*）、《量决择论》（*Pramāṇa - viniscaya*）、《正理滴论》（*Nyāya - bindu*）、《因滴论》《观相属论》《诤正理论》《成他相续论》。

《苏悉地羯罗经》（*Susiddhikara - mahātantra - sādhana - upāyika - paṭala*）是此阶段的一个代表性经典，其以真言统摄成就法，而有种种真言分类，主要有基于部类的区分如佛部真言、观音真言（莲华部真言）、金刚真言（金刚部真言），以及基于教授者的圣者真言、诸天所说真言、世天真言，由此区分出上品、中品、下品真言，而以前三真言依次为上品、中品、下品。

《苏婆呼童子请问经》（*Suvāhu - pariprcchā - sūtra*）则将真言归为六类，在佛部、金刚部、莲花部外，再加般支迦部、摩尼部，还有非部所摄的一类。

真言乘的根本经典《大日经》，全称《大毗卢遮那成佛神变加持经》（*Mahā - vairocana - abhisaṃbodhi - vikurvita - adhiṣṭhāna - vaipulya - sūtra*），又略作《大毗卢遮那成佛经》《大毗卢遮那经》出现。

公元 600 年

月称（Candrakīrti）出生于南印度沙满多的婆罗门家庭。

法称生于南印度睹梨摩罗耶国。

天竺沙门阇那崛多卒，年七十八。阇那崛多共翻译佛经 37 部 176 卷。

三阶教遭到第一次禁断。

日本圣德太子遣使求取《法华经》。

圆光回新罗弘法。

公元 601 年

命天下舍利塔内各作神尼智仙像。文帝少时得智仙抚养，即位后常对群臣说："我兴由佛法。又命使臣王邵为尼作传。四十五州，都作大兴国寺。"

诏于三十一州同时立舍利塔。

晋王在京师立日严寺，请吉藏居之。

弘忍出生，俗姓周，其先祖寻阳人，生于黄梅。

公元 602 年

敕于五十三州建立灵塔。

中天竺僧阇提斯那到长安。

彦琮据达摩笈多见闻，撰《大隋西国传》，以记中亚、南亚诸国文化。

彦琮与其他翻经大德和学士奉敕撰写《众经目录》，又称《仁寿录》，共收录三藏经典 2109 部 5058 卷。这部经录为隋代诸录中质量最好的一部。

王舍城沙门远来谒帝，请《舍利瑞图经》及《国家祥瑞录》。敕彦琮翻为梵文，是为译华为梵之始。

玄奘出生，俗姓陈，名袆，河南洛阳洛州（今河南偃师）人。

智俨出生，俗姓赵，申州（今河南信阳）录事参军赵景之子，天水（今属甘肃）人。

百济僧观勒到达日本，带去佛书和天文历法等书籍。圣德太子让他讲授佛法，还派人专门向他学习天文地理等知识。

公元 604 年

敕于三十余州造塔。

吉藏奉敕撰《维摩经义疏》。

隋文帝卒。文帝在位 24 年，度僧尼 23 万，立寺 3792 所，写经 46 藏 132086 卷，修故经 3853 部，造像 106580 区，起塔 100 余州。

日本政府颁布了《宪法十七条》，意图把佛教树立为日本的国教。

公元 605 年

改僧寺名道场，道观名玄坛，各置监丞。

令沙门智果在东内道场撰诸经目录。又与有司共撰《香城甘露》500 卷。

灵裕卒，年八十八。灵裕专业《华严》《涅槃》《地论》、律部，撰《十地疏》《华严疏》《涅槃疏》《大集疏》《四分律疏》《大乘义章》等。

长安空观寺沙门慧藏卒，年八十四。慧藏生平习《十地》《涅槃》《大论》《般若》等，独重华严。

长安延兴寺沙门通幽卒，年五十七。幽是北方律师。

洛阳慧日寺沙门法论卒。炀帝在藩远闻令德，召入内道场晨夕赏对。仁寿二年敕与沙门道庄同讲《净名经》。有别集 8 卷，作《名僧传》未成而卒。

公元 606 年

布舍菩地王朝戒日王即位，他将国都迁到曲女城（今卡瑙季）。戒日王先后征服了摩揭陀、克什米尔、古吉拉特与信德，成为从中印度到北印度的霸主。戒日王虽是印度教徒，但也对大乘佛教颇为热心，到晚年更是给予佛教大量供养，是当时佛教最重要的修学与研究中心那烂陀寺的主要施主，屡次召开大法会弘扬佛教，在五印度修建了数千佛塔，广建精舍伽蓝，普以饮食医药施诸贫困，每年一度集会诸国沙门，于三十七日中四事供养，又“五年一请五印度沙门婆罗门及贫穷孤独为七十五日无遮大施”。这一时期，那烂陀佛学极为兴盛，代表人物为戒贤、玄奘、月称、法称等。戒日王曾多次派遣使臣与中国唐朝通好，唐太宗亦派王玄策等人多次使印交往。

诏沙门道士致敬王者，因沙门明瞻等抗议，不行。

于东都上林园立翻经馆，以彦琮主其事。又敕令裴矩与彦琮一起撰《天竺记》。

江都慧日寺沙门慧觉卒，年五十三。慧觉从兴皇法朗法师出家，与慧布共研方等，讲大论、《大品》《涅槃》《华严》等二十余部，遍数甚多。

长安日严寺沙门智矩卒，年七十二。智矩学于法朗，善四论、《大品》，制《中论疏止解偈文》。时有同师东都慧日沙门法澄善三论，卒于大业初。

僧粲卒。后世尊为禅宗三祖，撰有《信心铭》。

神秀出生，俗姓李，陈留尉氏（今河南尉氏县）人。

公元 607 年

隋炀帝下令出家人要礼拜天子及诸长官，时诸僧道士持异议，帝令先须致敬然后陈理。彦琮撰写《福田论》进行驳斥。

日本以小野妹子为大使，来隋求取佛法，隋炀帝于次年遣文林郎斐清为使，送小野妹子一行回国。

东都慧日道场智脱卒，年六十七。智脱在邺习《华严》《十地》于颖法师，在江都学《成实》《毗昙》于强法师，在金陵学《成实》于嚼法师，炀帝为晋王时延居江都，住慧日，后随入京，住日严，大业初复随驾洛邑。尝讲《成实》《净名》，撰《成实论疏》40 卷、《净名经疏》10 卷，又讲《大品》《涅槃》《思益》等经。又有同寺沙门道庄听《成实》于彭城白琼法师，听四论于兴皇法朗，亦为晋王所重，征人京师，后亦随驾入洛，卒于大业初，撰《法华终疏》等。

长安禅定寺沙门昙迁卒，年六十六。昙迁初学于北地昙遵，遵慧光之弟子也；复得《摄论》于南，而传《摄论》于北。精研《华严》《十地》《维摩》《楞伽》《地持》《起信》，撰《已是非论》《华严明难品玄解》《摄论疏》10 卷及《九识》《四明》等章，《楞伽》《起信》《唯识》《如实》等疏。

公元 608 年

长安纪国寺沙门慧净与道士余永通论衡两教。

吉藏完成了其佛学思想体系的纲领性著作——《中论疏》《十二门论

疏》和《百论疏》，标志着三论宗思想体系的正式形成。

长安大兴善寺沙门洪遵卒，年七十九。洪遵依慧光弟子嵩山道云学律及《华严》，又从邺下道晖弘《四分》，开四分律于关中，著《大纯钞》5卷。

志念卒。撰有《迦延杂心论琉》及《广钞》各9卷，盛行于世，受学者数百人。

公元609年

诏汰天下僧徒无德业者并令罢道，寺院准量僧留，余并拆毁，因沙门大志抗议不行。

长安郊南逸僧普安卒，年八十。普安先从雍州沙门普圆出家，晚投蔼法师为弟子，通明三藏，常业《华严》，尝建华严大斋会。开皇八年敕召入京。

长安宝刹寺沙门净愿卒，年六十余。愿早学律部，又听《十地》《华严》及诸小论，而善《摄论》，常讲《摄论》《杂心》《涅槃》《四分》，撰《舍利弗毗昙疏》10卷。

公元610年

彦琮卒，年五十四。彦琮前后参与译经合23部100多卷，讲《仁王》《大智度》《无量寿》等，撰《唱导法》《沙门名义论》《福田论》《僧官论》《慈悲论》《默语论》《辩教论》等20余种。琮久参传译，妙体梵文，乃著《辩正论》，以垂翻译之事，述八备以正古今翻译之失。其一生历经北齐、北周和隋三代。在北周武帝灭佛期间，彦琮“外假俗衣，内持法服”。隋朝立国，彦琮参与了首次佛、道之争，同时，他作《辩教论》《福田论》等指出道教的虚妄不实和佛教的真实无欺。他是中国佛教史上为数不多的精通儒释道三教义理的优秀的译经家、佛学家和著作家。彦琮的观念成为佛教对待儒、道二教的基本观念。时又有沙门明则撰《翻经法式》10卷。

九江庐山大林寺沙门智锴卒，年七十八。智锴少出家，听法朗讲三论，后又于智𫖮处学禅法，晚讲《涅槃》《法华》及《十诵律》。

公元 611 年

隋炀帝杨广方治兵，“亲总元戎”，于兵机之际，遣使迎灌顶至于行所，“叙以同学之欢”。

终南山至相寺沙门彭渊卒，年六十八。彭渊学于灵裕，即慧光之再传也。曾讲《华严》《地持》《十地》《涅槃》，屏迹终南，置寺结徒。

杭州天竺寺沙门真观卒，年七十四。真观初从华林圆法师学《成实》，后又从法朗学大乘，讲《涅槃经》，撰《诸导文》20 余卷，诗赋碑集 30 余卷，又造藏经 3000 余卷。

公元 612 年

长安大禅定寺沙门灵干卒，年七十八。灵干从学于昙衍，志奉《华严》，亦讲《十地》。

公元 613 年

长安大兴善寺沙门僧粲卒，年八十五。僧粲游学河北、江南、东西关陇，涉历三国，备齐、陈、周，自号三国论师，开皇十年迎入帝里，敕住兴善，撰《十种大乘论》《十地论》等。

将外国学习佛法之人安置于鸿胪寺，令沙门静藏入鸿胪教授番僧。

弥勒教徒唐县人宋子贤自称弥勒佛出世，举行无遮佛会，举兵袭击正在巡视的隋炀帝，结果事泄被杀，连坐者约有千余家。同年，佛教徒向海明于扶风自称弥勒佛出世，因举兵反，众至数万，官军击破之。

净土宗的实际创立者善导出生，山东临淄人。

公元 614 年

彭城崇圣寺沙门靖嵩卒，年七十八。靖嵩北人，学于北，亦学于南。初从融智学《涅槃》《地论》，融智为法上弟子；又从云、晖二律师学，从遵猷、法诞受成杂二宗；后南下，时《摄论》《俱舍》二论真谛初传，弘通尚少，唯嵩研究，常诣法泰决疑，自《佛性》《中边》《无相》《唯识》《异执》等论 40 部皆通之，撰《摄论疏》9 卷、《杂心论疏》5 卷，又著有《九识三藏》《三聚戒》《二生死》等玄义。

襄阳沙门智润卒，年七十五。智润学《十地》于昙遵，学《四分》

于慧光，又往南江从长千辨师学三论，晚学《华严》《涅槃》，常讲于汉阴，化行江汉。大业初廷住慧日。

公元 615 年

天竺沙门达摩笈多及法行、明则、长顺、海驭等在东都（洛阳）洛水南上林园翻经馆重译《药师如来本愿经》。

公元 616 年

荆州龙泉寺沙门罗云卒，年七十五。罗云从法朗学四论，以三论奥义未被荆南，居荆州龙泉寺五十余年，讲四经、三论各数十遍。其同时有荆州等界寺沙门法安亦学中观于法朗。

公元 617 年

王通卒。他是隋代对三教关系提出更为圆融和对后世影响巨大的大儒，提出了“三教可一”的思想。

长安净影寺沙门静辩或卒于是年（按：据《续高僧传·净辩传》谓辩“大业末年终力”），撰有《感应传》1 部。

隋炀帝卒，在位 13 年，度僧 6200 人，修故经 612 藏 29172 部，治故像 101000 区，新造像 3850 区，造二禅定并立别寺 10 所。

隋代共译经 82 部（《开元录》作“六十四部”）。

公元 618 年

命沙门道士各 69 人于太极殿七日行道，散席之日设千僧斋。

沙门法琳以释、老二教同处弘宣，乃撰颂称之。

益州龙居寺沙门智诜卒，年八十。智诜初游于蜀，隋初至长安，敷扬律藏，后又还蜀住法聚寺，寺设大斋，无不来赴。

秦王李世民邀请慧乘、道宗、辩相三大法师以及京邑能论之士二十余僧，在弘义宫通宵法集。

公元 619 年

诏依佛道旨意，正月、五月、九月及月十斋日不得行刑屠钓，永为国式。

于京师慈悲寺立十大德，有保恭（讲《法华》）、慧因（讲三论）、海藏（讲四分）等，统摄僧、尼。

南天竺沙门达摩笈多卒，译经论7部，合32卷（《开元录》作“九部四十六卷”）。

公元620年

道信应请到蕲州黄梅县（今湖北黄梅县），在黄梅西北的双峰山（原名破头山）建造寺院，传禅授徒。

并州武德寺沙门慧觉卒，年九十。慧觉明华严、十地，讲席相继，流轨齐岱，荣名远著，门学成风，著《华严》《十地》《维摩》等疏，并缵《义章》13卷。

公元621年

傅奕上书《废省佛僧表》，力陈佛教的种种弊端，请求高祖沙汰僧、尼。又集魏晋以来驳佛教者为《高识传》10卷，行于世。

唐高祖下令限制佛教，“伪乱地僧，是非难识，州别一寺，留三十僧，余者从俗”。

东都少林寺僧助秦王李世民平王世充有功，李世民有《告少林寺主教书》，令立功首领来见，赐物千段，并封沙门昙宗等为大将军。

公元622年

沙门法琳著《破邪论》驳傅奕。沙门普应制《破邪论》、东宫学士李师政作《内德论》《正邪论》驳斥傅奕。

公元623年

吉藏卒，年七十五。吉藏是三论宗的创立者，又被称为“嘉祥大师”，著有《大品经义疏》《中观论疏》《百论疏》《十二门论疏》《大乘玄论》《二谛义》《三论玄义》《法华玄论》《法华义疏》等数十部。弟子主要有慧远（兰田悟真寺）、智拔、智凯、智实、智命、慧灌等。

日本留（唐）学僧惠齐、惠光，及医惠日、福因等随同新罗使臣回国，建议朝廷召回留学生为国家效力，同时还建议朝廷继续向唐派遣留学人员，以学习唐朝的先进制度。

公元 624 年

傅奕再次上书《请除释教疏》，指出佛教存在的问题，请求废除佛教。唐高祖召集群臣共同讨论佛教的存废问题，其中，中书令萧瑀与傅奕的争论最为激烈。

高祖幸国学释奠，命博士徐旷讲《孝经》、沙门慧乘讲《心经》、道士刘进喜讲《老子》，博士陆德明随方立义，遍析其要。

由百济僧观勒提议，日本设立僧正、僧都制度，其蓝本为中国南朝。观勒担任首任僧正，鞍部德积担任僧都。

公元 625 年

唐高祖亲自到国子学参加三教论辩。胜光寺慧乘、道士李仲卿以及当时饱学之士、其他达官贵人等都参加了辩论。讨论主要围绕三教的位次，异常激烈。结果在慧乘的辩论下，道士无言以对，佛教取胜。

唐高祖颁布诏书明确表达儒、释、道三教的先后顺序，诏曰："老教孔教，此土元基，释教后兴，宜崇客礼。今可老先，次孔，末后释宗。"

敕赐寺前地四十顷为常住田。

吉藏的弟子高丽人慧灌从朝鲜到日本，后大弘三论，是日本三论宗传播之始。慧灌被认为是日本三论宗的第一代传人。

高句丽僧慧观到日本，住法兴寺，因祈雨有功被任命为僧正。他曾经在中国追随吉藏，在日本传授三论学说，被誉为三论宗初传日本之祖。

公元 626 年

唐高祖接受傅奕的建议，准备废佛，颁布《沙汰僧道诏》，因唐太宗继位，没有真正执行。

五月有道士李仲卿著《十异九迷论》、刘进喜著《显正论》贬斥佛教，沙门法琳乃撰《辩正论》批驳之。

是年十二月中天竺沙门波颇至长安，住兴善寺（《开元录》作"贞观元年十一月"）。

武德九年至贞观元年（626—627），波颇密多罗（Babhamitra）传《金刚大道场经》中的"理趣般若陀罗尼"及像法于玄模。

公元 627 年

敕遣治书侍御史杜正伦，检校佛法，清肃非滥。

下敕有私度者处以极刑。

太宗尝临朝谓傅奕曰："佛教玄妙，圣迹可师，且报应显然，屡有征验，卿独不悟其理何也?"奕对曰："佛是胡中桀黠，欺诳夷狄，初止西域，渐流中国，遵尚其教，皆是邪僻小人，模写老庄玄言，文饰妖幻之教耳，于百姓无补，于国家有害。"太宗颇然之。

沙门法乘奉太宗诏于胜光寺起舍利宝塔。

长安大庄严寺沙门慧因卒，年八十九。慧因为兴皇法朗同学智辩弟子，曾学成实、禅法，后从辩师学三论，唐初十大德之一。

公元 627—649 年

北天竺僧人进献《千臂千眼陀罗尼》梵本，唐太宗敕令大总持寺法师智通与梵僧翻出咒经并手印等，成《千眼千臂观世音菩萨陀罗尼神咒经》2 卷。

公元 628 年

五月十九日敕，章敬寺是先朝创造，从今以后每至先朝忌日，常令设斋行香，仍永为恒式。

太宗谓群臣，梁武好释老，以致国亡，足为鉴戒，"朕今所好者，惟在尧舜之道，周孔之教"。

太宗亦自谓不好老庄玄谈、神仙方术，尝谓侍臣曰："神仙事本是虚妄，空有其名"云云。

新罗圆测入华请业，初就法常、僧辩两位法师门下学佛教经论，与玄奘、智俨等同门。玄奘自天竺回国后，圆测立即前去受学，成为玄奘最重要的弟子之一。

公元 629 年

检括私度僧尼，不出者斩。

太宗以久旱无雨，恐年谷不登，令高僧二十七人于天门街祈雨七日，并下诏度僧三千。

为太武皇帝造龙田寺。

十二月诏为战亡人设斋行道，于战场置伽蓝七处，至次年五月成（按：《珠林》一百谓于“战场之处并置伽蓝昭仁、等觉十有余寺”，或是包括以后所修之寺）。

诏波颇于兴善寺开译，沙门慧乘等证义，玄谟等译语，慧赜、法琳等缀文。沙门灵佳述其时译事谓：“昔苻姚两代，翻译学士乃有三千，今大唐译人不过二十。”这是唐代设立的第一个译场，共译佛经3部35卷。

玄奘上表请求出国赴印度求法，未允。八月私自越境西去，时年三十岁。

始州香林寺慧主卒，年八十九。慧主初从斌法师，后依姜律师，明四分及菩萨戒。

相州慈润寺灵琛卒。琛为三阶教信行弟子。

吐蕃松赞干布即位。他创制藏文，翻译佛经，创立了大昭寺、小昭寺等佛殿，为佛教正式传入吐蕃奠定了坚实的基础。

公元631年

唐太宗诏令僧、尼道士致拜父母，不可违反儒家礼教。

僧邕卒。施行林葬并起塔于信行塔右。僧邕是信行的大弟子并继承信行在三阶教派中的领导地位。其舍利塔铭极为有名，左庶子李百药撰文，欧阳询书丹。

公元632年

天台宗灌顶卒，年七十二。灌顶，又被称为章安大师，天台宗尊为五祖。从陈后主祯明元年（587）初从智𫖮，直至智𫖮去世，十年期间，灌顶一直随侍左右，亲聆说法，禀受教观，笔录整理了智𫖮的大部分著作，自己还有《观心论疏》《天台八教大意》《涅槃经疏》《国清百录》《智者大师别传》等。

留学中国的日本僧人灵云、僧旻经由新罗回国。

公元633年

有太子中舍辛谓著《齐物论》，破难释教。沙门慧净作《析疑论》答，法琳又复作论答之。

南天竺沙门波颇卒，年六十九，共译出《般若灯论释》等3部35卷（《开元录》作“三十八卷”）。

安州方等寺沙门慧嵩卒，年八十七。慧嵩从茅山明法师听三论，后于成都、荆州等地弘三论。

玄奘法师抵达天竺王舍城。

中天竺三藏明友来译《大乘庄严论》。李百药序之云：“大小乘学，悉以此论为本，于此不通，未可弘法。”

公元634年

诏为穆太后建弘福寺，并为寺访纲维，得慧斌，征为弘福寺主。

长安普光寺沙门慧琏卒，年五十余。慧琏为智首弟子，贞观初为云花寺上座，常弘摄论，化开律部。

公元635年

智首律师卒，年六十九。智首被尊为律宗八祖，道宣曾从其受学。他死后，朝廷在京城西郊龙首原拨出土地十亩，三百工人修坟，种柏千株。“皇上哀悼，敕令百司供给，丧事所须，务令周备。”首开隋唐僧人国葬之例。

法砺律师卒，年六十七。综其一生，讲《四分律》40余遍，与慧休合撰《四分律疏》10卷、《羯磨疏》3卷，并著有《舍忏仪轻重叙》等。以其居河南相州（临漳）日光寺，其学说在此地盛行，被尊为律宗“相部宗”的开祖。其弟子有明导、昙光、道成等。

义净出生，河北涿县人，一说齐州（山东历城）人，俗姓张。

李通玄出生，北京（今山西太原）人，李唐王室后裔。

在唐朝学习的新罗僧人明朗回国，他是最早在新罗弘扬杂密的僧人。

公元636年

长安普光寺沙门玄琬卒，年七十五。玄琬初事昙延，后从洪遵，又学《摄论》于昙迁，善戒律并《法华》《大集》《楞伽》《胜鬘》《地论》《中论》《百论》《摄论》等，撰《三德论》《无尽藏仪》《十种读经法》《礼佛仪式》《发戒缘起》《忏悔罪法》等十余部。

玄奘在天竺见到戒日王。

新罗僧人慈藏奉善德王之命入唐学法。

公元 637 年

中印度人善无畏出生。

唐太宗颁行《道士女冠在僧尼之上诏》，申明：“自今以后，斋供行立，至于称谓，道士女冠可在僧尼之前。”

公元 638 年

新罗慈藏率弟子到唐朝礼拜圣迹，学习佛法。归国时带走了大量佛经、佛像，促进了新罗佛教的发展。

皇太子组织大臣和三教学士在弘文殿举行佛道辩论，参加者有纪国寺慧净、道士蔡晃和国子祭酒孔颖达等人。这次辩论主要是佛教一方与儒、道二教一方之间的辩论，虽然言辞比较激烈，但结果却非常诙谐，太子“怡然大笑，合坐欢跃”，唐太宗虽然没有召开三教论衡的会议，但是，由于他的三教政策和三教位次问题，引发了佛教的激烈反抗，尤其是以法琳为代表，汇集京城众多僧人上表攻击道教。结果由于道士秦世英的告发，法琳被流放。这次佛、道争论佛教一方失利。

慧能出生，俗姓卢，其父名行瑫，曾在范阳（今河北涿州市）为官，后被贬到岭南新州（今广东新兴县）。慧能出生在新州。

公元 639 年

终南山至相寺智正卒，年八十一。智正开皇七年随昙迁入关，住胜光寺，后从彭渊游，讲《华严》《摄论》《胜堂》《唯识》等，撰《华严疏》10 卷，华严二祖智俨从学，实为华严大师。

太史令傅奕卒，年八十五。奕临终诫其子曰：“老庄玄一之篇，周孔六经之说，是为名教，汝宜习之。妖胡乱华，举时皆惑，唯独窃叹，众不我从，悲夫！汝等勿学也。”

日本僧人惠隐、惠云经新罗回国。

日本舒明天皇兴建了百济宫和百济大寺。百济大寺由舒明天皇亲自发愿兴建，是日本历史上第一座皇家寺院。

公元 640 年

法顺（又称杜顺）卒。法顺被尊为华严宗初祖，著有《华严五教止观》。其华严学的师承关系虽然不明确，但他是一位依《华严》修行的僧人，既有禅僧、神僧的品格，又有重视培养义学弟子的法师品格。

日本僧人请安（南渊请安）和留学生高向玄理回国。

舒明天皇就在厩坂宫召集僧众举行斋会，请惠隐宣讲《无量寿经》，并在宫内设置阿弥陀佛像礼拜，这是史料所载的阿弥陀佛信仰传入日本的开始。

公元 641 年

唐太宗答应吐蕃松赞干布的请求，从宗室中选文成公主与之联姻。文成公主带入佛经、佛像等。

尼泊尔墀尊公主也约于此时入藏与松赞干布成婚。墀尊把尼泊尔佛像带入西藏。

魏王泰为长孙皇后造百佛巨像于洛阳伊阙。

刻立《伊阙佛龛摩崖碑》，褚遂良书。

玄奘于古印度佛学研究中心那烂陀寺著《会宗论》，融会性、相二宗，为当地佛学名流所称道。

天竺戒日王尸罗逸多数次遣使来唐，并赠郁金香和菩提树等。

公元 642 年

古印度戒日王在曲女城设大法会，请玄奘法师说法，有 18 国国王及大小乘僧并婆罗门外道等数千人到会。称玄奘为“大乘天”，又请玄奘行无遮大会，道俗至者 50 余万。

公元 643 年

敕卫尉丞李义表、黄水令王玄策使西域游历百余国，至毗离耶城东北维摩室。玄策以手板量之，纵横得十笏，因号方丈。复登耆阇崛山，刻碑纪唐威德。

法藏出生，祖籍康居（今中亚撒马尔罕一带），故以康为姓。祖父辈迁居长安，其父受赠左卫中郎将。

新罗僧慈藏请还本国，启敕蒙许携藏经一部还国。慈藏弘律部，著有《诸经戒疏》十余卷、《出观行法》1卷。又有同国沙门圆胜，贞观初至唐，与藏偕还。

公元644年

玄奘法师自天竺回国，至于阗上表，太宗下敕迎劳。

山东济南柳埠朗公谷千佛崖开凿。

公元645年

玄奘返回长安，携回佛经657部，安置于弘福寺，撰《西域记》，讲唯识之学，创“唯识宗”。

道绰卒。道绰一生以宣讲经典为主，所留下的著述并不多，比较著名的是《安乐集》。道绰在北魏昙鸾的思想基础上，进一步强调了称名念佛的重要性，并在多方面对净土理论作了论述，初步奠定了净土宗的思想基础。

日本大化政府推翻苏我氏后，颁布兴隆佛法诏书，接收法兴寺，废除僧正、僧都，任命十师为僧界领袖，其中四人，即僧旻、惠云、常安、灵云都是归国留学僧。

公元646年

肖瑀请出家，太宗手诏斥之谓：“至于佛教，非意所遵。虽有国之常经，固弊俗之虚术力。”

玄奘将所译佛经五部及所撰《西域记》呈唐太宗。唐太宗为玄奘的弘佛精神所感动，亲作答书，重道轻佛之心有所改变。

西藏大昭寺破土兴建。

公元647年

慧远卒，年五十一，为吉藏弟子，十岁投吉藏出家，受具足戒后开讲《法华经》，并自作章疏。晚年居住在蓝谷（今陕西省蓝田县），继续讲说《法华经》。

公元 648 年

唐太宗下令京城以及其余各州寺度僧尼，共计“海内寺三千七百一十六所，计度僧尼一万八千五百余人”。这是唐代立国以来规模最大的度僧活动，进一步扩大了佛教的影响和普及范围。

玄奘上所译《瑜伽师地论》。唐太宗认识到佛教广大，敕令有司抄写新译经论，颁赐九道总管（时分天下为九道），并亲自写《御制大唐三藏圣教序》，放在前面，诏令皇太子撰《菩萨藏经后序》。

十月，唐太宗敕于北阙大内紫微殿西建弘法院，命玄奘法师居住，并挑选七名高僧同住。唐太宗令玄奘翻译《道德经》为梵文，玄奘曰：“佛老二教，其致大殊，安用佛言，用通老义。且老子立义肤浅，五竺观之适足见薄。遂止。”

西藏大昭寺落成（一说为 653 年）。

松赞干布颁布 16 条人道伦理法。其中首条是敬信三宝（佛、法、僧）；第二条为修行正法。

公元 649 年

四月，太宗至翠微宫召玄奘同住，共法师听《瑜伽》大意，论《金刚般若》，并告法师说：“朕共师相逢晚，不得广兴佛事。”五月太宗卒。

沙门道生取道吐蕃至天竺，于那烂陀寺学法，后赍经像返国，行至泥婆罗病卒。

贞观年间（627—649），有北天竺僧人携《千臂千眼陀罗尼》梵本奉进，太宗敕令大总持寺沙门智通与梵僧一起将其译为汉语。

约公元 650 年

月称约于此年卒。月称将属于佛护一系的应成派发扬光大而成中观派的主流，遂成为其最大代表，也因此在后期印度佛教中占有极其重要的地位。瑜伽派传人月宫与月称进行过长达七年的辩论。月称主要著作有《中观根本明句论》（*Mūla - madhyamaka - vṛtti - prasanna - padā*）、《入中观论》（*Madhyamaka - avatāra*）、《入中观论自注》（*Madhyamaka - avatāra - Bhāṣya*）、《入中观慧》（*Madhyamaka - prajñā - avatāra*）、《菩萨瑜伽行四百论注疏》（*Bodhisattva - yogacaryā - catu ḥśataka - ṭīkā*）、《五蕴论》（*Pañca - skandha - prakaraṇa*）、《空七十论注》（*Śūnyatā - saptati - vṛtti*）、《六十颂如理论注》（*Yukti - ṣaṣṣikā - vṛtti*）。

日本天皇委任僧旻和高向玄理制定八省官制。

公元 650 年

沙门玄照经吐蕃由文成公主送往天竺，新罗僧玄恪慧轮等随往。

道宣撰成《释迦方志》。

玄奘译出《本生经》7 卷，沙门静迈、神嵭等笔受。静迈者，先是简州福聚寺僧，贞观十九年奉诏为玄奘译场证义，后在玉华宫等处助译，除著有《译经图纪》四卷外，尚有《金刚般若经疏》《十轮经疏》《因明入正理论疏》十余种。神昉原住法海寺，亦奉诏为证义大德，著有《十轮经抄》《成唯识论要集》等数种。

新罗义湘到达长安。后入终南山师事智俨，回国后建立浮石寺，对促进朝鲜华严宗的建立起了非常重要的作用。

公元 651 年

戒贤卒（一说 645 年）。戒贤是戒日王时代那烂陀寺的住持，是 7 世纪前期印度瑜伽唯识学派的核心人物，护法论师的弟子，玄奘法师的印度师尊，寿量达一百二十余岁。相传戒贤论师著述有十余部，但玄奘一部都未翻译，西藏翻译有一部《佛地经》的释论《圣佛地经释》。玄奘翻译的亲光所糅释的《佛地经论》，应采有戒贤的解释。

六月，西明寺建成，朝廷下诏道宣任上座。

道信卒，年七十二，被奉为禅宗四祖。道信在湖北黄梅的双峰山传教弘禅数十年，弟子 500 余人，禅僧由此从分散流动转向聚众定居，稳定的传教基地随之建立起来。道信把劳动纳入修行范围，农禅并重，自耕自食，佛教通过游走乞食解决衣食来源、通过接受供养筹集经费的传统生存方式从此发生了彻底转变。随着禅众有了新的生活方式、修行方式和生产方式，以自信自立、自求解脱为特点的新教义也应运而生，这就是道信的实相念佛禅修法门。道信曾做《入道安心要方便法门》，论述自己的禅法。道信弟子知名者有荆州法显（577—653）、常州善伏（？—660）、玄爽（？—652）等。道信临终传法给弘忍。正是弘忍继承和发展了道信禅学，使中国禅宗最终形成。

日本孝德天皇诏僧尼在味经宫诵读一切经，应召的僧尼达2000多人。

公元652年

中印度僧人阿地瞿多（Adikuta，无极高）自西印度辗转来华，敕住慈恩寺。其人“精炼五明，妙通诸部”，专以弘扬密教为务，常居慧日寺开坛传法，启建陀罗尼普集会坛。

公元653年

智通译出《千转陀罗尼观世音菩萨咒》1卷、《观自在菩萨随心咒》1卷、《清净观世音菩萨陀罗尼》1卷。

日本法兴寺道昭入唐，师从玄奘。

公元653—654年，无极高应沙门玄楷等人的殷切请求，从《金刚大道场经》中撮要翻译出12卷，题为《陀罗尼集》，此《金刚大道场经》即是大明咒藏之少分，被称为“总持三昧神咒法印坛等秘密法藏”（《陀罗尼集经》卷十二），代表持明密法或陀罗尼密教的成熟阶段。

公元654年

二月，印度摩诃菩提寺智光等之使者法长携玄奘之物信返回印度。唐僧玄照离开阇烂达罗国，至印度摩诃菩提寺，攻读《俱舍论》及律。

特旨度沙门窥基为大僧，入慈恩寺。窥基是玄奘的大弟子，他和玄奘同为法相宗的创始人。

公元655年

西遮娄其王超日王一世（Vikramaditya Ⅰ，勤行王一世，655—680）重新立国。与潘地亚及迈索尔的恒伽王国结成联盟，击败波罗瓦人，并洗劫了其首都建志。

中印度僧人那提三藏携1500余部佛典至长安，居慈恩寺助玄奘师徒译经。

玄奘于贞观二十一年译出《因明入正理论》，贞观二十三年出《因明正理门论》。弟子神泰、靖迈、明觉为《因明》作义疏。是年尚药奉御吕才作《因明注解立破义图》破斥三家之说，而沙门慧立、明濬，太常博士柳宣反复致书，吕才遂奏其事。高宗召玄奘法师与吕才对。

罽宾国沙门佛陀多罗于白马寺译《圆觉经》。

公元656年

以玄奘法师请，高宗为撰《慈恩寺碑》。四月，高宗御安福门观玄奘迎慈恩寺碑文，导以天竺法仪幢幡等，陈列三十里，车千余乘，士女观者百余万人，设三千僧斋。

武后生皇子显（即中宗），敕赐号佛光王，为度七人，请从玄奘受戒。

三阶教僧人惠恭主持建造五级木塔，得到敕封“检校佛塔大德”之尊号。

公元657年

长安西明寺建成，道宣担任上座，神泰担任寺主，怀素担任维那，三纲寺职具备，是唐代这一制度的代表。唐代寺院基本上实行三纲制度。

唐高宗下诏令《僧尼不得受父母拜诏》。

唐高宗命王玄策送佛袈裟至天竺。

金陵牛头山沙门法融卒，年六十四。法融初于茅山明法师学三论，贞观十七年于牛头山幽栖寺建禅室居，及道信入山，融从学，传顿悟法门，而立牛头宗。

日本孝德天皇在飞鸟寺以西仿建须弥山举办盂兰盆会。

公元658年

七月西明寺成，敕玄奘徒居。

高宗遣使分往康国、吐火罗等地访其风俗物产，令百官撰《西域志》60卷，图40卷，许敬宗领之。

唐高宗诏沙门义褒、道士黄颐等入宫谈论。

日本遣沙门智通来求大乘佛教。

公元659年

敕智琮等往礼凤翔法门寺，迎舍利，赐名会昌寺。次年请入东都大内，皇后为舍利造金棺银椁，龙朔二年送回本塔。

诏僧道入合璧宫论议，法师会隐立“五蕴”义，神泰立“九断知” 义。

印度沙门智通译出密教经典《千转陀罗尼观世音菩萨咒经》等 3 种，前在贞观中出《千臂千眼经》1 种，共 4 种 5 卷。

吏部尚书唐临卒于潮州贬所。临于永徽中著有《冥报记》2 卷，述因果报应之应验。后有郎元休于龙朔年中又撰《冥报拾遗》2 卷。

玄奘法师译出法相宗（唯识宗）要典《成唯识论》，沈玄明为之作序。《阿毗达磨大毗婆沙论》至此译成，凡 200 卷。

日本孝德天皇诏令都城各寺院讲《盂兰盆经》，报效七世父母。这是此后盂兰盆会的滥觞。

公元 660 年

正月，玄奘法师于玉华宫始译《大般若经》，即就宫为佛寺。

唐高宗召集僧人静泰、道士李荣在洛阳宫中就《老子化胡经》真伪问题进行讨论。这次讨论从文本真伪问题争论发展到佛、道二教代表互相进行人身攻击，最后没有讨论出任何结果。

高宗及武后巡幸并州至童子寺、开化寺瞻两大佛像，大舍珍宝财物衣服等。

高宗下诏迎法门寺佛骨至东都，入内供养。武后舍所寝衣帐直绢 1000 匹，为舍利造金棺银椁，雕镂穷奇。

天竺菩提寺主戒龙为汉使王玄策设大会，赠大真珠箱象牙佛塔、舍利宝塔、佛印等，饯别。

公元 661 年

唐高宗令会昌寺僧会颐往五台山修理寺塔。

王玄策从天竺回到长安，进所得佛顶舍利。

京师西华观道士朝散大夫郭行真造金铜佛像 5 躯，十一面观音像 2 躯，并诸大乘经，改依佛教。

王名远向唐高宗进《西域图记》。

彦悰修《大唐京师寺录》10 卷。悰尚撰有《沙门不敬信录》6 卷。

道宣撰出《集古今佛道论衡》前 3 卷，后于麟德元年又补出第 4 卷。

新罗沙门义湘、元晓入唐，湘从学于终南山智俨，返国后为海东华严初祖；元晓从学于玄奘，著述甚富，唯识、瑜伽、因明等均有章疏，且有三论著述及《净土经疏》，又有《华严》《起信》章疏多种。

公元 662 年

唐高宗颁布诏令《命有司议沙门等致拜君亲敕》，引起僧团不满，道宣、威秀等僧众二百多人到蓬莱宫上书《议拜君亲状》，拒绝接受高宗的致拜君亲的诏令。此后，在佛、道二教的强烈反对下，不得已停止执行这一敕令。

道宣始撰集《大唐内典录》。

日本僧人道昭回到日本，被推为法相宗初传。

公元 663 年

十月，玄奘法师 600 卷《大般若经》译成，普光、嘉尚、大乘钦等笔受。

十二月，玄奘译《毗婆沙论》，弟子宝光有疑，以非想见惑请益之，奘为之释。光宝后于长安三年预义净道场，著有《俱舍论疏》（又称《宝疏》）、《会空有论》、《一乘法性究竟论》等。

那提三藏译出《八曼荼罗经》等 3 部，密教理论得以较系统地介绍。又著《大乘集义论》40 余卷。

长安慈恩寺沙门灵辩卒，年七十八。灵辩乃灵斡之犹子，初从昙迁学，后从智正专业《华严》，撰《华严疏》12 卷、《抄》10 卷、《章》3 卷。

新罗文武王下令“禁人擅以财贷、田地施佛寺”。

公元 664 年

道宣编撰完成《大唐内典录》10 卷，共收录经典 2232 部 7200 卷。全书分为十录，是上承隋代诸《众经目录》、下启唐智升《开元释教录》的一部过渡性佛经目录。

道宣编撰《集神州三宝感通录》。

玄奘卒，年六十三。玄奘是汉传佛教四大翻译家之一。他西行印度求法 17 年，回国后受到太宗、高宗、武则天等帝王的礼遇，组织了唐代规模最大、持续时间最长、译经数量最多的译场，译出经典涉及唯识类、阿毗达摩类和大般若类等诸多门类，总计译出各类经典 75 部 1335 卷。由玄奘及其弟子窥基创立的法相唯识宗是唐代佛教建立的第一个宗派，又被称为“慈恩宗”。弟子有窥基、圆测等。又著《大唐西域记》，为研究7世纪印度历史的重要史料。

大爱敬寺僧人静泰撰《大唐东京大爱敬寺一切经论目》5卷，又称《众经目录》。

公元665年

靖迈撰《古今译经图纪》4卷。

唐高宗命僧人玄照奉敕去古印度求法，新罗僧慧轮同往。

长安广福寺沙门会隐、西门寺沙门玄则等10人奉敕撰《禅林要钞》，出30卷。前此玄则曾出《禅林妙记前集》10卷、《后集》20卷。

公元667年

道宣卒，年七十二。道宣曾参与玄奘译场工作，是律宗九祖，他撰成《四分律删繁补阙行事钞》《四分律拾毗尼义钞》《四分律删补随机羯磨》《四分律比丘含注戒本》等，创立了南山律宗一派，建立了自己的戒体说体系。道宣在佛教文史学上有很大贡献，撰成《续高僧传》《释迦方志》《集古今佛道论衡》《大唐内典录》《广弘明集》等佛教文史名篇。

新罗沙门顺璟至中国。顺璟善因明，闻玄奘“真唯识量”，乃立“决定相违不定量”，是年因使臣入贡附至，此时玄奘已逝世三年。

锡兰王最胜菩提四世即位，他禁止屠杀，极力保护佛教教团，并举行《守护经》文念诵仪式。

公元668年

唐高宗再次召集僧道讨论《老子化胡经》的真伪，最后，接受了佛教僧众的建议，下令“搜聚天下《化胡经》焚弃，不在道经之数”。

智俨卒，年六十七。智俨被奉为华严宗二祖，主要著作有《搜玄记》《华严一乘十玄门》《华严五十要问答》《华严经内章门等杂孔目章》。智俨在吸收慧光以来华严学发展成果基础上，融汇当时各派学说，基本完成了华严学说体系的整体框架和核心内容，实现了从华严经学说到华严宗学说的过渡，是华严宗的实际创立者，他终生以至相寺为主要活动基地，其学说影响却远达新罗。智俨的弟子有怀齐、法藏、薄尘、慧晓、道成、慧招、慧佑、义湘等人。

道世撰《法苑珠林》100 卷。分门别类，这是一部重要的佛教资料、工具书。

日本天智天皇下令修建崇福寺，并为该寺撰写《崇福寺愿文》。

唐罗联军灭高句丽。在攻打平壤的战斗中，高句丽僧人信诚起了举足轻重的作用。

公元 670 年

武则天为其母荣国夫人追荐冥福，舍长安私宅建太原寺，同时令度僧。法藏于此时正式出家，受沙弥戒，入太原寺，以后常住于此寺。

公元 671 年

中印度僧人金刚智出生。

义净自南海附舶往印度求经。义净至印度时佛门大德：其西方现在，则羝罗荼寺（Telāḍhaka）有智月（Jñānacandra）法师，那烂陀中则宝师子（Ratnasiṃha）大德，东方即有地婆羯罗蜜呾啰（Divākaramitra），南裔有呾他揭多揭婆（Tathāgatagarbha）……此诸法师，净并亲狎筵机餐受微言。当时著名的法师还有胜光（那烂陀寺，中国求法僧玄照从之学中、百等论）、宝师子（那烂陀寺，玄照从之习《瑜伽十七地》）、智月（那料陀寺）、法称、达摩普罗（Dharmapāla，7 世纪时人，于那烂陀寺大学任教 30 年，后从康居至苏门答腊弘法）等。

新罗沙门义湘返国。

公元 672 年

慧能至黄梅向禅宗五祖弘忍问法。

公元 673 年

日本天武天皇命令抄经生在川原寺抄写一切经。

日本百济大寺迁址于高市，改称高市大寺。

公元 674 年

唐高宗下诏："公私斋会及参集之处，道士女冠在东，僧尼在西，不须更为先后。”至此，佛道二教不分先后地位，形成平等的局面。

弘忍卒，年七十四，被奉为禅宗五祖。弘忍继承道信的事业，在黄梅东山建成弘教传禅基地，应是禅宗的实际创立者。

公元 676 年

罽宾僧人佛陀波利辗转西域来到长安，巡礼五台山，传说因得文殊菩萨授记，返回印度取《佛顶尊胜陀罗尼经》。

交州都督梁难敌，遣使奉表进成都沙门会宁与南海诃陵国沙门若那跋陀罗共译之《涅槃经》后分两卷。

慧能至广州法性寺，印宗禅师为其落发，智光律师临坛为授满分戒。

日本天皇诏令各国讲说护国经典《金光明经》和《仁王经》。

公元 677 年

慧能自南海归韶州曹溪宝林寺。

南岳怀让出生，金州安康（在今陕西省安康地区）人，俗姓杜。

公元 677—679 年

荆楚大德数十人，请神秀住当阳玉泉寺，从此开始，神秀在佛教界和社会上的影响迅速扩大，皈依者甚众，所谓“就者成都”，“学者如市”。

公元 679 年

中印度沙门日照表请翻度所携经夹，仍准玄奘例于寺译经。从法藏请于垂拱初译出《华严·入法界品》1 卷，至垂拱末共出经论《大乘显识经》《大乘广五蕴论》等 18 部 34 卷。

罽宾人佛陀波利再次来到长安，与西明寺僧顺贞译出《佛顶尊胜陀罗尼经》。该经是汉地翻译最多、流行最广的密教经典，各种经本、仪轨、陀罗尼本以及撰集、注释等多达 15 种。

日本天武天皇为皇后祈愿而兴建药师寺，但此后因天武天皇病故而停工。

开始于宫中及都内各司宣讲《金光明经》，这是后来例行的大极殿御斋会的前身。

公元 680 年

月官（Candragomin，旃陀罗瞿民，620—680）卒。月宫是 7 世纪时的佛门居士，也是当时著名的学者，除传承世亲无著的瑜伽唯识之学外，他在声明学即印度古典文法学方面亦自成一家，而且还因为他的多罗菩萨（绿度母）和观音菩萨的信仰而被视为早期的密教论师。月宫是瑜伽行派的最后一位大师，著名的居士大学者。月官大造工艺、声明、辩论、医药、诗韵、歌舞、词汇、诗歌、星象等书，并对弟子讲授。又造赞颂 108 种，内道论 108 种，外道论 108 种，工艺 108 种，共 432 种。还著有《月灯注》《二十律仪论》《入三身论》等重要佛教论著。月官的著述没有汉译，藏译保存了 40 多部，其中大多与密教有关，其余的涉及声明、工巧、佛教的赞颂和本生教理等，瑜伽行学著述只有一部，而且较为简单。其中唯一一部现存梵本与藏译的著作是《与弟子法颂书》，简称《与弟子书》，系为调伏破戒的刹帝利比丘而作。

三月，地婆诃罗到长安，奉敕于太原寺（魏国西寺）译经，有道成、薄尘等十大德参加。法藏前往请教，补入《入法界品》中脱文两处，后也参加了这一译场。

天台六祖法华智威卒。

沙门智运于洛阳龙门山镌石为佛像一万五千尊。

公元 681 年

善导卒，年六十九。善导是净土宗的实际创始人，其净土思想对中国佛教的发展影响深刻。善导著述较多，主要有《观经疏》《往生礼赞偈》《净土法事赞》《般舟赞》和《观念法门》等。善导继承昙鸾、道绰以来的净土思想，将“称名念佛”提高到前所未有的地步，从此以后，称名念佛的净土宗迅速发展，成为最有势力的佛教宗派之一。

大概同时的净土宗高僧还有迦才、怀感和飞锡。迦才较早将慧远与净土联系起来。怀感曾经向善导学习念佛，最终获得成就，他写了《释净土群疑论》。这部书可以说是关于净土宗的百科全书，比较详细地记录了当时其他各色人等对净土宗念佛思想的质疑以及怀感的回答。飞锡的最大贡献是撰写了一部《念佛三昧宝王论》，并开创了禅净双修的路线，初步融合禅宗和净土。

太子文学权无二述释典稽疑十条，沙门复礼撰《十门辩惑论》3卷答之。

公元682年

窥基卒，年五十一。窥基是法相唯识宗的主要创始人。玄奘死后，窥基维护了玄奘所持护法系唯识学的完整性与纯正性，为唯识宗的繁荣做出了卓越贡献。窥基著作颇多，能知其名的有48部，现存28部。窥基著述涉及面很广，但以瑜伽唯识之学为重点，举凡玄奘所译的有关经论都有注释，并且对照真谛旧译经论加以解释评判。窥基之作大多亲受于玄奘，玄奘的意旨多保存于他的著作中。

长安恒济寺沙门怀素卒，年七十四。怀素先就相部法砺学，后又学于玄奘，开戒律之东塔宗，著有《开四分律记》《四分僧尼羯磨文》《四分僧尼戒本》等。

公元683年

唐高宗派使节前往南天竺邀请达摩流支到中国弘扬佛法。

僧一行出生，俗姓张，名遂。唐魏州昌乐（今河南南乐一带）人。

长安西明寺沙门道世或卒于此年（据《稽古略》）。据《律苑僧宝传》谓道世与道宣同受戒于智首，深明律部，除著《法苑珠林》外，又著有《诸经要集》《四分律讨要》《金刚经集注》《敬福论》《善恶业报论》《辨伪显真论》《受戒仪式》《礼佛仪式》《大小乘禅门观》《大乘观》等总十余部150余卷。

公元684年

神会出生，俗姓高，襄阳人。

公元686年

法如召集天下有名的僧众，在少林寺集会，首次公开制定出禅宗传法宗谱，并确定了禅门的师徒传授方式。《法如行状》说："天竺相承，本无文字，入此门者，唯意相传。"

日本持统天皇为祭拜天武天皇在大官、飞鸟、川原、丰浦、坂田五寺举办了盛大的无遮大会。

公元 687 年

印度金刚乘密教的创立者因陀罗布底出生。因陀罗布底为奥立沙香拔拉国的国王，相传为莲花生（将佛教传入西藏者）之父。为左道密乘佛教的思想家。

南天竺僧菩提流支到洛阳，居福先寺译经。

广福寺沙门彦悰继魏国寺沙门慧立撰成《大唐慈恩寺三藏法师传》10 卷。

中天竺僧日照卒于洛阳，葬于龙门。武则天施绢千匹以充殡礼，梁王请置伽蓝，赐名香山寺，造石像 7 龛。日照译《密严》等经论，共 18 部 34 卷。

公元 688 年

四月（或五月），武承嗣伪造瑞石，文曰："圣母临人，永昌帝业。"令雍州唐同泰表称获之于洛水。武后大悦，号其石为宝图。六月又得瑞石于汜水，是曰广武铭。

鉴真出生。

公元 689 年

正月七日夜，敕僧等于玄武北门建立华严高座八会道场，与会者有僧尼数千，武后亲制《听华严诗》并序。

于阗国沙门提门般若（天智）来长安，武则天令其在魏国东寺翻译，至天授二年出《华严经・佛境界分》《法界无差别论》等 6 部 7 卷。

潞州法如卒。法如是弘忍门下成名最早的弟子，离开黄梅后，把东山法门弘扬到嵩山少林寺，并且引起皇室重视。

公元 690 年

七月，沙门薛怀义、僧朗等人进上《大云经》，并撰造了《大云经疏》，声称武则天是弥勒佛身，当得称帝。

九月，武则天称帝，建立武周政权，下令天下颁布《大云经》，并且在两京各州设置大云寺，藏《大云经》，赐予撰写《大云经疏》的僧朗等人爵位、紫袈裟和银龟袋。

昙无谶所译《大方等大云经》中有女主威伏天下的预言。武则天即位，特表扬此经，以合符命。

公元 691 年

武则天下诏令："释教在道法之上，僧尼处道士女冠之前。"

召沙门神秀入京师，武后肩舆上殿，亲加跪礼，内道场丰其供养，时时问道。

吐火罗国沙门弥陀山（寂友）译出《无垢净光陀罗尼经》、于阗国沙门天智译《造像功德经》等。

公元 692 年

金刚智于南印度龙智处受学金、胎两部法门。

义净自室利佛逝国遣大律返长安，携归新译经论 10 卷、《南海寄归内法传》及《西域求法高僧传》等。

菩提流志译《不空罥索咒心经》1 卷，宋施护译《圣观自在菩萨不空王秘密心陀罗尼经》1 卷。

敕禁断天下屠钓，前后共 8 年。

新罗僧道证自唐还国，上天文图。道证为圆测弟子，后于忠州创月光寺弘法，传播圆测系法相学，著有《成唯识论要集》14 卷、《般若理趣分疏》1 卷、《大般若经笈目》2 卷、《辨中边论疏》3 卷、《因明正理门论疏》2 卷、《因明入正理论疏》2 卷、《圣教略述章》1 卷，均佚失。

公元 693 年

达摩流支应请携梵本佛经，到达唐王朝的东都洛阳，受到武则天的礼遇，重新翻译《宝雨经》，新增加了佛授记"日月光天子"于"摩诃支那国""故现女身为自在主"等内容，从理论上解释武周政权代替李唐政权的合法性，博得武后欢心，武后替他改名菩提流志（Bodhiruci），意译觉爱。

北印度迦湿弥罗国沙门宝思维至洛都，敕于天宫寺安置，即以其年创译。

公元694年

武则天诏令："天下僧尼，隶祠部，不须属司宾（鸿胪寺）。"将崇玄署掌管佛、道二教的职能做了分离，僧尼管辖权归祠部，道士女冠的管辖权归崇玄署。

武则天命三阶教法藏禅师于东都大福先寺检校"无尽藏"；至长安年中又命检校化度寺"无尽藏"。

印度沙门慧智于洛阳佛授记寺出《观世音颂》1卷。

日本持统天皇以《金光明经》100部送置诸国，令每年正月上旬读诵。

持统天皇迁都藤原京。一些著名寺院，如大官大寺、法兴寺也随同迁入。

公元695年

印度鸠摩利罗（Kumārila，650—700）复注《弥曼差经注》，开展弥曼差派之学说，并批评佛教。7世纪末叶，于东南印度完成《金刚顶经》。

义净由天竺取经300余部归国，武则天趋京师上东门迎接。

武则天敕令："其有学三阶者，唯得乞食长斋绝谷持戒坐禅。此外辄行皆是违法。"

明佺奉敕撰《大周刊定众经目录》15卷，定三阶教典为伪经。

武则天遣使往于阗国迎沙门实叉难陀（学喜）在京都大内大遍空寺，与菩提流志、义净等重译《华严经》，至圣历二年译成。武则天亲临译场，并制序文，称该经"添性海之波澜，廓法界之疆域"。法藏曾任笔受。

公元696年

武则天遣使赐慧能水精钵、摩纳衣、白氎、香茶，敕韶州守臣安抚山门。

诏法藏于太原寺开华严宗旨，赐号贤首法师，华严宗又称贤首宗。

洛阳弘道观主杜乂求为僧，赐号玄嶷，赐夏腊三十，此为赐夏腊之始。玄嶷撰《甄正论》以尊佛教。

福先寺沙门慧澄请依前朝毁《老子化胡经》，敕秋官侍郎刘如睿等8

学士议之，皆言汉隋诸书所载，不当除削。

新罗僧圆测卒，年八十四。圆测十五岁离开新罗，到达长安。他跟从当时长安的两位真谛系统的摄论大师学习过，后来跟从玄奘学习，随玄奘入西明寺。圆测的著述很多，现存《解深密经疏》《仁王经疏》《佛说般若波罗蜜多心经赞》三种。圆测主要弘扬唯识学，并且建立了被后世称为“西明唯识学”或者“新罗唯识学”的系统。

公元 697 年

唐王朝出师讨伐契丹，法藏“建立十一面道场，置光音像行道”，“依经教遏寇”，得武则天“优诏劳之”。

武则天敕张昌期请智诜禅师赴京内道场供养。

日本药师寺工程复工，于文武朝完工。该寺金堂供奉的药师三尊像与大官大寺供奉的佛像在奈良时代即被评为全日本最精美的佛像。大官大寺今仅存遗址，药师寺三尊像则保存至今，被公认为白凤艺术的代表。

公元 698 年

五月，义净自印度还。

公元 699 年

十月，敕法藏法师于佛授记寺讲新译《华严经》，至《华严世界品》，地皆震动。即日，引对长生殿，敷宣玄义。法藏以殿前金狮子为喻，武后豁然领解，封法藏为菩萨戒师，集其言成《金狮子章》。

法藏致书同门新罗义湘，并托新罗归国僧胜诠法师送其撰述之《华严探玄记》等。

发布敕令规范三阶教徒行事。

公元 7 世纪

婆摩诃（Bhāmaha）撰造了第一部古典梵语诗学理论著作《诗庄严论》，注重音与义庄严，特别是后者，同时代还出现了檀丁（Daṇḍin）诗学著作《诗镜》，提出了风格论。后随着《诗庄严经》《韵光》等诗学与修辞学著述的纷纷涌现，独具特色的印度古典文学理论体系得以形成。

埃罗拉（Ellora）石窟开始开凿。石窟位于印度西部马哈拉施特拉邦的奥兰加巴德西北约二三十公里处。该石窟有佛教、耆那教与印度教三种石窟，以印度教石窟最多、最大，在艺术上最精美。

公元7世纪上半叶

第三次“空有之争”在中观论师月称与瑜伽行派论师月官之间展开。

公元7世纪中叶

印度的密宗传入缅甸，并受到中国唐朝的密教的影响。

公元7—8世纪

真言道根本经典《大日经》出现，标志着密教的独立。它的出现是佛教发展史上的一个转折点。以此为始，佛教开始迅速朝着秘密化方向发展，出现了所谓的秘密佛教。

唐僧明远到越南，跟越僧联翩往西域求法。

约与《大日经》成立及传播同时，在印度秘密佛教发展史上具有重要地位的《金刚顶经》也开始在南印度流传。

公元8世纪初

金刚乘无上瑜伽部的重要经典之一《胜乐轮经》问世，标志着胜乐教法的正式成立。

印度智藏论师约于此时出生。智藏是经量中观派的代表人物，著有《二谛分别颂》《瑜伽修习道》《解深密经弥勒品略疏》等。

武后将于白马阪造大像，敛天下僧钱。狄仁杰上疏谏阻，曰：“今之伽蓝，制过宫阙，穷奢极侈，画缋尽工”云云，又曰：“无名之僧凡几万，都下检括已得数千，经典僧伽，盖均冒滥。”又苏环谏武后，以“铸浮屠，立庙塔”，靡损虽不出国用，要自民产日殚，请并寺，着常员，数缺则补。

北天竺岚波国沙门李无谄应新罗僧明晓请，译出《不空罥索陀罗尼经》1卷。

义净于东都译出《金光明最胜王经》，武后为制《圣教序》。

法藏奉武则天诏命，与实叉难陀译《大乘入楞伽经》7卷等。

石头希迁出生，俗姓陈，端州高要（广东肇庆市）人。

日本僧人道昭圆寂，他的弟子行基继承了他的衣钵，致力于面向民间的弘法实践活动。

观誓（Avalokitavrata）主要活动于700年前后，著有《般若灯论释疏》（*Prajñāpradāpa – ñikā*，或称《般若灯论复注》），疏释清辨（Bhāvaviveka）的《般若灯论释》（*Prajñā – pradīpa – mūla – madhyamaka – vnṛtti*），故被后人视为清辨以后自立量派（Svātantrika，或称依自起派）的代表人物。

调伏天（VinItadeva），或称律天，是公元700年前后唯识派的思想家，也是著名的因明学者，广释世亲、陈那、法称有关因明唯识的著作，被后人作为无相唯识派的代表人物之一。调伏天的著作有《律赞句解说论》（*Vinaya – stotra – pada – vyākhyāna*）、《律分别句解说论》（*Vinaya – vibhaṅsga – pada – vyākhyāna*）、《二十论广注》（*Prakaraṇaviṃśakaṭikā*）、《唯识三十颂解说论》（*Triṃṣata – kārikā – vyākhyāna*）、《成他相续论证论广注》（*San – tānāntarasiddhiṭikā*）、《正理一滴论广注》（*Nyāyabindutikā*）、《因一滴论广注》（*Hetubindutikā*）、《观相续论广注》（*Sam – bandhapartksāṭ-ikā*）、《诤正理论广注》（*Vādanyāyatikā*）、《观所缘论广注》（*Ālambanaparṭ-ikā*）。

印度毗湿奴派《潘迦拉嘟拉集》原型成立。

商羯罗（Śaṃkara），约公元700—750年生于南印度喀罗拉（Kerala）国的喀拉迪村，其著作有《梵经注》（*Brahmasūtra – bhāṣya*）、《薄伽梵歌注》（*Bhagavadgātābhāṣya*）、《我之觉知》（*ātmabodha*）、《问答宝鬘》（*Upadeśa – sāhasrī*）、《五分法》（*Pañcākaraṇa*）等。在印度思想史上，商羯罗的地位与龙树不相上下。

武则天遣使迎神秀入京，受到“趺坐觐见，肩舆上殿。屈万乘而稽首，洒九重而宴居”的待遇。每当说法之时，“帝王分座，后妃临席”。神秀当时受崇敬之盛，仅次于太宗之对于玄奘，被“推为两京法主，三帝国师”。武则天还邀请禅宗六祖慧能进京，但是遭到拒绝，她竟将慧能的得法袈裟取来，供养于内道场，显示她对禅宗的信仰之热情。

公元701年

御史张廷珪以武后将建大像，上书，《谏白马阪营大像表》陈害。

武后集三教学士纂《三教珠英》1300卷，目13卷。

日本僧人道君首名在大安寺宣讲《僧尼令》。

日本政府时隔32年决定再次派遣遣唐使。后来成为日本三论宗著名僧人的道慈也在其中。

公元702年

武则天曾从宫中出"等身金铜佛像一铺，并《九部乐》、南北两门额，上与岐、薛二王，亲送至（招福）寺"。除了赠送佛像、寺额等，还特意送大型乐舞团到寺院，这显示乐舞与佛教之间的关系已经相当密切。

智诜卒。其为弘忍弟子，撰有《虚融观》3卷、《缘起》1卷、《般若心疏》1卷。智诜有弟子处寂，住资州德纯寺，人称唐和尚。他传法给净泉（众）寺的无相禅师，无相又传保唐寺无住禅师，形成中唐著名的净众保唐禅系。

日本中央任命僧正、僧都、律师，地方各国则派遣国师。

公元704年

武后复税天下僧尼，作大像于洛阳城北邙山白马阪，靡废巨亿。冬像成，则天率百僚礼祀。李峤上疏谏造大像，谓"编户贫弱者众，造像钱有一十七万余贯，若广济贫穷，人与一千，可拯一十七万户饥寒之弊"，疏奏不纳。

公元705年

北天竺僧人不空出生。

唐中宗继位，恢复老子"玄元皇帝"的称号，将道教和佛教放在同一地位看待，中宗下令每州建立一座佛寺和道观，称为"中兴寺"和"中兴观"，后又将这些寺观名改称为"龙兴寺"和"龙兴观"。中宗提高道教地位的政策引起了道士的附和，他们又重提《老子化胡经》一事，并且，在道观中画上老子化胡成佛的壁画。但是，这一举措却遭到了中宗反对，特别下《禁化胡经敕》，对《老子化胡经》再度禁绝。

诏天下试经度人。

诏慧能禅师入京，辞，不赴。

义净于东都洛阳内道场译出《孔雀咒王经》，中宗李显为制《大唐龙兴三藏圣教序》以冠于经首。

中天竺沙门般剌蜜帝（Pramiti）在广州制止道场译《大佛顶如来密

因修证了义诸菩萨万行首楞严经》10卷。

法藏奉诏与吐火罗僧人弥陀山合作翻译《无垢净光大陀罗尼经》。

公元706年

以赏造圣善寺功，沙门慧范、法藏、慧珍等九人并加五品阶，赐爵郡县公。敕上庸公慧范加银青光禄大夫，充圣善寺主；沙门万岁加朝散大夫，封县公，充都维那；沙门广清检校殿中监，充功德使。

酸枣县尉袁楚客上书中书令魏元忠论国政十失，斥左道僧徒害国。

义净随驾至长安，中宗敕于大荐福寺为义净别置翻经院。

菩提流志（Bodhi－ruci）于长安崇福寺开始翻译《大宝积经》。

神秀卒。其为弘忍弟子，以传播“东山法门”为己任，在经典方面比较重视《楞伽经》和《文殊说般若经》，直接继承弘忍的禅学，把弘忍一系禅法在朝廷中的地位、在社会上的影响，都推到了顶峰。神秀弟子中著名者如普寂、义福，先后成为国师。神秀一系所传的“东山法门”随之上升为官禅，而达摩法系也被公推为禅宗的正统所在。直到安史之乱的五十年左右，神秀系一直兴旺发达，声名显赫。

公元707年

中宗复位后，曾令天下诸州立寺观各一所，皆以中兴为名，是年改为龙兴，内外不得言中兴。

义净于佛光寺内翻译《药师琉璃光七佛本愿功德经》2卷，又称《七佛药师经》。

公元708年

金刚智巡礼东印度，后应邀至南印度纳拉辛哈瓦曼二世宫中；再经锡兰（今斯里兰卡）归国。

并州清原县尉吕元泰以营建佛寺劳民病国，上疏谓“回营构之资，惠及饥寒”，疏奏不省。

中宗多营佛寺，劳民伤财，左拾遗辛替否上疏极谏，谓“天下十分之财，而佛有七八”，“竭人之力”“费人之财”“夺人之家”“以取怨于天下”，疏奏不纳。

老安卒。老安法名道安，亦称慧安，为弘忍弟子中年龄最大者，比其师大 20 岁；另外，他世寿超过 120 岁，所以被称为“老安”。其倡导兼容并蓄接受一切佛教经典和理论的主张，倡导西方安乐世界就在眼前。他的禅风把权宜方便本身就作为原则，并不受经典文句的束缚，一切从现实需要出发，一切从世俗生活需要出发。这种禅法在当时影响很广，所谓“始于山门，遍于天下”，但同时，反对的声音也比较高。老安知名的弟子人数不多。中唐时期宗密撰《圆觉经大疏抄》，谓老安有弟子四人，即腾腾、自在、破灶堕和陈楚章，“皆道高名”。

玄赜被敕召入西京，于东都广开禅法，具有“两京法主”地位，很有影响。他和神秀、老安一样，是闻达于朝的弘扬东山法门的主要人物。玄赜弘扬的禅学思想，大体不出弘忍的思想范围。

公元 709 年

韦嗣立上疏陈述当时修建寺庙的花费太过惊人，他说：“臣窃见比者营造寺观，其数极多，皆务取宏博，竟崇瑰丽。大则费耗百十万，小则尚用三五万余，略计都用资财，动至千万以上。转运木石，人牛不停，废人功，害农务，事既非急，时多怨咨。”

南天竺菩提流志于西崇福寺译出《千手千眼观世音菩萨姥陀罗尼身经》1 卷。

唐神龙三年至景龙三年（707—709）间，菩提流志译出的《不空罥索神变真言经》，是观世菩萨密法或称莲花部密法中篇幅最长的一部密教经典，标志着不空罥索密法已达到一个非常成熟的阶段。

道一出生，俗姓马，被尊称为马祖，汉州什邡（今四川什邡县）人。

公元 710 年

菩提流志在长安西崇福寺译出八字文殊密法的根本经典《佛说文殊师利法宝藏陀罗尼经》，或作《文殊师利宝藏陀罗尼经》《文殊师利菩萨八字三昧法》。

赤德祖赞迎娶唐朝金城公主，公主抵达吐蕃后，又重新燃起吐蕃早已中断了的佛教香火。

公元 711 年

睿宗敕僧道斋行并进，终唐一世，遂为定制。

天台宗九祖湛然出生，常州荆溪（今江苏省宜兴南）人。

公元 712 年

法藏卒，年七十。唐王朝赠“鸿胪卿”。法藏深得唐朝廷重视，被武则天称为“康藏国师”，赐号“贤首”，中宗、睿宗皆请为菩萨戒师。法藏被称为华严宗三祖，其著作种类繁多，现存 23 部，知名已佚约 20 余部，主要代表著作有《探玄记》《五教章》《华严问答》《华严旨归》《妄尽还源观》等。

公元 713 年

唐玄宗敕毁除化度寺无尽藏。

义净卒，年七十九。义净在印度游学十几年，历游三十余国，返国时，携梵本经论约四百部、舍利三百粒至洛阳，武后亲至上东门外迎接，敕住佛授记寺。其后参与华严经之新译，与戒律、唯识、密教等书籍之汉译工作。共译出佛经 56 部共 230 卷，与鸠摩罗什、真谛、玄奘共称四大译经家。义净著有《南海寄归内法传》《大唐西域求法高僧传》，并首传印度拼音之法。

禅宗六祖慧能卒，年七十六，后赠谥大鉴禅师。慧能后来到韶州曹溪宝林寺传禅授徒，韶州刺史请他到州城大梵寺说法，并传授“无相戒”。他的弟子以这次说法内容为基础，结合他的传禅事迹，整理成他的言行录，成为现在我们看到的《坛经》。后慧能终老于曹溪。慧能的思想保留在传世的《坛经》中，这部篇幅不大的经典奠定了禅宗的理论基础，成为禅宗的“宗经”，影响着唐代以后禅宗乃至整个中国佛教理论的走向。

菩提流志译完《大宝积经》，共 120 卷。

会稽山妙喜寺沙门印宗卒，年八十七。印宗精《涅槃》，为禅宗六祖慧能削椎髻于南海法性寺，著《心要集》《百家诸儒士三教文》等。

公元 714 年

先是中宗时听贵戚造寺度人，富户强丁多削发避役，至是姚崇上书请加检括，并请停佛道营造，玄宗从之，命沙汰伪滥僧尼一万二千余人，令还俗，并敕百官毋得造寺。

玄宗下诏《禁坊市铸佛写经诏》。

令道士、女冠、僧尼致敬父母。

慈恩宗释慧沼卒。慧沼是玄奘、窥基的嫡传弟子，被称为法相三祖。其著述现存的有《金光明最胜王经疏》《十一面神咒心经义疏》《法华玄赞义决》《成唯识论了义灯》《因明入正理论续疏》《因明入正理论义断》《因明入正理论义纂要》《能显中边慧日论》《劝发菩提心集》等。慧沼还长期参与义净的译场，协助义净三藏翻译出36部115卷经典。

公元716年

中天竺僧人善无畏入华，受到唐玄宗的特别优待和尊崇，居长安西明寺译经。后译有《大日经》。

净觉撰成《楞伽师资记》1卷，又名《楞伽师资血脉记》。该书主要记载了上起南朝宋求那跋陀罗，下至唐代普寂、惠福等13位八代楞伽师的禅学思想，是禅宗北宗师资相传的谱系记载，是研究禅宗早期的重要文献资料。

日本遣元昉入中国求法。

公元717年

宋璟奏，悲田养病，从长安以来，置使专知，今骤聚无名之人，着收利之实，恐逋逃为薮，隐没成奸，请罢之，不许。

光州沙门道岸卒，年六十四。道岸本文纲律师高足，以江表多行《十诵律》，东南僧坚执罔知《四分》，岸请中宗墨敕执行南山律宗，此宗盛于江淮间，岸之力也。

唐玄宗再度征召，敕一行族叔礼部郎中张洽前往荆州，强令入朝，一行遂于是年应诏入京。

一行拜善无畏为师，从受真言教胎藏密法。

公元718年

日本沙门道慈返回本国，弘三论，著有《愚志》1卷。

公元719年

唐朝僧人慧日曾赴南亚求法，历18年，访七十余国，此时返归，玄宗赐其号慈愍三藏。慧日著有《念佛往生净土集》力斥禅宗。

南天竺沙门金刚智闻中土佛法崇盛，泛舟启程入华。于此年抵广州，新罗僧人慧超从其受教。

李通玄造《华严经论》，三年乃成，日食十枣、柏叶饼一枚，世号枣柏大士。

公元 720 年

南天竺僧金刚智到长安，于慈恩寺译经并弘传密法。

不空至京师，从金刚智学瑜伽法。

一行拜金刚智为师，从受瑜伽教金刚界密法。

敕慧能弟子神会往南阳龙兴寺，继于洛阳大兴禅法，始判南北二宗。

日本开始授僧尼公验。

公元 721 年

僧一行开始撰述 52 卷的《大衍历》。

姚崇卒。崇临终有《遗令诫子孙文》，谓历史上崇佛者“命不得延，国亦随灭”。

北印度沙门宝思维卒。宝思惟自长寿二年至中宗神龙二年（693—706）译出陀罗尼经 7 部 9 卷。

于阗沙门智严译出《决定业障经》等 4 部 6 卷。

公元 723 年

慈恩宗释智周卒。智周 23 岁入慧沼门下，得慈恩宗嫡传。后世尊其为中国法相宗第四祖。智周最重要的贡献是对日本求法僧的培养。日本僧人随智周学习法相教义，将智周及其先师的著述和思想传入新罗和日本。这不仅加强了中国和日本的佛教文化交流，而且使奘门诸师的著述典籍得以保存并留传不绝，智周也就成为日本法相宗北寺传的祖师。

一行禅师与梁令瓒等制成浑天仪，玄宗亲为制铭。

唐玄宗敕金刚智于资圣寺译密教经。金刚智译《金刚顶瑜伽中略出念诵经》4 卷，或称《金刚顶瑜伽中略出念诵法》《金刚顶略出念诵经》《略出念诵经》《略出经》，系由《金刚顶经》中略出瑜伽秘要而成。

新罗释慧超（700/704—780/783）约于此年经海陆往天竺巡礼，先后到访过东天竺、中天竺、南天竺、西天竺及北天竺诸国，最后经中亚各地，于开元十五年（727）十一月上旬，返回安西。返至汉地后，慧超初在长安大荐福寺从金刚智受业，兼为其助手。开元二十一年（733），从金刚智（671—741）学习《大乘瑜伽金刚性海曼殊室利千臂千钵大教王经》达8年之久。开元二十九年（741）元月六日，由金刚智主译，慧超笔受翻译此经。天宝元年，金刚智去世，慧超又在不空帮助下，研求此经的后半部。最后于德宗建中元年（780）于五台山将此经录出。有《往五天竺国传》，记载8世纪上半叶印度佛教的基本概况。

公元724年

善无畏应沙门一行之请奉敕于洛阳福先寺译出《大毗卢遮那成佛神变加持经》（《大日经》）7卷。后一行为之作疏号曰“大疏”。又译出《苏婆呼童子经》3卷及《苏悉地羯罗经》3卷，是三经均为密宗之要籍。

六月敕有司试天下僧尼年六十以下者，限诵二百经纸，每一年限诵七十三纸，三年一试，落者还俗，不得以坐禅对策义试。

公元725年

唐玄宗敕令拆除寺中三阶院隔障或壁，与别僧混杂错居，将三阶教典全部毁掉除净，并落实到寺院僧官系统，如果出现，要勒令这些寺主、僧官还俗。

六月三日敕令，禁断且除毁《三阶集录》。

公元726年

善无畏译《苏悉地羯罗经》《苏婆呼童子请问经》。

公元727年

敕天下村坊佛堂小者并拆除之，功德移入近寺，堂大者皆令封闭，公私望风，凡大屋大像亦被残毁。

南山宗文纲律师卒，年九十二。文纲律师是唐朝“一时法主，四朝帝师”，管理过白马、庄严、荐福、罔极等寺，因为得到皇帝敕命，深契物心，天下以为荣。

一行卒，年五十五。唐玄宗亲自撰写碑铭并序，赐谥号大慧禅师。一行请善无畏和金刚智译出密典，开坛传法，同时接受善无畏和金刚智所传的两系密法。一行撰写《大日经疏》，阐述经义，建立了密宗的理论体系。一行在天文历法方面改进和创制天文、大地测量仪器《大衍图》和《覆矩图》，还同朝廷有关机构一起领导了两次大规模的天文、大地测量，归算出了地球子午线一度的长度，并根据测量数据编纂律历《大衍历》，为唐代科学技术的发展做出了重要贡献。

达摩流志卒。唐玄宗赠鸿胪卿，谥“一切遍知”三藏，遣内侍杜怀信监护丧事，于河南洛阳龙门起塔。达摩流支先后主译出《大宝积》《广大宝楼阁善住秘密陀罗尼》等53部合111卷佛典。

新罗入华僧人慧超自天竺返唐至长安，著有《往五天竺国传》，慧琳《一切经音义》曾著录，现仅在敦煌石窟发现其残本。此后慧超曾从金刚智受《千钵文殊经》法，金刚智翻译《千钵文殊经》，时担任笔受，后又于大兴善寺从不空三藏重咨此法，并成为不空的上首弟子。

公元729年

敕两京度僧尼道士女冠，御史一人莅之。

敕天下僧尼道士女冠三岁一造籍。按《佛祖统纪》谓“供帐始此”；而《释氏要览》卷上“祠部牒”条谓“此牒自尚书省祠部出，故称祠部牒”；《唐会要》四十九谓则天“延载元年五月十一日，敕天下僧尼隶祠部”。

日本大官大寺（天平十七年即745年，更名为大安寺）迁到奈良重建，道慈担任督导。他根据长安西明寺的图纸重新设计了寺院，此后他就一直住于大安寺传讲三论宗。同年，他被委任为僧纲之中的律师，成为僧界领袖。

公元730年

金刚智又于大荐福寺译出《观自在如意轮菩萨瑜伽法要》《金刚顶经曼殊室利菩萨五字心陀罗尼品》各1卷。

智升撰《续大唐内典录》1卷、《续古今译经图纪》1卷、《开元释教录》20卷和《开元释教录略出》4卷。《开元释教录》收录从东汉明帝永平十年（67）至唐玄宗开元十八年（730）的佛教经典共2278部，7046卷。

唐玄宗召僧道辩论，形成《开元佛道论衡》，曾入藏。

著名的华严学者李通玄卒。他在智俨、法藏一系以外，别树一帜，于华严一宗传统的学说有不少变更。现存著作有《新华严经论》《略释新华严经修行次第决疑论》《大方广佛华严经中卷大意略叙》《十二缘生解迷显智成悲十明论》等。

公元 731 年

金刚智译出《金刚顶经瑜伽修习毗卢遮那三摩地法》《千手千眼观世音菩萨大身咒本》《千手千眼观自在菩萨广大圆满无碍大悲心陀罗尼咒本》《不动使者陀罗尼秘密经》。

公元 732 年

以寒食上墓编入五礼，永为例程。

金刚智卒，年七十一，谥灌顶国师。金刚智传密教之金刚界曼荼罗，共译密教经典 5 部 14 卷。弟子不空奉遗教复返天竺求法。

善无畏求还西域，复诏不许。

长安慈恩寺沙门义福卒，制谥大智禅师。义福为神秀高足，禅宗北宗大师。义福的弟子众多，《景德传灯录》列名八人，其中有禅师智通（683—751）、比丘尼惠源（662—737），在当时都是比较知名的。

公元 733 年

日本僧人荣叡、普照随入唐使达扬州，遇大云寺沙门鉴真。

公元 734 年

神会在滑台（今河南滑县东）大云寺设无遮大会，“为天下学道者辨其是非，为天下学道者定其旨见”，通过与名播两京的山东崇远法师的辩论，着重驳难神秀的门徒嵩岳普寂和东岳降魔的主张，公开指责神秀一系“师承是傍，法门是渐”。

日本太政官就度僧尼一事上奏，对此前度僧完全依靠举荐的方式予以否定，强调出家者必须具备暗诵经文、礼佛、净行的条件。

被派往唐朝学习的玄昉返回日本，将法相宗传入日本，成为日本法相宗的四传祖师。

公元 735 年

中印度来华的密教僧人善无畏卒，唐玄宗赠鸿胪卿，葬于龙门西山。善无畏开元四年（716）来华，玄宗礼之为国师，译出真言密教的根本经典《大日经》等多种密教经典。善无畏之学，以真言密教为中心，兼持持明诸法，禅修为余。所传持的教法是真言密教的代表经典《大日经》及其胎藏密法，但同时也传持《苏悉地》等晚期持明诸法，甚至以持明密法来补充和完善真言胎藏密法。

唐玄宗为《金刚经》作注，“请颁行天下，写本入藏，宣付史馆”。

公元 736 年

七月二十八日，唐玄宗下令将僧尼管辖权重新划归鸿胪寺，道教的管辖权归宗正寺。

玄宗诏吴道子入供奉，在景公寺画地狱变，都人咸观，皆惧罪修善。

日本光明皇后发愿抄写“五月一日经”。

中国僧人道璇在日僧荣叡与普照邀请下抵达日本传戒。

公元 737 年

七月七日，唐玄宗对道士女冠的管辖权做了调整，隶属于宗正寺，僧尼的管辖权没有发生变化，仍然隶属于祠部。

公元 739 年

普寂卒，年八十九，被公认为神秀的第一高足。神秀逝世后，中宗诏令普寂继神秀“心宝”，“统领徒众，宣扬教迹”。普寂被钦定为释迦正宗，神秀嫡传，在 30 多年里，一直是京派禅系中的当然领袖，也是全国禅众的领袖。普寂的禅法思想，主要是继承自神秀，并没有大的创造。普寂本人比较重视戒律，这与其重视经典也是有联系的。普寂弟子众多，《景德传灯录》记有法嗣 24 人。在其再传弟子中，仍有位居“国师”者。另外，此系还远传朝鲜。

公元 740 年

长安青龙寺沙门道氤卒，年七十三。道氤学通内外，洛阳福先寺建论场，氤首登座，于《瑜伽》《唯识》《因明》《百法》等论，立大义六科，敌论诸师茫然屈伏。撰《定三教论衡》《大乘法宝五门名教》《信法仪》《唯识疏》《法华经疏》《御注金刚经疏》等。

行思卒。行思俗姓刘，吉州安城（今江西省吉安市）人，幼年出家，受具足戒后游方参学，曾住吉州青原山静居寺，故后人多称“青原行思”。慕名参访慧能大师，深得器重，在慧能众多的弟子中，行思居首。受慧能嘱咐，回到青原山，传禅授徒，建立禅宗基地。在行思的弟子中，以石头希迁最为有名，青原系的发扬光大，也是从希迁开始。此派后发展出曹洞、云门、法眼三宗。

新罗法师审祥给金钟寺良辨讲解东晋佛陀跋陀罗译六十卷《华严经》，被认为是华严宗传入日本之始。

公元 741 年

中印度来华密教僧人金刚智卒。开元八年（720），金刚智来到洛阳、长安，面谒玄宗，成为大唐国师，译有《金刚顶经》《瑜伽念诵法》《观自在瑜伽法》等 8 部 11 卷。所到之处，必建金刚界大曼荼罗灌顶道场，传授密法。其付法弟子有不空、一行、慧超、义福、圆照等人。金刚智、善无畏分别携带了“金刚部”和“胎藏部”二经的灌顶传授密法来到中国，为开中国两部密法的始祖，奠定了中国密宗的基础。

河南采访使齐澣言：“至道可尊，当从宗仰，未免鞭挞，有辱形仪，其僧道有过者，望一准僧道格律处分，所由州县不得擅行决罪。”奏可。

天竺僧人寂护应西藏乞栗双提赞王之请，与莲花生上师（Padma－saṃbhava）、迦摩罗什罗（Kamala－śila）同至西藏传布真言密教。在西藏首府拉萨南方建立桑耶寺，并任该寺第一任堪布，招请有部十二僧人，与莲花生上师共同弘法。

日本圣武天皇颁布《建立国分寺诏》。

公元 742 年

不空率弟子含光等人以大唐使者身份到师子国。师子国王殊礼接待，安置于佛牙寺。不空依止普贤阿阇黎，请求开坛重受灌顶，与弟子含光、惠䂮等人同时入坛受学密法，前后三年。又广事搜求密藏和各种经论，获得陀罗尼教《金刚顶瑜伽经》等 80 部，大小乘经论 20 部，共计 1200 卷。

回国时，师子国王尸罗迷伽请附表，并托献方物。不空遂同使者弥陀携带献物和梵夹等回唐，于天宝五年（746）到达长安。开始在长安净影寺从事翻译和开坛灌顶。

越州法华寺沙门玄俨卒，年六十八。玄俨先从光州道岸，后游上京从融济及意律师，还江左弘四分，著《辅篇记》10卷、《羯磨述章》3篇。

公元743年

唐玄宗诏令：僧尼隶祠部，道士宜令司封检校，不须隶宗正寺。

玄宗以广东罗浮山据佛经所载是华首菩萨所在，敕立延祥寺、华首台、明月戒坛。

鉴真和尚开始东渡赴日本，随行者有僧14人、尼3人并俗人共24人。

日本圣武天皇颁布营造大佛的诏书。

公元744年

南岳怀让卒，年六十六。律学出身的怀让，重视戒律，专注于个人修行，并不致力于网络徒众、广收弟子，也没有留下什么著作。弟子有常浩、智达、坦然、神照、严峻、道一。在这些弟子中，著名者唯有马祖道一。

道慈卒。道慈为日本三论宗的第三传，从吉藏弟子智藏学习三论，曾留学中土15年，还向吉藏门人硕法师的弟子元康学习过空宗义旨。他兴趣广泛，经律论多有涉猎，尤善三论，回到日本后，住大安寺，盛弘般若三论。道慈著有《愚志》1卷，将日本佛教和唐朝的佛教作了比较，感叹日本佛教的落后和弊端。他还在奈良参考长安的西明寺营造大安寺，并在大安寺转读《大般若经》，以护寺镇国，为日本佛教的健康发展做出了很大的贡献。

公元745年

神会被兵部侍郎宋鼎请入东都。

行基被授予日本第一个大僧正的称号，位列僧纲之上，并赐百户之封，度僧400人。

公元 746 年

不空遵金刚智遗命赴古印度取得密藏文献 500 余部返国，居长安净影寺译经。

公元 747 年

始令祠部给牒用绫素。

净土宗僧人慧日卒，年六十九。慧日曾到印度学习各派佛教知识，长达 18 年，在开元七年（719）回到首都，向玄宗呈现了自己从印度带来的经卷和佛像等。玄宗敕赠慈愍三藏。慧日的著述主要有《略诸经论念佛法门往生净土集》，与善导的称名念佛有很大不同，形成了净土宗历史上的慈愍流。

台州涌泉寺沙门怀玉卒。怀玉常自业忏悔万万余反，诵《弥陀经》30 万遍。

沙门含光自印度归国。开元中，含光依于不空三藏，天宝初舶海经师子国至印度。归后参与不空译经，为代宗所重。

公元 748 年

杨贵妃兄杨铦为五台山清凉寺写一切经 5048 卷、般若四教天台论疏 2000 卷。

公元 749 年

唐玄宗敕令不空归还本国。不空行至韶州（今广东韶关一带），以路次染疾，寄止不前。

百丈怀海出生，俗姓王，福州长乐人。

日本圣武天皇决心建立东大寺，供奉《华严经》本尊卢舍那佛，任命良辨担任东大寺第一代别当，任命行基担任劝进，负责协助筹措建设经费。

圣武天皇亲从行基受菩萨戒，不久行基患病辞世。

公元 750 年

寂天（Sāntideva，650—750 年）卒。南印度梭罗修多罗国之德铠王

(Kalyāṇa－varman）之子，原名寂铠（Śānti－varman）。后依那烂陀寺僧胜天（Jayadeva）出家，改名寂天。此师著有《入菩提行论》(*Bodhicarya－avatāra*)、《大乘集菩萨学论》（*Śikṣā－samuccaya*，即《学处要集》)、《集经论》(《诸经要集》) 等。其学行中亦夹杂着秘密成就法的因素。

智作护（Prajñākaragupta，约700—750）卒或作慧生护，是明教派的代表人物，生于孟加拉国，属于经量部有相唯识论者。他在陈那、法称的论理学著作中，领悟出佛陀的本质，进而解明佛之法身、自性身、智身的意义。他撰有《量评释论庄严疏》，系法称《量评释论》的注释书。

公元753年

不空译《金刚顶一切如来真实摄大乘现证大教王经》(*Vajraśekhara－sarva－tathāgata－satya－saṃgraha－mahāyāna－pratyutpannābhisambuddha－mahā－tantra－raja－sūtra*) 3卷本，又称《金刚顶大教王经》《金刚顶经》《教王经》等。此本是十八会初会——“一切如来真实摄大乘见证大教王会”的初品即金刚界品的翻译。

鉴真到达日本，日本天皇迎至东大寺住。自天宝二载至十二载，十年间鉴真六次渡海，经历常人无法想象的磨难，矢志不渝，终告成功，止于日本东大寺，成为日本律学之祖。

神会被北宗门人谮毁聚众，敕黜弋阳郡（河南潢川），又移武当郡（湖北襄阳西北）。第二年，命移襄州（湖北襄阳），至七月，又敕移荆州开元寺。

公元754年

不空抵达武威，受到哥舒翰等人的迎候，得到一切供给。不空在武威期间，与哥舒翰、封常清、田良丘等一批有势力的军政人物结下深厚关系，也与太子李亨有联系，为他以后显居高位起了很大作用。不空在武威住开元寺，设灌顶坛，开翻译场，大事弘密。不空在武威应哥舒翰之请，也翻译了不少经轨，主要有：《金刚顶一切如来真实摄大乘现证大教王经》3卷，由司马行军、礼部郎中李希言笔受；《菩提场所说一字顶轮王经》5卷、《一字顶轮王瑜伽经》1卷、《一字顶轮王念诵仪轨》1卷，均由节度判官、监察御史田良丘笔受。

天台宗八祖玄朗卒，年八十一。其著作有《法华经科文》2卷。

日本孝谦天皇敕命鉴真住于刚刚建好的东大寺，并在那里建戒坛传戒。戒坛建造完毕后，以圣武太上天皇、光明皇太后、孝谦天皇、皇太子为首，440多人从鉴真授戒。

公元755年

吐蕃赤松德赞即位。他在位期间，迎请印度佛学大师寂护、莲花生到吐蕃传法。

公元756年

正月，唐玄宗太子监国，五月，太子下敕河西，急诏不空入朝，不空立即起程，赶赴长安。自此不空结束了长期流放充边的生活，开始了他一生中的辉煌时期。

肃宗在灵武以军需不足，用宰相裴冕计，“大府各置戒坛度僧，僧税缗谓之香水钱，聚是以助军须”，以神会主持其事。神会将度僧“所获财帛，顿支军费，代宗、郭子仪收复两京，会之济用，颇有力焉”。肃宗因此为其造禅宇于荷泽寺。

以内供奉授沙门元皎，此后京城名僧多授此官。

般若至那烂陀寺，从智护、进友、智友等人学大乘经论。

公元757年

印度耶罗拉第十六窟印度教之凯拉萨那（梵Kailās）塔寺建造。

唐肃宗下诏曰：僧尼“既助国纳钱，不可更拘常格。其所有资财能率十分纳三分助国，余七分并任终身自荫，身没之后，亦任回与近亲”。这种特权的实行导致寺院经济急剧膨胀，引发了寺院经济与世俗经济的矛盾。

诏迎凤翔法门寺佛骨入禁中，立内道场。

敕五岳各建寺，选高行沙门主之，听白衣能诵经五百纸者度为僧，或纳钱百缗请牒剃落亦赐明经出身。

泰国猜也的帕波罗麻它佛塔开始兴建。

公元 758 年

正月二十三日，不空上表："及陛下北巡，不空虽不获陪侍，弟子僧含光等归从西出，又得亲遇銮舆。崎岖戎旅之间，予闻定册之议。不空虽身陷胡境，常心奉阙庭，频承密诏，进奉咸达。"

敕不空入内，为肃宗灌顶，授戒法，说菩萨放光证戒。

日本天皇别敕鉴真"加大和上之号，诏天下僧尼，皆归大和上习学戒法也"。

公元 759 年

约于此年，吐蕃举行佛教与苯波教的辩论，苯波教失败，赞普规定只准信奉佛教，不准信奉苯波教。

鉴真与其弟子按照唐代样式设计建造了唐招提寺作为律宗的大本山。

公元 760 年

印度智藏（Jñānagarbha，700/705—760/764）卒。其为后期中观谛说的代表人物，又受法称认识论的影响，成为后期中观思想家寂护等人的先驱。智藏的主要著作有《二谛分别论》（*Satyadvayavibhaṅga*），后来寂护作《二谛分别论细疏》注释此书。原本已不存，只有题名寂护注释的藏译本。论有颂有释，从中可以了解到智藏的学说。另外，他还著有《瑜伽修习道》（*Yogabhāvanāmārga*）、《圣无边门成就陀罗尼释偈》（*Aryānanta - mukha - nirā - hāradhāraṇā - vyākhyānakā - rikā*）等。

唐肃宗下敕令：僧尼朝会、表奏，毋得称臣。废除了在此之前僧尼跪拜君亲的礼节。

神会卒，年九十三。神会时代，成为神秀北宗与慧能南宗在京城地区势力消长的分水岭。经过神会"敷演显法能祖之宗风，使秀之门寂寞矣"，天下禅宗归一的局面逐渐形成了。神会的门徒很多，主要分布在两京、四川、湖北、江苏、陕西、山西、山东等地。荷泽系中于后世名声最大的一支，是磁州（河北磁县）法如（或名智如，723—811）。据《禅门师资承袭图》，智如传益州南印，南印传遂州（四川遂宁）道圆，道圆传宗密，由此形成禅宗与华严宗汇流的一大派。另外，神会有弟子五台山无名禅师，再传至五台山华严澄观，澄观为宗密的华严宗师，遂形成禅宗与华严宗汇流的多层次关系。

公元 761 年

敕赠南印度僧人金刚智开府仪同三司，谥号“大弘教三藏”。

于三殿置道场，以宫人为佛菩萨，武士为金刚神王，召大臣膜拜围绕。时张镐为宰相，有奏谏内置道场，谓“臣闻天子修福，当在安养苍生，靖一风化。未闻区区僧教，以致太平”云云，或即在此年。

遣内给事孙朝进迎慧能弟子南阳慧忠入见，待以师礼，敕居千福寺，号国师。

不空应史元琮奏请敕准，在大兴善寺为国开灌顶道场。八月，奉敕率弟子三人到终南山智矩寺修功德。

公元 763 年

代宗置内道场，敕每年降圣节召名僧与饭谓之内斋，事或在此年。

制河南、河北伪度僧尼道士女冠并与正度。

鉴真卒，年七十七。鉴真在国内依弘景律师出家并受具，是南山律祖道宣的三传弟子，然其所学，并非局于律藏，同时亦精通天台圆教，并将律仪、戒法与台教相结合。其东渡时携去日本的各种典籍中，天台宗的主要教典全部在内，除号称“天台三大部”的《摩诃止观》《法华玄义》《法华文句》以外，还有《四教义》12 卷、《次第禅门》11 卷、《行法华忏法》1 卷、《小止观》1 卷、《六妙门》1 卷。在弘传律学的同时，鉴真亦畅演天台止观，从而激起了日本僧人研习天台教观的兴趣。

经奏请敕准，不空每年夏中及三长斋月建立灌顶道场。

寂护应西藏国王赤松德赞的邀请，寂护经由尼泊尔入藏，然因逢藏地政治纷争，4 个月之后，即返回尼泊尔，于此停留 4 年。其间，剃度巴·赛囊等 7 人为僧。此为西藏第一批如法剃度的僧人，并向藏王推荐深谙法术的莲花生入藏弘法。

公元 764 年

唐代宗诏重译《仁王经》，以不空主之，沙门飞锡、良贲等 16 人助译，代宗亲制新译序。

莲花生入藏弘法。藏传佛教尊称他为洛本仁波切（轨范师宝）、古如仁波切（师尊宝）、乌金仁波切（乌仗那宝）。通称白麦迥乃（莲花生）。约于公元804年离藏，在印度的达罗毗荼传法建寺达12年之久。晚年不知所终。由于他对藏传佛教所做的巨大贡献，受到各宗派的共同敬仰。他在吐蕃培养造就的人才很多，传说其中得到密宗悉地的，有赞普和臣民25人，如虚空藏、佛智、遍照、玉扎宁波、智童、柱德积等人均为当时有名的译师。著述收入《甘珠尔》及《丹珠尔》的有8种。宁玛派的密部经典由他主译的很多。后世掘藏派在山岩石窟中发现的经典多数题为他的著作，但只由本派传授，未收入藏文大藏经。

公元765年

十月，吐蕃人逼京师，命内出《仁王经》二辇送西明寺，诏不空三藏置百尺高座讲经，帝临御行香礼敬。

制授不空特进鸿胪卿，号大广智三藏。此为正二品文散官。

敕沙门百人入禁中行念诵法，谓之内道场，入出乘马，度支廪给。

诏出家沙门尊居三宝，天下官司毋得捶辱僧尼。

法照因仰慕东晋高僧慧远的事迹，于是年进入庐山，学习慧远的榜样，建念佛道场，修习念佛三昧法门。后来，因为定中见到南岳承远弥陀和尚，于是到衡山追随承远，学习念佛法门，并创立了五会念佛法。

日本僧人道镜被授予空前绝后的“太政大臣禅师”的头衔。

公元766年

七月望日，于宫中内道场造盂兰盆会，缀饰镠玮，所费百万，设高祖以下七圣位，幡节衣冠皆具，各以帝号识其幡，自禁内分诣佛祠，铙吹鼓舞，奔走相属，是日立仗百官班光顺门，奉迎导从，岁以为常。这成为中国盂兰盆节之滥觞。

印度僧莲花生入藏（一说为773年）。

桑耶寺建成，在寂护、莲花生等印度僧人的主持下，举行盛大的开光法会。

公元767年

王缙造金阁寺于五台山，铸铜为瓦，涂金于上，照耀山谷，计钱巨亿万。另给中书符牒，令五台山僧数十人分行郡县，聚徒讲说，以求货利。

进士高郢是年连上两疏谏造章敬寺，谓："今兴造急促，人徒竭作，土木并起，日计万工，昼不遑食，夜不遑息。力不逮者，随加榜笞，愁痛之声，盈于道路。以此望福，臣恐不然。"书奏不报。

藏王从印度迎请说一切有部持律比丘 12 人到藏地，以寂护为亲教师，开始度西藏人出家受戒。最初受戒 7 人为宝护、智王护、宝王护、善逝护、遍照护、龙王护、天王护（七人的名字有多种不同的记载），称为"七觉士"。

日本天台宗创立者最澄出生。

公元 768 年

二月，不空奏请在化度寺文殊师利护国万菩萨堂，置念诵僧 14 人，于每年三长斋月建道场为国念诵。

召请慧忠入宫传法，后赐居宝光寺。大师随宜说法，极受尊崇，僧俗弟子逾万人。

诏径山法钦禅师入见，待以师礼，赐号国一禅师。

天台宗荆溪湛然为道遂说《止观法门》。

公元 769 年

正月，以章敬皇太后忌辰度僧尼道士凡 400 人，是日以修功德使大济禅师廓清简校殿中监。

是年夏净土宗沙门法照于衡州湖东寺起五会念佛道场。

公元 770 年

波罗王朝第二代王达摩波罗（Dharma - pāla）（约 770—810 年在位）约于此年即位。在其治下，波罗王朝进入盛世。其对大乘密教的扶持力度更大，于恒河南岸建立了超戒寺（Vikrama - śila），又译作超行寺、超岩寺、毗俱罗摩尸罗寺、毗鸠摩尸罗寺，此寺后成为继那烂陀寺后佛教又一个著名的义学与修持中心。

不空请于高祖、太宗七圣忌日设斋行香，仍于三长斋月，每月十斋日，奉表奏准。

法照与其他人一起到五台山。后在并州等地教授五会念佛法门，影响很大，受到了朝廷的召见，在长安的宫中教皇室人员学习五会念佛法门。

在朝廷的支持下，法照为其师承远争得荣誉，并在五台山建立了弘扬净土的竹林寺。直到最后圆寂，法照一直在竹林寺弘传五会念佛法门。

经慈训等人申请，日本朝廷解除了禁止僧侣居住于山林的命令。

公元 771 年

四月敕京城僧尼，临坛大德各置十人，以为例程，有阙即填，此乃官补德号之始。

会稽开元寺沙门昙一卒，年八十。法砺之上首为满意，一传为大亮，再传有昙一。昙一依观音寺大亮传毗尼藏，崇福寺檀子法师学《唯识》《俱舍》等论，安国寺印度沙门受菩萨戒，又尝学于东塔法慎，并隶南山，实会合戒律三宗之说，著《发正记》，讲《四分律》35 遍、《删补钞》20 余遍。天台宗湛然为其弟子，华严宗澄观从学南山律。

日本政府将度僧的权力重新收回中央，明确规定度僧改用治部省印鉴，还命令各寺院清点僧尼人数并制成花名册（“名帐”），根据僧侣的原户籍与寺院的花名册进行对照，清查防范私度僧。

公元 772 年

六月，不空奏请修葺荐福寺戒坛院，代宗敕赐院额，抽诸寺名行大德律师 7 人，四季为僧敷唱戒律，六时奉敕为国修行三密法门，每年为僧置立戒坛。《行状》记载，不空之登坛受戒弟子有 2000 人。

公元 773 年

敕天下童行策试经律论三科，给牒放度。

日本真言宗的创立者空海出生。

公元 774 年

般若至南印度乌荼王寺，从法称学密。

六月，加不空开府仪同三司，此为从一品文散官。又封肃国公，食邑 3000 户，此为从一品爵位。七月，赠司空，此为正一品职事官位。

六月十五日，不空卒，年八十。不空译出密部经 77 部，自玄宗迄代宗，皆为灌顶国师，官至鸿胪卿，封肃国公。不空为中国密宗创始人之一，与善无畏、金刚智并称“开元三大士”。不空灭寂后受赠司空，皇帝缀朝三日，弟子行孝子丧仪。其主要弟子有 11 人，得到五部密法的只有 6 人，即含光、慧超、惠果、慧朗、元皎、觉超，史称“六哲”。

寂护和莲花生在吐蕃赞普赤松德赞的大力支持下，主持动工兴建桑耶寺。这是西藏佛教史上第一座剃度僧人出家的寺院。

公元 775 年

礼部侍郎常衮建言，谓诸祠寺，写经造像，焚币埋玉，赏赉比丘道士巫祝之流，岁巨万计，不若易刍粟，减贫民之赋。

均州武当山沙门慧忠卒，谥号大证禅师。慧忠自受学慧能，后居南阳白崖山党子谷四十余年不下山门，上元二年迎入京。慧忠随机说法，立“无情有佛性义”。

公元 776 年

唐代宗敕僧尼诵《佛顶尊胜陀罗尼经》，每日诵 21 遍，限一月内精熟。

公元 777 年

润州招隐寺沙门朗然卒，年五十四。朗从学于昙一，精研律部，讲训生徒，四远响应，著《古今决》10 卷，解释《四分律钞》数十万言。

公元 778 年

印度达摩波罗王印度法胜注释法称之著作。

四月十四日，唐代宗敕补不空弟子慧朗为大兴善寺上座，并总领寺务。

从宰相元载请，敕律部南山、相部、东塔三宗大德 14 人，集安国寺，定其是非。沙门如净、慧彻主其事，圆照受正字，宝意纂文，超济等 9 人证义，撰书 10 卷，敕名《佥定四分律钞》，建中元年（780）书成献之。

剑南东川观察使李叔明奏请删汰僧道。德宗时以太子摄政，善之，下尚书省集议，都官员外郎彭偃议谓“今天下僧道，不耕而食、不织而衣，广作危言险语以惑愚者。一僧衣食，岁计约三万有余，五丁所出不能致此”云云。刑部员外郎裴洎有《汰僧道议》，言曰：“衣者蚕桑也，食者耕农也，男女者继祖之重也，而二教悉禁。国家着令，又从而助之，是以夷狄不经法，反制中夏礼义之俗也”云云。

桑耶寺竣工（一说775年）。专门从印度迎请讲说一切有部和中观分别说的比丘共12人，由寂护任堪布，为藏族七人剃度并授比丘戒。第一批藏族僧侣产生。僧院实行“三户养僧制”。

公元779年

代宗卒，德宗即位，闰五月，京城寺观修功德使刘崇训，表请停京城修功德使。敕旨内外功德使宜并罢停，自此僧尼悉属祠部。

六月，诏令毋得置寺观及请度僧尼。

新罗僧人神行寂于南岳断俗寺，年七十六。神行将北宗禅传入新罗。

公元780年

波罗王朝法护王（780—815/810年在位）即位，他很重视对佛教的护持，创建超戒寺，成为佛学中心。他的王师师子贤以精通《般若经》和《现观庄严论》著名。师子贤是大乘般若经学与中观学派的集大成人物，正是从他开始，印度后期及西藏佛教传承的弥勒《现观庄严论》才被世人了解。师子贤先后完成了四种关于般若学的著作，即《二万五千颂》释、《八千颂》释、《般若摄颂》释，以及未结合经的《现观明义释》。这四部著作都是结合弥勒《现观庄严论》学说体系而造的，被后人视为四部《现观》注释，也就是说师子贤的著作与学说都是以《现观庄严论》为中心而展开的。

宗密出生，俗姓何，果州西充（四川西充）人。

密宗僧人惠果在圣佛院向来自诃陵国的僧人辨弘传授胎藏大法。

莲花戒卒。那烂陀寺学僧，寂护弟子，与汉地僧在西藏论辩。从中观派缘起性空的立场出发融合了瑜伽行派的思想，在世界观上主张无相唯识，在方法上受到清辨、法称的强烈影响，对佛教说一切有部、经量部及前期中观派和瑜伽行派都进行了批评；并对婆罗门教弥曼差派的学说、顺世论的断灭论和时论等都进行了批判。他的佛学思想对藏传佛教显宗的发展有相当大的影响。

公元781年

吐蕃使臣到唐朝要求派遣唐朝僧人到吐蕃传法。德宗应吐蕃请求，命沙门良琇、文素前往。吐蕃占领沙州一带，将大批汉族和尚带到吐蕃从事译经和参与佛事活动。摩诃衍就是其中之一。

惠果向来自新罗的僧人惠日传授胎藏、金刚界、苏悉地三部大法，向新罗僧悟真传授胎藏大法及诸尊持念法。

公元 782 年

敕僧尼有事故者仰三纲申州纳符告注毁，在京者于祠部纳告。

台州国清寺沙门湛然卒，年七十二。湛然从左溪玄朗学，被推为天台宗九祖，为天台宗的中兴付出了卓越努力。他为天台三大部注疏，而成《止观辅行传弘决》（释《摩诃止观》）《法华玄义释签》（释《法华玄义》）、《法华文句记》（释《法华文句》），还撰写了《止观义例》《止观大意》《始终心要》《法华五百问论》等，对天台教理进行综合性、概括性的系统诠释，从而使天台义学受到普遍关注。他还以天台宗的学说为基点而批评了其他诸家之学，扩大了天台宗的影响；又吸取了《大乘起信论》中的某些思想倡导“无情有性”说，在新的历史条件下发展了天台宗的佛性学说。其嗣法弟子有道邃、行满、元浩等 39 人。

公元 783 年

肃王详死，德宗欲以沙门层砖造塔以葬，礼仪使判官司门郎中李岩上言，谓以层砖起塔为天竺浮图法，行之中华恐非礼。

日本政府要求各国分寺，当僧人因死亡出现名额空缺时必须进行认真考核，宁缺毋滥。而且补缺者只能限于当地法师，不得从外地补缺。

公元 784 年

沙门法照于并州行五会，教人念佛，劝化甚盛。德宗遣人迎入禁中，教宫人念佛，亦及五会。

敕亡僧、尼资财，一依律文分财法。

寂护（Śānta - rakṣita，725—784/788/790）卒。寂护是印度后期中观派的代表性论师，原为东印度查贺王室的贵族，后依智藏出家，学德兼备，曾任那烂陀寺的主讲（住持）。著有《中观庄严论》（*Madhyamaka - alaṃkāra*）、《摄真实论》（*Tattva - saṃgraha*）等多种著述。寂护是瑜伽行中观派的创始者。他将唯识观吸收入中观思想中，是晚期印度大乘佛教的重要代表人物。

公元 786 年

制诸寺宣讲，复作盂兰盆会，依代宗时。

北天竺迦毕试国沙门般剌若至长安。

公元 787 年

僧人李广弘与尼智因图为帝后，谋发，连坐死者百余人。因禁止诸色人不得辄入寺观。

澄观完成其代表作《大方广佛华严经疏》60 卷。

吐蕃王朝取缔苯波教，从此佛教成为吐蕃王朝的国教或正统宗教。

公元 788 年

诏迎岐州无忧王寺佛指骨入禁中供养。

敕王希迁组织义学僧协助北印度罽宾僧人般若在西明寺开设译场。自六月八日起，至十一月十五日终，共译出 10 卷 11 品。德宗亲为制序，并赐绢帛等物。其后般若又依敕译《六波罗蜜经》中的真言、契印法门，又译《佛说大华严长者问佛那罗力经》等诸经。

唐德宗将功德使转变为常设机构，分为左右两街功德使和东都功德使两种，并下令“总僧、尼之籍及功役”，负责掌管僧尼户口的事务。

马祖道一卒，年八十。道一为南岳怀让弟子，以洪州为中心广泛开展弘法活动，后世把他的禅学称为“洪州禅”。道一弘教传禅得到江西官僚的支持，很快成为当时禅宗中最大的一支，《景德传灯录》记载有 139 人，依《祖堂集》有 88 人，各自弘化一方，以江西为主，遍及大半个中国。他去世之后，唐宪宗元和年间谥为“大寂禅师”。

越州焦山大历寺沙门神邕卒，年七十九。神邕学律于法华寺玄俨，又从左溪玄朗学天台止观等，著《破倒翻迷论》斥道士吴筠，又有《天台地志》2 卷。

日本最澄在比叡山建成草庵，命名为“一乘止观院”，最澄亲手雕刻了供奉于本堂的药师佛像。

公元 789 年

敕天下诸上州，并宜国忌日准式行香。

唐德宗下诏：“释道二教，福利群生，馆宇经行，必资严洁，自今州府寺观，不得宿客居住，屋宇破坏，各随事修葺。”

公元 790 年

天竺僧人般若与牟尼室利舍译《守护国界主陀罗尼经》。

春，唐德宗下诏从岐州无忧王寺迎请佛骨于禁中，又送到其他寺院让众人观瞻，当时“倾都瞻礼，施财巨万”。

七月二十五日，敕赐般若三藏名号及紫袈裟，并受命出使迦湿弥罗国。般若先后翻译了 9 部经典，其中除 40 卷《华严经》和 1 卷《那罗延力经》为依敕所译之大乘经典之外，其余均为密教经轨或密教化了的大乘经。

实叉难陀译《大乘入楞伽经》7 卷。

悟空自天竺携佛牙舍利，及梵本《十地》《回向轮》《十力》三经返长安。后龟兹三藏莲花精进译《十力》，于阗三藏戒法译《十地》《回向轮》诸经。悟空原为出使罽宾的唐朝官员车奉朝，753 年奉命出使，因病滞留，后出家为僧，法名法界，巡行学法于犍陀罗及罽宾，又巡礼印度旧迹。回国后，受朝廷礼遇，赐名悟空。此为所知唐代最后之西游僧人。后来僧人圆照曾访问悟空，将其在西域、印度的所见所闻写成《悟空入竺记》。

石头希迁卒。希迁曾往新州礼慧能，慧能预言其“当绍吾真法”，劝令出家。开元十六年（728）于罗浮山受具戒。希迁按照惠能临终所嘱，到青原山跟随行思修学，直到行思逝世。天宝初（742），到达衡岳，于南台寺东之石台上结庵，时人遂号为“石头和尚”。希迁在这里行化近半个世纪，弟子众多，影响广泛，成为当时与马祖道一齐名的禅林宗师。在江西、湖南等地行脚参禅的禅众，多来往于门下。《景德传灯录》列石头法嗣 21 人，对后世影响较大者，有丹霞天然（739—824）、药山惟俨和天皇道悟三支。希迁著有《参同契》，一般都把它视作石头禅系的理论基石，后世的疏解颇多，影响也大。

公元 792 年

以莲花戒为首的渐门派和摩诃衍为首的顿门派进行大辩论，赞普赤松德赞亲自参加，判定莲花戒获胜，并将摩诃衍等和尚遣送回汉地，颁布敕令，从此吐蕃僧人不准修习顿门派之法。

公元 794 年

摩诃衍返回故里沙州，在沙州依然受到人们的尊重，被称为“国德”“大德”“蕃大德”。

出身于新罗王族的释地藏在九华山圆寂，此后，他慢慢地被改造成地藏菩萨的化身，九华山也自然而然地成为地藏菩萨的道场。

公元 795 年

莲华戒（Kamalasīla，740—795）卒。初为那兰陀寺学僧，寂护弟子，后应吐蕃赞普赤松德赞之请入藏，参与顿渐之争，主要著作有《中观庄严颂详解释》《修习次第》等。

南天竺乌荼国王赠《华严经后分》40 卷给唐朝。

沙门圆照进上所撰《大唐贞元续开元释教录》3 卷。

公元 796 年

诏备礼迎沙门澄观入都，命共罽宾三藏般若、沙门圆照、鉴虚翻译乌荼国所赠《华严》后分梵夹，所谓《四十华严经》（按《宋僧传》事或在贞元七年）。

四月诞日，御麟殿，诏给事中徐岱、兵部郎中赵需及许孟容、韦渠牟，与道士葛参成、沙门鉴虚、覃延等 20 人，讲论三教，上大悦。

公元 797 年

命沙门端甫入内殿，与儒道议论，赐紫方袍，令侍皇太子于东朝，顺宗以兄礼待之。

日本最澄被任命为内供奉并迅速得到天皇的赏识。天皇诏命将近江国的一部分税收转给比叡山寺用作日常开支。

此年之后，无垢友前往西藏，传布《大圆满心点》等法要。

公元 798 年

澄观在终南山草堂寺撰成《贞元新译华严经疏》10 卷。书成进呈，德宗命两街各讲一遍。他的注疏成为钦定著作。

公元 799 年

授澄观镇国大师号，观进天下大僧录，命有司备仪辇迎入内殿，阐扬大经，德宗备加敬礼。

律宗僧人怀素卒。怀素曾是玄奘的弟子，于显庆中（656—660）从道成受戒并学律。怀素学了西塔宗法砺的《四分律疏》和道宣的《行事钞》等，感到不满意，决心自己另撰新疏，永淳元年（682）撰成，开创了律宗东塔宗。怀素也是唐代著名的书法家。他师法二王，以草书见长，人称其为“狂草”。怀素的作品很多，流传于世的名作有《千字文》《圣母帖》《自序帖》《食鱼帖》等。

五台山竹林寺沙门法照或卒于是年之后（按：据日人冢本善隆《唐中期の净土教》考证，竹林寺当建立在贞元十四年（798）、十五年（799），《宋高僧传》谓卒于大历十二年（777）误。查《统纪》四十一谓兴元元年（784）法照曾于并州行五会）。法照于代宗朝被尊为国师，世称五会法师，净土宗尊为四祖，传净土于南，著有《净土五会念佛诵经观行仪》《净土五会念佛略法事仪特》等。

公元 8 世纪

无垢友应吐蕃赞普（国王）赤松德赞之邀请，来到吐蕃从事翻译佛经和传授密法。

毗茹札那，8 世纪人，他既是藏传佛教史上最早正式出家的“七觉士”之一，又是赤松德赞时期 25 名密宗大成就者之一，同时，也是吐蕃时期 108 位大翻译家之首。后来毗茹札那更是以密宗大师的身份在藏传佛教特别在宁玛派中享有盛名。

公元 8 世纪中叶

瞿波罗王在那烂陀寺附近修建了飞行寺（Udaṇḍapura，欧丹多富梨寺），成为非常著名的佛教寺院。该寺位于印度比哈尔（Bīhār）省附近，与附近的那烂陀寺以及后来建造的超戒寺都是金刚乘的中心。

公元 8 世纪后半叶

佛密（Buddhaguhya，佛陀瞿呬耶）继善无畏之后，在印度传承《大毗卢遮那成佛神变加持经》胎藏界密法。藏文大藏经中的佛密著作有 24 种，包括疏释、论书与书翰三类，其中与胎藏界密法相关的著作有《毗卢遮那成道经疏》（*Vairocanābhisaṃ - bodhi - tantra - vçtti*）、《毗卢遮那成道经集义》（*Vairocanābhisaṃbodhi - tantra - piṇḍārtha*）、《入怛特罗义》（*Tantrārthāvatāra*）。从佛密的著述来看，他对当时流传的胎藏界与金刚界两种密法都作过修习与研究，尤其侧重于《大毗卢遮成佛神变加持经》及其教法的传承与修持。

《青史》认为西藏前弘期流传的密教经疏多出自佛密之手，为 8 世纪后半叶印度三大密教瑜伽部学僧。

善护与法上师徒是明义派的代表人物。善护（Śubhagupta，720—780）生平不详。他有五篇因明学方面的著述，包括《成一切智颂》（*Sarvajñāsiddhikārikā*）250 偈、《成外境颂》（*Bāhyārthasiddhikārikā*）一卷，《观闻颂》（*Śrutiparīkśākārikā*）、《观破他颂》（*Anyāpohavicārakārikā*）、《大自在坏灭颂》（*Īśvarabhaṅgakārikā*）。

《大方广菩萨藏文殊师利根本仪轨经》（*Āryamañjuśrīmūlakalpa*）或称《文殊师利根本仪轨》，是文殊师利密法的分类汇编，约形成于 8 世纪中期之后。

公元 8 世纪至 9 世纪

呼金刚教法的经典《喜金刚本续王》形成。

师子贤活跃在这一时期，瑜珈大观派学者，著有《二万五千颂释》《八千颂般若波罗蜜多释·现观庄严光明》等。

佛智足论师早年从师子贤学习般若学，贯通中观、唯识两大学派宗义，后学习密集教法，在师子贤去世时获得成就，开始说法度人，成为达摩波罗王的上师，主持超戒寺的开光等事，升为该寺的金刚阿阇黎。著有《妙吉祥教语》《妙吉祥教语略义》《成就法普妙论》（*saṃanta - bhadra - nāma - sādhana*）、《普贤母成就法》《自入成就法》（*mukhāgama*）、《解脱明点论》（*mukti - tilaka*）、《呬噜迦忿怒尊成就法》（*Heruka - sādhana*）

等，系统解释《密集》生起与圆满两种次第法的仪轨和修行方法，以及方便父部和智慧母部之间的相互关系。佛智足的弟子有 18 位，其中继承法位的有燃灯贤、极寂友、罗睺罗贤和大乐金刚 4 人。

传承密集教法圣者派的沙罗诃活动在这一时期。沙罗诃倡导的修行法门被后人称为 sahajayoga，意译易行瑜伽或俱生瑜伽，指一种随顺自然的双修瑜伽（yuganaddha）形式。后人把他作为印度八十四成就者之一，称之为萨罗诃巴（Sarahapa），巴为巴多（Pada）之简称，有行脚义。《证道歌》之外，沙罗诃著有多种著作，《吉祥佛顶盖怛特罗难语释具慧》（*Śrī - buddhakapàla - tantra - pañjikā - jñānavatā*）、《吉祥佛顶盖成就法》（*Śrā - buddhakapāla - sādhana*）、《一切部多供物仪轨》（*Sarva - bhāta - bah - vidhi*）、《吉祥佛顶盖曼荼罗仪轨次第明》（*Śrī - buddhakapāla - maṇḍala - vidhi - krama - pradyotana*）、《三世间征服世自在成就法》（*Trailokya - vaṣaṃkara - lokeṣvara - sādhana*）等。其嗣法弟子为龙树（Nàgàrjuna），即圣者派密集怛特罗教法的开创者。

公元 800 年

约于此年，密教经典《秘密集会》成为独立的经典。全名作《吉祥一切如来身语意秘密不退转吉祥秘密集会大怛陀罗王前分》（*Śrī - sarva - tathāgata - kāya - vāk - citta - rahasyād - vinirgama śrī - guhya - samā jasya - mahā - tantra - rājasya - pūrvārḍdhah*），属于方便（父）怛特罗中的阿閦族，为其根本怛特罗，也是在怛特罗佛教演变史上最受关注的经典。密集教法是最早的一种无上瑜伽密法，其根本经典《秘密集会怛特罗》是怛特罗佛教成立的标志。

化度寺僧善才等状请三阶典籍入藏获准，于是信行《三阶集录》等 35 部 44 卷，被圆照编入《贞元新定释教目录》，入藏流行。此事在三阶教复兴的潮流中极具代表性。

圆照撰成《贞元新定释教目录》30 卷。又撰有《般若三藏续古今译经图记》《悟空入竺记》《不空三藏碑表集》《忏悔灭罪辩瑞相记》等 20 余部。圆照卒年不可考，早年依西明寺景云律师出家，后寻究经典，访问师承，《维摩》《法华》《因明》《唯识》《涅槃》《中观》《华严新经》无不学，而尤精律部。

公元 802 年

净土宗僧人承远卒。承远跟随慧日法师学习净土法门，后回到衡山，建弥陀台，引导众生念佛，世称弥陀和尚，被尊为净土宗三祖。

骠国遣使悉利移来唐赠其国乐 12 曲与乐工 35 人，乐曲皆为释氏经论之词。

公元 804 年

日本遣唐使舶遭暴风，大使藤葛野麻吕之第一舶漂至福州，副使石川道益之第二舶漂至明州，学问僧空海、最澄等同来。

公元 805 年

密宗僧人惠果卒。惠果为不空弟子，他综二系传承，持金刚界、胎藏法及苏悉地三部大法，培养传授了很多出色的弟子，对后世的影响颇大。不空圆寂后，惠果受到代宗的宠遇，大历十年（775）特敕在青龙寺另置东塔院居住，敕准建毗卢遮那灌顶道场，准七僧持念，由此青龙寺成为密宗的另一个中心，闻名于海内外。惠果弟子日本僧人空海为撰《大唐青龙寺惠果和尚碑》。

净土宗僧人少康卒。少康作为善导思想的继承者，对于净土宗的贡献主要体现在普及净土念佛法门上。他留下一本记载往生西方净土的僧俗传记——《往生西方净土瑞应传》。这部书记载了从东晋庐山慧远到善导等共 48 人的往生事迹，对鼓励当时人们念佛往生起了积极作用。

日本僧人最澄离华归国，此后矢志传教，大弘天台教观，正式开创日本天台宗，而尊道邃为初祖，以国清寺为祖庭。日本天皇邀请最澄为 8 位高僧灌顶，这是日本最早举行的密教灌顶仪式。最澄圆寂于弘仁十三年（822）。至清和天皇贞观八年（866）年，被追尊为“传教大师”，是为日本有大师称号之始。

李真绘《真言五祖像》，后赠给日本，今藏于日本京都东寺。

公元 806 年

北印度密教僧人牟尼室利卒。牟尼室利贞元十六年（800 年）到达长安，初住兴善寺，后徙居崇福、醴泉诸寺。与般若共译《守护国界主陀罗尼经》，该经当属他带来，他经常参予般若译经。

诏天下有道行僧赴都阐扬佛法。

召沙门知玄入殿问道，赐号悟达国师。

日本僧人空海返国。空海在长安青龙寺遇慧果，授以金刚界、胎藏界两部大法，又从天竺般若三藏学悉昙，归国时携经216部461卷，多真言宗典籍，于日本弘密教，创东密，号弘法大师。

最澄奏请于南都六宗之外加“天台法华宗”（日本天台宗），并赐予天台宗年分受度的名额。同月二十六日，朝廷敕许另立天台法华宗，每年可度僧二人，其中一人修习止观业，另一人修习遮那业。日本天台宗正式得以创立。

日本颁布太政官符，规定了诸宗度僧的定额和学习内容。

公元807年

禁私度僧尼，诏避役出家者令所在有司科奏。

诏僧尼道士同隶左右街功德使，自是祠部司封不复关奏。以宦官吐突承璀等为左右街功德使，沙门端甫录左街僧事，掌内殿法仪，沙门灵邃录右街僧事。

曹洞宗创始人洞山良价出生，俗姓俞，越州诸暨（今浙江诸暨）人。

日本僧人安澄著作完成《中观论疏记》20卷，这是保存至今的最古老的日本三论疏注。

公元810年

佛教因明学家法上卒。法上（Dharmottara，约750—810）是8世纪后半期至9世纪初瑜伽唯识派的代表人物，以注释法称学说而著名，被后人视为传承、注释法称后学阐义派的代表人物。法上为义理学派之祖。其对法称论理学著作所作的注释书有《量决择注疏》（*Pramāṇaviniścaya-ṭīkā*，简称“大疏”）、《正理一滴论注疏》（*Nyāyabindu-ṭīkā*，简称“小疏”，常被视为研究法称论理学的入门书。）

召沙门澄观入内殿讲“华严法界”大旨，并敕有司铸金印赐号僧统清凉国师。

沙门慧琳上所撰《一切经音义》100卷，敕入藏，赐紫衣缣帛茶药。

罽宾沙门般若与孟简等出《大乘本生心地观经》8卷。

公元 811 年

唐朝廷终止译经。唐代佛经翻译持续时间近 200 年，共翻译佛经 372 部 2159 卷，是中国佛经翻译的高峰时期。

京城诸僧有请以庄硙免税者，宰臣李吉甫谓钱米所征，素有定额，必不可许，诏从其言。

梁肃撰《天台智者大师修禅道场碑》谓“微言东流，我慧文禅师得之……以授南岳思大师……及大师……开止观法门……由是佛法者以天台为南司，殊途异论往往退息”云云，此言天台宗史。

公元 813 年

沙门鉴虚自贞元至元和间交结权幸，招怀赂遗，是年为御史中丞薛存诚笞死。

衡阳太守令狐权舍衣财为南岳怀让做忌斋，形成每年的“观音忌”。

公元 814 年

梓州慧义寺沙门神清卒。神清早学于绵州开元寺智辩法师，后又从慧义寺如律师受具戒，讲导著述略无闲日，撰有《法华玄笺》《释氏年志》《新律疏要诀》《法源记》《北山录》等九部百余卷。

百丈怀海卒，年九十五。怀海为马祖道一弟子，制定了“上下均力”的“普请法”，倡导“一日不作，一日不食”的农禅经济理念，注重整顿佛教戒律，完成了禅宗的清规戒律——《敕修百丈清规》，成为其他禅寺争相效仿的楷模。

公元 815 年

诏停寺观开讲，恶其聚众，且虑变也。

嵩山沙门圆静与淄青节度使李师道相结，聚众谋反，事发，尽擒其党。

赤祖德赞即位，佛教在吐蕃已进入鼎盛时代。当时赞普在拉萨河中游南岩创建了历史上最著名的九层金顶的乌香多宫殿（兼作寺院），规定僧侣在乌香多宫等寺院内进行经常性的诵念佛经的制度，并法定每七户人家供养一位僧侣。赤祖德赞时期，第一部佛经目录《丹噶目录》终于编纂完成，随后又相继编纂了《青浦目录》和《庞塘目录》。这三部目录成为后来藏文大藏经的雏形或源头。

公元 816 年

日本僧人最澄率徒众拜谒了位于四天王寺的圣德太子庙，将太子推为日本天台宗的祖师。此行之后不久，他为此前创作的《依凭天台集》作序流通，强调天台宗的绝对地位。

日本僧人空海被任命为十名内供奉之一。同年六月，空海上奏嵯峨天皇，请求赐予他纪州高野山作为修行道场。同年七月，朝廷批准了空海的请求。

公元 817 年

澄观或卒于是年以前，年七十余（此据《宋高僧传》，而《释门正统》云为开成二年卒，《华严悬谈会玄记》云开元二十三年生，开成四年卒，年一百零二）。澄观被尊为华严宗四祖，曾参加“四十华严”的翻译，贞元十五年（799）被授予“镇国大师”称号。澄观还参加了《守护国界主陀罗尼经》的译事。唐顺宗、唐宪宗都曾诏其入宫讲经，与诸多朝臣和地方官吏多有往来。澄观的全部著作据称有 400 余卷，故有“华严疏主”之誉。他的代表作是系统注解八十华严的《大方广佛华严经疏》。澄观弟子有“一百许人，余堪讲者千数”。华严宗的影响在佛教界和社会上迅速扩大。

日本僧人空海派遣弟子泰范和实慧前往高野山筹建寺院。

公元 818 年

功德使奏，凤翔府法门寺有护国真身塔，塔内有释迦牟尼佛指骨一节，相传三十年一开，开则岁丰人安，来年应开，请迎之。

白居易作《东林寺经藏西廊记》谓“一切经典尽在于是”。据李肇元和七年《东林寺经藏碑铭》谓“开元庚午之后洎德宗神武孝文皇帝之季年相继新译，大凡七目四千九百余卷，立为别藏，著杂录七卷，以条贯之，合开元崇福旧录，总一万卷”。

唐元和长庆间，始立僧录。僧录在唐代的地位要高于僧正。

日本僧人最澄宣布舍弃在奈良所受的小乘戒，与南都佛教断绝关系。

五月，他创作了《天台法华宗年分学生式》（《六条式》）上奏天皇，提出天台宗僧侣不接受小乘戒，应该受大乘戒。

公元 819 年

正月，唐宪宗迎请法门寺佛指舍利至长安，在宫中供养三天，然后送到各大寺院供信众们观瞻礼敬，掀起了全国性佛教信仰激情。这次迎请佛骨舍利的热潮受到了韩愈的抵制，引发了二者之间的冲突。

公元 820 年

河东节度使裴度奏：五台山佛光寺侧庆云现。

穆宗即位，六月至安国寺观盂兰会。

长安西明寺沙门慧琳卒，年八十四。慧琳师事不空，内持密藏，外究儒流，印度声明、中华训诂靡不精奥，尝谓翻梵成华，华皆典故，遂引用《字林》《字流》《声类》《三苍》《切韵》《玉篇》、诸经杂史，参合佛意，详察是非，自贞元四年讫元和五年（据序谓自建中末至元和十二年）成《一切经音义》100 卷。先是唐初有大慈恩寺沙门玄应撰《大唐众经音义》25 卷，后又有慧苑撰《新译华严音义》2 卷。

日本僧人空海被授予“传灯大法师”位。

九月，唐僧无言通从广州至越南北宁仙游县扶董乡建初寺传授禅学，创立无言通禅派。

公元 821 年

穆宗亲制《南山律师赞》。

新罗道义传入南宗慧能门下南岳一系的禅法。

公元 822 年

白居易任杭州刺史时曾问道于鸟窠禅师道林，深敬服之。

日本朝廷敕准空海在南都东大寺建立真言院，并请空海为平城上皇授密教三昧耶戒。六月，最澄辞世。在他圆寂后第七天，朝廷颁布准许比叡山建立大乘戒坛的敕许。

公元 823 年

日本嵯峨帝将东寺永久赐与空海。同期，新即位的淳和天皇批准东寺常住 50 名僧人，并且批准了空海禁止真言宗之外的其他宗派僧人杂住的请求。空海将从唐朝请来的佛像、曼陀罗、法具、经卷全部集中于此，东寺代替高雄山寺成为真言宗的总本山。真言宗于此正式成立。

特赐比叡山寺额，将一乘止观院命名为延历寺。这是日本历史上第一次以年号赐赠寺额。四月，最澄弟子义真于比叡山举行首次授大乘戒仪式。

公元 824 年

中天竺那烂陀寺戒行沙门菩提仙净智金刚在中土翻译《大圣妙吉祥菩萨秘密八字陀罗尼修行曼荼罗次第仪轨法》，经中始将文殊作为八字陀罗尼密法的本尊供养。

韩愈卒。韩愈终身辟佛，其用力之勤不在傅奕之下，其排佛之文尝见于《谏迎佛骨表》《原道》《原性》《与孟尚书书》等。文公自比孟轲，隐然以继尧、舜、禹、汤、周公、孔子之道统自任，树帜彰明，尤非傅奕所及。门人李翱称之谓“六经之学，绝而复兴”；皮日休谓其“蹴杨墨于不毛之地，蹂释老于无人之境”，至请以配飨孔庙。

日本朝廷确认义真为天台宗第一代座主。

公元 825 年

敕两街建方等戒坛，左街安国寺，右街兴福寺，以中护军刘规充左右街功德使，择戒行者为大德，令试童子能背诵经百五十纸、女童诵百纸者许与剃度。

公元 826 年

敬宗至兴福寺观沙门文溆（淑）讲经，敬宗善之。

毫州言出圣水，饮者愈疾，李德裕奏谓为妖僧用以敛钱，请塞之。

白居易撰《华严经社石记》记立华严经社事。

公元 827 年

文宗诞日，召秘书监白居易、安国寺引驾大德义林、上清宫道士杨弘元，于麟德殿谈论三教。白居易曰："儒门释教虽名数则有同异，约义立宗，彼此亦无差别，所谓同出而异名，殊途而同归者也。"

公元 828 年

江西观察使沈传师请于洪州建方等戒坛，以圣诞度僧，制答曰：此因国事暂免度僧。敕命已下而传师违禁，罚俸一月以示不允（《旧唐书》在大和三年）。

空海创立日本第一所专门培养平民子弟的学校综艺种智院。

新罗僧人洪陟创建实相山禅派，这是海东禅门九山中立派最早，同时也是海东弘扬慧能南宗洪州派的最早道场。

公元 830 年

祠部请令天下僧尼非正度者，许具名申省给牒，时人申者 70 万人。

日本淳和天皇诏命各宗概括自宗教义上呈。三论宗玄叡呈《三论大义钞》4 卷、法相宗护命呈《大乘法相研神章》5 卷、华严宗普机呈《华严一乘开心论》6 卷、律宗丰安呈《戒律传来记》3 卷、天台宗义真呈《天台宗义集》1 卷、真言宗空海呈《秘密曼陀罗十住心论》10 卷和《秘藏宝钥》3 卷，史称"天长六本宗书"。该事件可以说是宗派佛教正式成立的标志。

入唐求法的慧昭返回新罗。

公元 831 年

敕天下州郡试僧尼，造僧尼籍。

公元 832 年

李德裕治蜀，毁蜀下浮屠私庐数千，以地予农。又蜀先主祠边有猱村，其民剃发若浮屠，畜妻子自如，德裕下令禁止，蜀风大变。

公元 833 年

文宗诞日庆成节，僧徒道士讲论于麟德殿，翌日谓宰臣：诞日设斋，起自近代，相承已久，未可便革，虽置斋会，僧道讲论都不临听。宰臣路随等奏，亦谓诞日斋会本非中国教法。

敕停僧道内斋。

公元 834 年

八月二十日，海云在净住寺撰《略述金刚界大教王师资相承传法次第记》，十月八日，撰《略述传大毗卢遮那成佛神变加持经大教相承传法次第记》，两部合称《两部大法相承师资付法记》，作上、下两卷。

日本空海上表奏请建立宫中真言院。

公元 835 年

翰林学士李训请罢长生殿内道场，沙汰僧尼。诏所在试僧尼诵经不中格者勒还俗，禁置寺及私度人。因天灾未行。

八月，文璨向日本求法僧常晓传授金刚界大法及大元帅法，并许灌顶阿阇黎位，常晓并得密教经轨尊像及诸道具。

十一月，下诏免僧尼试经。

命中外罢缁徒讲说佛经。

日本僧人空海圆寂于高野山。

日本朝廷批准圆仁以请益僧（还学僧）的身份入唐求法。

公元 836 年

左街僧录内供奉三教谈论引驾大德悟达法师端甫卒，年六十七。端甫受具于西明寺照律师，学毗尼于崇福寺升律师，传《唯识》于安国寺素法师，通《涅槃》于福林寺鉴法师，掌内殿法仪录左街僧事凡 11 年，讲《涅槃》《唯识》经论。

敕沙门云端充左右街僧录。

公元 837 年

马祖道一门下章敬怀晖的弟子玄昱返回新罗。后其弟子审希开创了禅门九山之一的凤林山派。

日本天台宗僧人圆载入唐求学，广学天台、密宗二派教法。长住西明寺，先后达 40 年之久。唐僖宗乾符四年（877）回国，途中不幸覆船身亡。

公元 838 年

扬州开元寺举行了规模较大的行香法会活动，“国忌之日，从舍五十贯钱于此开元寺设斋，供五百僧……相公等引军至堂后大殿里吃饭。五百众僧，于廊下吃饭。随寺大小屈僧多少；大寺卅，中寺廿五，小寺二十。皆各座一处长列。差每寺之勾当，各令办供，处处勾当，各自供养。其设斋不遂一处，一时施饭，一时吃了。即起散去，各赴本寺。于是日，相公别出钱，差勾当于两寺，令涌汤浴诸寺众僧，三日为期”。从参加僧人、寺院的数量和持续的时间长短上来看，这无疑是一次规模较大、颇具影响的大型法会。

墀祖德赞被刺，其弟朗达玛继位赞普。推行灭佛政策，禁行佛法，封闭寺庙，令僧人还俗，西藏佛教几尽。自松赞干布容佛至此约 200 年，史称西藏佛教前弘期。

日本学问僧圆仁、圆行、常晓、戒明、义澄、帷政、仁好等随遣唐使藤原常嗣入唐求法。常晓从栖为寺文璨、华林寺元照学显、密两教，圆行从青龙寺义真学密教，圆仁从终南山宗叡学梵语。

公元 839 年

圆仁向嵩山院全雅借阅并抄写了《金刚界诸尊仪轨》并从后者学习金刚界大法。同年，他于扬州编写了《入唐求法目录》。

常晓传回日本太元帅法。

慧哲返回新罗，逐渐建立禅门九山之一的桐里山派。

公元 840 年

文宗卒。正月十四日武宗即位。武宗在藩时颇好道术、修摄之事，是年秋召道士赵归真等八十一人入禁中，于三殿修金箓道场，帝亲受法箓。

五月，中书奏以帝诞日为庆阳节，是日设斋行香。

五月，日本僧人圆仁登五台山，巡礼诸寺，于大华严寺拜会了天台僧志远。

八月二十三日，圆仁到达长安。

十二月国忌日准敕行香设斋，宰相李德裕及敕使于资圣寺行香。

公元 841 年

正月四日国忌行香，设千僧斋。敕正月、五月、九月开讲。

正月九日，在长安七大寺院开俗讲：资圣寺，令云花寺赐紫大德海岸法师讲《华严经》；保寿寺，令左街僧录、三教讲论、赐紫、引驾大德体虚法师讲《法华经》；菩提寺，令招福寺内供奉、三教讲论大德齐高法师讲《涅槃经》；景公寺令光影法师讲。右街三处：会昌寺令内供奉、三教讲论、赐紫、引驾起居大德文溆法师讲《法华经》。

六月十一日圣诞日，于大内设斋，两街供养大德及道士四对议论，二道士赐紫，释门大德均不得着。

六月召衡山道士刘玄靖入内，充崇玄馆学士，赐号广成先生，令与赵归真于禁中修法篆。

南天竺沙门宝月入朝，不先咨开府，从怀中拔出表上请归国，因犯越官罪收禁。宝月弟子三人各决七棒，通事僧决十棒，未打宝月，但不许归国。

宗密卒，年六十二。宗密随南宗禅师随州道原出家，具有了禅僧的身份。后又师从澄观，又具有了华严教僧的身份。在佛教史上，宗密以后既被奉为禅宗祖师，又被奉为华严宗祖师。晚年常住终南山草堂寺圭峰兰若，故被称为“圭峰禅师”。唐文宗大和年间，数次应诏入内殿讲佛法。他关心宗教事务，参与社会活动，结交朝廷官吏，所以士庶归崇者颇众。宗密曾支持朝廷官吏打击宦官势力，为大宦官仇士良所囚，几遭诛杀。宗密的著作有 200 余卷，最重要的有《禅源诸诠集》《禅门师资承袭图》《圆觉经大疏》《大疏释义钞》《普贤行愿品别行疏钞》《华严原人论》《注华严法界观门》等。

日本僧人圆仁从法全受法，受施《胎藏大仪轨》3 卷，兼《别尊法》3 卷及胎藏手契等。此《大仪轨》或略称《毗卢遮那成就仪轨》，称《玄法寺仪轨》。

开成年中，西域人释满月进梵夹，因遇伪甘露事旋回。不久又来，但均未能传译。后来得到悟达国师知玄的支持和请求，与菩提金刚、金刚悉地等重译出密教经典《陀罗尼集》《佛为毗戍陀天子说尊胜经》。

朗达玛登基赞普王位后，下令在吐蕃境内灭佛，史称“朗达玛灭法”，持续五年，其造成的后果持续达百年之久，号称藏传佛教“百年黑暗”时期。后来史家以此为界，将藏传佛教通史分为两个截然不同的断代史。即“前弘期”和“后弘期”。喇钦·贡巴热赛及其诸位传承弟子，包括鲁梅茨诚喜饶等西藏前后藏10位或12位比丘僧在内的出家高僧做出了关键性的巨大贡献。

公元842年

武宗下令僧尼中所有不符合佛教修行仪轨的人员，以及犯罪者和违戒者还俗，其所有财产均被没收，如果确实有爱惜财物者，则其财物要充作徭役，成为编户。

公元843年

唐武宗下令禁宫内佛经，埋佛、菩萨并天王像等。停止长安西街寺院讲经说法。

太子詹事韦宗卿进《涅槃经疏》二十卷、《大圆伊字镜略》二十卷，帝敕焚之，并毁其稿，敕书有曰：“韦宗卿参列崇班，合遵儒业，溺于邪说，是扇妖风，……况非圣人之言，尚宜禁斥；外方之教，安可流传。”迁韦宗卿为成都府尹。

公元844年

正月中书奏定断屠日，敕曰：“斋月断屠，出于释氏。国家创业，犹近梁隋。卿相大臣，或沿兹弊。鼓刀者既获其厚利，纠察者潜受请求。正月以万物生植之初，宜断三日；列圣忌断一日，仍准开元二十二年敕三元日各断三日，余月不禁。”

三月禁供养佛牙。又饬五台、终南及泗州普光王寺、凤翔法门寺等处有佛指亦不许供养。

本年圣诞日不召僧人入内议论，并罢内道场及内斋。

敕僧尼不许街里行、犯钟声，出外须于钟声未动前归，又不许别寺宿，违者敕罪。

七月敕以供养佛者，尽入兴唐观祭天尊。

以道士赵归真为左右街教授先生。

七月（或闰七月），敕下令拆天下山房、兰若、普通佛堂、义井、村邑斋堂等未满二百间、不入寺额者，其僧尼等尽勒还俗。

十月令毁拆天下小寺，经佛移入大寺，钟送道观。其被拆寺僧尼，不依戒行者不论老少尽敕还俗，递还本贯；年老身有戒行者配大寺；虽有戒行而是年少者尽敕还俗，归本贯。

公元 845 年

灭佛运动达到顶峰。

四月祠部检括天下寺及僧尼人数，凡寺 4600 座，兰若四万座，僧尼 260500 人，令都中由两军中尉勘检，诸州府寺舍委中书门下检勘，并分奴婢为三等，分别收遣。自四月一日起分批敕僧尼还俗，五月终长安僧尼尽。

令外国僧人无祠部牒者亦须还俗，送归本国。

七月中书门下奏：奉宣，僧尼不隶祠部，合系属主客，与复合令鸿胪寺收管……僧尼名籍便令系主客，不隶祠部及鸿胪寺，至为允当，从之。

七月敕上都、东都两街各留二寺，每寺留僧三十人，天下观察使治所及同、华、商、汝各留一寺，分为三等，上等留僧二十人，中等留十人，下等五人。

八月下诏谓："天下所拆寺四千六百余所，还俗僧尼二十六万余人，收充两税户，拆招提、兰若四万余所，收膏腴上田数千万顷，收奴婢为两税户十五万人。"

十一月，宰相李德裕请改悲田坊为养病坊，收养残疾。

整个会昌年间（841—846），唐武宗一直执行较为严格的限制佛教的政策。会昌灭佛给佛教以沉重的打击。史称"会昌毁佛""唐武宗法难"。

无染归国，无染是马祖一系麻谷宝彻门下的海东弟子，其所传禅法史称圣住山派，为禅门九山之一。

公元 846 年

唐武宗李炎卒。宣宗李忱即位，捕道士赵归真诛之，恢复佛教以利统治，史称"唐宣宗弘佛"。

佛法复兴，化度寺改为弘福寺，表明三阶教标志性或者说祖庭式的寺庙已不存，这是三阶教走向衰败的一个标志。

日本天台僧圆仁从密宗僧人义真受胎藏及苏悉地法。

新罗僧人梵日创崛山寺而传教，创禅门九山之一的阇崛山派。

公元 847 年

闰三月诏，会昌五年所废寺宇，有宿旧名僧，复能修创，一任住持，所司不得禁止。

敕复置内斋，许僧道献寿。

白居易卒。居易晚年以风疾，好佛尤甚，求往生西方净土。

日本僧圆仁归国。圆仁在长安住资圣寺，学密教，归国携经论等 584 部，及诸尊坛像、舍利、高僧真影等 59 种，撰有《人唐求法巡礼行记》4 卷等。同年日本僧惠萼、惠运亦归国，惠运携经论等 180 余卷，多密教经典。

新罗僧人梵日自唐返国，创建崛山寺。

道允从唐朝返回新罗。后其弟子折中开创禅门九山之一的师子山派。传播马祖道一门下南泉普愿的禅法。

公元 848 年

剑南西川监军使李朝成于长安建陀罗尼经幢。唐宣宗命东都洛阳及荆、扬、汴、益诸州建寺，立方等坛为僧、尼再度者重受戒法；五台山建五寺，各度僧 50 人。湖南宁乡密印寺创建。

公元 849 年

六月，日本朝廷批准圆仁授灌顶，并赐予他传灯大法师位。七月，又命其补内供奉十禅师位。八月，圆仁撰《比叡山灵所巡礼修行记》，并于其后在比叡山上陆续兴建了根本观音堂、常行三昧堂等重要道场。

公元 850 年

洪州黄蘗山沙门希运卒。希运参百丈怀海，传其心印，著有《传心法要》《宛陵集》各 1 卷。

公元 851 年

敕京师及外州府国忌日行香如旧。

进士孙樵上书谏复佛寺，谓："若群髡者，所饱必稻粱，所衣必锦縠，居则邃宇，出则肥马，是则中户不十，不足以洽一髡。……陛下自即位以来，诏营废寺以复群髡。自元年正月，洎今年五月，斤斧之声，不绝天下，而工未以讫。闻陛下即复之不休，臣恐数年之间，天下二十七万髡如故矣。"帝怒不纳。

公元 853 年

灵佑卒，年八十三。灵佑为百丈怀海弟子，在潭州（在今湖南长沙）大沩山（在今湖南宁乡县）创建沩仰宗。在禅宗五家中，唯有沩仰宗在会昌年之前就形成宗派组织规模，与包括临济宗在内其他四家相比，沩仰宗的禅法更多衔接此前禅学的发展，更多保留了传统佛教的内容，更多体现了大乘佛教的处世之道。灵佑去世两年后，卢简求为他撰碑，李商隐撰写碑额。咸通四年，懿宗赐谥"大圆禅师"号。《祖堂集》记载灵佑弟子5 人，《景德传灯录》记 43 人，11 人见录。到灵佑的第二代弟子，沩仰宗传播的范围就很广泛了，弟子已经分布于今天的湖南、广东、江西、福建、浙江、江苏、湖北、陕西、河南等地。

段成式撰成《寺塔记》2 卷，记两京塔寺。又撰有《金刚经鸠异》。

日本天台僧圆珍入唐，于福州开元寺就存式学《妙法莲华经》《华严经》《俱舍论》，又从般若怛罗学梵语和密教，编写了《开元寺求得经疏目录》。继至天台山国清寺，研习天台章疏。圆珍入唐时，带来仁明天皇嘉祥三年（850）的敕牒，表彰此前来唐的圆载法师"勤求圣道"，特赐"传灯大师"称号。

公元 854 年

潭州岳麓寺僧往太原求大藏经，得藏经 5048 卷以归。

命三教首座辩章充左街僧录，沙门僧彻充右街僧录。

日本专门设置了授予僧纲的僧位，分为法印大和尚位、法眼和尚位、法桥上人位三级。

圆仁被天皇敕为延历寺座主。文德、清和两位天皇均从其受菩萨大戒。

公元 855 年

日僧圆珍至长安青龙寺，从法全受瑜伽密旨，受传阿阇黎位灌顶；又向大兴善寺智慧轮学胎藏、金刚两部秘法。复上天台，于国清寺止观院建立一堂，题名“天台山国清寺日本国大德僧院”。

公元 856 年

敕每岁度僧依本教于戒定慧三学中择有道性通法门者度之，此外杂艺一切禁止。

有吐蕃沙门法成于是年讲《瑜伽》大论，弟子智慧山等听记，因作《分门记》（按：法成《宋高僧传》无传，近于敦煌石室遗书中得其著作《大乘稻芊经随听疏》《萨婆多部王事记》《释迦如来法灭尽记》《大乘无量寿经宗要》等 9 种）。且藏文一切经中，亦有法成翻译书多种，最著者为圆测法师之《解深密经疏》。故法成实通华、梵、蕃（西藏）三种文字。

公元 858 年

日僧慧萼绕道宁波由海路回国，经普陀山海面时，船只搁浅不能前行，慧萼止于此，建寺奉像，号补陀洛伽山寺，即今普陀山前身。

日本僧人圆珍归国。圆珍在唐于福州从天竺沙门曼素悉怛罗学悉昙章，于越州开元寺学天台教，于长安从青龙寺法全学密教，共携归经论梵夹等 441 部 1000 卷，真言道具十六种曼荼罗数铺及杂碑铭文等，共撰有五种目录行于世，著有《行历抄》1 卷记入唐事。

公元 859 年

圆珍在三井建立了圆城寺（三井寺），将自己自唐携来的经籍法宝收藏于此，因此该寺的藏经院又被称为“唐院”。

公元 861 年

新罗体澄创建迦智山，在此传教授徒，形成禅门九山之一迦智山派。迦智山派以道义为第一祖，以廉居为第二祖，以体澄为第三祖。

约公元 861—874 年

顺之返回新罗，后居瑞云寺，传沩仰宗禅法。

公元 862 年

唐懿宗“敕于两街四寺各置戒坛，度人三七日”。又“于咸泰殿筑坛为内寺尼受戒，两街僧、尼皆入预；又于禁中设讲席，自唱经，手录梵夹；又数幸诸寺，施与无度”。经过这两次大规模、长时间的设坛受戒活动，所剃度僧人的数量相当庞大。

日本僧人宗睿入唐至汴州，密宗主持汴州坛场的辨弘付法弟子玄庆阿阇黎向其传授金刚界法，为其灌顶。

公元 864 年

云门宗创立者文偃出生，俗姓张，姑苏嘉兴（今浙江嘉兴市）人。

日本僧人圆仁卒。清和天皇追赠空海法印大和上位。

公元 865 年

懿宗惑浮屠，常饭万僧于禁中，自为赞呗，尚书右丞李蔚上疏切谏，引狄仁杰、姚崇、辛替否等谏武后、中宗、睿宗为戒。帝不听。

日本比叡山僧人依照圆仁的遗愿，首次演习“五会念佛”法门，并更名为“不断念佛”法门。

日本真言宗真如亲王遍明，自广州出发往印度，取道云南，至罗越国身亡。

日本真言宗僧宗睿入唐，向智慧轮求授密法，其《求法录》中有《最上乘瑜伽秘密三摩地修本尊悉地建立曼荼罗仪轨》1 卷，作智慧轮传，当是受法之日所传。

公元 866 年

临济宗的创立者义玄卒。义玄师承百丈怀海弟子黄檗希运，离开黄檗以后，继续行脚参禅，后到镇州（今河北正定县），于城东南隅临滹沱河的小院住持，因号“临济”。他在道一的另一法孙普化的帮助下，在一般社会民众中产生了影响，也获得了当地官僚的支持。不久，义玄到大名

（属魏州，河北省大名东），住兴化寺，终于此寺。据《景德传灯录》载，义玄有嗣法弟子22人，其中16人见录，主要分布在河北三镇，以镇州的宝寿沼、三圣慧然和魏州的兴化存奖为代表；有个别人在江南传禅，即潭州的灌溪志闲。义玄禅学的主体，依然继承了慧能以来的南宗思想，倡导自证自悟，不假外求。从义玄开始，临济宗应机接物、教禅启悟就以峻烈著称，不仅表现在行棒行喝上，还表现在呵佛骂祖、非经毁教的言行上。临济宗形成于会昌法难之后不久，是禅宗五家中唯一起源于北方的宗派，并且在百年之后逐渐成为禅宗中支脉最繁、人数最多的一系。这种情况一直到现代也没有改变。

日本僧人宗睿携密教经典百余部归国。

日本天皇追赠最澄为传教大师、圆仁为慈觉大师。此为日本敕谥号的开端。

公元869年

洞山良价卒，年六十三。良介参南泉普愿、沩山灵佑学禅要，后至筠州洞山普利寺，大张风化，作有《玄中铭》《语录》等。有弟子曹山本寂，故称是宗为曹洞宗。

公元870年

懿宗诞日，僧道奉召入宫讲论，僧彻述皇猷，辞辩浏亮，帝深称许。彻又恢张佛理，旁慑黄冠，当时许为法将，赐号净光大师。又左街之云颢赐三慧大师、可浮法智大师、重谦青莲大师。

公元872年

下敕迎佛骨。

公元873年

春，诏大德数十辈于凤翔法门寺迎佛骨，百官上疏谏，有言宪宗故事者，懿宗曰：“但生得见，殁而无恨也。”四月八日入长安，自开远门安福楼夹道佛声震地，士女瞻礼，僧徒道从。懿宗御安福门，亲自顶礼，泣下沾臆。幡花幢盖之属，罗列二十余里。迎佛骨入禁中三日，出置安国寺、崇化寺，宰相以下竞施金帛，不可胜纪。

公元 874 年

懿宗卒，僖宗即位，诏送佛骨归法门寺，仪事从略。时京城耆老士女，争相送别，执手相谓：六十年一度迎真身，不知再见复在何时。即伏首于前，呜咽流涕。所在香刹，诏悉铲除，近甸百无一二。

公元 875 年

日本僧人圣宝开创醍醐寺，该寺于延喜七年（907）成为醍醐天皇的御愿寺，获得了飞跃发展，成为真言宗的重要道场。

公元 876 年

长安福寿寺沙门玄畅卒，年七十九。玄畅早学律部于福州，自入京师渐萌头角，受京城三学大德益广见闻，后为宣宗、懿宗所重，撰有《显正记》《科六帖名义图》《三宝五运图》等。

公元 877 年

日僧圆载携在唐期间搜集到的各类经籍文书数千卷乘商船归国，不幸遇风暴而殁。圆载是历次来华日僧中在中国滞留时间最长的一位僧人。在唐四十年，他获得了僧俗各界的普遍尊重。唐宣宗尝诏其至宫中讲经，并赐以紫袍，表明他对天台宗义有深湛的造诣。与此同时，他与当时的著名诗人皮日休、陆龟蒙、颜萱等亦交往密切，其辞别归国之际，他们均作诗送别，深赞其佛学成就，表达其惜别之情。

公元 882 年

日僧圆珍隔海远上《决疑表》，向智慧轮请问有关密教问题，并求写回寄经论仪轨。

公元 883 年

沩仰宗僧人慧寂卒，年七十七，为灵佑弟子。会昌元年（841）前后，离开沩山，到袁州的仰山（在今江西宜春县）传法，很快建成了大的传法基地，成为灵佑弟子中最有影响的人物。慧寂对沩仰宗的发展壮大有两个方面的贡献：其一，把灵佑的禅法传到袁州、洪州和广州等地，前后被诸州府节、察、刺史相续十一人礼为师，扩大了本宗派的影响；其二，他在弘禅过程中运用圆相以“表相现法，示徒证理”。关于慧寂的嗣法弟子，《景德传灯录》卷十二列出10人，其中著名的有光穆、景通、文喜、光涌、新罗顺之（了悟）等人。仰山慧寂到仰山光涌时期是沩仰宗的兴盛时期，光涌之后，沩仰宗逐渐衰落。

公元884年

日本台密集大成者安然被任命为传法阿阇黎，从此在比叡山五大院潜心研究，被尊称为五大院大德。

公元885年

法眼宗创立者文益出生，俗姓鲁，余杭（今浙江余杭）人。

公元888年

石霜庆诸卒。庆诸以注重坐禅闻名，引起了唐僖宗的重视。僖宗曾“遣使赍赐紫衣”。庆诸重视坐禅虽然在形式上有悖于慧能的禅法而与神秀的禅法有相似之处，但在思想实质上却是坚持着慧能的禅法理论。

杭州千顷山沙门楚南卒，年七十。楚南先就赵郡学相部律，又于上都学《净名经》，后就黄檗药山禅师学，著《破邪论》1卷、《般若经品颂偈》1卷。

新罗崔致远返国。致远自宣宗大中时入唐，举进士，乃仕于唐，著有《法藏和尚传》等。

公元892年

四川大足城北龙岗山石窟开凿，多系密宗造像。

新罗僧人道育入天台山学习天台宗教法，住平田寺，后即卒于该寺。

公元894年

日本朝廷正式废除了遣唐使，佛教交流自此完全转入民间渠道。

公元898年

道诜卒。高丽孝恭王赠谥号“了空禅师”，塔名“证圣慧灯”。道诜曾师事惠哲禅师，其特点是运用阴阳五行说和谶语为高丽王朝的建立服务。

公元 9 世纪初

印度达摩波罗王在位，以师子贤与佛智足为上师，使般若与密集的教法遍传各地。

游戏金刚（Līlavajra）活动在这一时期，相传他是最早获取阎摩德迦经怛特罗的人。游戏金刚曾在那烂陀寺憩止过十年，著有《真实名经注疏》（文殊名义如实赞，*Ārya - mañju śri - nāma - saṃgiti*）、《黑敌阎摩德迦荼罗仪轨》《阎摩德迦生源论》《吉祥金刚大威德修行法》《大威德四十九尊母修法》《吉祥金刚大威德怛特罗王初品修法》《四门论》和《八起尸广论》等。

圣者龙树从沙罗诃受学密集教法，运用中观方法，以缘起性空思想解释《密集》。主要著作有《密集金刚怛特罗释》（*Śrī - guhyasamajā - tantrasya - tantra - tīka*）、《密集成就法摄要》《密集经合释》（*Śrī - guhyasamaja - mahāyogatantra - utpadakram - sādhana - sūtra - melāpaka*）、《密集曼荼罗仪轨》（*Śrī - guhyasamaja - maṇḍala - vidhi*）二十颂、《密集第十八品释》（*aṣṭādā śa - pa ṭala = vitara - vyākhyā*）、《五次第论》（Pañcakrama）、《菩提心释颂》《菩提心释散文体》。

龙菩提（Samāja - maṇḍalopāyikā）也是密集圣者派的特有法门。《布顿目录》载其关于密集教法的论著有《曼荼罗二十仪轨》《密集曼荼罗二十仪轨》《五次第释摩尼鬘论》《五次第释难义明论》（此著作的真实性尚存疑），共计 4 部。

月称活动在这一时期，在藏传佛教传统中，他被当成圣龙树的亲传弟子。据藏文资料记载，月称共有九部密教论著，其中《密集金刚怛特罗释明灯论》（*Pradīpodyotana - tīkā*）注释密集根本怛特罗，是密集圣者学派最重要的著作之一。

毗哇巴，全名"瑜伽自在吉祥毗哇巴"，意为"吉祥护法"，印度密教 84 位成就师之一。毗哇巴建立了"五尊红阎摩德迦曼荼罗灌顶"和"无戏论"两种教授法门。《布顿目录》中署名毗哇巴的著作有 4 部，即《红色大威德修法》《光明显现次第论》《红色大威德幻化轮蔓论》《红色大威德圆满次第极无戏论真实性密要论》。

吉祥持（Śrīdharana/Śrīdhara），活动在这一时期，曾经担任过超戒寺的首座。吉祥持著有《一切如来身语意黑阎摩德迦怛特罗释俱生光明论》《黑阎摩德迦修法明句论》《黑阎摩德迦修法》《黑色十三尊大威德修法仪轨》《红色阎摩德迦十三尊曼荼罗圆满修法》《独雄大威德修法》《曼荼罗仪轨》《忿怒火神供养仪轨》《红大威德共同供养仪轨》《根本怛特罗广疏》《亥母供养仪轨》等。从吉祥持派分出了以大不空金刚、智尊、吉祥金刚、波罗达阿陀罗阇耶、大成就者那罗巴、班智达佛护为代表的六派，通称“印度班智达六宗”，加上尼泊尔智慧断手派，共七派。

呼金刚教法的基本典籍《呼金刚怛特罗》由腊瓦巴（Lvava－pa）、海生金刚（Saroruha）等传出，后传黑誓愿金刚（Kṛṣṇācārya）、难胜月（Durjaya－candra）、那若巴（Naropā）、麦哲巴（Maitripā）等成为七派。后来又有《金刚心释》《难释》等，共有十二派。

庆喜藏（Anandagarbha）主要活动于9世纪中后期。《布顿目录》中著录了庆喜藏的十余种著作。即《瑜伽怛特罗摄义广释显现真实性》《金刚界曼荼罗金刚现生仪轨》《吉祥最胜第一品类广释》《吉祥最胜智慧品类摄义释》《吉祥最胜般若波罗蜜多曼荼罗仪轨》《净治恶趣后怛特罗等义释明灯论》《净治恶趣曼荼罗仪轨》《三世间尊胜曼荼罗仪轨》《佛眼开眼仪轨》《普明曼荼罗仪轨》（*Paramādi－maṇḍala－vidhi－nāma*）、《开光仪轨》（*Pratiṣṭhā－vidhi*）、《金刚萨埵生源广略释论》（*Vajra－sattva－udaya－nāma－sādhanaupāyikā*）《幻化网广释》（*Māyājāla－mahātantra－rāja－ṭikā*）、《密集难义释》（*Śri－guhya－samāja－pañjikā*）与《佛陀等住合修释智慧光明论》。庆喜藏把各种秘密教法分判为事部、行部与秘密部三种。其承法弟子有佛尊、信铠、莲花作、慧护等人。

9世纪中叶，金刚甘露密法的教授与修习相继在西北印度的迦湿弥罗、乌仗那，南印度的摩腊婆，以及中印度的摩揭陀一带兴起。

相传金刚甘露密法最初由迦湿弥罗国的甚深金刚首倡。

公元901年

曹山本寂卒，年六十二。本寂俗姓叶，泉州莆田（今福建莆田）人，少年时代受儒学影响较深。十九岁入福州云名山出家，二十五岁受戒后，游方参学，拜见多名禅师，见良价得契，跟随数年，因受请到抚州（江西抚州）住曹山，继之又居荷王（玉）山，“处法席二十年，参学常有二三百人”，建立了比较有影响的弘法基地。

公元 902 年

云居道膺卒。道膺为洞山良价弟子，俗姓王，玉田（在今河北）人，于洪州（治在今江西南昌）云居山创真如寺，弘法 30 余年，影响遍及海内外，徒众达到 1500 多人，包括多名外国弟子，其中新罗利严（870—936）归国后创须弥山派。

辽太祖阿保机占领河北、河东九郡，将占领地的汉民全部迁徙于潢河之南的龙化州（今内蒙古翁牛特旗西部），为了安抚和稳定被迁徙的汉民，在建造城池、设置州县的同时，也建立了佛教寺院——开教寺，这被认为是辽地第一座寺院。

公元 903 年

日本民间净土信仰的开创者空也出生。

公元 904 年

永明延寿出生，俗姓王，余杭人。

公元 905 年

日本佐伯氏族人将东大寺东南院赠与圣宝作为研习三论的道场，自此该院一直由圣宝的弟子传承，成为三论宗的重要道场，圣宝由此被推为三论宗的中兴之祖。

公元 908 年

雪峰义存卒，年八十七。

公元 918 年

冬，高丽王王建即位后设八关会，于阙庭置轮灯一座，四旁列香灯，又结两彩棚，各高五丈余，呈百戏歌舞于前。百官袍笏行礼，观者倾都。此后，八关会被作为每年的例行佛事。

公元 919 年

僧人守温约于此时著《三十六字母图》，以梵文字母法来分汉字。

日本醍醐天皇敕命东寺长者兼任高野山金刚峰寺的检校职，从此形成了东寺长者兼任真言宗领袖的局面，高野山在本末之争中落败，一蹶不振。

公元 921 年

后梁祠部员外郎李枢上书，恳请统治者对私度僧尼、妄求名号者进行严格限制。

日本僧人益信奏请醍醐天皇追赠空海大师谥号，获得了批准。从此真言宗大振。

公元 923 年

文偃领众开辟云门山，“构创梵宫，数载而毕”，“层轩邃宇而涌成，花界金绳而化出”，雕楹珠网，庄严宝相，合杂香厨，南汉高祖刘岩赠额“光泰禅院”。

日本僧人益信被任命为权僧正。

公元 924 年

后唐庄宗下诏对于没有敕额的小寺院采取一律合并的态度和措施，使得后唐佛教寺院数量大为减少。

公元 926 年

后唐明宗下诏不得重新建造寺院，如果私自建造一律拆除、毁坏；不得私自剃度出家，如有想出家为僧者，必须通过官方戒坛进行受戒，接受官方的认可。

文偃被南汉高祖刘岩诏入阙，赐号“匡真”。后返本院，朝廷频加赐赉。

公元 927 年

日本《延喜式》完成，以法令的形式进一步明确了年分度者、僧人得度条件、度僧逐层审批的程序。

公元 928 年

新罗僧洪庆由后唐归国，带回大藏经一部，高丽王亲自迎接，安置于帝释院。

公元 935 年

四明沙门子麟往高丽等地传播天台宗。

公元 936 年

利严禅师卒，年六十七。利严曾到中国跟随青原行思一系的道膺禅师学习禅法，天祐八年（911）回到新罗。932 年，高丽王朝的创建者王建为其建立须弥山以弘法。卒后，王建追谥其“真澈大师”称号，又赐“宝月乘空”塔名。利严门下的著名弟子有处光、道忍、贞能、庆崇等。后世称利严传承的曹洞宗法脉为须弥山派，为罗、丽之际的禅门九山之一。

公元 937 年

后晋高祖下诏令，对于违反规定私自剃度出家的人，“并请重行决断发遣，归本乡里收管色役。其元招引师主及保人等，先具勘责，违犯条流愆罪，亦请痛行决断”。不仅对剃度者本人实行还俗、监管的惩罚，而且，对于相关人员也严惩不贷。这样的严厉措施严重打击了佛教在后晋的发展。

诗僧齐己卒，年七十五。齐己创作了大量古诗，还长于书法绘画。北宋徽宗藏有他的《拟嵇康〈绝交书〉》《庐岳诗》等九件作品，可见其书法艺术颇受世人瞩目。

公元 940 年

冬十二月，开泰寺在天护山落成，王建亲自参加庆祝落成的华严法会，并制疏文。重修新兴寺，置功臣堂，画三韩功臣于东西壁，设无遮大会，岁以为常。这一年，王建的第五王子出家，即证通国师。据统计，王建一生建寺院五百，造丛林、禅院、佛像、塔婆等达三千五百之多。

公元 941 年

高丽僧人玄晖卒。唐天祐三年（906）晖独行沿海，寻遇乘槎者而俱西，在浙江登岸，后至九峰山下，以道干为师。至后唐同光二年（924）归国，太祖特遣使奉迎于郊外，待以国师之礼，又请其住中州净土寺，时常亲近问道。卒后，谥“法镜大师”，门下弟子三百余人，以阔行等为上首。

公元 943 年

南汉中宗刘晟即位，复诏文偃入内殿，经月供养，赏赐财物甚多。赐其塔院为瑞云之院，宝光之塔。至其死后，“诸国侯王，普天僧众，竞致斋羞”。

公元 947 年

吴越王钱弘俶托商人蒋兖，致书日本右大臣藤原实赖，赠黄金六百两，求写天台经卷，尽得其五百余卷以归。天台教得以在宋初重兴而绵延其法脉。

公元 948 年

高丽禅师庆甫卒。庆甫于唐昭宗景福元年（892）春，搭商船入华，诣抚州疏山投匡仁和尚门下学法，深受器重，被誉为“鲸海龙子”。天祐十八年（921）归国，达全州临陂郡。后百济主甄萱请住本州岛南福禅院。不久，移住白鸡山玉龙寺。高丽王室对庆甫也十分礼敬，曾敕赴阙。卒后，高丽定宗追谥“洞真大师”称号。

公元 949 年

后汉司勋员外郎李钦明上《请汰僧人疏》，指出佛教存在的诸多问题，并奏请朝廷沙汰僧尼；国子司业樊伦则上《禁僧尼剃度奏》，奏请严禁剃度僧尼。

云门文偃卒。文偃童年出家于本地空王寺，随志澄律师学习，后到常州戒坛受具足戒。初习小乘，次通中观。外出游方参学，首参仰慕已久的道踪禅师，即陈和尚（陈宿尊）。道踪是希运的弟子，当时住睦州（治所在今浙江建德）龙兴寺，素以禅风峻险著称，并且不轻易接引参学者。文偃在道踪门下参禅数年，颇受赏识，后遵道踪所嘱，到福建象骨山雪峰广福禅院，投到义存（822—908）门下。后到韶州灵树如敏（？—917）门下。如敏为百丈弟子西院大安的门徒，曾在岭南弘教传法40年，以“道行孤峻”著称，深得当地儒士敬重，南汉小朝廷赐“知圣大师”号。文偃追随如敏8年，曾任首座，深得器重。文偃的知名门徒很多，《景德传灯录》记有61人，主要分布在岭南和湖南、江西、江苏等地，进入北宋，云门宗仍然有一定的影响。坚持嗣法雪峰义存。

公元953年

后周太祖下诏废除都城开封没有敕额的僧尼寺院数十所。

杭州灵隐寺飞来峰开始开凿。

公元955年

后周世宗正式下诏清整佛教，“所存寺院凡二千六百九十四所，废寺院凡三万三百三十六（所），僧尼系籍者六万一千二百人”。

公元956年

高丽兢让禅师卒。兢让曾入唐跟随石霜一系的道缘学习禅法，924年返回新罗后，创建禅门九山中最后一派，即曦阳山派。其与高丽王朝关系密切，卒后，高丽王朝光宗谥曰“静真大师”。门下弟子有迥超等。

公元958年

法眼文益卒，年七十四。文益为法眼宗的创立者，先后主持临川崇寿院、金陵报恩院、清凉寺三大寺院，被认为是玄沙师备、罗汉桂琛一系禅宗的中兴者。文益在弘教传禅、接引参学者方面有自己的特点。他在与参学者讨论各种公案时，无论在任何场合、以任何方式进行（或入室呈解，或叩激请益），都本着“应病与药”的原则进行，就是根据参学者的具体境况来因材施教。文益逝世后，谥“大法眼禅师”。在其嗣法弟子中，有德绍、文遂、慧炬（高丽国师）等14人“先出世，并为王侯礼重”。有龙光、泰钦等49人“后开法，各化一方”。文益撰写《宗门十规论》，对当时禅林的弊端进行批判。

璨幽卒。唐景福元年（892），璨幽入华求学，入投子山大同门下参学。至后梁贞明七年（921）秋归国，并受命住三郎寺。三年后，入觐太祖王建，奉敕住广州天王寺。之后，往住慧目山。太祖王建亦赐衲衣及坐具，后惠宗、定宗等礼敬有加。光宗即位后，赐法号“证真大师”，并请璨幽入京。卒后，光宗追谥“元宗大师”，门下弟子有昕弘、同光、幸近、传印等500余人。

公元960年

宋太祖赵匡胤即位，复兴佛教，解除后周毁佛之令，重修佛寺，铸佛像，并定每年长春节赐百官宴于汴京（今开封）相国寺。

普度童行8000人。

高昌僧人法渊入京献辟支佛牙玉器。

公元961年

七月，太祖派其弟光义为开封府尹，并兼功德使，有取缔僧道的权力。

高丽王派沙门谛观送来若干天台宗的论疏和著述。获得许多失传的唐代天台宗典籍，激发起学僧研究和弘扬天台教义的兴趣，奠定了该宗中兴的资料基础。谛观所著《天台四教仪》对天台宗的判教立义和南北古师的异议做了简明扼要的总结和剖析，因而被视为该教的“关钥”和“初学发蒙之助”。

公元964年

宋朝廷派僧人继业等300人前往天竺求取舍利与佛经。

公元965年

毗睹波获得《时轮经》。

沧州僧人道圆游历天竺18年返回，带着于阗使者到京城，并带回了佛舍利和许多贝叶梵经。太祖在便殿召见，询问西土风俗。

公元966年

太祖派遣行勤等157人西去求经，这是中国历史上规模最大的官派僧团。

公元 968 年

日本僧人良源主持在最澄忌日举办的法华大会上增设“广学竖义”辩论会，以促进天台研究。

公元 970 年

沙门法遇自天竺取经回，声称天竺僧弥摩罗失黎愿至汉地译经。

匡越太师吴真流被丁先皇封为僧统，掌理政务，整顿僧纲。他是越南佛教第一位僧统。匡越在丁、黎、李三朝都起重要作用，他跟多宝、万行共同拥护李公蕴登上皇位，开创越南史上最辉煌的一个朝代——李朝。

约于此年，仁钦桑布被吐蕃赞普派往迦湿弥罗，在那里研究佛教教理，后来带回一些佛教大师和艺术家，在吐蕃西部建成了第一批寺院，如达寺、托林寺和那可寺。

公元 971 年

宋太祖建立译经院，将佛典翻译列为国家事业之一。

太祖派遣内官张从信到益州（成都）雕造大藏经，至太平兴国八年（983）完工，历时 12 年，世称《开宝藏》，共 6600 卷。此为第一部官刻大藏经。

僧人建盛偕中天竺王子曼珠室利入华献贝叶经。

法眼宗僧人德韶卒，年八十二。德韶为文益弟子，俗姓陈，缙云（浙江缙云）人。年十七于本州岛出家，十八受戒于信州（江西上饶）开元寺。后梁开平中（909）游方，历参五十四位善知识，终至临川谒文益，成为其嗣法弟子。钱弘俶继位（947）的次年，遣使迎德韶至杭州，申弟子礼。又曾接受天台宗名僧螺溪义寂的提议，请钱弘俶遣使到新罗国写回散落于海外的智顗论疏，成为天台中兴的重要契机，也是禅宗与天台宗相互融合的一个标志。德韶传法弟子有永明延寿、长寿朋彦、大宁可弘等百余人，同时他兴建天台智者道场数十所，对江浙的禅宗发展和天台复兴都起到重要作用。

宋太祖下令在河北隆兴寺内兴建大悲宝阁以供奉千手观音像。此后，寺院不断扩建，慢慢形成以大悲阁（又称佛香阁）为核心的建筑群。

公元 973 年

那烂陀寺僧法天和兄法护受回教徒逼迫来中国，携带梵本经典至鄜州蒲津，译出《圣无量寿经》《七佛赞》等。

高丽华严宗僧人均如卒。均如在师承上属于为王建服务的北岳派。当时南、北两派有很多矛盾，均如致力于融通两派为一家。后光宗于松岳郡建归法寺，请其主持。在此，均如大弘法化，留下了《搜玄方轨记》《孔目章记》《五十要问答记》《探玄记释》《教分记释》《旨归章记》《三宝章记》《法界图记》《十句章记》《入法界品抄记》等众多著作。他还用普贤菩萨的十种大愿作成 11 首乡歌，流传颇广，是今天古代朝鲜语的珍贵资料。

公元 974 年

辽景宗诏命昭敏为三京诸道僧、尼都总管加兼侍中，这是辽代封僧人官职的开始。

日本僧人寻禅被授以“一身阿阇黎”位。同年，寻禅又被任命为权少僧都。

公元 975 年

东印度王子曼殊室利（穰结说罗）来朝贡。

法眼宗僧人延寿逝世，年七十二。延寿曾先后住持明州雪窦山资圣寺、杭州灵隐山新寺、杭州永明寺等，“众至二千人，时号慈氏下生”。高丽国王远慕其名，遣使奉书，叙弟子礼。前来从学的高丽僧人有 36 位。主要著作有《宗镜录》100 卷、《万善同归集》3 卷、《唯心诀》1 卷，另有一些诗文。其书在宋代以后影响较大。

高丽华严宗僧人坦文卒，年七十六。坦文幼时道誉即传遍诸山，并博得太祖王建的赏识，被称为圣沙弥。及长，住九龙山寺，讲述华严。光宗于即位十四年（963）建归法寺，任命坦文为该寺主僧；十九年，赐号弘道三重大师，同时聘为王师。二十五年（974）任国师。之后，坦文由于年老多病回到迦耶山普愿寺，翌年去世，谥“法印”称号，塔名“宝乘”。其门下弟子有灵撰、一光、明会、芮林、伦庆、彦玄、弘廉等。

公元 976 年

到天竺求法的僧人继业归国，将所得梵经、舍利等进呈太宗。太宗诏择名山修习，继业乃于四川峨眉山牛心筑庵居住，称牛心寺。其西域行程分见于牛心寺所藏《涅槃经》1 函 42 卷各卷之末，后范成大《吴船录》卷上“峨眉山牛心寺记”将其辑录出。

公元 977 年

工部郎中侯陟上奏：祠部给僧尼度牒，每通纳钱于有司，请罢之。

公元 978 年

向天下无额寺院赐授“太平兴国”“乾明”等额，开启批量赐寺额的风气。

佛教从青海、阿里二路传入西藏，佛教在西藏再度弘兴，藏传佛教后弘期开始（一说后弘期始于 913 年或 918 年）。

公元 980 年

印度僧法天、法贤、施护等携带梵本经典相继来华。法贤译有《佛说大摩里支菩萨经》《佛说瑜伽大教王经》等，施护译出《佛说一切如来真实摄大乘现证三昧大教王经》《佛说一切如来金刚三业最上秘密大教王经》等，法天译出《妙臂菩萨所问经》等。

北天竺僧天息灾、施护到达京城，诏赐紫衣，并令他们与法天查阅已有梵夹，“太宗崇尚释教，又以梵僧晓二方言，遂有意于翻译焉”。

公元 982 年

宋朝译经院建成，其布局是：正中设译经堂，东序为润文堂，西序为证义堂。诏请天息灾等人入内居住译经。第二年八月，诏改译经院为传法院，又在显圣寺设印经院，以放置经板和印刷佛经。

宋朝廷命法天、法护兄弟与天息灾、施护兄弟等人于太平兴国寺译经院从事佛经翻译。其后，宋王朝的佛典翻译事业即正式拉开帷幕。其译经事业一直继续到天禧元年（1017 年）施护病死时为止。

阿底峡（Atiśa），出生于东印度社护罗国，乃国王之子，后出家修道，成为当时印度显密高僧，并于1042年入西藏弘法至圆寂。阿底峡作《菩提道灯论》（*Bodhi - mārga - pradīpa*），阐三士道，在其影响下，在西藏形成噶当派。后宗喀巴又大阐其说，创立“新噶当派”，即格鲁派，成为印度应成派的流响。

公元983年

天息灾等人鉴于能翻译经典者均为梵僧，为了使译经事业日后不致中断，奏请遴选两街童子学梵文。于是，朝廷诏令集京城童幼五百人，从中选拔惟净等50人到译经院学习梵文。此后惟净学通梵文出家，受赐号“光梵大师”，成为宋代知名的汉族译僧。

吴越王钱弘俶请义寂传授菩萨戒，执弟子礼，赐“净光大师”号。义寂一生讲天台“三大部”各20遍，还讲《维摩》《光明》《梵网》《金刚錍》《法界观》《永嘉集》等。

公元985年

日本僧人源信完成其代表作《往生要集》。

公元986年

天台宗悟恩卒。悟恩字修己，俗姓路，江苏常熟人，年十三出家，初学南山律，后到杭州投慈光院志因门下学习天台教义。通达《法华经》《金光明经》和《止观论》，他对宋初以前智𫖮所著的《金光明经玄义》广本提出异议，引起天台宗山家、山外派之争，著作以《金光明玄义发挥记》最为重要。

辽圣宗诏上京举办佛教法事一月，饭僧万人。辽代几乎每一个帝王都把“饭僧”作为一项功德善事。“饭僧”也称“斋僧”，即为僧人提供饮食。辽代饭僧规模之大、次数之频繁，为唐宋王朝所不及。

日本僧人宽朝被任命为真言宗历史上首位，也是日本佛教史上第三位大僧正。

奝然返回日本。在华期间，他获准得诣五台山，颇受宋朝君臣重视，宋太宗赐予他《孝经》等儒典，以及刚刚雕刻印刷的宋版大藏经《开宝藏》。

公元 987 年

天台宗义寂卒，年六十九。义寂为浙江永嘉人，俗姓胡，字常照，世称净光大师、螺溪义寂、螺溪尊者。十二岁出家于温州开元寺，十九岁受具足戒。后入天台山，从清竦研学止观。清竦寂后，乃兴建螺溪道场居之，以为讲说之所，众争归趋。禅讲辩难，不舍寒暑。又以唐末以来，战乱频仍，天台典籍荡然无存，后学之士莫由窥见密意奥旨，师乃劝吴越王钱弘俶遣使日本，求回典籍。义寂毕生以复兴天台教观为职志，是天台宗史上一个极为重要的人物。经过他的大力弘扬，天台学说再度繁荣，被尊为天台宗十五祖。

公元 988 年

天台宗义通卒，年六十二。义通，高丽国人，后渡海来华，入吴越国，先访德韶禅师于天台山，后受业于义寂。后欲渡海重归高丽，至四明，为郡守钱惟治挽留。北宋开宝元年（968），漕使顾承徽舍住宅为传教院，请义通住持，遂留四明；至太平兴国七年（982），敕赐传教院为宝云禅院。义通住宝云寺，弘扬天台教观近 20 年，被尊为传承天台教观的第十六代祖师。其弟子不可胜数，最为著名的是四明知礼与慈云遵式。

公元 989 年

古印度那烂陀寺僧人补陀坨多来华献佛舍利、佛经。

公元 991 年

诏许私度僧尼。

公元 992 年

日本僧人源信委托宋人杨人绍将其创作的《因明论疏四相违略注释》转呈慈恩寺弘道大师，请后者批评指正。此后，源信又将自己的代表作《往生要集》和乃师良源所著《观音和赞》交给宋朝商人周文德，委托他“顶戴参诣天台山国清寺”。

公元 993 年

临济宗首山省念卒，道俗千余人迎请省念弟子汾阳善昭住持汾州（山西吉县）太平寺太子院。此后 30 年不出院，被尊称“汾州”。

公元 994 年

译出《大乘秘藏经》2 卷，发现有 65 处“文义乖戾”，太宗听后认为，“使邪伪得行，非所以崇正法也”，勒令将此经“对众焚弃”。

公元 995 年

汴京（今河南开封）大相国寺修整扩建，其殿阁、廊庑的壁画不少即出自画院名家之手。行廊上的“阿育王变相”以及“炽盛光佛”“九曜”就是当时著名的佛道画家高益奉宋太宗之旨所作。

公元 996 年

拉喇嘛·益西沃在阿里地区仿照前藏的桑耶寺创建了托顶贝吉拉康，即后来的托林寺。它是藏传佛教上路复兴时期创建的第一座寺院，也是藏传佛教后弘期初期的主要道场之一。同时，拉喇嘛·益西沃选派 7 名出身高贵的聪慧青年人和 14 位仆从共 21 人去克什米尔专门学习佛法，其中大多因气候炎热等而染病致死，只有仁钦桑布和俄·勒贝喜饶圆满完成学业，携带大量佛经返回故乡，从事佛经翻译，后人称他俩为藏传佛教后弘期的大译师和小译师。

公元 997 年

十月，辽圣宗诏诸山寺院勿滥度僧尼。

行均著《龙龛手鉴》4 卷，集佛教典籍中的字，作切韵训诂，计收 26430 余字，注 163100 余字。

公元 998 年

西天竺僧人佛护入华献梵经。

仁钦桑波在西藏阿里地区弘佛，得赐“金刚阿阇黎”号，并得溪卡封地。

公元 10 世纪上半叶

巴米扬佛教石窟陆续凿成。

《五次第》（*Pañcakrama*），题为龙炎光（Nāgārjunapāda）作，成书于10 世纪前后，系依据《秘密集会怛特罗》所撰的著作。

公元 10 世纪中后期

超岩寺六贤门出世，阎摩德迦教法发展达到鼎盛，大部分人重视学习红、黑《阎摩德迦续》，成绩显著。其中比较著名的有小游戏金刚、不空金刚、寂智、妙吉祥智等人，在他们的努力下，阎摩德迦教法在印度广大地区流传且远播至尼泊尔。

公元 10 世纪末—11 世纪中期

《时轮怛特罗》成立。

念智称法师应邀赴藏弘法译经。他运用中观与瑜伽学派理论解释、弘扬密集怛特罗教法，对藏传佛教影响甚大。念智称，或称弥底论师，曾师事那罗巴，为其八大弟子之一。10 世纪后半叶，念智称应尼泊尔译师莲花光邀请至西藏。莲花光病逝后，念智称流落至后藏达纳地方，以牧羊为生。时遇译师赛匝索南坚赞，始应邀至曼垄学法。其后，又转赴西康、李曲色喀等地讲述《俱舍论》《四座》等显密经论，并将所撰《四座释》《文殊师利名等诵具秘密成就法释慧明》《真言义胜观》等书译成藏文。除此之外，念智称还撰有如下著述：《六真性安立》《菩提心注疏》《瑜伽六支释名》《吉祥秘密集会怛特罗王释》《四天女请问释优波提舍增益》《开眼仪轨》《金刚摧破陀罗尼名释》《金刚摧破陀罗尼名优波提舍》以及《语言门论》等。

以超戒寺六贤门为代表的佛门僧徒兼具大乘佛教论师与密教成就师的身份，把大乘佛教的理论学说与密教的修行科仪完美地结合在一起，使之成为显密圆融的完备体系，将超戒寺佛学推至高潮阶段。

继无上瑜伽父部与母部怛特罗之后，整合父部与母部特质的双入或称不二怛特罗的时轮教法约于 10 世纪后半叶至 11 世纪初于印度开始传播，并很快发展出颇具声势的教派与传承，被后世佛教史家视为秘密佛教发展的最高阶段。

公元 1001 年

中天竺那烂陀寺僧法贤译出《妙吉祥最胜根本大教经》。

公元 1002 年

诏天下窃买度牒、冒为僧者，限一月于所在陈省，释其罪。违者论如律，少壮者隶军籍。

索波切·释迦琼出生。索波切·释迦琼很快成长为当时一名精通宁玛派教法并具有渊博宗教知识的著名大师，特别是他创建了邬巴隆寺，为宁玛派开辟了一个统一的宗教活动中心，对宁玛派的最终形成创造了一个良好的外部条件。

公元 1003 年

北天竺戒贤、西天竺法护入华献梵经。

知开封府陈恕上奏：僧徒往西天取经者，臣尝召问，皆罕习经业，而质状庸陋。或往诸藩，必招轻慢。自今宜试经业察人才，择其可者令往。

日僧源信的弟子寂照入宋求学，源信将自己在研究天台教义中感到困惑的问题总结了二十七条，委托寂照转呈天台学匠四明知礼，请知礼予以回答。知礼一一作答，其文《答日本国师书》保存至今。

公元 1004 年

宋真宗召见了寂照，对他优渥有加，赐号圆通大师，赐紫，还任命他担任苏州僧录司。

法眼宗道原编《景德传灯录》呈送朝廷，宋真宗命翰林学士杨亿等人裁定。修订成书 30 卷，成为有史以来第一部官修禅书，入藏流通。

公元 1007 年

四明知礼综合七年间与晤恩系僧人庆昭、志圆等的论难文义，撰成《十义书》。到此时为止，两派超出义理探讨范围的门户之争明确。志磐后来指出："法智（知礼）乃复备引前后之文，详而论之，号《十义书》，而四明之学者始指恩、清、昭、圆之学称为'山外'，盖贬之辞云。"

党项族首领、夏州节度使、西平王德明母亲罔氏下葬，德明要求到宋朝北部佛教中心五台山修供十寺，并派致祭使护送供物到五台山。可见当时佛教已成为党项王室的重要信仰。

黎卧朝派自己的弟弟明倡和黄成雅到中国请《大藏经》，1009 年带回越南。

公元 1009 年

黎卧朝去世，出身于僧侣家庭的李公蕴受以万行禅师为首的朝廷官员拥戴为王，创建李朝。李公蕴做了皇帝后，多次下诏度民为僧，建了很多新寺庙，多次派使者到中国请《大藏经》。

公元 1010 年

显宗元年，契丹圣宗进攻高丽，夺走文州、宣川等地，国王避难罗州。为了重整山河，击退强敌，显宗着手雕刻大藏经版。这次所刻经藏是以宋《蜀版藏经》为底本，经德宗、靖宗，至文宗末年（1082）才告完成，共计 1106 部 5048 卷。于高宗十九年（1232）被入侵的蒙古兵连同皇龙寺的九层塔统统烧掉。

越南李太祖即位，把京城移到升龙（今河内），下诏建大量寺庙。同年，李太祖下诏度民为僧。

公元 1011 年

诏令《大宋僧史略》收入大藏。

公元 1011—1015 年

赵安仁、杨亿等人编修《大中祥符法宝总录》，22 卷。

公元 1014 年

索波切·释迦琼的继承者索琼·喜饶札巴出生。他在管理邬巴隆寺、卓浦寺和札嘉沃修行地这三处宁玛派的活动中心时，建立健全规章制度，使寺院宗教活动开始走向正规化。

公元 1015 年

北印度乌填曩国僧人施护译完《真实摄大教王经》（《一切如来真实

摄大乘现证三昧大教王经》）26 分，析作 30 卷。这是《金刚顶经》初会的全本。

天竺僧人天觉、童寿、普积等入华献梵经。

越南李太祖建镇福藏经阁。

公元 1016 年

李太祖在升龙万岁寺组织戒坛，给 1000 多人授出家戒。

公元 1017 年

时轮乘兴起。时轮乘传承，由毕卓波传给阿婆都底波、觉吉祥、那洛波三人弘扬。阿婆都底波又传苏哩波。又被称为浊世之佛的无畏生密（1004—1125），传法给善生密，再传陀舍波罗（十力），三传称扬天。后者又传迦湿弥罗释迦吉祥贤（1204 年入藏）、佛吉祥贤和宝护等人。

天台宗梵天庆昭卒，年五十五。庆昭以扩大本派规模、充分探讨本派理论著称。庆昭字子文，俗姓胡，钱唐人，幼年出家，十三岁受具足戒。年二十一从学于源清，并继其法席。从学者甚多。景德元年（1004），徙梵天寺，平生讲说《法华》《止观》诸部经论一百余遍，其著作已经不存。据说他的传法弟子多达 97 人，著名者有咸润、继齐等。

《频那夜迦经》4 卷译出。真宗认为："荤血之祀，颇渎真乘；厌诅之词，尤乖妙理。"命新译《频那夜迦经》4 卷不得编入藏目，以后传法院不得翻译此类经典。

公元 1018 年

高丽僧人智宗卒。显德二年（959）智宗入华，由海路达吴越，从永明延寿禅师学习。后至天台山国清寺从第十五祖净光大师义寂受《大定慧论》等天台教旨。开宝元年（968）应赞宁等人的邀请于传教院讲《大定慧论》和《法华经》。开宝三年（970）回国，奉敕住金光禅院，先后受赐"大师""重大师"等称号。成宗时移住积石寺。穆宗加尊号"光天遍照至觉智满圆默禅师"，请住持佛恩寺和外帝释院。显宗时授"大禅师"号，住广明寺。大中祥符六年（1013）受拜"王师"，后加"普化"称号。卒后，谥号圆空。所传宗旨涉及法眼宗禅法、天台教义等。

越南李太祖派阮道清和范鹤到宋朝请《大藏经》，1020 年带回越南。

公元 1019 年

越南李太祖下诏度民为僧。

公元 1020 年

省常卒，年六十二。省常以杭州南昭庆寺为中心结莲社，后改名为“净行社”，参加僧人千余人，士大夫 123 人。规模不断扩大，影响南北各地。

辽僧觉苑奉敕撰成《大日经义释演抄》。

辽宁义县建造奉国寺大殿。

宋廷向东女真国购《大藏经》。

日本藤原道长修建了无量寿院供奉阿弥陀佛像，其后又将其扩建成著名的法成寺。

公元 1021 年

宋朝有僧 397615 人、尼 61239 人。这是宋代僧尼的最大数量。

公元 1022 年

龟兹国僧人华严入华献梵经。

天台宗志圆逝世。志圆常年隐居于西湖孤山，研究经论和撰写著述，有各种经疏记钞 30 种 71 卷。诗文集《闲居编》51 卷。为倡导三教融合的代表。

公元 1023 年

越南李太祖派人抄写另一部《大藏经》保存在大兴藏经阁中。

公元 1024 年

临济宗汾阳善昭卒，年七十八。善昭生前住持汾州（山西吉县）太平寺太子院，倡导公案代别和颂古，以复古主义的形式，将禅化解为文字玄谈；在解释古圣语言中，寓以禅境，创造了文字禅的新形态，为禅在士大夫中拓展开辟了新路。

公元 1026 年

宝作寂卒（Ratnākaraśānti，974—1026 或 978—1030）。或译宝积静、宝藏寂、宝手寂、宝生寂等，又称扇底巴（Śāntipa，当其为密号），为10—11 世纪，印度后期唯识派论师，阿底峡（Atīśa）的老师，也是后期印度佛教史上最重要的学者之一。宝作寂的著述甚多，关于唯识的有《般若波罗蜜多教诫论》《中观庄严教诫论》《中观庄严释疏中道成就》《成就唯识性论》等书。在因明学方面，宝作寂著有《内遍充论》。在中观学方面，宝作寂著有《圣般若波罗蜜多八千颂细疏最上心髓》《二万五千般若现观庄严颂释具足清净论》。宝作寂在怛特罗教法的修习与弘扬方面也颇有成就，相关的著述传世颇多，这些著作皆题为“扇底巴”。在无上瑜伽密法的修持与传承上，宝作寂的成就更为突出，在密集教法的传承方面，他曾经在超岩寺后师事那若巴，修习密集、胜乐和喜金刚密法，著有《密集解脱花鬘论》和《密集二十五位本尊仪轨》（《密集垛玛食品供养仪轨》，把他的唯识学思想贯穿进密集教法中，提出以不动金刚佛为主尊的密集二十五尊曼荼罗灌顶仪轨，形成密集扇底巴派。在阎曼德迦教法方面，其著有《治死敌黑色阎曼德迦修法犹如君陀花开论》《会供轮修法》《黑色大威德怛特罗释宝灯论》。在胜乐教法方面，宝作寂著有《呼金刚怛特罗细疏之解脱鬘论》《俱生喜论》《俱生瑜伽次第》《修法断谬论》《量等虚空怛特罗广释》。

宰臣张知白在上奏中提出了僧人聚众为盗、危害社会的情况：“臣任枢密日，尝断劫盗，有一火（伙）之中，全是僧徒者。”仁宗对此奏的批示是：“自今，切宜渐加澄革，勿使滥也。”

公元 1027 年

西域僧人法吉祥入华献梵经。

惟净撰《天圣释教总录》。

辽涿州州官韩绍芳奏请续刻云居寺石经，获得圣宗批准，由政府拨款提供费用，并委派沙门可玄主持其事。到兴宗时，又增加拨款，扩大续刻规模。这个阶段主要把《般若》《涅槃》《华严》《宝积》这四大部续刻完毕。总共刻经 200 卷，石碑 600 条。

结觉·达哇欧色将《时轮经》译成藏文。

越南李太祖派人再次抄写《大藏经》。

公元 1028 年

天台宗知礼卒，年六十九。知礼俗姓金，浙江四明（今宁波）人，幼年出家，十五岁受具足戒后，专业律学。太平兴国四年（979），随义通学习天台教义，三年后可以代替义通讲解诸部经论。至道元年（995），住保恩院，后来将该院改为常讲“天台教观”的十方丛林。大中祥符三年（1100）十月，敕赐保恩院为延庆寺。知礼一生以讲经授徒、著书立说、修忏祈福和论战扶宗为主，被称为宋代天台的“中兴教主”。宋真宗赐其“法智大师”号。知礼倡导妄心观，继承其观法思想者较少。

公元 1030 年

智吉友卒，为印度后期佛教的论理学者，密教学僧。据《青史》等书所载，其为印度超戒寺（Vikra - masilas）六贤门之一。智吉友著《刹那灭论》（*Kṣaṇabhangādhyāya*）、《有神论批判》（*Īṣvaravādādhikara*）等，从佛教立场反驳正理学派。智吉友亦为当时有相唯识派的代表，曾与无相唯识派的宝积静（Ratnākaraś ānti）展开激烈论争。其弟子中，以宝称（Ratnakīrti）较为知名。

智作慧卒（一说 1000 年），与宝作寂、智吉友（Jñānaśrī - mitra）等人同时代。《青史》以他为西门守护者，《多罗那他佛教史》则以他为南门守护者，并说他时常可看见文殊菩萨。当他与外道论战时，若向文殊菩萨祈愿，则外道必为他所论破。其著作以《入菩提行论细疏》（*Bodhicaryāvatārapañjikā*）为最著名。此疏乃寂天《入菩提行论》之注释，为现存《入菩提行论》之注释中卷帙最大的一部。此外，尚著有《现观庄严论注摄义》一书。

阿底峡、宝生寂、觉贤、阿缚都底波陀、动毗波、寂贤等人都曾在超戒寺学习、撰述，享誉当时，被称为“超戒寺八贤”。

公元 1031 年

僧人怀问等往天竺，为宋仁宗、皇太后建佛塔，以积善德。

党项首领德明派使臣去宋朝，乞求赐佛经一藏。宋朝答应这一请求。

越国李朝李太宗下令建 950 座佛教寺、塔，其中宝天塔高 12 层，冲天塔高 13 层，佛教在越南各地大盛。

公元 1032 年

天台宗遵式卒，年六十九。其常住四明宝云寺、天台东掖寺、杭州昭庆寺、苏州开元寺等，重视净土及忏法。天禧四年（1020），经王钦若举荐，真宗赐“慈云”之号。

公元 1034 年

80 名入中土天竺僧进献贝多罗叶经。

宋朝当时统计有僧 385520 人、尼 48740 人。

越南宗派蒏树、杜宽到中国，宋帝赠一部《大藏经》。

公元 1035 年

惟净等撰成《天竺字源》七卷。

公元 1036 年

宰相兼译经使吕夷简与润文官宋绶奉诏编定《景祐新修法宝录》。仁宗撰写序文说：“自兴国壬午（太平兴国七年，982 年）距今乙亥（景祐二年，1035 年）五十四载，其贡献并内出梵经无虑一千四百二十八夹，译成经论凡五百六十四卷。”

高丽靖宗下令一家凡四子者准许一人出家，又于灵通、嵩法、普愿、桐华等寺戒坛试所业经律论。

公元 1037 年

惟净著《景祐新修法宝目录》入藏。

公元 1038 年

子璇卒，年七十四。其常住长水寺，以研究、宣讲《楞严经》和《大乘起信论》为主，听其讲经者近一千人。代表作是《楞严经疏》。

西夏元昊称帝，开始把汉文佛经译成西夏文。当时的译经主持人是国师白法信，底本是《开宝藏》。至北宋元祐五年（1090），用 53 年时间完成，共译经 362 帙 812 部 3579 卷。

山西大同华严寺薄伽教藏殿创建，并塑殿内 31 尊佛像，是辽代西京巨刹。据文献记载，该寺北阁曾放置辽代诸帝的石像和铜像，因此华严寺又具有皇家祖庙的性质。

河北赵县陀罗尼经幢（俗称石塔）创建。

应西藏阿里绛曲微王子之邀，天竺僧人阿底峡入藏弘法，住于托林寺，后创藏传佛教噶丹派。

公元 1040 年

印度六贤门北门守护者那若巴卒（956—1040 年/1016—1100 年）。其出生于孟加拉国高等婆罗门家族，师承谛洛巴，创立了以善巧方便道接引学人的“那若六法”。这些著作多为呼金刚、时轮教法的注释。其中《金刚句真髓集细疏》在印度及藏地流行颇广。

接任那若巴担任超戒寺北门守护者的菩提贤（Bodhibhadra），或称觉贤，生于欧提毗舍的吠舍族中，修行种种菩萨行。相传他曾经面见观世音，亲闻教法，后来担任过金刚座的主持。菩提贤是 10—11 世纪印度后期中观派的思想家，以撰《智心髓集会疏》（*Jñānasārasamuccayanibandhana*）注释圣提婆之《智心髓集》而知名于世。

守护超戒寺中央第一大金刚柱的是宝金刚。宝金刚（Ratna－vajra）出生于迦湿弥罗的婆罗门世系。宝金刚的著述主要有如下几种：《呬噜迦成就论》（*Heruka－sādhana－nāma*）、《胜乐轮吉祥偈》（*Cakra－samvara－mañdgala－gāthā*）、《胜乐轮曼陀罗诸尊赞》（*Cakra－samvara－maṇḍala－devagaṇa－stotra*）、《胜乐轮赞》（*Cakra－samvara－stotra*）、《巴利业次第》（*Bali－karma－krama*）、《呼金刚赞》（*Hevajra－stotra*）、《一切佛平等瑜伽达吉尼女网胜乐大怛特罗王》（*Sarva－buddha－samayoga－ḍākiṇi－jāla－samvara－mahā－tantra－rāja*）。

阿底峡接受古格王拉喇嘛·绛曲沃的要求，从印度超戒寺起程。

守护西门的语自在称（有些藏文史料说他是南门的守护者）。著述很多，其中多是密教的各种修法，诸如《大佛塔九尊修法》《独勇金刚修法》（*Siddha－ekavlra－mañjugho＝a－stotra－suvarṇa－māla－nāma*）、《白衣金刚手修法》《金翅鸟王修法》《大部主修法》《赎死修法》《开光修法》《陀罗尼修法》《真实性明灯修法教授》《修习次第》，还有各种密法的修习仪轨，如《供垛玛食子仪轨》《净瓶修法仪轨》《密集曼荼罗略轨》，还有各种密法教授的秘诀，如《诸轮教授秘诀》等。另外《各种羯摩略论》《释义明灯》《具足七支真实性大宝光明根本释》三部应该是密教的各种释论。至于《金刚手赞》《救度母赞》（*Samaya - tārā - stava*）、《白文殊金鬘赞》则是对密教本尊的赞辞。

公元 1041 年

阿底峡抵达尼泊尔，在尼泊尔逗留一年，朝拜佛教名胜古迹。

公元 1042 年

印度僧阿底峡与仲敦巴至藏卫各地弘法，与仁钦桑布相见，此为藏传佛教后弘期中重要事件。

公元 1043 年

阿底峡应拉喇嘛·绛曲沃的请求，撰写完成一部经典论著《菩提道炬论》。

公元 1044 年

缅甸蒲甘王朝阿奴律陀国王进行宗教改革。他遵从一位孟族高僧阿罗汉的教导，大兴上座部佛教。他还建仰光瑞喜光佛塔等，传说有近万座，史称这一王朝为“佛塔王朝”。

公元 1047 年

西夏元昊兴建规模宏大的高台寺，寺内存贮宋朝所赐大藏经，并且请回鹘僧人演绎经文，翻译成西夏文。

公元 1049 年

云门宗大觉怀琏住持汴京左街十方净因禅寺，禅宗始行于北宋京城，改变了只有唯识、律宗诸派的局面。

杨岐方会卒，年五十八。其曾住持袁州杨岐山（今江西萍乡市北）、潭州云盖山，嗣法弟子 12 人。此系后被称为临济宗的杨岐派。

公元 1050 年

藏传佛教噶举派（白教）约于是年形成。

宁夏银川承天寺塔兴建。

公元 1051 年

中印度摩揭陀国那烂陀寺僧天吉祥约于此年至太平兴国寺，参与日称三藏的译场。

西天竺僧人智吉祥入华献梵经。

印度僧阿底峡卒于拉萨南郊聂塘（一说卒于次年）。

公元 1053 年

云门宗雪窦重显卒，年七十三。其常住明州雪窦山资圣寺，传法弟子 83 人，被视为“云门中兴”。受汾阳善昭的影响，作《颂古百则》，把宋初的颂古之风推向高潮。

决凝卒。决凝曾参加过僧科考试，合格后于靖宗八年（1042）被聘为王师，文宗元年（1047）又担任国师。晚年于故乡建华严安国寺，印大藏经一部安奉于寺内。之后住浮石寺。卒后，谥号圆融。生前常修三昧，并从事祈祝等咒术性活动。门下弟子有广证、证海、秀兰、作贤、元祖等 1400 余人。

公元 1054 年

阿底峡在距离拉萨西南方数里远的聂塘地方圆寂，享年 72 岁。

高丽鼎贤卒。鼎贤是成宗、穆宗、显宗、德宗、靖宗、文宗王时期的著名僧人，通瑜伽密教，颇现神异。文宗王于即位三年（1049）幸奉恩寺，拜鼎贤为王师，同八年（1054）又礼为国师。鼎贤谥慧照国师，门下有灵念、咄云、仁祚、甚泉等数十人。

公元 1055 年

福建沙门文用联络公卿朝士共同书写《华严》，后钱塘沙门志广继续，前后参加者有僧俗 63 人，所书经藏于东京兴国寺阁。

西夏承天寺建成。其中贮藏宋朝所赐大藏经，并延请回鹘僧登座演经，皇太后没藏氏本人和小皇帝谅祚有时还来听讲。

宝贤译师（Rin - chen - bzaṇ - po，仁钦桑布，958—1055年）卒，十三岁依智贤出家，曾往印度及迦湿弥罗留学三次，亲近那若巴等75位大论师，学习一切显密教义。又迎请作信铠、作莲密、佛祥静、佛护、莲花密等到藏，从事翻译显密经论，尤其注重翻译瑜伽部和密集怛特罗，广事弘扬。后来又迎请法护、慧护两位论师弘传戒法。据统计，宝贤一生共翻译17种经、33种论、108种怛特罗，另外还有医药、文法、工艺等方面的一些书。宝贤译经的特点：一是数量多；二是以密宗为主。

公元1056年

山西应县佛宫寺释迦塔建造，是我国现存最早的大型木塔。阿底峡的弟子仲敦巴杰威迥奈创建热振寺作为传教中心，噶当派形成。

1056—1063年（宋仁宗嘉祐年间），藏僧玛尔巴三次入古印度求法，史称“玛尔巴弘法”。

公元1057年

宋仁宗敕天下私造寺院及30间者，并赐寿圣之额。

缅甸阿奴律陀王攻破直通，多处收集三藏、各种注释及文物。迎请直通戒律庄严的上座部僧人500名，及召集直通的艺术家、工艺人等3万名，随同受俘的摩怒诃王，一同归返蒲甘。

公元1058年

宋廷赐契丹、西夏《开宝藏》各一部。

法护卒，年七十九岁。法护，北天竺迦湿弥罗国人，出身于当地的婆罗门种姓。自幼学习吠陀及其他印度教经典，后至中天竺摩揭陀国，于超戒寺出家归信佛教。受具足戒之后，先后从希有乘、妙意尊、施铠学习律藏、声明与三乘之学，复访求名师学习大乘经论。年二十五，即北宋真宗景德元年（1004）与法兄觉吉祥智结伴来到宋代都城汴梁，向朝廷进献佛舍利与贝叶梵经，受到宋真宗的召见与礼遇，受赐紫衣束帛，敕住译经院从事译经。景德三年（1006）受诏担任译场证梵文一职，赐为普明惠觉、传梵大师。从真宗朝至仁宗朝，先后拜封朝散大夫、试鸿胪少卿、试鸿胪卿，终至试光禄卿。

缅甸始创缅文字母，音译上座部佛教三藏典籍，奠定缅甸上座部佛教的基础。

公元 1059 年

高丽文宗下令全国，一家有三子者许一子出家。

斯里兰卡毗舍耶婆诃一世（Vijayabahu，1055—1114）即位。曾派遣使者至缅甸，邀请缅甸僧人前来弘扬佛教及传授比丘戒法。

缅甸蒲甘国王阿奴律陀开始修建瑞海宫佛塔（Shwexigon Pagoda）。塔为金钟形，塔内珍藏佛的前额骨和佛齿圣物。

公元 1061 年

允堪卒，年五十七。允堪，钱塘人，曾住持西湖菩提寺，专弘律学。庆历、皇祐年间（1042—1053），在杭州大昭庆寺、苏州开元寺、秀州精严寺建立戒坛，每年依照戒律度僧。他对道宣的所有重要著述都作“记”解释，有《行事钞会正记》《戒本疏发挥记》《羯磨疏正源记》《拾毗尼义钞辅要记》《教诫仪通衍记》《净心诫观发真钞》等 10 部，世称“十本记主”。其中，他的《行事钞会正记》比较重要，后来把继承其学说的一派称为“会正宗”。

公元 1062 年

《辽藏》刻成。《辽藏》又称《契丹藏》《丹藏》，是继我国第一部木刻本大藏经《开宝藏》之后的第二种大藏经。于圣宗时代（972—1031）始刻。全藏以燕京为中心刻印，收经总数是 1414 部 6054 卷 579 帙，在内容上尽量补充了《开宝藏》所缺少的写经。

公元 1063 年

辽僧纯慧非浊卒。曾任上京管内都僧录，在宣传净土信仰方面有影响，撰有《随愿往生集》20 卷（已佚）、《三宝感应要略录》等。

公元 1067 年

高丽海麟卒。德宗王时期受赐三重大师及磨衲法服与徽号。重熙十四年（1045），靖宗擢授僧统之职。文宗践祚，召讲唯心妙义于琳宫，道俗归向者甚众。后文宗敕住玄化寺，拜为王师、国师，谥智光。门下弟子有法灵、韶显等一千余人。

公元 1068 年

宋朝当时统计有僧 220761 人、尼 34027 人。

净源带上所收集的“诸郡《观》本”，请教钱塘通义子宁，又找出《妄尽还源观》中与《华严经义海百门》《般若心经疏序》等相同的句子。从此，《妄尽还源观》被公认是法藏的著作。

辽道宗耶律洪基（1055—1101）颁行自己撰写的《华严经赞》。

公元 1069 年

黄龙慧南卒，年六十八。楚圆弟子，生前住持过同安崇胜掸院、庐山归宗寺、高安黄檗山、江西南昌黄龙山等。创临济宗的黄龙派，其禅要以“黄龙三关”概括。

中国僧人草堂到越南，被李圣宗封为国师，在升龙开国寺住持，创立草堂禅派。

公元 1071 年

规定寺观也要按照户等交纳相当于免役钱半数的“助役钱”：“于官户、寺观、单丁、女户，有屋产月收僦直可及十五千，庄田中熟所收及百石以上者，并随贫富以差出助役钱，自余物产，约此为准。”

宋朝廷废译经（传法）院。

云门系僧人圆通居讷卒，年六十二。居讷为延庆子荣弟子，先后住持归宗寺和圆通寺，在江州（江西九江）一带有不小影响。特别是他重视儒学，致力于沟通儒释关系，深得士大夫的好评。庆历四年（1044），激烈反佛的欧阳修遭贬时见到居讷，交谈中，居讷“出入百家而折衷于佛法”，使欧阳修“肃然心服”。皇祐（1049—1053）初年，有诏请他住持京城净因寺，他荐怀琏以代。另外，他还荐举临济僧人守端住持江州承天寺。

斯里兰卡国王毗舍耶摩诃一世遣使者到缅甸，求赐三藏，请派僧团传戒，一时缅甸成为南传佛教的中心。

公元 1072 年

三月，日本僧人成寻入宋巡礼天台山和五台山。

十月，成寻抵达京师，朝见宋神宗。宋神宗对成寻来朝表现出了极大兴趣，详细询问了日本的相关情况。

十二月，辽赐高丽一套大藏经，影响了高丽大藏的再雕刻。

契嵩卒，年六十六。元和三年（1056）校订完成《坛经》；著《辅教编》等书，倡三教融合，特别强调儒、释两教的一致性，在当时的朝野引起重要影响；著《传法正宗论》等书，依据《宝林传》等确定了禅宗“西天二十八祖“的传法系谱，成为后来的禅门定论。受赐“明教”师号。

公元 1073 年

昆·贡却杰布创建萨迦寺作为传教中心，萨迦派形成。

俄·勒贝喜饶在拉萨以南、聂塘以东的地方（今堆龙德庆县境内）创建桑浦寺。当时桑浦寺以弘扬藏传量论及辩经学而著称于整个藏传佛教界。

公元 1076 年

古格王孜德在阿里地区举办“丙辰大法会”，此为西藏佛教后弘期第一次大法会，标志着西藏佛教的复兴。

公元 1078 年

福州东禅等觉院住持冲真等人募刻大藏经，到崇宁二年（1103）基本完工。经奏请政府允许，得“崇宁万寿大藏”的名称。其后还增刻了一些《贞元录》的经典和入藏著述，至政和二年（1112）结束，共计 5800 余卷。南宋乾道、淳熙年间（1165—1189）又补刻了十余函。

公元 1081 年

李仁宗派使者梁用律到宋朝请《大藏经》。

公元 1082 年

罢译经使、润文官，废“译经使司印”。

宝峰克文卒，年五十八，先后住持江西的宝峰、洞山、圣寿、庐山归宗寺和金陵报宁寺，在江西的影响尤大，“民信其化，家家绘其像，饮食必祠”。嗣法弟子 38 人，黄龙第二代弟子中的知名人物均出其门下。

公元 1083 年

十一月，诏僧善知校订高丽所进的佛经，并命颁行。

投子义青卒，年五十二。义青俗姓李，青社（安徽舒州）人，七岁投本州岛妙相寺出家，十五岁试《法华经》得度，第二年受具足戒，习《大乘百法明门论》，后入洛中，专习《华严》。后从临济僧人浮山法远学习六年，遵其所嘱，传承当时已经断绝了的曹洞宗法系。熙宁六年（1073），义青始住舒州白云山，八年后移住投子山，“道望日远，禅者日增”，曹洞宗法系从此流传下来。

公元 1084 年

高丽普济寺僧贞双等奏九山门的参学僧徒请依进士例三年一选，从之。

公元 1086 年

高丽僧统义天航海来宋，上表四次，请传授华严教义，以便归国弘传。在朝廷帮助下到杭州慧因寺跟随净源法师学习。义天带来了许多国内已佚失的唐代华严注疏，丰富了慧因寺的藏书。义天回国后，于第二年遣使送来金书《华严经》的三种译本 180 卷，即“六十华严”“八十华严”和“四十华严”，净源建华严阁安置。

觉域派玛久拉珍创建桑日卡尔玛寺作为本派的根本道场。

帕丹巴桑杰创立希解派。

公元 1087 年

西藏在日喀则兴建兼具汉藏建筑风格的夏鲁寺。

公元 1088 年

净源卒，年七十八。其先后住持过泉州清凉寺、苏州报恩寺、杭州祥符寺、秀水的密印宝阁、华亭的善住宝阁、杭州慧因寺等。他建立了永久弘扬华严宗的基地慧因寺，终生致力于华严典籍的收集和整理，提出华严宗新的传法系谱；被称为宋代华严宗的“中兴教主”。

公元 1089 年

大慧宗杲出生，宣州（安徽）宁国人，俗姓奚。

公元 1090 年

高丽僧义天撰《新编诸宗教藏总录》。

缅甸蒲甘阿难寺兴建。康瑟达王亲自主持，各地佛教徒涌集蒲甘，有远自印度的僧人赶至参加，盛况空前，此寺是全缅甸的第一大寺。

公元 1091 年

慧南弟子东林常总卒，年七十七。其曾住持江西泐潭、庐山东林等寺，元祐三年（1088）获赐号“照觉禅师”。身边常有徒众 700 余人，嗣法弟子 61 人。

公元 1093 年

西夏皇帝、皇太后发愿，动用了大量人力、物力和财力，重修著名的凉州感通塔及寺庙，第二年完工后立碑赞庆。

公元 1096 年

韶显卒，年五十九。宣宗即位年（1084），升僧统，时年四十七。韶显是高丽前期法相唯识学的代表人物，其在唯识学方面的贡献，一是对唯识学经典章疏的搜集整理和雕刻印行，一一考证其中因流传而造成的讹舛，从而使得该宗章疏流行于高丽境内，僧众学有所资；二是在海东法相唯识学传承系统上的革命，即以慈恩系的法相唯识学代替了西明系的法相唯识学，由此慈恩学在高丽逐渐传播开来。

公元 1098 年

佛印了元卒，年六十七。其精通儒学，擅长诗文，住持庐山归宗寺、镇江金山、江西大仰和云居等，与周敦颐结“青松社”。

西夏国师思能掘得古涅槃佛像，修建甘州卧佛寺。另一说卧佛寺即是西夏王乾顺于贞观三年（1103）在甘州建立的宏仁寿。

公元 1099 年

土耳其领袖马穆德苏丹连年袭击印度，掳掠孔雀城，毁灭 1 万余座佛寺。

公元 11 世纪上半叶

以超戒寺六贤门为代表的佛门僧徒兼具大乘佛教论师与密教成就师的身份，把大乘佛教的理论与密教的修行融合成完备的显密圆融体系，将超戒寺佛学推至高潮阶段。

《成就法鬘》问世。

11 世纪中后期

纳波巴活动于此时。他是诸种怛特罗教法的集大成者，除了精于阎曼德迦、胜乐等教法外，在呼金刚教法的传承方面也很有成就。《布顿目录》中收录了他的《呼金刚独勇修法》《会供轮仪轨》《护摩修法》《曼荼罗仪轨释》《无我母修法》《呼金刚修法真实性显明论》《度亡仪轨》《唉、榜、玛、雅解说明灯次第》。又有枳布巴著《呼金刚独勇修法》或是承纳波巴之法系者。

唯识论师、论理学学者宝称（Ratnakārti）。其事迹不详，属于有相唯识派，著作有《一切智者论证论》（*Sarvajñasiddhi*）、《自在神论证破斥论》（*Īśvarasādhanadū śaṇa*）、《离论证论》（*Apohasiddhi*）、《刹那灭论证论》（*Kṣaṇabhaṅgasiddhi*）、《量内在论》（*Pramāṇāntarbhāvaprakaraṇa*）、《遍充决择论》（*Vyāptinirṇaya*）、《常恒论证破斥论》（*Sthirasiddhidūṣaṇa*）、《多样不二显现论》（*Citrādvaitaprakā śavāda*）、《他相续破斥论》（*Santānāntaradū ṣaṇa*）。后整理汇集成《宝称著作集》（*Ratnakārtini－bandhāvalā*）。

金刚乘无上瑜伽母部的重要经典《胜乐轮经》问世，标志着胜乐教法的正式成立。

11 世纪下半叶

维阇耶巴忽王即位，遣使去缅甸，迎请精通三藏的持戒高僧来斯里兰卡重建上座部佛教。

公元 1100 年

黄龙派晦堂祖心卒，年五十六。其住持黄龙 12 年，嗣法弟子 47 人。首创以所住庵堂为道号，为各派禅僧所仿效，成为一种时尚。宋代以后，禅宗僧人依然沿袭这种习惯。

缅甸佛教末罗姆摩僧伽派形成。

藏传佛教宁玛派（红教）约形成于此时。

公元 1101 年

义天卒，年四十七。义天是高丽王朝天台宗的代表人物，与智讷并称为高丽佛教“双璧”。高丽第十一代王文宗第四子，13 岁被封为“世僧统”。北宋元丰八年（1085）来中国，在慧因寺从净源学华严宗教义，在天竺寺随慈辩、从谏学天台宗教义，从元昭学律宗戒律，还学习了禅宗和梵学等。翌年，携佛典经书 1000 多卷归国。奏请于兴王寺设置“教藏主监”，从中国和日本购入大量佛典，并收集朝鲜历代名僧元晓、义湘、大贤、圆测、谛观等人的著作共达 4740 多卷，逐一进行注释、校对、补遗和整理刊印，世称“义天《续藏经》”。义天著书颇多。但现在只存《大觉国师文集》23 卷、《大觉国师外集》13 卷、《圆宗文类》及《新编诸宗教藏总录》3 卷等。

公元 1103 年

芙蓉道楷住持京城净因禅院，大观二年（1108）移住天宁寺，曹洞宗从此有了起色。

公元 1104 年

临济宗五祖法演卒，年八十一。其常住湖北黄梅五祖山，弟子 22 人，以佛眼清远、佛鉴慧勤和佛果克勤最为著名。

公元 1106 年

诏川峡和买，“以交子、度牒充折买价，致细民难以分擘，货卖皆被豪右操权，坐邀厚利，民间颇以为扰”。

公元 1107 年

日本堀河天皇驾崩，朝臣们决定将遗发掩埋于被视为弥勒圣地的高野山。此后贵族们纷纷效仿，形成了“高野纳发”的习俗。

公元 1107—1110 年

诏令不许近臣指射有额寺院，改充功德。

洛阳宝应寺沙门孔清觉（1043—1121）在杭州创立白云宗。白云宗是从佛教中分化出来的一个民间教派。

公元 1112 年

福州人蔡俊臣等组织刻经会，支持福州开元寺僧本悟等募刻大藏经，历时 40 年竣工。此藏依照东禅版刻成，被称为毗卢藏，南宋孝宗隆兴初（1165）又增刻两函。

公元 1112—1201 年

柬埔寨建吴哥寺。印度教取代佛教，盛行于柬埔寨。

公元 1113 年

日本山门与兴福寺先后以神物要挟朝廷。

日本僧人仁宽被流放，据说，仁宽在流放期间创立了立川流的教义，并传授给弟子见莲、观莲等人。

公元 1115 年

缅甸蒲甘王朝的国师阿罗汉卒。缅甸佛教的改革，以及上座部佛教的复兴，是在他的努力推动之下迅速发展起来的。

公元 1116 年

元照卒，年六十九。元照对律宗产生较大影响。元照是余杭人，初依祥符寺的慧鉴律师出家，专门学习毗尼，后来从天台学僧处谦探究天台教观。此后 30 年间，元照住持杭州的灵芝寺，广事讲说和写作，著有《行事钞资持记》《戒本疏行宗记》《羯磨疏济缘记》等，共 100 多卷。他的《行事钞资持记》用天台宗的教义解释道宣的学说，与允堪的《行事钞会正记》在行仪方面有许多不同，如绕佛的左右旋转、衣服定制的长短等，都提出新见解。继承此派的称为“资持宗”，律宗以后只有此支维持传承，并且传播到日本。

公元 1117 年

南印度游行僧当巴桑结卒。师在少年时代即习文法学等诸学问，出家后，习学戒律，严守波罗提木叉。后往超戒寺，从法称等诸师学习有关曼荼罗等法门，并学持明、成就法、大乘经、文法、怛特罗、大幻等教法。又，据《青史》所载，师曾五度往访西藏，弘传希解派；其中，第五次曾在中国内地居住 12 年。1097 年，驻锡西藏之藏州鼎力僧院。师显密教法并学，对《般若经》尤有所得，曾历访各地修习禅定，获大印智慧。其所传教法，形成希解派、觉宇派。后人尊之为此二派之始祖。

芙蓉道楷卒，年七十六。道楷，沂州（山东临沂）人，少时信奉道教，后从投子义青习禅，先后住持安徽马鞍山、江西洞山、湖北大阳等地寺院。徽宗崇宁二年（1103），住持京城净因禅院，大观二年（1108）移住天宁寺。徽宗曾赐紫衣和师号，道楷拒不接受，被遣放缁州（山东缁州）。次年，徽宗许其在芙蓉湖畔结庵传禅。和临济、云门的许多传法宗师不甚相同，道楷与统治者和官僚士人的关系相对疏远。他很注重个人修行，坚持每日一食。追随他的僧众不多，但影响不小，曹洞宗从此有了起色。

公元 1118 年

香·札西多杰发掘大圆满法核心伏藏，大圆满宁提密法得以弘传。

越南举行胜严圣寿寺落成典礼，开千佛庙会。

公元 1119 年

徽宗推行佛教道化措施，自号“教主道君皇帝”，下诏说，佛教属于“胡教”，虽然“不可废”，但仍为中国“礼仪之害”，所以“不可不革”。改“佛号为大觉金仙，余为仙人、大士之号；僧称道士，寺为宫，院为观，即主持之人为知宫观事”。还下令僧尼蓄发、顶冠、执简，完全按道教改造佛教。

高丽僧人乐真卒，年七十。其从景德王国师烂圆修学，后师事义天。义天入宋后乐真亦奉王命入华，随义天巡访，回国后，又帮助义天编辑《诸宗教藏总录》和《圆宗文类》，并从事佛教教育事业。肃宗时期升为僧统，睿宗时期为王师，曾住持归法寺和法水寺。谥号元景。

公元 1121 年

克珠琼波南觉创建香雄寺作为传教中心，由此产生香巴噶举派。

米拉日巴的弟子达波拉杰创建达拉岗布寺作为传教中心，由此产生达布噶举派。

越南李太祖建八角藏经阁。

公元 1123 年

金太宗完颜晟供奉佛像于内廷。这是佛教影响金代统治者的最早记载。

藏传佛教噶举派米拉日巴卒，年八十四。其曾战胜苯教徒，使佛教在西藏地区广为传布。

公元 1125 年

无畏作护卒，年一百二十二岁。他是印度密教末期的大学者，主要活动于罗摩波罗王朝，先后做过金刚座寺、超岩寺和那烂陀寺的主座，是大乘和密宗佛教最伟大的导师之一，是中观金刚乘混合派的最后系统化者。精通《金刚顶经》《时轮经》等一切密续，甚受当时佛教徒尊崇，被视为阿弥陀佛的化身，有“浊世佛”之称。

缅甸（一说斯里兰卡）大净觉（Mahavimalabuddhi）著《提示》，亦译为《导引》，是解释巴利文《迦旃延文未能》的。

公元 1127 年

金太宗完颜晟迎旃檀像安置于燕京悯忠寺（今北京法源寺），并“建水陆法会七昼夜”。天会年间（1123—1137）完颜晟还诏令善祥于山西应州建净土寺，皇后则为海慧法师于燕京建大延圣寺，以后改名为大圣安寺，始终是燕京的著名寺院。

公元 1128 年

南宋朝廷敕卖四字师号，价二百千。

慧洪卒。其著作很多，禅宗史方面的代表作是《禅林僧宝传》和《林间录》。他反对把禅同语言文字割裂开来，从理论上论证文字禅的合理性。

山西大同善化寺重建，历时 15 年完成。

公元 1134 年

索・释迦桑格卒，年六十一。索・释迦桑格将卓浦寺作为自己常住的主寺，进行了大规模修复和扩建，并在该寺每年举行四次大型宗教活动，即春、夏、秋、冬四季法会。这便是宁玛派寺院朝着正规化不断迈进的主要表现。

公元 1135 年

因文思院所造度牒供不应求，下令诸路转运司制造。

圆悟克勤逝世，年七十三。其先后住持成都昭觉、夹山灵泉、湘西道林、金陵蒋山、汴京天宁等寺院，作《碧岩集》，把公案、颂文、经教三者结合起来，用评唱直截了当地进行解说，创造了一种新的禅宗经典形式，在禅林中产生了很大的影响。

公元 1136 年

尚书省言：盖给降度牒，许人进纳官中，旧价百二十贯，民间止卖三千。

虎丘绍隆卒，年六十。绍隆，和州（安徽和县）含山县人，九岁出家，十五岁受具足戒，二十岁以后游方参禅，曾从学与长芦崇信、湛堂文准、黄龙死心等禅师，后来慕名投到圆悟克勤门下，习禅20年，晚年常住苏州虎丘。现存《虎丘绍隆禅师语录》1卷。

公元1137年

金重建五台县佛光寺文殊殿。

公元1140年

被称为新义真言宗始祖的觉鑁以根来山为中心，建立了根来寺，并于此复兴了大传法院和密严院，对真言宗教义进行了重新梳理。

公元1141年

八月十三日，有大臣指出：近时籴本，例多抛降度牒、绫纸之属，漕行之郡，郡行之邑，未免强率于民。今湖南钱荒已甚，若继之以此，其何以堪！

师会于当年见到观复所作的《华严一乘教义章析薪》，逐条批驳，成《华严一乘教义章焚薪》，并于绍兴十七年（1147）作《送焚薪书》，送达观复。

高丽僧澄严卒，年五十二。澄严为肃宗王第四子，八岁时投兴王寺大觉国师，翌年削发，后于佛日寺受具足戒。16岁时由肃宗授予僧统之职和福世法号。仁宗时奉王命任五教都僧统，住兴王寺。谥号圆明。

公元1142年

禅宗黄龙系僧人道询卒。其主要在济南灵岩寺活动，著有《示众广语》《游方勘辨》《颂古唱赞》等。

公元1144年

缅甸国王阿隆悉都建成冰瑜寺，庄严宏伟，为蒲甘诸寺之冠。

公元1145年

敕天下僧道，始令纳丁钱，自十千至一千三百，凡九等，谓之清闲钱。年六十以上及残疾者听免纳。

公元 1152 年

清了卒，年六十二。清了号真歇，左绵安昌人，俗姓雍。十八岁试《法华经》得度，具戒后往成都大慈寺，学习《圆觉经》《金刚经》《起信论》等。历住真州长芦山（江苏扬州）、四明补陀、福州雪峰、杭州径山等多处寺院，提倡禅、净、教各宗合一。关于他的言行，有《真歇清了禅师语录》2 卷。曾作《净土集》，倡导念佛法门；又作《华严无尽灯记》，以华严宗“十法界”说论证禅学，很有特色。

公元 1153 年

教雄卒。其年十二投归法寺戒明出家，后从理琦僧统（大觉国师义天法嗣）学华严教旨，僧选合格。后入太白山，与戒膺（亦为义天之法嗣）一起修学。门下弟子有 300 余人。

西藏建纳塘寺。后成为著名印经院。

公元 1154 年

缅甸最胜种（Aggavamsa）写成《声则论》（*Ssddaniti*），独创一种风格的文法体系，获得极高评价。

公元 1157 年

南宋此时有僧尼 20 万。

曹洞宏智正觉卒，年六十七。其先后住持过泗州大圣普照禅寺、舒州太平寺、江州庐山圆通寺、明州天童寺等，倡导默照禅，在禅僧和士大夫中产生广泛影响。高宗诏谥“宏智禅师”。

都松钦巴在多康昌都类乌齐附近的噶玛创建噶玛拉顶寺（或称噶玛丹萨寺），以该寺为传教中心，形成噶玛噶举派。这是藏传佛教中第一个建立活佛转世制度的宗派，而且先后形成了几大活佛转世系统，其中主要有黑帽系和红帽系活佛。

公元 1158 年

达布拉杰的弟子帕木主巴·多杰嘉布创建帕木主寺作为传教中心，由此产生帕主噶举派。

金朝建山西繁峙县岩山寺。其中文殊殿内的壁画，是岩山寺历史遗存中的精华所在，也是金代壁画遗存中水平最高的壁画。

西藏建帕木竹丹萨替寺。

公元 1159 年

宁玛派噶当巴·德协在噶特创建噶陀多杰丹寺。

西藏粗布寺兴建（一说建于 1187 年）。此寺为噶玛噶举主寺。

公元 1160 年

帕木主巴的弟子帕荣巴·达玛旺玖在那曲创建帕荣日沃切寺作为传教中心，由此产生帕荣噶举派。

鸟羽法皇的宠妾美福门院去世，遗嘱将遗骨葬于高野山，成为“高野纳骨”的滥觞。

公元 1163 年

临济宗大慧宗杲卒，年七十五。宗杲反对钻研公案的评唱，火烧其师《碧岩集》；倡导和完善了“看话禅”，使其成为宋代以后禅宗中最流行的禅法；提倡三教融合，认为“菩提心”就是“忠义心”。宋孝宗赐“大慧禅师”号。

公元 1165 年

波洛罗摩婆诃大王使大寺、无畏山寺、祇多林寺三派之间，团结一致，在历史上首次结束了佛教三大宗派已达 11 世纪的争论。

斯里兰卡国王帕拉克拉玛巴忽一世（Parakramabahu Ⅰ，1153—1186）召集各派长老开会，整顿僧团，规定大寺派为佛法正统，取缔无畏山寺和祇多林寺派，使斯里兰卡佛教在分裂了 1200 多年后又实现了统一。这场运动的领导者是林居派丁布拉格拉石窟的迦叶波长老。

公元 1166 年

师会卒。其于绍兴年间住持杭州慧因寺，著有《复古记》《焚薪》和《同教策》。

公元 1167 年

帕木主巴的弟子卓贡玛瓦·喜饶意希在巴康创建雪寺作为传教中心，由此产生玛瓦噶举派。

公元 1171 年

帕木主巴的弟子桑杰耶巴·意希孜在康区创建绰浦寺作为传教中心，由此产生绰浦噶举派。

公元 1173 年

《金藏》约于此年雕造完成。《金藏》是由私人募资雕刻的私版大藏经，始雕于金熙宗天眷年间（1138—1140），所依据的底本是《开宝藏》，首倡者是潞州长子县（今山西长治）的崔法珍。经版总数为 168113 片，收录经籍 6980 卷。《金藏》雕刻完成后，崔法珍等人印经一藏，于金大定十八年（1178）进献于朝廷，奉敕安置于大圣安寺。经板也于大定二十一年（1181）运到京城，安放在大昊天寺。朝廷还命有司遴选精通经典的沙门导遵等五人，“校正”这部藏经。金朝廷为了表彰崔法珍，准其在圣安寺落发为尼，并赐紫衣，号“弘法大师”。协助雕经的杨惠温等 72 人，也给度牒，并礼弘法大师为师。在赵城发现的《金藏》，现存有 5000 余卷，是我国宋元时代所刻各种大藏经中保存实物最多的一种，被当作当代重编的《中华大藏经》的底本使用。

日本僧人亲鸾出生于京都的公家家庭。

日本兴福寺僧兵向延历寺发出挑战书《欲早遂对面决两门雌雄状》。

缅甸国师般他求回到缅甸。此前，他因不满国王那罗都，于 1167 年到斯里兰卡，住了 6 年，受到斯里兰卡大寺派佛教的影响。从此，缅甸佛教较多受到锡兰佛教的影响。

古尔国国王穆汗默德攻占木尔坦被，此后此王先后六次出征印度，最后，其部将古杜布·邬丁征服德里。受此影响，佛教寺院遭到洗劫，佛教僧徒星散，佛教的光辉在印度渐趋黯淡。

公元 1175 年

池州（安徽贵池）报恩光孝禅寺僧人法应花了 30 年时间收集颂古，

编成《禅宗颂古联珠集》。元初钱塘沙门普会接续法应的工作，从元代元贞元年（1295）开始，用了23年，编成《联珠通集》。这些可以反映宋代颂古之作的基本情况。

禅宗僧人圆性卒，年七十二。圆性曾从学于汴梁的佛日禅师，于大定年间受请住持燕京潭柘寺，以复兴禅学为己任，有《语录》传世。弟子中有普照、了奇、圆悟、广温、觉本5人。

觉阿回到日本。觉阿是天台僧，他听说禅宗在华的盛况，萌生了求法的愿望。承安元年（1171），他渡海入宋，师从圆悟克勤的弟子佛海慧远习禅，并且得到了慧远的印可。

四十三岁的法然正式确立了专修念佛的思想。

公元1176年

西夏仁宗在甘州立黑水建桥敕碑，一面用汉文书写，另一面用藏文书写，此碑表明在甘州一带藏族居民较多，碑文内的贤觉菩萨就是弘扬藏传佛教的贤觉帝师。

公元1179年

僧人赵凤智开始在四川大足宝顶山开龛造像，内容多为密宗造像。

觉巴久丹贡布在前藏智贡地方建“智贡提奥蒙绛曲林”，简称“智贡提寺”。觉巴久丹贡布·仁钦贝严于律己，遵循佛教戒律，戒酒忌荤，讲授显密教法，颇有创新，遂产生自成一体之智贡噶举派。

高丽僧人宗璘卒。宗璘自幼出家，年十五奉仁宗之命从澄严于佛日寺受戒。毅宗时期任首座之职，历住归法寺和浮石寺，宣扬宗风，并任僧统。明宗国王曾赐号“佐世”。谥玄悟国师。

公元1180年

大理张胜温绘《梵像图》。

西藏达垅寺开始兴建。

达隆塘巴·札西贝在前藏彭波达隆创建“达隆寺”，遂立宗传法，称“达隆噶举派”。

十一月，日本平氏以延历寺和圆城寺勾结源氏为理由，派兵攻打比叡山，将山上堂舍付之一炬。同年十二月，平重衡率领的部队又进攻奈良，将东大寺和兴福寺也付之一炬。

缅甸国师乌多罗耆婆，至锡兰（今斯里兰卡），受大寺派接待，被称为“求法锡兰第一僧”。

公元 1181 年

帕木主巴的弟子杰官巴·茨诚僧格创建秀赛寺作为传教中心，由此产生秀赛噶举派。

公元 1186 年

天台宗高僧显真召法然前往京都北边的大原论道，法然借此机会全面阐述专修念佛的主张，宣告了佛教新时代的来临。

公元 1187 年

度牒每道价格增加到七百贯。

日僧荣西第二次到宋朝（第一次为 1168 年），参学于天台、庐山、育王、天童等名刹。

公元 1189 年

西夏仁宗在大度民寺做大法会，散施西夏文、汉文《观弥勒菩萨上生兜率天经》10 万卷，汉文《金刚普贤行愿经》《观音经》各 5 万卷，做各种法事，长达 10 昼夜。会上散发 20 万卷佛经，充分反映了仁、孝时期佛教的兴盛。

达波拉杰的弟子噶玛巴·都松钦巴在堆隆创建楚普寺作为传教中心，形成噶玛噶举派上下两座祖寺。嗣后楚普寺不断扩建，成为噶玛巴黑帽系活佛驻锡地，并以噶玛噶举派祖庭自居。

公元 1190 年

缅甸国师乌多罗耆婆弟子孟族人车波多等人回到缅甸，创立了缅甸大寺派。车波多此前曾随乌多罗耆婆一起到锡兰，在锡兰 10 年，被称为“求法锡兰第二僧人”。蒲甘的南传佛教从此分为两派，由阿罗汉从直通传入的一派，称为前派；车波多从锡兰传回来的大寺派佛教，称为后派。

公元 1191 年

荣西返回日本，传回了临济宗黄龙派的禅法。

公元 1192 年

娘热·尼玛维色卒，年六十九。娘热·尼玛维色出生于西藏洛札，发掘和整理了大量的伏藏典籍，而且自成体系，后人将其命名为上部伏藏，他本人也被称为上部掘藏师。

公元 1193 年

帕木主巴弟子林热巴·班玛多吉的门徒卓贡藏巴·嘉热瓦创建主热隆寺作为传教中心，由此产生主巴噶举派。

公元 1196 年

卓浦至尼泊尔，迎请弥遮卓根大师，翻译《独髻胜乐法门》《息心法要》和《教法舟揖》等；此后，他又迎请克什米尔的班智达布达西遮那，翻译了《现观庄严论慧灯释》《入胜者道》《大悲观音成就百法》等；最后他迎请了克什米尔的释迦吉祥贤及其随从。

公元 1198 年

三月，日本法然完成其代表作《选择本愿念佛集》。该书系统地阐述了净土思想的源流，在此基础上提出了抛弃杂行，专修称名念佛的主张。

公元 12 世纪

廓尔王朝穆罕默德（Muhammad）手下的将军库特布丁（Qutabuddin）彻底洗劫并毁灭了鹿野苑，除了两座坚不可摧的大塔之外，鹿野苑被整个夷为平地，佛教徒被迫离开此地。

公元 12 世纪中期

印度那烂陀寺高僧苏陀室利以专精《华严》著名，他以 85 岁的高龄来中土五台山，示寂于灵鹫寺。时当金代。

公元 12 世纪末期

伊斯兰教徒袭灭斯那王朝，该派之根据地超戒寺亦遭毁坏，学僧四散，残留之僧徒被虐杀，该派即于印度本土绝迹。

公元 1200 年

成吉思汗兵至柴达木，致书萨迦，聘请喇嘛。

戈纳勒克（Konarak）地区修建了寺院群。

柬埔寨大吴哥巴扬庙约建于此时。

公元 1203 年

象征印度佛教传承与存在的那烂陀寺与超戒寺被伊斯兰教徒焚毁。佛教寺院没有了，承载佛法的佛教徒在印度也就没有了立足之地，印度佛教徒星散四方，各谋出路，印度佛教转入沉寂状态。

无言通禅派僧人常照示寂。他对越南“帝王禅”提出了最基本的理论。常照对越南禅宗特别是陈朝禅宗起重要作用，他的三位著名弟子现光、通禅、神仪都对竹林禅派的创立起过重要作用。

公元 1204 年

冬，比叡山大众举行众议，通过了要求取缔“专修念佛宗”的决议，委托天台宗座主真性向朝廷请愿。就此，法然于同年十一月七日撰写了约束门人的七条誓文，法然本人及弟子 190 人在誓文上签字，然后送付给真性，以表明自己无意与天台宗作对。

公元 1206 年

艾巴克建立德里苏丹国，印度历史进入伊斯兰化时代，先前以梵文化传统作主导的印度文化宣告结束，进入了印度教与伊斯兰教并存的时代，传承 1600 年的佛教从此退出了历史舞台，佛教正法不在。因此，后代史家通常把 13—19 世纪约 600 年的时间称为印度佛教史上的黑暗期。

帕木主巴的弟子萨热瓦·格丹益西僧格的再传弟子雅桑巴·却孟朗建雅桑寺作为传教中心，由此产生雅桑噶举派。

喀切班钦到达绰浦寺，此后的 12 年中，喀切班钦住于吐蕃乌斯藏地方，主要传授佛教戒律。

公元 1210 年

知讷卒，年五十三。其为韩国禅宗的中兴之祖，8 岁出家，扬弃当时宗派对立的状况；1182 年考上僧科，在清凉寺、普门寺等地领会到禅教不二的道理；1190 年组织了定慧结社，并宣布《劝修定慧结社文》、主张定慧双修，曾于松广寺展开 120 天的法席，在那里开示法义。其著作有《劝修定慧结社文》《华严论节要》等。大师将原有的九山禅门归属到曹溪宗门下，与义天大师的天台宗一起形成了高丽佛教的两大中心支柱。

公元 1211 年

十一月，日本朝廷准许法然回京。不久，法然病逝。临终前两日，法然口述《一枚起请文》，总结了自己念佛思想的要旨。

公元 1212 年

华严宗僧人高辨专门创作《摧邪轮》3 卷和《摧邪轮庄严记》1 卷批判法然。

古茹·却吉旺久出生于西藏洛札，成为下部伏藏的开创者或祖师，通称下部掘藏师，并与上部掘藏师娘热·尼玛维色相媲美，同被誉为掘藏大王。

公元 1213 年

天台僧人宗印卒，年六十六。宗印师承竹庵可观，本无俗姓陈，盐官（浙江海宁）人，十五岁受具足戒，他曾经被宋宁宗召对便殿，问佛法大义，得赐“慧行大师”之号。宗印的弟子很多，活跃于元代的著名天台僧人基本都出自宗印的再传弟子门下。

公元 1214 年

西夏神宗组织缮写泥金字《金光明最胜王经》。

公元 1219 年

喀切班钦卒，年七十八。其出生于印度克什米尔止布丹城，后到西藏传法，主要传授佛教戒律，在藏传佛教戒律传承史上具有很高地位。

公元 1221 年

日本承久之乱时，朝廷以五坛法、太元帅法等密教仪式进行祈祷，幕府则以荣西的弟子、台密叶上流的行勇为首举行大仁王会等密教仪式。

公元 1222 年

金朝僧人祖朗卒，年七十五。祖朗，蓟州人，俗姓李，少年出家，大定年间先后住持燕京的崇寿、香林等寺院；贞祐年间，获赐“圆通大师”号。

成吉思汗在阿姆河营帐第一次会见丘处机，当年十月再次会见，论道三日，由契丹人耶律阿海作翻译。丘处机对成吉思汗所讲道法的核心内容有二：其一，作为个人所应遵守的长生之道，不过是要清心寡欲；其二，作为统治者所要采取的治国方略，无外乎敬天爱民。

慈护（Maitreya Rakṣit，主要活动于 1092—1122 年），孟加拉国人，为东印度佛教声明学家，著有《字界明灯》（*Dhātupradīpa*）、《广释》（*Durghaṭavṛtti*），以及一部为解释耆那因陀罗菩提（Jinendrabuddhi）的《迦湿迦导读》（*Kāṣikānyāsa*）而作的《怛特罗明灯》（*Tantrapradīpa*）。

日莲生于日本安房国（千叶县）长狭郡东条乡片海。

公元 1224 年

越南李惠宗把皇位让给女儿李昭皇，到真教寺出家，自号惠光禅师。

公元 1225 年

迦湿弥罗的大班智达释迦吉祥贤（Śākyaṣrībhadra，1127—1225，）卒，年九十九，曾任超戒寺住持。超戒寺被毁后，释迦吉祥贤与其弟子自在月（著有《量释论心愿具喜注》）到东方欧提毗舍国的阇揭陀罗避难，后流亡到尼泊尔，最后被人捕获，幸得西藏的卓浦译师赎身，被迎请至西藏。释迦吉祥贤到藏地后掀起了一股新的律经翻译浪潮，对西藏律学的传承影响很大。同时，他还把认识法称及其因明学的新方法传至西藏，使法称的因明学在西藏得到弘扬。此外，释迦吉祥贤又把时轮历传入西藏。当时，随释迦吉祥贤入藏的还有僧伽师利、苏古达师利（妙逝祥）、达那尸罗（施戒，著有《量释论庄严释》）等几位印度僧人。

五月，日本僧人道元前往天童山景德禅寺，投到担任住持的曹洞宗洞山良价第十三代真传长翁如净门下，很快开悟，得到如净的印可。

公元 1227 年

秋，日本僧人道元回国。

日本法然墓遭到破坏，其代表作《选择集》的印版被朝廷没收、销毁，史称“嘉禄法难”。

锡兰王毗阇耶跋呵第三世在位时，以跋耆萨罗（Vacissara）为首的一帮僧徒携佛钵与佛牙正在南印度避难。毗阇耶跋呵王把他们迎请至锡兰，在卑罗斯罗（Billasela）山建舍利阁安置佛钵与佛牙，并在跋耆萨罗等人的帮助下，修理佛寺，整理僧伽，抄写出了许多散佚的佛典。

公元 1228 年

天童如净卒，年六十七。如净先后住持建康清凉寺、台州瑞岩净土禅寺、杭州净慈禅寺、明州定海县瑞岩寺等，宝庆元年（1225）住天童山。其注重坐禅修行，认为参禅是身心脱落，坐禅才是明心见性的唯一途径，实质上，他是正觉默照禅的延续。现存《如净和尚语录》2 卷、《天童山景德寺如净禅师续语录》1 卷。

日本京都人道元（1200—1253）入宋师事如净三年，如净将芙蓉道楷的法衣和洞山良价所著《宝镜三昧》《五位显诀》及自赞顶相相赠。道元回国后，创立日本曹洞宗。

公元 1234 年

高丽慧谌禅师卒。慧谌为知讷弟子，知讷去世后，奉敕继承法席。高宗即位后，制授禅师号，接着又加大禅师号。王六年（1210），召住断俗寺，累辞不允。翌年虽入院但仍以本社为常栖之所。去世后，高宗赠谥“真觉国师”。慧谌的著述有《禅门拈颂》《禅门纲要》等。门下弟子有梦如、真川、觉云、麻谷等。

公元 1235 年

八思巴出生。原名罗古罗思坚赞，又译八合思巴、发思巴，号八思巴（圣者）。他是萨迦班智达的弟弟索南坚赞的儿子。

公元 1236 年

孔子第五十一代孙孔元措托临济宗僧人印简向上陈情，准于袭衍圣公，并免差役。印简劝告忽都护，接受了这一请求。在印简的努力下，颜、孟等儒家圣贤的后裔也被免除差役。

日本第一个专弘曹洞宗的道场兴圣寺法堂落成，道元在兴圣寺前后 11 年，传授曹洞宗禅法。

高丽高宗设置大藏都监本司再刻经藏，并于晋州设分司，历 16 年完成新版大藏经的雕刻之功。高宗亲幸江华城西门外之大藏经版堂，率百官行香。这次重新雕刻的经板是用《蜀版》《契丹版》及《高丽藏》初刻本对校勘正的，共收录佛典 639 函 1521 部 6589 卷。世称《高丽再雕藏经》或《高丽大藏经》，俗称《八万大藏经》。

波罗羯磨跋呵第二（1236—1271 年在位）即位，继续弘扬佛教。他曾遣使至南印度古里国，请三藏法师达磨揭谛（Dhammakitti）等许多大德比丘来锡兰复兴佛教，整理国内的佛典，并请他用巴利文写了《大史》的续编及《小史》（*Culavamsa*）第一部。另外，波罗羯磨跋呵第二还派人还从南印度取来许多佛教经典，使僧徒研究因明、声明及佛教经论。

公元 1238 年

高峰原妙出生，吴江（江苏苏州）人，俗姓徐。

公元 1241 年

日僧圆尔辩圆嗣法于无准师范，于当年回国，开创日本东禅寺派。

公元 1245 年

了世卒。了世是高丽后期天台宗的代表人物，高宗二十四年（1237）受赐禅师号。卒后，高宗命有司册为国师，谥号“圆妙”。著有《三大部节要》。

公元 1246 年

行秀卒，年八十一。其为河内之解（河南洛阳一带）人，俗姓蔡，十五岁在邢州（河北邢台）净土寺出家。曹洞宗僧人雪岩如满嗣法弟子。在净土寺旁建“万松轩”，由此有万松之号。先后住持中都（北京）万寿寺、西山仰山栖隐寺、报恩寺，晚年退居报恩寺从容庵。耶律楚材曾拜行秀为师。行秀的著作很多，除著名的《从容庵录》外，还有《请益录》《祖灯录》《释氏新闻》《鸣道集》《辨宗说》《心经凤鸣》《禅悦法喜集》等。行秀的门徒众多，得法者 120 人。他们中的许多人住持名刹，与元朝有直接的联系。其中影响最大的有林泉从伦、华严至温和雪庭福裕。

公元 1247 年

萨迦派四祖萨迦班智达应元室阔端大汗之邀请到达凉州，进行谈判，共同拟订了西藏归顺蒙古的协议。藏区的各派僧俗集团都很快同意了这些条件，正式归顺蒙古。

公元 1248 年

天因卒。天因曾至松广山慧谌和尚处参学曹溪禅要领，后又从了世习天台教观，“诵《莲经》，始开普贤道场”。又至智异山、毗瑟山等地“屏迹修真，累岁乃还”，后在了世一再相邀下，继其法席。高宗三十四年（1247），为躲避蒙古军，入象王山法华社。卒后，谥号“静明国师”，门下弟子圆皖继承法席。

公元 1249 年

日本第一座纯粹的敕建禅宗寺院“大建长兴国禅寺”建成，从中国前来传授禅法的兰溪道隆被任命为该寺的开山住持。

公元 1253 年

四月二十八日，日莲重返清澄寺，宣布将以传播《法华经》信仰为使命，并首次唱诵“南无妙法莲华经”经题，这一天被日莲宗定为开宗之日。

八思巴应召谒见忽必烈薛禅汗于六盘山，忽必烈夫妇及其子女共 25

人先后在八思巴前受密宗灌顶。此事为元朝建立后重用八思巴，进而崇奉喇嘛教奠定了基础。

公元 1254 年

噶玛拔希会见忽必烈并为他及其左右侍从传授发心（发菩提心）仪轨，使他们皈依藏传佛教。

八思巴再次会见忽必烈，忽必烈以亲王的身份颁赐八思巴一份诏书。诏书名“扎撒博益玛”。

公元 1255 年

曹洞禅师福裕上书，控告道教徒。蒙哥汗命福裕等僧与全真教道士李志常廷前辩论，结果佛教稍占上风。诏令中原断事官布智尔和克什米尔僧那摩，检查道藏伪经，并“教那先生依前旧塑释迦、观音之像。……那坏佛的先生依理要罪过者”。同样，“若是和尚每坏了老子，塑着佛像，亦依前例要罪过者”。这次曹洞宗僧人为佛教争得了一个与道教平等的地位。

八思巴隆重接受比丘戒。

约于此年，藏僧胆巴至西印度参礼古达麻室利学习梵典。

公元 1256 年

福裕等人再次到和林控告道教徒，佛教大胜。蒙哥汗指示：“譬如五指皆从掌出，佛门如掌，余皆如指。”令佛教的地位高于道教和其他宗教。

公元 1257 年

临济宗海云印简卒，年五十六。其先后住持兴州仁智寺、涞阳兴国寺、兴安永庆寺和燕京庆寿寺。1235 年，住持选试天下僧道，1242 年，忽必烈请他到漠北讲法。1247 年，贵由汗命他统领僧众，赐白金万两，太子合赖察请至和林，住太平兴国禅寺。1251 年，受命掌管全国佛教事务。1256 年，奉旨在昊天寺建法会，再次为国祈福。忽必烈命建塔于大庆寿寺之侧，谥“佛日圆明大师”。海云一系被奉为临济正宗。

公元 1258 年

忽必烈召集僧道和九流名士，在开平城举行第二次佛道论战。佛教以福裕为首，另有那摩、刘秉忠等 300 余人参加。道教以全真教主张志敬为首，参加者 200 余人。此外，参与断事和作证的官员、儒士等有 200 余人。八思巴被任命为仲裁人。结果，参与辩论的道士 17 人削发为僧，道藏经典 45 部被焚，200 多处道观改为佛寺。

公元 1260 年

无门慧开卒，年七十八。从嘉定十一年（1218）开始，慧开前后住持过十五处寺院，著有《禅宗无门关》。理宗赐号“佛眼”。

忽必烈继任蒙古大汗位，封八思巴为国师。第二年进封其为帝师。此后元历代皇帝奉藏传佛教萨迦派僧人为师成为一项制度。

日莲写成了《立正安国论》，标志着日莲宗教义的正式确立。

公元 1261 年

二月，日本幕府颁布了“关东新制条目”，规定僧侣应该遵守戒律，佛事应该按照既定的形式举行，严格限制僧人任意游方传教。

藏族僧人邬坚巴仁钦贝率徒众多人来印度朝礼大菩提寺金刚座。于此，邬坚巴得空行母加持，顿获证悟。邬坚巴通达医术，尝为当地人治病，又曾降伏当地鬼神，被当地民众称为大瑜伽师。

公元 1262 年

日本净土真宗创始人亲鸾卒。

公元 1263 年

中峰明本出生，杭州钱塘人，俗姓孙。

尼泊尔工匠阿尼哥跟随八思巴来到大都，以其高超的艺术才能得到了忽必烈的赏识，任命他负责大都（今北京）皇室兴建、寺观造像的指导工作。阿尼哥创作、传授了佛教造像中的“西天梵相”。

公元 1264 年

忽必烈迁都北京，在中央政权内设置总制院，掌管全国佛教和藏族地区事务，又命八思巴以国师的身份兼管总制院事。不久派八思巴和他的弟弟恰那多吉前往西藏，临行之际，应八思巴的请求，忽必烈赐予一份《珍珠诏书》。

公元 1265 年

忽必烈诏谕总统所："僧人通五大部经者为中选，以有德业者为州郡僧录、判正、副都纲等官。"这就促使汉地僧人重视佛教经典，诱导禅僧走上禅教融合的道路。

八思巴返回西藏，对萨迦寺进行了修缮，同时，分别拜克什米尔班智达希达塔噶大巴札、罗沃译师喜饶仁钦、纳塘堪钦青南喀札等 20 多位大德为师，研习佛教因明学、显宗理论和密宗修持等佛教显密教理仪轨，以及五明学等文化知识。

公元 1266 年

日僧无门普门 1251 年入宋，嗣法于无准师范的弟子断桥妙伦，于当年回国，开创日本南禅寺派。

日莲写作《法华题目钞》，提出"法华经至上主义"。

公元 1267 年

华严至温卒，年五十一。至温，邢州人，俗姓郝。幼年入寺，从 15 岁开始随行秀习禅，常年不离左右。后住京城华严寺，与继住报恩寺的从伦齐名。忽必烈赐号"佛国普安大禅师"，命他"总摄关西五路，河南、南京等路，太原府路，邢洺磁怀益等州僧尼之事"。他在保护和振兴这些地区的佛教方面，起了重要作用。

公元 1269 年

志磐撰成《佛祖统纪》。自宝祐六年（1258）动笔，历时十余年，五次修改书稿。咸淳七年（1271）刊行。此书集众家之长，补前书不足，是宋代编辑史书的集大成之作。

公元 1270 年

八思巴第二次向忽必烈授予密宗灌顶，传授了喜金刚密法。忽必烈封八思巴为“普天之下，大地之上，西天佛子，化身佛陀，创制文字，护持国政，精通五明班智达八思巴帝师”。

雪庭福裕卒，年六十八。福裕太原文水（山西文水县）人，俗姓张。22 岁出家，从学于行秀十年。金元交兵，嵩山少林寺遭到毁坏，福裕在行秀和印简的支持下，兴复禅宗祖庭。1248 年，奉诏住和林兴国寺。后受宪宗召见，奉命“总领释教”，重建各地废毁寺院 236 处。他也是参加元初佛道论战的主要人物，受赐“光宗正辩”法号，并住持万寿寺，晚年退居嵩山。以后行秀一系曹洞宗的传承均出自福裕，并长期以河南嵩山少林寺为主要传法基地。

公元 1271 年

阿尼哥开始设计建造元大都西城大圣寿万安寺“释迦舍利灵通之塔”。历时 8 年才完成。此塔为尼泊尔式，塔高 50.9 米，砖造，由塔基、覆钵、相轮、宝顶四部分组成，风格古朴，保持了印度早期佛塔的特征。

高丽混元禅师卒。其为慧谌弟子，其传教活动曾先后得到柱国晋阳公崔瑀和国王高宗的支持。高宗三十二年（1245 年），崔瑀创禅源寺，请混元担任落成法会的“主盟”。翌年，混元率徒 200 人赴京，入住禅源寺，并被加封为“大禅师”。1252 年，高宗命他住持曹溪为第四世。1258 年，高宗遣中使礼部郎中崔铎迎混元入京，并亲自将他迎入慈云寺。1259 年册为王师。元宗即位后，礼遇殊加。后混元再三请求隐退，元宗延入大内，“亲行师礼，手自进馔”。随后由中使护送下山。卒后，加封国师，谥号“真明”。

公元 1272 年

亲鸾的女儿觉信尼在京都建立亲鸾的御影堂，被称为大谷本庙。

公元 1276 年

惟则约于此年卒。惟则为中峰明本弟子，俗姓谭，庐陵（江西吉安）人，追随明本习禅多年。他终生拒绝住持国立大寺院。至正二年（1342

年)，他的信徒在苏州城为他建院居住，为纪念其师明本曾住天目山师子岩，这座禅院便名“师子林”。惟则著述有《楞严经圆通疏》、《十法界图说》《净土或问》和《天如惟则禅师语录》9卷。在禅学上主要传播明本的“看话禅”。

八思巴从大都抵达萨迦寺，太子真金护送。八思巴在途中专为真金讲述佛法，在此基础上撰写了《彰所知论》。

公元1277年

八思巴在后藏曲弥仁摩（纳塘寺附近），举行聚集7万僧众的盛大法会，史称“曲弥大法会”。

朝廷命元吉祥和怜真加加瓦掌管汉人佛教事务。

达隆塘巴·札西贝的再传弟子桑杰威在类乌齐建造“类乌齐寺”，其教法传承自成一体。

据这一年的碑文记载，泰国兰甘亨王（Kun Ramkamheng）专门修建寺院，供养从泰国南部洛坤地区来的信仰斯里兰卡佛教的高僧。

公元1280年

八思巴卒，年四十六。曾任元朝国师、帝师，管理全国宗教事务。为蒙古族创制文字；著述三十余种。其著名弟子有胆巴、阿鲁诨萨里、沙罗巴、达益巴、迦鲁纳达思等。获赐号“皇天之下、一人之上、宣文辅诏、大圣至德、普觉真智、佑国如意、大宝法王、西天佛子、大元帝师”，始终得到元朝历代帝王的尊崇。

公元1281年

忽必烈诏谕天下，除《道德经》外，其他一切道教经典全部烧焚，并命林泉从伦主持下火仪式。元代以全真教道士为首的道教和以曹洞宗僧人为首的佛教之间的斗争至此告一段落。

林泉从伦卒，年五十九。其曾住持万寿寺和报恩寺，至元九年(1272)，元世祖诏他入内廷说法。著有《空谷集》和《虚堂集》，进一步推动了曹洞僧人诠释公案和颂古的风气。

公元 1282 年

日本“日莲法华宗”创始人日莲上人卒。

公元 1283 年

藏传佛教史上第一位正式转世的活佛噶玛拔希圆寂，他被认定为噶玛噶举黑帽系的第二世活佛。

公元 1285 年

元军大举进攻缅甸，缅王那腊底哈勃德派遣国师——高僧信第达巴茂克（意为“四方尊崇者”）出使中国至大都（今北京）议和，说服了忽必烈，取得了外交胜利。回国后，缅王因其出使有功，钦赠水田、旱地各四百亩和耕畜、农奴等。但他把这些赠予全部作为功德布施给班布亚佛塔。

公元 1286 年

天英禅师卒。天英为慧谌弟子，后又至清真国师梦如、真明国师混元咨禀法要。1251 年，柱国崔公沆建普济寺别院，招九山禅侣，以天英为主盟。清真国师去世后，高宗命真明国师住持曹溪，以天英为禅源社法主。1256 年秋，真明退休，举天英自代，获高宗允准，并制加大禅师号，迎入宫中，御手供馔。卒后，获谥“慈真圆悟国师”称号。

公元 1288 年

总制院改名宣政院，秩从一品。宣政院置院使二名，由朝廷命官担任。吐蕃有事，则设分院往治。宣政院的职责比以前的释教总制院有所扩大，既管理全国的佛教事务，又直辖西藏地区的民政、军政和司法事务。任用宣政院官员的原则，是“军民通摄，僧俗并用”。宣政院代表中央对西藏行使全面管辖大权，如果形势需要，可以在当地设立分院治理。这是元朝设立的一个特殊机构，与中书省、枢密院、御史台并列为国家的四大军政机构。

由杨琏真佳召集，有教、禅、律三派僧人参加，举行教禅廷辩。禅宗代表是妙高，义学代表为仙林。其结果“使教冠于禅之上”，元廷推行尊教抑禅的政策。

诏江淮路立御讲三十六所，务求宗正行修者分主之。

公元 1289 年

日本曹洞宗三祖彻通义介自越前国（福井县）的永平寺出走，移住加贺国（石川县）大乘寺，教团分裂。此后两派各自为营、互不干涉。

高丽一然禅师卒，年八十四。1227 年一然赴选佛场，登上上科。1237 年前后被授予“三重大师”称号。1249 年，郑相国晏舍南海私第为定林社，请一然主之。1256 年加“禅师”称号，三年后又加“大禅师”称号。1261 年，承诏赴京，住禅月社。忠烈王即位后，诏住云门寺和广明寺，大阐玄风，得到国王的尊信。王九年（1283），被册封为国尊，受赐“圆径冲照”称号。卒后，谥号“普觉”。其著作《三国遗事》是韩国古代神话、说古及乡歌的集大成，更是研究古代历史所需的宝贵资料。

公元 1290 年

《普宁藏》雕刻完成，全称《杭州路余杭县白云宗南山大普宁寺大藏经》，是元代私刻的大藏经。刻版地点在杭州路余杭县南山大普宁寺（现浙江省余杭区境内），由元代白云宗僧人释道安发起创刻，并由释道安、如一、如志、如贤等普宁寺历任住持主持雕造。对于此藏开雕时间，学术界存在着不同的说法，现采用至元十五年（1278）说。此藏历时 12 年完成。全藏依千字文编号计算，共 558 函 1420 部 6008 卷。后来又补入秘密经 28 函，沙啰巴所译经论等 1 函和《天目中峰广录》3 函，全藏增至 590 函。

公元 1291 年

宣政院领天下寺宇 42318 区，僧尼 213148 人。

禅师宗宝改编成书《坛经》，题《六祖大师法宝坛经》一卷，共十品。这是从元代以后最流行的《坛经》本子。

慧忠去世。慧忠是逍遥禅师的嗣法弟子，是越南佛教史上最著名的居士之一。他的思想直接影响到陈朝佛教，特别是对竹林禅派的成立与发展起了重要作用。

公元 1292 年

泰国兰甘亨王从斯里兰卡请来三藏，以正统斯国佛教作为国教，并由洛坤的上座部佛教高僧担任素可泰僧王。

公元 1293 年

元世祖敕令 20 多位管理僧事的沙门把西夏文旧经本送到杭州万寿寺刻印。大德六年（1302）刻印完毕，共刻 3620 余卷。随即印施 10 藏。

宇摩牟觉多杰的第六代传承弟子贡邦图杰宗哲创建觉摩囊寺作为传教中心，觉囊派产生。

冲止禅师卒。冲止年十九登状元第。之后曾奉使日本，后从圆悟国师天英出家。天英去世后，众人推举冲止继席，是为曹溪山第六世。冲止住院七年，使知讷的禅风进一步光大。在此期间，冲止曾应元世祖之诏，至中夏，皇帝待以宾主以礼，褒以师父之恩，赐以袈裟、白拂等物。卒后，谥“圆鉴国师”号。

公元 1294 年

惠永卒，年六十七。惠永曾领写经僧众 100 人至元大都，以金字《法华经》为贽，拜见世祖皇帝。惠永在元大都时曾于万安寺讲《仁王经》，博得四众景仰，又曾以金泥写经藏。世祖皇帝嘉之，赐遗甚厚，并遣使伴其回国。1292 年，忠烈王封惠永为国尊，法号为普慈。时国王亲率百官行五拜之礼，于是又加五教都僧统之职，奉敕住桐华寺。卒后，谥号“真应”。

公元 1295 年

二月，元朝使者萧泰登到越南，回国时，陈英宗派内员外郎陈克用和范讨同行到元朝请《大藏经》留在天一长府，副本刊行。

高峰原妙卒，年五十八。原妙十五岁拜嘉禾密印寺法住为师，17 岁受具足戒。曾在临安龙须山、武康双髻峰、杭州天目山等地隐修数十年，前后随其参学者达数万人，被誉为“高峰古佛”。以话头禅授徒，也设“三关语”启悟学者。

公元 1297 年

奉成宗之命，在萨迦派喇嘛、帝师扎巴俄色住持下，由西藏、蒙古、回鹘和汉族学僧参与，开始将藏文《大藏经》翻译成蒙古文。

公元 1299 年

七月间，中书省臣言：江南诸寺佃户五十余万。

元成宗派江浙释教总统一山一宁及其弟子赴日，受到日本朝野的欢迎，来华的日本僧人也随之增多，其参学的重要对象就是祖先系的著名禅师。

越南陈仁宗在安子山花安寺（云烟寺）正式出家，自号香云大头陀，后改为竹林大头陀，开创竹林禅派。

公元 1302 年

文才卒，年六十二。其曾隐居成纪（治在今甘肃天水），人称“松堂和尚”。元世祖诏命住持白马寺，号“释源宗主”，元成宗于五台山建万圣佑国寺，经帝师迦罗斯巴推荐，诏为开山第一代住持，并铸金印，署为“真觉国师”。一生以“大弘清凉之道”为己任，著有《华严悬谈详略》5 卷、《肇论略疏》3 卷、《惠灯集》2 卷。弟子有大林了性和幻堂宝严等。

公元 1306 年

元成宗“罢江南白云宗都僧录司，汰其民归州县，僧归各寺，田悉输租”。

公元 1307 年

泰国孟莱王约于此年在靠近清迈的南奔建库达寺（Wat Kukut）。孟莱王派以应达班（Yingdabanyo）为首的一批比丘到斯里兰卡深造。这批比丘回国后，建立了莲花塘寺（Wabayobo），持阿兰若律（林居派的戒律）。这就是直到今日仍然影响很大的莲花塘寺派的发端。

公元 1308 年

上都开元寺西僧强市民薪，民诉诸留守李璧，璧方询问其由，僧已率其党持白杖突入公府，隔案引璧发，捽诸地，捶扑交下，拽之以归，闭诸空室，久乃得脱。奔诉于朝，遇赦以免。

元武宗“复立白云宗摄所，秩从二品，设官三员”。

太子赐明本“法慧”禅师号。

越南僧人竹林把祖位传给法螺，为竹林禅派第二祖。

公元 1309 年

赵孟頫奉敕撰《临济正宗碑》，把印简一系奉为临济正宗，他的传承法系被追溯到北宋的五祖法演：演传天目齐，齐传懒牛和，和传竹林宝，宝传竹林安，安传容庵海，海传中和璋，璋传印简。

公元 1310 年

定演卒，年七十四。定演为崇国隆安和尚弟子，专习华严教义，先住五台山上方寺，后继隆安住崇国寺，“日以《杂华》为讲课，训释孜孜”。元世祖赐号“佛性圆融崇教大师”。至元二十四年（1287），赐地元大都，定演与门人又建崇国寺，与其在五台山所住寺同名，成南北二寺。

公元 1311 年

日本华严宗沙门凝然在东大寺戒坛院写成《三国佛法传通缘起》。

公元 1313 年

此年开始，至延祐七年（1320）间，在纳塘寺堪布觉丹热智的主持下，收集各地经、律、密咒，校勘雕印出了藏区第一部木刻版大藏经，这就是被称为“纳塘古版”《甘珠尔》的大藏经。

越南僧人法螺奉诏到谅江永严寺，规定全国僧职，检查寺院。

公元 1314 年

普觉英辩卒，年六十八。普觉英辩从学于柏林潭，在秦州（甘肃）景福寺弘法，以研究唯识学著称，被称为无佛之世的佛。

公元 1317 年

德谦卒，年五十一。德谦俗姓杨，宁州平定（治在今甘肃宁县）人。幼年出家，初学《般若》于邠州守，习瑞应于原州忠，受幽赞于好畤仙，学《圆觉》于乾陵一，习《唯识》《俱舍》于陕州政，听《首楞严》《四分律》于阳夏闻。所谓“六经四论一律皆辞宏旨奥，穷三藏之蕴”。在进入元大都之前，德谦即以博学多能著称。德谦入京城后，慕名就学于万安拣坛主，专习华严教义。受拣坛主器重，在京城有一定影响，先奉诏居万宁寺（元成宗时所建），后迁崇恩寺（武宗时所建），前后十年。谥“佛护宣觉宪慈匡道大师”。

公元 1318 年

中峰明本在僧众的请求下返回天目山。当年九月，元仁宗闻天目中峰明本之道，聘之不至，制金纹袈裟赐之，号“佛慈圆照广慧禅师”，命将明本所居狮子院改名“狮子正宗禅寺”，并令赵孟頫撰写碑文。

达益巴卒，年五十三。达益巴早年从学八思巴 13 年，“凡大小乘律论及秘密部皆得乎理之所归”，后至甘肃临洮，师从绰思吉 19 年，返京城后住庆寿寺。武宗曾听其讲经，赐“弘法普济三藏”之号，并“敕王公大臣皆咨决心要”。达益巴华严学的师承不详，他应是藏传佛教僧人接受汉地佛教影响的一例。

公元 1319 年

妙文卒，年八十三。妙文依明和尚习华严教理 11 年，32 岁开始讲经，忽必烈称其为“福德僧”，诏居宝集寺。其希望以华严教理清除义学之弊，反对“株守文字”，晚年“专修念佛三昧”。

公元 1320 年

元廷因为白云宗总摄沈明仁为不法坐罪，诏籍江南冒为白云僧者为民。至此，白云宗被元王朝最终取缔。

元仁宗下诏，在全国各路建造八思巴帝师殿，以此永远纪念这位功臣。

布顿·仁钦珠受邀担任当地名刹夏鲁寺住持，逐渐形成布顿学派。

公元 1321 年

元英宗建帝师八思巴寺于京师，并且派遣使者赏赐八思巴家乡的僧人，“金二百五十两，银二千二百两，袈裟二万（件），币、帛、幡、茶各有差”。英宗还“敕建帝师殿碑”。

了性卒。了性俗姓武，早年曾从学于文才，不久周游“关陕河洛襄汉”，寻访名僧，先后从学于柏林潭、关辅怀和南阳慈。此后又至清水投文才，认为“佛法司南，其在兹矣”，承认文才在佛学上的权威地位。至大年间（1308—1311），奉诏住五台山普宁寺，为第一代住持，直至逝世。

日莲宗僧人日像在京都建立了妙显寺。这在日莲宗历史上是一件里程碑式的重要事件，自此以日像一派为主的日莲宗在京都获得了合法地位，先后建立了妙满寺、妙觉寺和立本寺。

公元 1322 年

云岩志德卒，年八十八。志德从真定龙兴寺法照学习唯识，至元二十五年（1288）被选为讲主，除了讲《唯识》等疏外，兼讲《法华》，号“佛光大师”。

《碛砂藏》全藏刻成。此藏于宋理宗绍定四年（1231）在平江府碛砂延圣院开雕，后历经战乱，雕刻事业中断近 30 年，部分经版也被毁。元大德元年（1297），延圣院恢复续刻。次年，恢复了大藏经局，组织比宋代还要完备。共收佛典 1532 部 6362 卷，分作 591 函。

布顿·仁钦珠完成《善逝教法源流宝藏》一书，又名《布顿佛教史》。

公元 1323 年

中峰明本卒，年六十一。中峰明本常年过着草栖浪宿、游方结庵的弘教传禅生活，批判公案诠释学，努力复兴看话禅，倡导禅净合一，主张密、教、禅、律四宗并存，是元代中期江南最著名的禅师。惠宗追谥“普应国师”号。

公元 1324 年

元朝廷命令绘制八思巴画像颁发各行省，为之塑像。

萨迦政权的统治者达尼钦布桑布贝去世，其子贡噶洛智坚赞贝桑布将自己众多的兄弟分为四个拉章（府邸），分享萨迦乃至整个西藏的政教权力。

玉岗蒙润著卒，年五十。俗姓顾，浙江海盐人，曾先后住持过演福寺、下天竺寺等。著有《四教仪集注》。

公元 1324—1327 年

印度那烂陀寺僧指空来华，在汉地巡行，受到元顺帝及太子的款待。指空又曾至云南、贵州等处传教，并于 1327 年至高丽，住金刚山法起道场弘法，后被元帝召回，顺帝皇后及太子迎入延华阁请问佛法，甚受厚遇。后又赴高丽，于宝凤山创华藏寺。

缅甸乌那继位。其先后建立 77 座佛寺，供养来自蒲甘的阿罗汉派和阿难陀派僧侣。两派发展，人数增至数千。

公元 1325 年

西台御史李昌奏称：尝经平凉府静、会、定西等州，见西番僧佩金字圆符，络绎道途，驰骑累百，传舍至不能容，则假宿民舍，因追逐男子，奸污妇女。奉元一路，自正月至七月，往返者百八十五次，用马至八百四十余匹，较之诸王、行省之使，十多六七。

公元 1329 年

清茂卒，年六十八。清茂号金刚幢，晚称休居叟，俗姓林，温州乐清人，11 岁出家，13 岁得度，曾居天台国清寺。年十九，参横川如珙（1222—1289），深得器重。20 岁回国清寺，作《拟寒山诗》300 首。不久，如珙迁住育王山，清茂应命前往随侍六年，先后住持过平江府天平山白云禅寺、开元禅寺、饶州永福捙寺和金陵凤台山保宁禅寺等。仁宗赐号“扶宗普觉佛性禅师”，英宗也曾下诏问道。清茂比较重视拈古和颂古，著《重拈雪窦举古一百则》，以及其他颂古之作。

公元 1330 年

越南僧人法螺圆寂。竹林禅派在法螺领导期间，寺院数量、出家人数、学佛参禅气氛都增加很快，特别是陈朝帝王、贵族阶层大力维护佛教，使此禅派达到发展的顶点。

公元 1331 年

撤销行宣政院，在全国设立 16 个广教总管府，管理各地的佛教事务。

元文宗邀请噶玛噶举派黑帽系的第三世活佛让琼多杰进京传法。

公元 1332 年

十月，让琼多杰抵达北京，为新任皇帝懿璘质班及其随从大臣等众多人士灌顶讲法。

公元 1333 年

札巴僧格在楚普寺以东单独创建乃囊寺，并获得元朝王室册封之“灌顶国师”称号和赠送的一顶红色僧帽，为噶玛噶举派红帽系活佛的创立奠定了基础。

公元 1334 年

撤销广教总管府，恢复行宣政院。宣政院管理的僧官有僧录、僧正、僧纲等。

元惠宗追谥明本为“普应国师”号，《天目中峰和尚广录》30 卷也被允许编入大藏经流传。至元元年（1335），《天目中峰和尚广录》刊行，产生了很大影响。

无见先睹卒，年七十。先睹，天台人，俗姓叶，曾师事方山文宝，后到天台山华顶，一住 40 年，以善兴禅寺为基地，倡导看话禅。人们把他与中峰明本看作南方最有影响的两位禅师：“入国朝以来，能使临济之法复大振于东南者，本公（明本）及禅师而已。”关于先睹的言行，有智度等编的《无见先睹禅师语录》2 卷。

让琼多杰准备返回西藏，元顺帝赐予“遍通教法噶玛巴”之诏书、国师之印和金册等，其弟子多康人喇嘛定增桑布和蔡·格琼钦波也受封为

“司徒”，让琼多杰途经五台山、宁夏、甘肃和青海等地后抵达西藏楚普寺。

越南僧人玄光卒，年八十一。他帮竹林撰佛学教科等书，帮法螺弘扬佛法，他本人也在安子山开办学校。玄光既是竹林禅派第三祖，也是安子山门的第八代传承，还是当时著名的诗人。玄光之后，竹林禅派不再传承，又回到从前安子山门的传承。

公元 1335 年

德辉奏请重编统一的《百丈清规》，诏许。当时德辉没有发现所谓《古清规》，认为有三个流行本可取，即宗赜的《崇宁清规》、惟勉的《咸淳清规》和弌咸的《至大清规》。根据这三个本子，删繁就简，正误补缺，经大欣主持审定，分成九章十卷，题《敕修百丈清规》，于后至元年间（1335—1340）刊行。

公元 1336 年

《元官藏》雕刻完成，全称《元代官刻本大藏经》。1982 年 12 月，在云南省图书馆藏书中首度发现，现仅存 32 卷。这部官藏于元文宗至顺元年（1330）开雕，主要由专司太后事务的徽政院负责刻印。全藏至少有 651 函 6510 卷，规模仅次于《赵城金藏》，也是当时规模最大的一部官刻藏经。

八月，让琼多杰从西藏楚普寺起程进京，为皇帝、大臣们传授佛法，并兴建了一座噶玛噶举派寺院。

公元 1340 年

缅甸国王乌阇那建了 77 座佛寺，让来自蒲甘的职权罗汉派及阿难陀派的比丘居住。

公元 1341 年

元叟行端卒，年八十七。行端曾住持湖州资福寺、中天竺万寿禅寺、杭州灵隐寺、径山兴圣万寿禅寺，先后受赐“慧文正辩掸师”“佛日普照”“大护持师”等号。弟子有楚石梵琦、梦堂昙噩、古鼎祖铭、愚庵智及等。

念常卒，年六十。念常俗姓黄，世居华亭（上海松江），12 岁出家，曾从平江圆明院体志学律，元贞元年（1295）受具足戒。至大元年（1308）到杭州净慈寺随晦机元熙习禅七年，元熙迁住径山后，他留在净慈寺，又住持嘉兴祥符寺。至治三年（1323），赴燕京缮写黄金佛经，面见帝师，听讲密教教义。历时 20 年，撰成编年体通史《佛祖历代通载》22 卷。

公元 1342 年

湛堂性澄卒，年七十八。性澄从大德元年（1297）开始先后住持东天竺的兴源寺、南天竺的演福寺和上天竺寺，因说法祈禳有功而受朝廷的奖励。经努力，把已经改为禅寺的国清寺重新恢复，弟子有弘济、本无、允若、善继等。

公元 1343 年

天台学僧本无卒，年五十八。本无俗姓陈，台州黄岩人，字极元，又号我庵。13 岁出家，先后从学于蒙润、性澄。曾住持凤山崇寿、普福、延庆等寺院。著述有《楞严经集注》《山意集》等。弟子有弘道、慧隐、大始等。

公元 1344 年

笑隐大欣卒，年六十一。大欣曾住持湖州乌回寺、杭州大报国寺、中天竺、金陵大龙翔集庆寺，受赐号“广智全悟大禅师”。后至元二年（1336），加赐“释教宗主兼领五山寺”号。

公元 1346 年

北京居庸关过街塔建成。

公元 1348 年

守忠卒，年七十四。守忠，南康都昌人，俗姓黄，11 岁出家受具足戒。先后住持崇因禅寺、蒋山。曾预言图帖睦尔日后能做皇帝，并为之祈祷。天历元年（1328）秋，图帖睦尔刚即位，便遣使赐守忠“佛海普印大禅师”号，将其在金陵的潜邸改为大龙翔集庆寺，诏选守忠为开山祖师，守忠推荐大欣以代。次年春，文宗又加赐“大中大夫广慈圆悟大禅师”号，命住持蒋山和崇禧两处寺院。至顺元年（1330），守忠与大欣应诏赴京，受到文宗及皇后、太子和帝师的隆礼接见，赏赐极多。至正元年（1341），守忠告老，后仍被诏出，特别是诏令住持和修复称作“国朝江南建寺，惟此一寺为盛”的集庆寺，被视为殊荣。

公元 1349 年

夏琼寺始建，最初以噶当派寺院自居，后改宗格鲁派。由于宗喀巴早年在此剃度出家，享有“格鲁派祖寺”之誉。

多丹札巴僧格卒，嗣法弟子寻访认定转世灵童，遂形成噶玛巴·红帽系活佛世系，追认多丹札巴僧格为第一世红帽系活佛。

公元 1352 年

石屋清珙卒，年八十一。清珙，常熟人，俗姓温，20 岁出家，23 岁受具足戒。曾从高峰原妙习禅三年，后投到及庵宗信门下，被誉为“法海中透网金鳞”。他长期过隐居生活，曾在霞雾山庵居，晚年住持嘉禾当湖福源禅寺七载。死后谥“佛慈慧照禅师”。记其言行的有至柔等编的《石屋清珙禅师语录》2 卷。

公元 1353 年

丞相哈麻和其担任集贤殿学士的妹婿秃鲁帖木儿等人，把喇嘛僧送给元顺帝，教“行房中运气之术”。

大司徒·绛曲坚赞派遣扎格瓦喜饶扎西向元朝皇帝进贡，元顺帝封他为大司徒，赐予世代执掌西藏地方政权的诏册和印信。

泰国拉玛铁波底国王建造佛最胜寺（Buddhais varya）。

昭法昂在川铜（今琅勃拉邦）登基，建立南掌国（澜沧王国），逐渐统一老挝，主动从柬埔寨正式引进佛教。

公元 1354 年

大司徒·绛曲坚赞推翻了萨迦达钦法王政权，在前藏泽当（今西藏乃东县）建立了帕主第悉法王政权。

公元 1356 年

弘济卒。弘济，嘉兴余姚人，俗姓姚，字同丹，别号天岸，少年出家，二十受具，先学律，后到四明延庆寺从半山全学习天台教义，受到性澄的重视，任演福寺的首座。泰定年间，开法于圆觉寺，他一生除讲天台教义之外，重视行各种忏法，净土修行。曾有多种神异事迹，受到僧俗各界的拥戴。主要著述有《四教仪记要》《天岸外集》等。弟子有上竺道臻、超果允中、圆通有传等人。

公元 1357 年

天台学僧善继卒，年七十二。善继，浙江诸暨人，俗姓娄，字绝宗。出家后先从学于兴福寺的大山恢，后到演福寺投到性澄门下。善继住持过良渚、天竺荐福、天台能仁三处寺院，以讲天台三大部为主。元末战乱时期，以修净土念佛为主。弟子有演福如（王己）等，活跃于明初。

临济宗僧人印简卒，年五十六。印简俗姓宋，山西岚谷宁远（今山西岚县）人，自幼出家，拜中观沼为师，11 岁受具足戒，被成吉思汗赐号“寂照英悟大师”。后至燕京大庆寿寺，从学于中和璋禅师，并成为他的嗣法人。他先后应请住持过兴州（河北滦平）仁智寺、涞阳兴国寺、兴安（河北承德）永庆寺和燕京庆寿寺。印简死后，忽必烈命建塔于大庆寿寺之侧，谥“佛日圆明大师”。印简历事成吉思汗、窝阔台、贵由和蒙哥四朝，并与专管汉地事务的忽必烈保持密切关系，是汉人僧侣中权势最大的一个。

千岩元长卒，年七十四。元长为明本弟子，越之萧山人，俗姓董。17 岁随昙芳游方，习《法华经》，19 岁受具足成，到武林灵芝寺学律，曾以禅解律，受到律师称赞。泰定四年（1327），元长来到金华府伏龙山，重建已废的圣寿禅寺，弘禅授徒，声誉日隆。元长在官僚士大夫中也有一定影响，与宋濂“为方外交垂三十年”，曾被赐“佛慧圆鉴大元普济大禅师”号。元长也以诗文见长，著“《语录》若干卷，和智觉《拟寒山诗》若干首，皆刻梓行于丛林”。元长毕生倡导看话禅，重视沟通禅与密教的关系，他用禅宗的观点解释密教教义。

宗喀巴出生。

公元 1359 年

天台学僧大用必才卒，年六十八。必才俗姓屈，台州临海人，12 岁出家，曾足不出户，苦读大藏十年。先后住持杭州兴福寺，后迁演福寺，一生勤于讲经，但对净土信仰也十分重视。主要著作有天台三大部的增治助文，以及《法华》《涅槃》的讲义等。他的弟子也主要活动于杭州地区。

天台学僧允若卒，年八十。允若，浙江绍兴人，字季蘅，号浮休、若耶。少年出家，先从大山恢学天台教，后慕名到南天竺演福寺依从性澄。他对知礼的思想比较重视，精研其典籍，这在元代传承天台的僧人中是不多见的。至正年间，先后住持圆通寺、下天竺寺。允若活动在杭州地区，比较重视寺院建设。同时，他也注重与文人的交往。后亡于战乱。

摩诃波沙曼多长老等离开柬埔寨吉蔑王朝，向老挝进发。老挝国王法昂王亲自迎接，并在王宫之北，特为长老领导的僧团建筑一座佛寺，以长老之名称为“波沙曼寺”。

公元 1360 年

噶玛噶举派黑帽系第四世活佛若贝多杰抵达北京，为元顺帝等皇家成员传授“金刚亥母灌顶”以及“那若六法”等许多密法。

公元 1361 年

泰国国王拉玛铁波底进行佛教改革，派遣使节到斯里兰卡迎来斯国僧人，整顿僧伽组织。

公元 1362 年

缅甸频耶宇王（Binnyau，1353—1385）重修瑞德宫佛塔（仰光大金塔），由当时仅 9 米增至 20 多米。

泰国立泰王登位后，延请斯里兰卡高僧至素可泰弘扬佛教，整理并改革佛教。礼请斯里兰卡僧伽领袖，为自己的传戒和尚，在芒果林寺（Ambavanarama）舍身出家，过了一段出家修行的生活。这是泰国历史上第一位在位的君王在佛教中出家。

公元 1363 年

隆钦·饶降巴卒，年五十六。隆钦·饶降巴是当时藏传佛教界显、密兼通的著名人物，著有颇多经论，其中最著名的有“宁提”法类三十五种以及七大藏论，即《胜乘藏》《实相藏》《要门藏》《宗派藏》《如意藏》《句义藏》《法界藏》。隆钦饶降巴晚年还宣讲宁玛派的另一深奥大法，即“空行宁提”，为这一密法的继承和发展做出了贡献。

泰国国王拉玛铁波底建巴考寺（Wat Pakao）。

公元 1365 年

释迦坚赞继任帕主第悉法王职位。同年，元朝皇帝妥懽帖睦尔敕封他为国师，并任命其为乃东万户长。

公元 1367 年

泰国哥那王即位后，派僧人往孟族的洛坤攀（Nakon Pan），即缅甸的摩尔门（Moulmein，亦译毛淡棉），礼请斯里兰卡论师乌都盘摩诃沙瓦弥（Udumbanmahasvami）至清迈成立斯里兰卡系僧团，论师派遣他的弟子阿难陀代替他前往。

公元 1368 年

中书省奉旨，命浙之东西五府名刹住持，咸集京师，共璧天界，立善世院，以统僧众。

公元 1369 年

泰国哥那王派使至素可泰城，礼请泰僧苏摩那（Sumana）至清迈，协助建立斯里兰卡僧团。国王献出自己在清迈的花园，作弘扬佛教的寺院和阿兰若派僧团的基地，这就是现在著名的花园寺（Wat Suandok），自此斯里兰卡系的僧团在清迈获得进一步的发展。所以，人们又把苏摩纳所弘扬的佛教派别称为“花园寺派”。

泰国清迈派出一个 700 僧人组成的使团到景栋布教，后又从景栋来到西双版纳。

公元 1370 年

明太祖命慧昙出使西域。

善学卒。善学是元末倡天台与华严融合的代表人物，号古庭，曾从宝觉简习澄观的《大疏钞》，以及《圆觉》《楞严》《起信》等，常住阳山大慈寺。善学没有华严方面的专著，但有《法华问答》《法华随品赞》《辨正教门关键录》等著述。

大同卒。其先后住持萧山净土寺，景德寺，嘉禾东塔寺，绍兴宝林寺等，终生弘传华严宗。元至正年（1341—1368）初，受赐“佛心慈济妙辨”之号。明太祖曾请其参加钟山无遮大会，著作有《天柱稿》《宝林类编》，嗣法弟子有皋亭善现、高丽若兰、景德仁静、姜山明善、延寿师颢、南塔国琛、福城大慧、景福性湛、妙相道儞、法云道悦、净土梵翱、宝林日益等。

明太祖诏僧人赴金陵天界寺，其赴诏尊宿 30 余员，出元叟之门者占三分之一。

楚石梵琦卒。梵琦元末在江浙一带住持过六处寺院，著有《北游集》《凤山集》《西斋集》等。明末被称为明代的第一流宗师。

公元 1371 年

慧昙卒。慧昙，天台人，俗姓杨，16 岁出家，曾习律学、天台宗教义。后来到杭州中竺求学于大欣，并随其迁住金陵大龙翔集庆寺。住持过牛头山，并得到元文宗的召见。元帝师授他“清觉妙辩”之号。朱元璋占领金陵后，慧昙到军营中谒见，受命住持蒋山太平兴国寺，一年后，迁住大天界寺。每当明太祖举办法会，慧昙总是登台说法。洪武元年（1368），善事院成立，他受命“统诸山释教事”。洪武三年（1370），奉命出使西域诸国，是明代首批出使僧团。洪武四年（1371），卒于今斯里兰卡。以后，宗泐出使西域，把他的遗衣带回金陵，葬于雨花台。

泰国哥那王在清迈修建瓦孙诺佛寺，后来这一佛寺成为“摆孙”派的发源地。

公元 1372 年

明太祖朱元璋在西藏设立乌斯藏指挥司，封帕主第悉法王释迦坚赞为大司徒、靖国公、灌顶国师，并赐给他执掌全藏权力的诏册和羊脂玉印。

明太祖朱元璋敕令四方名僧会集于南京蒋山寺点校藏经，随后开始刻雕。洪武二十四年（1391）全藏基本完成，此后又将各宗的重要典籍，尤其是禅宗的一些语录编入，这就是《初刻南藏》。

公元 1373 年

诏令全国各地免费发放度牒。

无梦昙噩卒，年八十九。其撰有《新修科分六学僧传》30 卷。

帕主第悉法王释迦坚赞迎请班丹喇嘛寨吾，举行乃东大法会。

泰国清迈一僧团到西双版纳弘法。

公元 1374 年

八思巴后代公哥监藏巴藏卜入朝，被尊为帝师。

公元 1376 年

高丽慧勤禅师卒。慧勤 1348 年来华，至燕京（河北）法源寺参访西天僧指空，后南游，于杭州净慈寺参谒平山处林，得其印可。后游历补陀洛山、育王山、明州、婺州伏龙山、松江等地。恭愍王四年（1355），奉敕住京城广济禅寺，开堂说法。高丽恭愍王七年归国，在辽阳、平壤、东海等地随机说法。翌年，奉王命于三殿普说教法，敕住神光寺。后移住金刚山正阳庵、清平寺、桧岩寺等处。恭愍王二十年，受封为“王师”，并敕住东方第一道场松广寺。卒后，敕谥“禅觉”。法嗣有无觉自超、国师智泉、高峰法藏等 33 人，并有《懒翁和尚语录》1 卷传世。

公元 1377 年

明朝廷命宗泐出使西域。

明太祖诏令全国僧人讲《心经》《金刚》和《楞伽》，并命宗泐、如玘等人注释此三经颁行。

公元 1378 年

愚庵智及卒，年六十八。智及先后住持庆元路隆教禅寺、普慈寺、报恩禅寺，径山兴圣万寿禅寺等，弟子有姚广孝。

公元 1379 年

东溟慧日卒，年八十九。从至元四年（1338）开始，慧日先后住持荐福寺、下天竺寺、上天竺寺。明太祖曾问以“升济沉冥之道”，被尊为“白眉大师”。

公元 1381 年

正式建立各级僧司机构。中央设僧录司，府、州、县分设僧纲司、僧正司和僧会司，由此构成了自上而下的严密的佛教管理体系；同时规定了各级僧官的名额、品阶、职权范围，以及任选标准等。

万峰时蔚卒，年六十九。时蔚，温州乐清人，俗姓金，13 岁出家，19 岁后于两浙地区游方参学。后至天台华顶见先睹，并遵其所嘱，山居隐修多年，及至先睹去世，乃慕名谒千岩元长，被元长命为“堂中第一座”。不久，到兰溪州嵩山结庵。晚年住邓蔚山圣恩禅寺。

公元 1382 年

礼部照得佛寺之设，历代分为三等，曰禅、曰讲、曰教。其禅不立文字，必见性者方是本宗；讲者务明诸经旨义，教者演佛利济之法，消一切现造之业，涤死者宿作之衍，以训世人。

普愚禅师卒，年八十二。普愚是高丽末期的著名僧人，13 岁出家，19 岁时开始独自参究“万法归一”的话头，26 岁时通过了华严选。1333 年，专心精进 7 天，最终达到了寤寐一如的境界。曾前往中国参学，得到石屋清珙的认可，并将临济正脉传入韩国，大大振兴了高丽后期的佛教，于 1371 年被封为国师，著有《太古集》等书。卒后谥“圆证”。

公元 1384 年

明朝廷命僧光及其弟子惠辩等出使尼泊尔。

公元 1386 年

敕天下寺院有田粮者设砧基道人，一应差役，不许僧应。

恕中无愠卒，年七十八。无愠先后住持象山灵岩广福禅寺和台州瑞岩净土禅寺。设三句勘禅流，不合即逐出，当时谓之“瑞岩三关”。著《山庵杂录》2卷。

日本室町幕府将军足利义满正式确立了临济宗的五山十刹制度。

公元1387年

龟山天皇的皇孙尊观法亲王就任游行派的第十二代他阿游行上人，时宗的官僧色彩更加浓厚。

公元1388年

朱元璋封札巴坚赞王爵，并赐金印。

公元1391年

明太祖颁布《申明佛教榜册》。

明太祖规定男子出家限定四十岁以上，女子五十岁以上。

季昙宗泐卒，年七十三。其在浙江一带住持过多处寺院，曾住持天界寺，管理全国佛教事务。作《赞佛乐章》八曲，参与笺注《心经》《金刚》和《楞珈》三经。洪武十年（1377），继慧昙之后奉诏出使西域，往返十有四万余程。洪武十五年（1382）归国，带回《庄严宝王》《文殊》《真空名义》等经。回国后仍住天界寺，并常入大内，开襟论道。有《全室外集》9卷。

公元1394年

明太祖诏令：凡住持并一切散僧，敢有交结官府，悦俗为朋者，治以重罪。发布榜文：僧有妻者，许诸人捶辱之，更索取钞钱；如无钞者，打死勿论。

大德寺派僧人一休宗纯出生。一休是日本佛教史上著名的传奇人物，江户时代就出现了关于他的传奇故事集《一休咄》。

公元1395年

斯里兰卡国王维阇罗巴忽二世在位，僧王达摩揭谛二世主持召开佛教教团会议，上座部佛教再次出现新局面。

公元 1398 年

明太祖诏令："着江东驿、江淮驿两处，盖两座接待寺，着南北游方僧道，往来便当。"

公元 14 世纪

纳塘寺堪布觉丹日贝热智及其弟子卫巴洛赛绛曲益西等高僧，将当时流行于藏族地区的藏文佛经收集起来，进行整理、编目，最后编订为《甘珠尔》和《丹珠尔》。这就是纳塘版藏文大藏经的最初版本。

寂密大约活动在 14—15 世纪。他是印度最后一位获得大成就的佛教瑜伽师。寂密的求法、弘法经历，以及广泛流传的种种神通，使他成为印度佛教史上黑暗时期硕果仅存的导师，时人尊称他为"吉祥有情怙主"。

公元 1402 年

宗喀巴在阿底峡尊者所著《菩提道炬论》的基础上，撰写了《菩提道次第广论》。

公元 1403 年

明成祖派遣中官侯显入藏，迎请噶举派黑帽支脉的转世活佛哈立麻到京城。

呆庵普庄卒，年五十七。洪武十一年（1378）普庄奉诏入天界寺，此后历住抚州北禅寺、云居山和浙江径山寺。

公元 1405 年

朝鲜僧人自超卒，年七十九。自超 18 岁出家，后至元朝求法，遇懒翁慧勤相遇，深得慧勤器重。1356 年夏回国。李朝太祖即位后，对新王朝卜地定都起了相当大的作用。自超倡儒佛一致说，在排佛运动大规模来临之前有一定意义。

公元 1406 年

加封札巴坚赞为"灌顶国师阐化王"，赐予诏书和玉印。

宗喀巴著述完成《密宗道次第广论》。

噶玛噶举黑帽系第五世活佛德银协巴到达南京，被明成祖封为“万行具足十方最胜圆觉妙智慧善普应佑国演教如来大宝法王西天大善自在佛领天下释教”，简称“大宝法王”。“大宝法王”这一称呼从德银协巴开始成为历代噶玛噶举黑帽系活佛的汉文专用封号。

法天无极卒，年六十四。无极常讲《华严》和《法华》，倡导“以宗印心，以教化人”。洪武十六年（1383），率僧众到金陵见朱元璋，盛赞其统一事业。后返回大理，徒众数百，嗣法者40余人。著《法华注解》7卷。

公元1409年

宗喀巴在拉萨大昭寺首次成功举办声势浩大的祈愿大法会，并在卓日沃齐山创建甘丹尊胜洲道场（今西藏自治区拉萨市达孜县境内），简称“甘丹寺”，以甘丹寺为中心建立了格鲁派。

公元1410年

明政府根据纳塘古版大藏经在南京刻印《甘珠尔》部，称“永乐版藏文《大藏经》”。

约公元1412—1419年

明成祖组织开始雕刻《永乐南藏》。又名《再刻南藏》，雕版工作在天禧寺旧址上重建的大报恩寺内进行。全藏636函，千字文编次天字至石字，1610部6331卷。

公元1413年

明成祖召见萨迦派昆泽思巴，并封“万行圆融妙法最胜正如慧智弘慈广济护国演教正觉大乘法王西天上善金刚普应大光明佛领天下释教”。

公元1414年

宗喀巴派弟子释伽智到京城朝见，成祖赐“大慈法王”称号。释伽智返回西藏后，创建色拉寺，是拉萨三大寺之一。释伽智后重返京城，任成祖、宣宗两代国师。

公元 1416 年

宗喀巴大师命弟子降央却杰在拉萨西郊修建哲蚌寺。

公元 1418 年

明成祖命榜谕天下：今后愿为僧道者，府不过四十人，州不过三十人，县不过二十人；限年十四以上，二十以下，父母皆允，方许陈告；有司行邻里保勘无碍，然后得投寺观，从师受业，俟五年后，诸经习熟，然后赴僧录、道录司考试，果谙经典，始立法名，给予度牒。不通者罢还为民。若童子与父母不愿，及有祖父母、父母无他子孙侍养者，皆不许出家。

斯道道衍卒，年八十四。道衍即姚广孝，曾随智及在“径山习禅学”，后来宗泐看到他的“赋诗怀古”，明白这些不是“释子语”，遂很明智地将他推荐给朱棣。后来道衍扶助朱棣起兵打败明惠帝，夺得皇位，因此明成祖朱棣对佛教比较偏爱，道衍本人终身为僧，被列入禅宗系谱；同时他也是世俗官僚。

宗喀巴的弟子强钦却杰在拉萨北郊修建色拉寺。

公元 1419 年

宗喀巴在甘丹寺圆寂，年六十三。嘉曹杰·达玛仁钦继任宗喀巴大师的法座，成为第二任甘丹寺“赤巴”。

公元 1420 年

山东青州地区尼僧唐赛儿打着佛教旗号起义，自称佛母，精通法术，组织起数万起义军。虽然起义不到一个月就被镇压，但唐赛儿未被擒捕，明廷仍然惶恐不安。明成祖恐唐赛儿混入尼僧之中，下令尽逮北京、山东境内的出家女性来京审问，而后又下令尽逮全国的尼僧及道姑，先后有几万人。最后发展到命令所有尼姑都还俗。

日莲宗的部分中小寺院向下总国（千叶县）的中山法华经寺递交了“归伏状”，自愿成为后者的末寺。

公元 1421 年

《永乐北藏》开始在北京雕造。正统五年（1440）雕造完成。全藏 636 函，千字文编次天字至石字，1621 部 6361 卷。初刻本告成之后，藏在京城，一直作为官赐藏经，由朝廷印刷，下赐各地寺院。

公元 1422 年

泰国大城两位比丘，一名梵牟尼，另一名苏摩，与七位清迈比丘及一位柬埔寨比丘，同赴斯里兰卡重新受戒。后来返国，请斯里兰卡的摩诃毗羯摩婆诃及优多摩般若两位比丘同行，先抵达大城，逐渐发展成立斯里兰卡系的僧团，严持戒律。

公元 1424 年

朝鲜大司宪河演上书，要求削弱寺院的经济实力，同时也希望通过罢试选和废僧录司来切断佛教和政治的联系。

泰国兰那的长老法深长老、作慧长老、祥智长老等 7 位高僧率领 18 名和尚到斯里兰卡研习楞伽宗佛经。1430 年他们返国时，又邀请斯里兰卡僧侣英腕比丘和上慧比丘一同到兰那。

公元 1426 年

林宝到达藏地。在拉萨、雅隆停留一段时间后，又返回尼泊尔，修习胜乐灌顶法，后被藏人迎请至江孜、拉萨、贡嘎、哲塘、桑普故塘等地传授瑜伽六支教法、文殊曼荼罗灌顶、时轮圆满灌顶等金刚乘了义法。林宝被其弟子廓诺·迅鲁伯称为最后一位班智达。在《丹珠尔》中收录了他撰著、翻译的著作有四十余种。从法系上来讲，他被置于无畏、那耶劫巴、吉祥十力、吉祥贤、游戏金刚、法护、宝源、莲花金刚等一系。迅鲁伯在《青史》中为其立传，称他为晚期来藏地的最著名的印度班智达。

宗喀巴弟子杰尊·喜热桑格携同根敦珠巴前往后藏地区，开讲格鲁派显宗教法。此后又命他的弟子杜拿巴·班丹桑布在后藏赛甘丹颇章建立密宗学院，从而产生“赛居密法传承”。

公元 1428 年

朵丹·绛白嘉措卒，年七十三。他是唯一获得宗喀巴显密要义及《幻化经卷》的亲传弟子，成为推演宗喀巴密宗耳传法脉的第一人，他建立了格鲁派温萨耳传密法系，成为格鲁派主要密宗法脉传承之一。

越南黎利建立黎朝。黎朝建立之后，在经济、政治、文化、军事、外交等方面都得到大步发展。在文化思想方面黎朝不想重复陈朝以佛教为思想体系，而用儒教思想来治理国家，史称“儒教独尊”时期。

公元 1429 年

萨迦派俄钦·贡噶桑布在后藏纳塘寺西南创建艾旺却丹寺（简称“艾旺寺”），以此寺为中心，传授萨迦派密法，建立了俄系密法传承。

黎太祖对僧、道举行考试，“中试者听为僧、道，不中者勒令还俗”。

两位斯里兰卡比丘室利萨达楞枷罗及信哈罗摩诃萨弥，带着佛舍利 5 粒，至缅甸弘扬佛法，但是庇古国王不让他们居留，而送至阇耶。阿瓦国王知道后，派 40 只船亲迎他们至可瓦弘法。次年，阿瓦国王建阿尼劫宾陀塔供奉佛舍利，又建乌摩伽寺供养这两位比丘。

公元 1431 年

克珠杰升登宗喀巴宗师的狮子宝座，成为甘丹寺第三任法台。后来。格鲁派在建立班禅活佛系统时，又将克珠杰追认为第一世班禅额尔德尼。

公元 1432 年

道成卒，年八十一。道成十五岁在保定兴国寺出家，后就学于灵岩寺少室文泰的弟子灵岩洁。先后受到三帝（明太祖、成祖和宣宗）的重视，在政治上有一定作用，但在禅学上并无建树，也没有促进曹洞宗的进一步兴盛。

公元 1433 年

己和卒，年五十八。己和著有《涵虚堂语录》《圆光疏》《般若五家说证》《显正论》等。其《显正论》脱胎于宋契嵩的《辅教篇》，其禅学思想也是源自永嘉玄觉的《永嘉集》《证道歌》，其思想创新虽不多，但在李朝排佛的特殊背景下仍然具有相应的历史地位和时代意义。门下有文秀、学眉、达明、智生、海修、道然、允悟、允澄、洪预等弟子，他们在当时都有一定的影响力。

公元 1434 年

宗喀巴弟子释迦益西再次进京，被明宣宗册封为“万行妙明真如上胜清静般若弘照普慧辅国显教至善大慈法王西天正觉如来大圆通佛”。

公元 1435 年

释迦益西辞归，在青海佐摩喀去世，年八十二。明朝政府下令在圆寂地建寺纪念，赐寺名“弘化寺”。

公元 1436 年

慧进卒，年八十二。其究通华严宗旨，傍达《唯识》《百法》诸论，并精通《楞严经》。先后住持南京天界寺、北京海印寺，得到太宗、仁宗和宣宗的推崇，在组织编校《大藏经》及佛教工具书方面做了较多工作。

荣敦·玛威僧格在拉萨以北的潘域创建那烂札寺，为萨迦派又开辟了一座弘法场所。

公元 1437 年

宗喀巴边远六大弟子之一的麦·喜饶桑布在昌都创建强巴林寺，成为格鲁派在康区弘法的第一座寺院。

公元 1439 年

明英宗朱祁镇御用太监李童修建北京法海寺，正统八年（1443）完成，后又重修。英宗亲赐“法海禅寺”匾额。寺内壁画是明代寺院壁画的代表。

公元 1443 年

缅甸那罗波提王即位。在他统治期间，一位蒲甘车波多系的高僧雅利安温萨到达阿瓦。雅利安温萨曾从离多学习，精通三藏，著有巴利文《阿毗达摩义论》的注释《摩尼宝箧》《义卓越论》的注释《摩尼灯》；

又著《圣典资具》《本生净化》《大出离》等，是用缅文进行佛教撰述之始。

公元 1446 年

第一代德格土司扎西桑格邀请其上师唐东杰布到德格地区，遵循萨迦派教规建立一座佛学院，命名“楞珠顶曲札”。

公元 1447 年

宗喀巴弟子根敦珠巴在后藏创建扎什伦布寺，并首任寺院“赤巴”。

公元 1450 年

日本庆竺又成为东山知恩院的住持。知恩院是法然庙堂所在地，白旗派入主知恩院，标志着其占据了净土宗的主流地位。

公元 1451 年

明廷开始鬻牒，一直延续到万历年间。

公元 1455 年

萨迦派高僧达仓译师·喜饶仁钦撰写完成其代表作《时轮总义》。

泰国开始建造大菩提寺，仿效印度菩提伽耶佛塔建造，因有大小七塔，所以通称七塔寺。

公元 1458 年

世祖下令印《大藏经》50 部，谕旨于各道观察使助其费用，分藏于各道名山巨刹。

公元 1464 年

吐敦·贡噶南在前藏贡噶宗创建多杰丹寺，建立后宗系或贡噶系密法传承。

公元 1469 年

明宪宗下令，“仍禁绝妇女不许为尼”。

朝鲜睿宗制定《经国大典》，其中有关度僧之法规定："为僧者，三朔内，告禅宗或教宗，试诵经（《心经》《金刚经》），报本曹启闻，收丁钱（正布三十匹），给度牒（过三朔者，族亲邻近告官还俗，当差知而不告者，并罪。度牒借者、与者，依悬带关防牌面律论）。禅教两宗，每三年选试。禅宗则《传灯》《拈颂》，教宗则《华严经》《十地论》，各取三十人。"

公元 1474 年

居钦·贡噶顿珠正式建立拉萨上密宗院。

公元 1475 年

缅甸达摩悉提王选派 22 位上座比丘及其弟子亦二 22 人，使臣 2 位，分乘二船前往斯里兰卡，由目犍连及尸婆利两位长老分别领导。抵达斯里兰卡后，44 人都在大寺重受比丘戒。

公元 1477 年

泰国由国王护法，法授长老领导约 100 位高僧，在大菩提寺举行三藏结集，经一年而成，这是泰国历史上第一次三藏结集。自此清迈研究佛法盛行，高僧学者辈出，能用巴利文著作及注释经论，如智称著《阿毗达摩述记》《根本迦旃延（文法）述记》《戒律述记》等。在三界王之后（1487）不久，妙吉祥著《吉祥灯论》《毗输安多罗本生灯论》《铁围山灯论》《法数疏》。1495—1525 年，宝智著《胜者时鬘论》。

公元 1479 年

日本本愿寺第八代法主莲如创建山科本愿寺，晚年又建立了大阪的石山本愿寺。本愿寺教团以此二地为据点，统领全国信众，建立真宗教团。

公元 1482 年

缅甸僧人戒种著《善慧论》。他曾译《导论》及《所趣处因缘》为缅文。另一位与他齐名的青年比丘罗他沙罗，将《盘达龙本生》《象护本生》《防护童子本生》等编为诗词。

泰国怛莱洛迦王撰《大本生词》一书，叙述菩萨行布施波罗蜜的故事，现在被泰国教育部选为中学课本。

公元 1490 年

噶玛噶举派红帽系第四世活佛曲札益西在拉萨西北创建羊八井寺。竣工后，红帽系活佛的驻锡地从乃囊寺搬迁到羊八井寺，从此羊八井寺成为红帽系的主寺。

公元 1503 年

日本曹洞宗永平寺被敕许为紫衣道场，享有与临济宗五山相同的地位。

老挝兴建维苏寺，供奉佛舍利。

公元 1506 年

朝鲜中宗恭僖王即位，废僧科，以兴天寺为公庙，有儒生焚寺内舍利阁。

葡萄牙殖民主义者入侵斯里兰卡，推行基督教，打击佛教，很多寺庙被毁，僧徒被迫改宗。

公元 1507 年

日本永平寺又获得“本朝曹洞第一道场”的赐额，上升为与南禅寺相同的寺格。

公元 1516 年

噶玛噶举派黑帽系第八世活佛弥觉多杰应丽江王沐天王的邀请，到云南丽江地区，讲授噶玛噶举派教法。

公元 1517 年

第二世达赖喇嘛根敦嘉措出任哲蚌寺第十届法台。

公元 1518 年

第二世达赖喇嘛根敦嘉措主持拉萨祈愿大法会，从而恢复了格鲁派高僧主持祈愿大法会的特权。此后，帕主政权首领阿旺扎西扎巴坚赞向根敦嘉措赠送他在哲蚌寺的官邸，确立哲蚌寺第一大活佛身份。

公元 1527 年

老挝国王昭菩提萨腊下令废除信鬼习俗，摧毁一切用于祭鬼拜神的神坛庙宇，建起大量的佛塔、佛像、寺院。

公元 1532 年

八月，日本真宗信徒与日莲宗发生冲突，在武士和日莲宗信徒的猛烈进攻下，真宗山科本愿寺被付之一炬。

公元 1534 年

朝鲜智严禅师卒，年七十一。智严在教学上禅教并用，“若导初学，则先以《禅源集》《别行录》立如实知见，次以禅要语录，扫除知解之病，而指示活路也”。

公元 1535 年

袾宏出生。俗姓沈，杭州仁和人，字佛慧，别号莲池，因为常住杭州云栖寺，世称云栖大师。

大掘藏师热那林巴在前藏扎囊地方创建达杰曲林顶静修院，修习伏藏南传系教法。

公元 1536 年

天台宗和日莲宗在京都展开大战，结果以天台宗方面胜利告终。这次混战，史称“天文法华之乱”。此战彻底消灭了京都的日莲宗势力。

约于此年，日本净土真宗第十代法主证如进一步确立了“御生御免”的权力，即本愿寺法主有给予信徒往生净土的权力。

公元 1537 年

此年之后，温萨巴·洛桑顿珠在卫日顶上建造温寺，格鲁派耳传密法在后藏地区有了固定的观修场所。

公元 1540 年

缅甸阿瓦王朝有名的暴君思洪发杀害比丘，破坏佛教。

公元 1543 年

真可出生。字达观，号紫柏，俗姓沈，江苏吴江人。

公元 1546 年

德清出生。俗姓蔡，安徽全椒人。

公元 1548 年

无明慧经出生。抚州崇仁（江西崇仁县人），俗姓裴。

公元 1564 年

帕主第悉政权被噶玛政权灭亡。

公元 1565 年

朝鲜普雨禅师被诛杀。明宗七年（1552），朝廷以普雨为判禅宗事都大禅师、奉恩寺住持，深得文定王后器重。时排佛派请诛之，王不许。王后薨，台谏与太学生金忠申等连章请诛普雨，明宗命流放济州，而牧使杀之，最终成为排佛斗争的牺牲品。

公元 1566 年

圆悟出生。号密云，俗姓蒋，宜兴人。

公元 1570 年

九月，净土真宗本愿寺与织田信长之间的石山战争爆发。

公元 1573 年

法藏出生。字汉月，号于密，晚改天山，俗姓苏，无锡人。

公元 1574 年

缅甸莽应龙遣使至斯里兰卡求亲。斯里兰卡王以一养女结亲，并将佛齿送至缅甸，莽应龙斋戒沐浴后亲往巴森隆重迎接。他在位时，曾召集全国高僧和大臣，制定法律，根据《华列鲁法典》，编成《达摩他毗》及《拘僧殊》两部律典。

公元 1575 年

博山元来出生。又名大舣，字无异，俗姓沙，舒城（安徽舒城县）人。

公元 1578 年

元贤出生。字永觉，俗姓蔡，建阳（福建建阳县）人。

藏传佛教格鲁派大活佛索南嘉措与蒙古土默特部首领俺答汗会面于仰华寺，互赠尊号。索南嘉措赠俺答汗以“咱克喇瓦尔第彻辰汗”；俺答汗赠索南嘉措以“圣识一切瓦齐尔达喇达赖喇嘛”，并赠金印一方，刻有蒙文“持金刚达赖喇嘛印”，始有“达赖喇嘛”名号。

公元 1579 年

万历帝派三位大臣，颁给第三世达赖喇嘛“护国弘教禅师”封诰印信。

五月，日本织田信长策划净土宗僧人与日莲宗僧人安土城参加宗论，日莲宗被迫承认失败。

公元 1580 年

日本本愿寺显如接受了天皇的斡旋，同意撤出石山城，石山战争以织田信长一方的胜利告终。

公元 1581 年

笑岩德宝卒，年七十。其常年往来南北弘教，晚年隐居燕京柳巷，以参话头、念话头和念佛教授参学僧人。

公元 1583 年

第三世达赖喇嘛索南嘉措倡办塔尔寺祈愿大法会。

公元 1585 年

根来寺遭到丰臣秀吉大军进攻，伽蓝被焚，僧徒或被杀害或被迫逃亡，流散京都、奈良各地。

公元 1587 年

第三世达赖喇嘛索南嘉措在蒙古各部继续讲经传法，盟长皆带头皈依格鲁派。

公元 1588 年

常忠卒，年七十五。常忠，建昌人，出家之后，到嵩山参见小山宗书，并游历五台、北京等地。小山宗书住持北京宗镜寺，他“服勤三载，深得其旨”。后来他回到江西黎川廪山隐居，用佛教教义“剖决”王阳明学说的中心概念“良知”，并由之所阐发“性命之学”。常忠并不广交士大夫，曾把一些缙绅名士拒之门外。著名弟子有慧经等。

公元 1589 年

《嘉兴藏》（又名《径山方册藏》）在五台山紫霞谷妙德庵开工雕刻，由真可弟子如奇等人主持。由于五台山地区气候寒冷，不适宜刻经工作，四年后（1593），刻经工作转移到浙江杭州径山寂照庵。此后刻经时断时续。雍正元年（1723）《又续藏》编刻结束。《嘉兴藏》分为《正藏》《续藏》《又续藏》3 个部分，共 352 函，约 12610 卷，是我国古代收书最多的一部大藏经。

公元 1592 年

斯里兰卡维摩罗达摩苏里耶即位，先后两次迎请缅甸佛教长老来斯里兰卡复兴上座部佛教。

泰国纳理逊大帝在素攀东北的达拉班达鲁建造一座胜利吉祥塔，纪念在此击败 25 万缅甸大军。

公元 1599 年

智旭出生。俗姓钟，名际明，又名声，字振之，江苏吴县木渎镇人。

公元 1601 年

第四世班禅洛桑·确吉坚赞应邀担任扎什伦布寺第十六届“赤巴”（住持），遂将格鲁派密宗法脉温萨耳传系从后藏温萨静修地引入扎什伦布寺，始建密宗学院。

日本制定《高野山法度》。

越南阮演在香茶县河溪乡建天姥寺。

公元 1602 年

锡勒图固什绰尔吉领导蒙古右翼三万户译经师开始将藏文《甘珠尔》部翻译成蒙古文。

公元 1603 年

达观真可卒，年六十一。其一生没有担任过寺院住持，在兴修荒弃古寺、保护佛教的古迹文物、刻印藏经等方面成就突出。倡导全面继承佛教遗产，关注政治问题。因“妖书”事件入狱，病死狱中，为“明末四大高僧”之一。

日本东本愿寺建成。从此，本愿寺分裂为东、西两派，前者称大谷派，后者仍称本院寺派，两派势力都很强大，且尖锐对立，未能和解。

公元 1604 年

第四世达赖喇嘛云丹嘉措派遣嘉赛顿悦·却吉嘉措往安多地区兴建格鲁派寺宇，遂创建郭隆强巴林寺。

朝鲜僧人休静卒，年八十五。1592 年，日本侵略韩国（壬辰倭乱）时，休静大师毅然带领 1500 名僧兵出战，收复平壤，立下了汗马功劳。他重视坐禅见性，认为教是禅的一个过程，应该将禅与教统合在一起，且认为儒、佛、道从根本上来讲是一致的，由此开创了三教统合论。

公元 1605 年

明政府开始续刻《丹珠尔》部，称“万历版藏文《大藏经》”。

公元 1608 年

多罗那他撰写完成《印度佛教史》。

日本德川家康下令扩建京都的净土宗大本山知恩院。

公元 1610 年

佛密怙卒，约九十七岁。佛密怙为寂密弟子，生于南印度的因陀罗林伽，具有显著的那特瑜伽背景，后逐渐转变为佛教徒，受持许多佛教秘密怛特罗的灌顶，曾师事黑怙等佛教僧人。他还游学海外，到过爪哇岛，遇到过声闻乘的僧人，后由斯里兰卡、恭建那归国，复经佛陀伽耶、钵罗耶伽、阿萨姆，后于 1590 年进入西藏。多罗那他从其受瑜伽灌顶，多罗那他关于印度佛教史的记述即来自于佛密怙口传。佛密怙不仅是一位密教怛特罗师、瑜伽成就者，还是一位非常重要的佛教史家。

朝鲜僧人惟政卒，年六十七。惟政是休静上首弟子。宣祖西幸，惟政募僧数百赴顺安，并与来会的义僧组成数千人的队伍。时休静受王命总摄诸道僧兵，以年事已高荐政代之，政遂统大众随体察使柳成龙协同明朝军队作战。卒后，其上首弟子为松月堂应祥，应祥下传虚白堂明照，由此构成休静门下的泗溟派。

公元 1611 年

后藏地方官噶玛·彭措南杰在日喀则建立第悉藏巴政权。

公元 1612 年

维赛嘉措遵循第四世达赖喇嘛旨意，创建显宗学院，自任法台（住持），确定寺院名称为“格奔强巴林”，后衍生汉语“塔尔寺”之名。

公元 1613 年

神宗赐如馨紫衣、锡杖，诏命在五台山灵光永明寺举办龙华大法会，“开皇坛说戒”，受赐号“慧云律师”。

第四世班禅开始连续六年主持拉萨祈愿大法会，期间首创授予拉然巴格西学衔的制度。自第四世班禅洛桑·确吉坚赞始，班禅额尔德尼世系成为扎什伦布寺法定寺主（住持），该寺亦为历代班禅额尔德尼驻锡地。

公元 1614 年

玉林通琇出生。俗姓杨，常州江阴县（今江苏江阴市）人。

日本德川家康制造“钟铭事件”，打击佛教势力。

公元 1615 年

云栖袾宏卒，年八十一。其常住杭州云栖寺，重视清规戒律，提倡兴办法事，在提升净土法门的前提下融通禅教净律四者的关系。弟子数以千计，多为在家居士。后被奉为华严系统第二十二代祖师、莲宗第八代祖师，为“明末四大高僧”之一。

如馨卒，年七十五。其一生致力于弘扬戒律，先后住持过的寺院有三十余处，徒众累万。觉囊派多罗那他创建达旦丹却林寺。

公元 1616 年

万历皇帝遣使进藏册封第四世达赖喇嘛。

日本制定《身延山久远寺法度》。

公元 1618 年

无明慧经卒，年七十一。慧经常住建昌府寿昌寺，倡导农禅兴宗，将镢头作为禅杖，把牵犁拽地当作开示佛法，专以看话头教授参禅僧人，不主张研究经典和语录，时称“寿昌古佛”。弟子中有元镜、元来和元贤三支法系延续时间长久。

藏巴·噶玛·彭措南杰攻占前藏，彻底推翻帕主第悉法王政权，完全掌控了前后藏地区。

公元 1621 年

努尔哈赤发布上谕：任何人不得拆毁庙宇，不得在寺庙院内拴系马牛，不得在寺庙院内大小便。违反规定的要被抓起来治罪。

公元 1626 年

圆澄卒，年六十六。其先后住持过绍兴广孝寺、径山万寿寺、嘉兴福城东塔寺等，倡导禅教融合，生平不为律缚，脱略轨仪。著有《宗门或问》《慨古录》《楞严臆说》《法华意语》,《金刚三味经注解》等。

公元 1627 年

日本德川幕府制造“紫衣事件”，打击朝廷和寺院。

公元 1627—1636 年

后金建立僧录司，总管各寺庙僧人。

公元 1628 年

憨山德清卒，年八十三。德清先后住韶州南华寺、广州长春庵、衡阳灵湖万圣寺、昙华精舍、九江法云寺等处，常讲《华严玄谈》《法华》《楞严》《金刚》《起信》《唯识》等经论，主张三教融合和佛教内部各宗派的融合。德清两度入狱，一生著述甚多，被奉为“明末四大高僧”之一。

法藏著《五宗原》，阐述禅宗五家分派缘由，反对其师圆悟的“自证自悟说”。不久，圆悟的另一位弟子木陈道忞（1596—1674）撰《五宗辟》，斥责法藏。法藏弟子潭吉弘忍又写 10 卷《五宗救》维护法藏禅学，并驳斥《五宗辟》。

公元 1629 年

蒙古察哈尔部林丹汗组织有关翻译家将《甘珠尔》中尚未译成蒙文的部分进行了翻译，用金粉缮写，史称“金字蒙文大藏经”。

公元 1630 年

无异元来卒，年五十六。其历住博山能仁禅寺、福州董岩禅寺、鼓山涌泉禅寺和金陵天界寺等，以禅律并行治理丛林，禅教兼重，又盛倡净土信仰。

噶丹嘉措将隆务寺改宗为格鲁派，并在寺内创建显宗学院，亲自讲授五部大论，始传习甘丹寺强孜扎仓系教法仪轨。

宁玛派仁增·俄格旺波在前藏雅鲁藏布江北岸的金刚崖下建立“多杰扎寺”。该寺因传承伏藏北传系教法而成为其祖庭。

中国僧人拙拙禅师带领弟子到达越南南朝。

公元 1631 年

晦台元镜卒，年五十五。其曾住宝方寺和寿昌寺，泰昌元年（1620），于武夷石屏山建一枝庵，开堂说法，徒众很多，被称为“武夷第一代禅祖”。著名弟子是觉浪道盛。

公元 1632 年

皇太极召集诸位贝勒、大臣和军士，宣布上谕说：“不准毁坏庙宇，禁止侵犯庙中为祭祀所设的一切对象，违者处死。不得扰害寺庙内的僧众，不许掠夺僧人的财物，可以记载僧众的数目来报告。如果人、畜逃到寺庙中，可以俘获。军队不能驻扎在寺庙中。”

皇太极规定对于通晓经典义理、恪守清规的申请出家者，发给度牒，并收取一定的费用。

日本将军德川家光命令全国各宗派的本山制定“本末帐”，准确统计各宗的所有本寺和末寺，造册后呈交幕府。

公元 1633 年

中国僧人拙拙禅师离开南朝到北朝。拙拙跟其弟子明行、明良等把临济禅在北朝弘扬，使竹林禅派得到复兴。

公元 1635 年

汉月法藏卒，年六十三。其历住常熟、苏州、杭州、无锡、嘉兴等地八处寺院，自谓得心于高峰，印法于寂音。重视寺院经济建设，倡导农禅，重视看话禅。

天隐圆修卒，年六十一。圆修终生以磬山为传教基地，以弘扬临济正宗为己任，以参究话头教授禅众，创立磬山系。清初，此派著名传法宗师不多，弘禅基地有限。清代中叶以后，本派建立了数座规模较大的有影响寺院，成为禅宗中最重要的派系之一。

日本幕府设置专职官员“寺社奉行”。奉行主要负责幕府与寺院、神社的沟通，即向寺社下达幕府的命令，上呈寺社对幕府的申请。

幕府颁布了《锁国令》，禁止外国人进入日本，同时明令禁止基督教活动。其中规定“寺请”，要求寺院出具书面证明来证明某人是佛教徒而不是基督徒。

公元 1636 年

皇太极下令修建实胜寺。崇德三年（明崇祯十一年，1638）八月，实胜寺建成。该寺大殿有五楹，东西庑各有三楹，前天王殿三楹，外山门三楹。至于僧寮、禅宝、厨舍、钟鼓音乐之类，皇太极都为实胜寺配备好。该寺成为东北地区著名的藏传佛教寺院。

大惠卒，年七十三。大惠，浙江仁和人，俗姓郜，字灵源，他在未出家之前就到处寻访名僧，研究法相唯识学。57 岁出家之后，在北京、苏州、杭州等地讲《唯识》十几年。寂于杭州昭庆寺。著有《唯识自考录》《唯识证义》等。

公元 1637 年

岛原之乱爆发并被残酷镇压，幕府开始在日本全国强行推广寺请制度。

宽永寺天海在第三代将军德川家光的赞助下开版印刷大藏经，整个工程历时 12 年，于庆安元年（1648）完成了日本第一部刊本大藏经。

公元 1638 年

圆悟著成《辟妄救略说》10 卷，对法藏、弘忍师徒进行总结性批判。

公元 1639 年

仁增·俄格旺波卒，年六十。其嗣法弟子寻访转世灵童，正式创立“仁增钦摩·多杰扎”活佛世系，并追溯仁增果丹·俄珠坚赞为第一世活佛、仁增勒丹·都觉多杰为第二世活佛、仁增·俄格旺波为第三世活佛。

日本净土真宗西本愿寺派在本山设立了学簧，鼓励开展宗学研究。

咱雅班智达回到俄国卡尔梅克，积极传播藏传佛教。

公元 1640 年

后金规定，新出家的僧人要交纳银两到户部，户部经过查收，然后发给度牒。

厄鲁特部和喀尔喀部王公在蒙古塔尔巴哈台（今塔城）召开大联盟

会，制定了《卫拉特法典》，规定藏传佛教作为蒙古各部信仰的唯一宗教，不准信奉其他任何形式的宗教。

公元 1641 年

瑞白明雪卒，年七十八。明雪在圆澄逝世后继住云门，一生住持九处寺院。得法弟子 30 余人。

公元 1642 年

密云圆悟卒，年七十七。其先后住持过常州龙池山禹门禅院、天台山通玄禅寺、福州黄檗山万福禅寺等六处寺院。倡导钻研公案，并以棒打启悟著名。剃度弟子 200 余，嗣法弟子 12 人。著有《辟妄救略说》10 卷批评弟子法藏。

漠西蒙古厄鲁特部固始汗推翻了第悉藏巴汗政权，并在第五世达赖喇嘛驻锡地哲蚌寺建立了蒙藏联合的噶丹颇章政权。此后，格鲁派对其他藏传佛教宗派行使领导权，因而不少宗派自愿或不自愿地改宗格鲁派。从此格鲁派迅速成为藏族地区势力最强大、影响最深远的一大宗派。

公元 1644 年

清朝统治者着手建立保甲制度。发给寺院印牌，以稽查僧人的出入。

噶玛噶举派黑帽系活佛第十世噶玛巴·却央多杰前往云南丽江沐天王（土司）府避难静养，期间倡建文峰寺、福国寺、指云寺、玉峰寺、普济寺、兴化寺、达摩寺、林昭寺、普化寺、安抵寺、来运寺、兰经寺和达普寺 13 座噶玛噶举派寺院。

彦机卒，年六十四。幼从玄宾（休静弟子）出家，后至妙香山受传休静衣钵。求得心印后南游，历参诸老，所获甚多。曾住金刚山天德寺、九龙山大乘寺、香山天授庵等地，开堂讲法，广演禅、教，法誉远扬。门下付法弟子有义谌等人，构成休静门下的鞭羊派。

公元 1645 年

正月，僧人函可（1612—1660）从广东到南京，刷印藏经。其间将耳闻目睹从甲申之变起南朝臣民或遇难，或自裁等惨状，记为私史，写成《再变纪》。

宣布禁止在京城内外私自建造寺庙和佛像，如果建造必须获得礼部批准。

规定：内外寺庙、庵观，凡是有明朝旧敕的，全部上缴到礼部，不许隐藏。

朝廷禁止京城内外擅造寺庙佛像，造寺须经过礼部允许。

朝廷一改入关前的交银领牒做法，规定僧人停止缴纳度牒银。

寂光卒，年六十六。寂光继承如馨的传统，奔走各地弘律传戒，一生“临坛演戒百有余所”，“修建梵宇凡十数所”。曾在金陵宝华山组织“千华社”，重建的宝华山隆昌寺成为重要的律宗道场，寂光谥号“净智律师”。

第五世达赖喇嘛议定修建布达拉白宫。

公元 1646 年

顺治帝规定，严禁京城僧人沿街设置神像、念诵经咒、击打梆磬化缘。如果发生这种情况，负责的僧官要对当事者从重治罪。

顺治帝令：“在京的寺院和庵庙，不许僧、尼混处及闲杂俗人居住，工部和五城负责清查。僧官包庇的，一体从重治罪。”

观衡卒，年六十八。观衡，霸（今河北霸县）人，俗姓赵，18 岁游历五台山，从学于镇澄三年。离开五台山以后，游历南北各地，先后从学于达观真可、雪浪洪恩、憨山德清等人。观衡受空印和德清两人的影响较大，但并不以专弘某一派的教义为主，平生比较重视《楞严》，后常住金陵紫竹林。记录其言行的有《紫竹林颛愚和尚语录》30 卷。

公元 1647 年

朝廷规定，各府、州、县僧官的选任和充补，都由各省布政使负责。各省布政司将所保举的候选人报到礼部，礼部发公文到吏部，由吏部授职。

僧人函可拟离开南京（江宁）返回广东，出城门时，被江宁守城官兵搜出携带的《福王答阮大铖书》，其中“字失避忌”；又有《再变纪》一书，“干预时事”。顺治五年（1648），函可及徒弟法纬等四人，以犯忌讳定罪，同年四月二十八日，被发配沈阳，焚修于慈恩寺。

公元 1648 年

明方卒，年五十六。明方于明万历四十三年（1615）参学于圆澄，从明崇祯五年（1632）开始先后住持过天华寺、显圣寺、余杭的宝寿寺、龙门寺、西禅寺、雪峰寺、东塔寺、佛日寺等。明方反对派系之间的争斗，反对当时的僧众对曹洞、临济的或抑或扬。明方在弘禅的同时，注重净土信仰。

布达拉白宫部分初步建成；第五世达赖喇嘛从哲蚌寺噶丹颇章宫迁居布达拉白宫。

公元 1649 年

顺治帝要求全国各地没有“过犯”的僧人每人交纳 4 两银子，地方官发给他们每人 1 张度牒。各州、县年底将银两交到布政司，汇总到户部。颁发度牒的情况仍汇报礼部，以便查考。从前给过的度牒予以追缴。

元谧卒，年七十一。元谧字见如，一字阒然，南昌人，俗姓胡，慧经弟子。元谧接受了慧经的禅学传统，重视参究话头；对扩大丛林建设多有贡献。后继慧经住持寿昌寺 20 余年，并重建了宝方寺和本邑的龙湖禅寺。关于他的言行，有弟子道璞集的《见如元谧禅师语录》1 卷。

哲布尊丹巴赴西藏拜第五世达赖喇嘛和第四世班禅为师。

西纳·勒巴嘉措在塔尔寺建立密宗学院。

哲蚌寺高僧却藏·南杰班觉在安多奔隆扎喜塘创建一座格鲁派新寺，命名“噶丹美居林寺”，后来被简称“却藏寺”。

公元 1650 年

赞普·顿珠嘉措选择赛柯地方建造一座新寺，命名“噶丹旦曲林寺”。

此年后，缅甸最胜法译《迦旃延文法》《摄阿毗达磨义论》《论母》《界论》《双论》为缅甸文，又著《王室史》。

公元 1651 年

顺治帝鉴于很多僧人因交不起银两而逃走、迁徙，下谕礼部，规定以后僧人不用缴纳度牒银。

顺治帝命在京城按喇嘛脑木汗所请建造一座与白塔组成的藏传佛教寺院，初称白塔寺，后易名永安寺（今北京北海公园）。

在京城安定门外始建藏传佛教寺院（黄寺），作为第五世达赖喇嘛晋京朝觐时的驻锡地。

哲布尊丹巴返回故里喀尔喀部，始传扬藏传佛教格鲁派教法仪轨。

象崖性挺卒，年五十四。性挺，福洲福清人，19 岁出家，从无异元来、密云圆悟习禅，后投到海明门下，并随之入蜀。自崇祯七年（1634）起，在四川和贵州等地住持过 7 处寺院。其弟子编有《象崖挺禅师语录》7 卷。知名弟子有云腹道智（1612—1673）；道智及其门徒也主要活动在川黔一带。

荷兰传教士亚伯拉罕·罗杰里尔斯写了一本关于印度文化和仪式的书。书的末尾附上了从梵文翻译过来的两则资料。

公元 1652 年

顺治帝谕礼部："……如未领度牒，私自为僧、道、尼僧往来者……定行治罪。"

第五世达赖喇嘛应顺治帝诏迎，率西藏僧俗官员及蒙古护卫军三千余人进京朝觐。

公元 1653 年

顺治帝册封第五世达赖喇嘛。

公元 1655 年

智旭卒，年五十七，明末清初倡导全面继承佛教遗产的代表人物。智旭不分优劣地弘扬天台、禅、律、唯识、净土等教理，主张信仰一切佛、菩萨、祖师和佛教一切经典。积极推广各类赎罪法事，支持礼忏、持咒、血书、燃香等活动，把念佛、戒杀和放生等统一到求生净土的信念和实践中。被奉为"明末四大高僧"之一。

公元 1656 年

十一月辛亥，顺治帝谕礼部："朕惟治天下必先正人心，正人心必先黜邪术。儒、释、道三教并垂，皆使人为善去恶，反邪归正，遵王法而免祸患。此外乃有左道惑众，如无为、白莲、闻香等教名色，邀集结党，夜聚晓散，小者贪图财利，恣为奸淫；大者招纳亡命，阴谋不轨。无知小民被其引诱，迷罔颠狂，至死不悟。历考往代，覆辙昭然，深可痛恨。”

箬庵通问卒，年五十二。其住持过杭州南涧理安寺、镇江金山寺等，主要是以参究话头教授弟子。

苍雪读彻卒，年七十，云南呈贵人，俗姓赵，嗣法一雨通润，曾讲《华严》《楞严》于苏州。他比较重视法事仪规，合作补修《华严海印忏仪》42 卷。还著有《法华珠髻》。读彻在明清之际以诗闻名，有《南来堂集》4 卷。

公元 1657 年

顺治帝诏海会寺和尚憨璞性聪“结制万善殿”，赐“明觉禅师”号。

永觉元贤卒，年八十。其先后住持福建鼓山涌泉禅寺、泉州开元禅寺、杭州真寂禅院和剑州宝善庵。著作凡 20 种，计 100 余卷。著名嗣法弟子是为霖道霈。

公元 1659 年

玉琳通琇应诏进京。顺治帝在内廷与其谈论佛法，并赐“大觉普济禅师”号，同时赏赐紫衣、金印。

觉浪道盛卒，年六十八。从明万历四十七年（1619）起，道盛往来于闽、赣、楚、吴、越、江淮等地弘教传法 40 年，住持多处寺院。清顺治五年（1648），因著作《原道七论》中有“明太祖”字样，入狱一年。涉及佛、儒、道及时事的各类著述 100 余种，深受士大夫欢迎。得戒剃度弟子不计其数，嗣法者有 27 人。

祖心函可卒，年四十九。顺治五年，函可在金陵被捕，遭酷刑后被押送京城。不久，被流放千山（辽宁鞍山市东南），住朝阳寺。以遭谴谪的明臣为核心，建冰天诗社，凡 33 人。身边常有僧人 500—700 人，被称为佛出世。

破闇净灯卒，年五十七。净灯出家后遍参天童、磬山系的宗师，嗣法明雪之后，曾住持和修复湖州弁山、真州五台、镇江焦山、舒州古唐，以及中方三祖山乾元寺、兴国州圆通寺、安吉州东禅寺、能忍寺、妙喜寺、海印寺等十余处寺院。

公元 1660 年

顺治帝封玉琳通琇为“大觉普济能仁国师”。敕封天童弘法寺禅僧木陈道忞“弘觉禅师”号，并赐印信。

大然卒，年七十二。大然得道盛印可后，入住青原山（在今江西省吉安市）净居禅寺。主持编纂《青原山志》，刻印传世。

觉性卒，年八十六。著《禅源集图中决疑》《看话决疑》《释门丧仪抄》等。觉性门下，集中了晦隐应俊、白谷处能、翠微守初等才俊，逐渐形成了韩国佛教史上影响很大的碧岩派。

公元 1661 年

朝廷规定：“其有充僧道无度牒者，悉令为农，安插附入丁册当差。”

费隐通容卒，年六十九。通容先后住持过浙江石门的福严寺和福建黄檗山等 10 处寺院。嗣法弟子 64 人，最著名的是云门亘信和隐元隆琦。

宗宝道独卒，年五十六。道独俗姓陆，广东人，29 岁到元来处受具足戒。先后在江西庐山长庆寺、广东罗浮山华首台、福建雁湖寺、广州海幢寺传禅，海幢寺此后成为该派稳定传法基地。法嗣有祖心函可、天然函罡、木人弘赞，以及函显、函是、函全等，其中，天然函罡和祖心函可，人称粤中两个“怪杰”。

公元 1662 年

康熙帝规定社会民众如果要举办法事活动，只能在本家院子内进行，不允许当街搭建棚子，悬挂旌幡等物。僧人不得在大庭广众之中做佛事，否则，责打 20 板为民，对于没有负起责任的僧官要“革职”。

第五世达赖喇嘛门下弟子霍却杰·阿旺平措兴建甘孜寺、大金寺、杂贡萨扎西甘丹林寺、香阔觉日寺、孜仓甘丹林寺、白利寺、康玛寺、扎觉寺、桑珠寺、东郭寺、扎郭寺（又称炉霍县寿灵寺）、娘喀尼寺、年措寺（又称道孚县灵雀寺）13 座格鲁派寺院。

公元 1663 年

僧人画家弘仁卒。弘仁原名江韬，字六奇，法名弘仁，字无智，号渐江，安徽歙县人。弘仁早年专心于四书五经，曾试图走科举之路，三十余岁，功名仍无建树。明末，清军入关南下，南方文人志士奋起抗争，弘仁也参与其中。反清复明失败后，弘仁便出家为僧。弘仁的山水画取法宋元各大家，尤其深受倪瓒的影响。代表作品有《黄山松石图》《黄山天都峰图》《西岩松雪图》《晓江风便图》等。

日本万福寺落成，来自福州的隐元禅师就任首任住持，黄檗宗在日本开宗。

公元 1664 年

越南僧人水月禅师到中国湖州凤凰山（浙江省北部）参一句智教和尚（曹洞宗三十五代传承），得旨。

公元 1665 年

康熙帝规定：如果一户人家丁男不到 3 人以及年龄不到 16 岁，不能出家，否则，予以惩治。僧官知情而不举报，一同治罪，罢职还俗。

明盂卒，年六十七。从“癸未至酉亥（1643—1647）五年，度僧累千百人，秉戒者数千人，请益者万人，开悟者数十百人”。明盂注重讲经，有《语录》12 卷，《杂著》20 卷。

百愚净斯卒，年五十六。净斯南阳人，21 岁出家，次年具戒，历游江南各地，年三十二嗣法明雪，在江浙一带住持过八处寺院。关于他的言行，有智操等编的《百愚斯禅师语录》20 卷，另有诗集《蔓堂集》4 卷，方拱乾编选。

日本制定了《诸宗寺院法度》。

公元 1666 年

憨璞性聪卒，年五十七。自顺治六年（1649）开始，性聪在浙江住持多处寺院。顺治十三年（1656）应北京士绅和僧侣之请北上京城，住城南海会寺。次年，世祖到寺见性聪，请住万善殿。世祖通过与其交谈，了解江南禅宗情况。顺治十六年（1659）的《敕书》称其“戒律清严，规模淳朴”。

破山海明卒，年七十。自崇祯六年（1633）开始，30 余年间海明一直传禅于巴蜀地区，前后住持大小寺院 15 处，在佛教界和社会上产生广泛影响，前后剃度弟子印开等凡百余人，嗣法弟子 87 人。

大成卒，年五十八。明亡后大成于南岳出家，曾参博山能仁禅寺智闇，后到金陵天界寺投道盛，三年后获印可。顺治四年住持金陵栖霞寺，顺治十年（1653），率众修复建昌祖庭，竣工后任住持。弟子有楚云、兴沛等。

公元 1667 年

礼部统计，各省属于国家的大寺院 6073 处、小寺院 6409 处、民间私家建造的大寺院 8458 处、小寺院 58682 处，有僧 110292 人、尼 8615 人。

水月禅师返回越南，住在任安山望老寺。他对越南禅宗特别是北朝曹洞宗的发展起了决定性的作用。

公元 1669 年

德川幕府正式宣布取缔日莲宗中的“不受不施”派。

公元 1671 年

大智卒，年六十一。大智为明崇祯十三年（1640）进士，授翰林院检讨。明亡后于梧州（今属广西）云盖寺出家。清顺治十年（1653），到南京天界寺求学于道盛，受具足戒。先后执掌新城天峰禅寺、廪山寺、寿昌寺、南谷寺，金溪（今江西金溪县）疏山寺，南城县（今江西）资圣寺、青原山净居禅寺等。教导学僧弘扬禅与教，皆应释儒互济，以中和为本。法嗣主要有兴斧、兴贤、兴盅等。

日本铁眼道光以明《嘉兴藏》为底本开刻大藏经，于天和元年（1681），历时十年完成。这种大藏经被称为《黄檗藏》（黄檗版大藏经）。

公元 1672 年

元洁净莹卒，年六十一。自顺治十一年（1654）开始，净莹先后住持蒲圻之延寿寺、玉崖之上方、匡之凌霄、吴兴弁山、维扬平山、宁州云岩、澧州药山、越州云门、台之护国 9 处寺院。作《传灯世谱》，得到余大成等人的支持。

西方第一位巴利语研究者法国人拉诺编撰了一部巴利语与泰语的文法和辞典，不过现在已经佚失。

公元 1673 年

隐元隆琦卒，年八十二。隆琦曾应请住持黄檗山万福禅寺、崇德县福岩禅地、长乐龙泉禅寺等。顺治十一年（1654），应日本长崎僧人之请，赴日本传禅弘教，卒于日本。

画僧髡残卒，年六十二。其本姓刘，出家后名髡残，号石溪、白秃，石道人、电住道人、残道者等，湖广武陵（今湖南省常德市）人。曹洞宗觉浪道盛禅师弟子，并奉师命住持祖堂幽栖寺。髡残善画山水，亦工人物、花卉。山水画主要继承元四家传统，尤其得力于王蒙、黄公望，存世代表作有《报恩寺图》《云洞流泉图》《层岩叠壑图》和《雨洗山根图》等。

马来西亚马六甲青云亭建成。这是最早的华人庙宇，主要供奉观音。

公元 1674 年

清王朝建立了与行政建制相配套的覆盖全国的僧道官机构。京城设立僧录司，所有僧官经礼部考选，然后由吏部委任。地方上是府设僧纲、州设僧正、县设僧会。

朝廷规定：京城内外的寺院、庵庙不许容留无度牒的僧人和闲杂人等居住。

道忞卒，年七十九。其先后住持天童寺、慈溪五磊山、越州云门寺、台州广润寺、越州大能仁禅寺、湖州道场山护圣万寿寺、青州法庆寺等。顺治十六年九月应诏入京，住万善殿。顺治十七年四月下《敕书》，谓道忞“堪主法门之席，允称禅众之尊”，赐“弘觉禅师”号。自谓世祖与其“谊同师友，礼越君臣”。晚年隐栖于会稽化鹿山。

公元 1675 年

奏准：“官员该管地方有愚民自称为佛，不能查缉者，降二级调用；或不能禁止邪教，以至聚众、张旗、鸣锣者，降一级调用。如给予此辈执照，告示者革职，该管上官降一级调用，督抚罚俸一年。如愚民创建淫祠，不能查禁反给告示者，罚俸一年。”

玉林通琇卒，年六十二。通琇曾两次进京，受到清王朝的褒奖，受“大觉普济能仁国师”号。晚年住持过浙江的西天目山和江苏宜兴的国山。嗣法弟子29人，其中茆溪行森也曾得到清世祖的召见。

天溪受登卒，年六十九。受登曾住杭州天溪大觉寺弘扬天台教义，前后约30余年。著有《药师三昧行法》1卷。

德格土司在其领地白玉南杰孜组建一座正规僧院，命名“白玉南杰强曲林寺”，简称“白玉寺”。

公元1676年

康熙帝规定对于那些不领度牒的僧人、私度的僧人，处罚是杖八十，令其还俗为民。僧人使用作废的度牒，要责打四十板。对负责的僧官要“革职还俗”。

德达林巴在前藏扎囊地方创建正规寺院，命名“邬金敏珠林”寺。

缅甸佛教开始用光漆刊印三藏，即先用漆水涂在纸上，然后书写文字，再涂刷金粉，装订成有丝纹的经书。

公元1677年

康熙帝规定，京城内的寺庙不许设教聚会、男女混杂，禁止搭台演戏、举行酬神赛会。僧录司及负责的僧官要不时亲自稽查，发现有违反禁令的人，执送到礼部，将参与者和寺庙的住持一并治罪。如果僧官包庇、纵容，由礼部参处。

康熙帝上谕：“僧人的奏疏及其所译的清文、所奉谕旨的底稿，都由皇上亲自监督焚毁。”

噶丹嘉措卒，年七十一。其嗣法弟子寻访转世灵童，建立了夏日藏活佛世系，追认噶丹嘉措为第一世夏日藏活佛。

清朝僧人元韶到越南平定省，建十塔弥陀寺。他大力弘扬临济禅，创立元韶派。

公元1679年

读体卒，年七十九。读体住持宝华山30余年，律学著作有《毗尼止持会集》《毗尼作持续释》《传戒正范》等。得法弟子68人，大多数弘律传戒于各地。

公元 1680 年

今释卒，年六十七。自号舵石翁，法名初为性因，俗名金堡，字道隐、澹归。《偏行堂集》是其主要作品之一，包含为明朝死节忠臣立传、弘扬汉人民族气节等内容。

公元 1681 年

第五世达赖喇嘛派遣门下高僧筹建“甘丹松赞林寺”竣工。

今无卒，年四十九。今无，番禺人，俗姓万，16 岁随函罡出家，22 岁到千山参访函可，三年后返广州，从康熙元年（1662 年）继住广州海幢寺，习禅者“动数千指”，“开戒一十三年，所度缁白徒众一千七百余人”。今无也曾游江南，广交士大夫。

公元 1682 年

行策卒，年五十五。行策字截流，俗姓蒋，江苏宜兴人，23 岁在武林理安寺从箬庵通问出家，从学五年，又随钱塘樵石法师学习天台教义，并且共同修习法华三昧。康熙二年（1663），行策到杭州法华山结莲柎庵，专门修习净土。康熙九年（1670），居住常熟普仁院，创办莲社。行策在弘扬净土法门方面的主要工作，是制定七日念佛的实践方法，开创了清代僧俗界实践净土信仰的一种新形式。行策的著作有《金刚经疏记会编》10 卷、《宝镜三昧本义》1 卷、《劝发真信文》《起一心精进念佛七期规式》《楞严经势至圆通章》等。

第五世达赖喇嘛在布达拉宫圆寂。

公元 1683 年

铁舟行海卒，年七十五。行海以金山江天寺为主要基地，创建寺院，使该寺成为著名寺院。

北京版藏文《大藏经》在北京嵩祝寺开始刊刻。

公元 1685 年

天然函罡卒，年七十六。从崇祯十五年（1642）开始，函罡先后在海云寺、庐山栖贤寺、罗浮山华首台、广州海幢寺、丹霞山别传寺、庐山归宗寺、金陵报恩寺等8处寺院传教。其皈依者多为明末遗民，不少是全家离俗。传法弟子中知名者有数十人，多数弘教于粤赣地区。

晓庵行昱卒，年八十一。行昱在南涧参学于通问，成为其嗣法弟子。自顺治六年起，先后住持武功山灵溪、南涧两地寺院。顺治十二年（1655）之后，创建浏阳黄昙寺院。

白玛仁增始建宁玛派大僧院，命名“邬金桑丹曲林”寺，弘传以“康卓宁提”为主的大圆满法。

公元1686年

康熙二十五年令：凡僧、尼有杀其受业师的即处斩，从犯判处斩监候，秋后处决。

康熙帝在宫中设立正殿念经处，专管宫中佛教，包括佛像制造。

章嘉活佛随上师阿旺洛哲嘉措一同前往漠北蒙古地区，劝解札萨克图汗与土谢图汗之间纠纷，并取得成效。

一艘葡萄牙船在南非好望角触礁。船上有3名泰国僧人。他们是暹罗国王派往欧洲的使节。四个月后，路过此地的一艘船搭载他们到了欧洲。这是僧人首次登上非洲大陆。

公元1687年

章嘉活佛随师进京具奏，受到康熙帝嘉奖。

公元1688年

为霖道霈卒，年七十四。道霈住持鼓山禅寺14年，座下从学徒众达到5000人。其一生著述多，涉及法门广，对包括天台在内的各派典籍均取严谨的修学态度，并提倡僧众认真研习。讲解、注疏经教和刊刻流通佛籍，是其传教的重要组成部分。传法弟子是惟静道安。

章嘉活佛返回故里，担任郭隆寺第二十届法台。

哲布尊丹巴率领漠北蒙古喀尔喀部归清。

公元1689年

嘉木样·阿旺尊智所撰《宗义广论》问世。

公元 1691 年

奏准："凡官员该管地方，有奸民自称为神为佛，传布符水、经版、煽惑愚民，以致聚众、敛钱、张旗、鸣锣者，降三级调用；该管上司降一级留任；督抚罚俸九月。"

公元 1693 年

康熙帝封第一世哲布尊丹巴呼图克图为"大喇嘛"，于喀尔喀地方立为库伦，广演格鲁派教法。

康熙帝召章嘉活佛进京，驻锡法渊寺，封为札萨克达喇嘛，成为京师喇嘛中最高职衔，具体承办理藩院交办的有关藏传佛教事务。

丈雪通醉卒，年八十四。通醉曾在贵州、陕西、浙江、四川等地住持过多处寺院，特别是在成都昭觉寺时，吸引了各地不少参禅者。关于他的言行，其弟子彻纲等编有《昭觉丈雪醉禅师语录》10 卷。他的另一弟子月幢彻了在云南昆明和贵州安顺一带传禅，是通醉门下影响最大的人物。还有一个弟子懒石觉聆（1616—1694），在云南府商山禅院弘禅。

公元 1695 年

清朝僧人石镰应越南阮福周的邀请到顺化禅林寺给 3000 多名戒子授戒，其中阮福周和朝臣都参加受在家菩萨戒，他跟兴莲国师创建南朝曹洞宗。

公元 1697 年

第二世章嘉活佛奉命赴藏，向第六世达赖喇嘛代送金册金印，并参加坐床典礼。

公元 1698 年

石濂大汕卒，年七十九。顺治年间，大汕入住广州长寿寺，康熙初年，受请到越南弘法。一年后归国，著《海外纪事》3 卷。擅长绘画，尤以山水花卉著名。传法弟子有道存等。

清朝政府正式敕封哲布尊丹巴为喀尔喀部大喇嘛。

公元 1700 年

山西道御史戈源所奏："查乾隆元年至四年，僧道之无度牒者，已有三十四万余人。其私自簪剃者，恐不下数百万众。"

定庵德基卒，年六十七。德基长住宝华山，一生重视戒律研究和实践。著作有《毗尼关要》《羯磨会释》《比丘尼律本会义》《宝华山志》等。弟子有松隐真义等 38 名。

公元 1701 年

康熙帝命在多伦诺尔建造汇宗寺，派遣第二世章嘉活佛担任"多伦喇嘛庙总管喇嘛事务之札萨克喇嘛"职位，始确立他总领漠南蒙古地区藏传佛教的职权。

公元 1703 年

幕府颁布了《曹洞宗嗣法条例》。

约 1705 年

僧人画家朱耷卒，约八十岁。朱耷为明太祖朱元璋第十六子宁献王朱权后裔。后改信道教。60 岁时，朱耷开始用"八大山人"署名题诗作画。传世代表作品有《水木清华图》《荷花水鸟图》《孔雀竹石图》《孤禽图》《眠鸭图》《猫石杂卉图》《荷塘戏禽图卷》《快雪时晴图轴》《幽溪泛舟图轴》《四帧绢本浅绛山水大屏》等。朱耷对画坛影响深远，清代的"扬州八怪"、吴昌硕，近代齐白石、张大千、潘天寿、李苦禅等画家都不同程度受其影响。

公元 1707 年

僧人画家石涛卒，年六十六。石涛为明靖王赞仪十世孙，出家后，更名原济、又作元济，号石涛，又号苦瓜和尚、清湘道人、大涤子、零丁老人等。石涛一生经历曲折复杂，但出家为僧的经历对他有深刻的影响。传世作品很多，代表性的有《搜尽奇峰打草稿图卷》《山林乐事图》《清湘书画稿卷》《采石图》《庐山游览图》《细雨虬松图》等。

公元 1708 年

哲蚌寺郭芒扎仓高僧嘉木样·阿旺尊智在桑曲河流域始建拉卜楞寺。

约在此年，缅甸佛教因“着衣”问题有不同意见，形成对立的两派：一称“偏袒派”，另一称“被覆派”。两派论争的时间竟达 75 年之久。

公元 1710 年

清廷册封拉藏汗拥立的益西嘉措为第六世达赖喇嘛。

第二世章嘉活佛阿旺洛桑却丹邀请拉卜楞寺第一世嘉木样活佛阿旺尊智在郭隆寺建立密宗学院，郭隆寺遂形成为格鲁派显密兼容之大型寺院。

公元 1711 年

清朝政府在京城专门给章嘉活佛建造一座寺院；翌年，康熙帝亲书寺额“嵩祝寺”。

朝廷规定：直隶各省不许创建寺庙。僧官要不时稽查，写下保证书呈报地方官。如果故意违反规定，引起事端，依照法律治罪。

蒙古和硕特部拉藏汗颁发将小昭寺及其所属经堂等永远归属上密院的文书。小昭寺逐渐成为上密宗院的中心寺院。

公元 1712 年

100 名蒙古喇嘛和 50 名西藏喇嘛来到俄国外贝加尔湖地区传教。

公元 1713 年

康熙帝派遣钦差赴藏，照达赖喇嘛之例，封第五世班禅洛桑益西为班禅额尔德尼。

公元 1715 年

越南香海禅师卒，年八十七。他对北朝禅宗的复兴与发展做出了巨大贡献。他住持的禅净院成为当时南朝的佛教中心。到北朝后，重修扩大月堂寺，成为北朝的佛教中心。他的弟子整理他的语录成《香海禅师语录》。

公元 1717 年

漠西厄鲁特蒙古准噶尔部策妄阿拉布坦派兵突袭西藏，拉藏汗遭杀害，西藏政局又发生巨变。

公元 1718 年

准噶尔军队入侵西藏，多杰扎寺被焚毁，第四世仁增钦摩活佛遇害。多杰扎寺后又得以重建，规模虽不及从前，但依然维持伏藏北传系祖庭地位。

公元 1720 年

清朝大军迅速驱逐了扰藏的准噶尔军队。封康区理塘出世之呼毕勒罕为“弘法觉众第六世达赖喇嘛”（格桑嘉措），后改称第七世达赖喇嘛。

公元 1721 年

清朝政府废除独揽西藏地方政权的第巴（司）长官职位，设立数位噶伦官职，共同管理西藏事务。

佛庵书玉卒，年七十七。书玉住持杭州昭庆寺 38 年，使其成为稳定的弘律传戒中心，各地僧俗来此受戒者达万余人。著有《梵网经菩萨戒初津》《毗尼日用切要香乳记》《沙弥律仪要略述义》《二部僧授戒仪式》《羯磨仪式》等。

卓尼版藏文《大藏经》在安多卓尼寺开始刻印。

公元 1724 年

年羹尧在平息青海罗布藏丹津之乱中焚毁郭隆寺、赛柯寺等多座格鲁派寺院；同时，杀害郭隆寺僧众 6000 余人，使郭隆寺遭遇有史以来最大一次毁灭性灾难。

北京版藏文《大藏经》续刻《丹珠尔》。

赛柯寺、却藏寺因牵连罗布藏丹津事件被毁。

公元 1726 年

越南真源禅师卒，年八十，黎裕宗命在琼林寺和龙洞寺建寂光塔。真源是复兴竹林禅派的中心人物。

公元 1727 年

第十二代德格土司却杰·丹巴泽仁邀请噶玛噶举派第八世司徒活佛却吉琼奈主持建造一座噶举派大僧院，命名“八邦寺”，成为德格土司五大家庙之一和历代司徒活佛驻锡地。

公元 1728 年

柏亭续法卒，年八十八。在杭州一带弘《华严》50 多年，弟子有培丰、慈裔、正中、天怀等 20 余人。著述 20 余种，约达 600 卷。

清廷在西藏设驻藏大臣。

公元 1729 年

雍正帝规定：游方僧人由僧官管辖。僧纲要按季节将寺庙中僧人的情况造册，汇报地方官。如果有游方僧人及形迹可疑、为匪不法的人，僧官要禀告地方官稽查、驱逐。

第十二代德格土司·却杰丹巴泽仁始建德格印经院。

清廷向第二世敏珠尔活佛赐予大量金银，命他重建赛柯寺；同时，雍正帝赐寺额“广惠寺”。

公元 1730 年

觉囊派建立藏瓦寺。

德格版藏文《大藏经》在康区德格印经院（今四川甘孜德格县）开始刻印。纳塘新版《大藏经》《甘珠尔》部完成。纳塘新版《大藏经》以其刻工精湛、校勘优良，被誉为最佳版本。

公元 1732 年

雍正帝敕令重建郭隆寺，赐额“佑宁寺”。

泰国国王长子达摩提出家，他写出了两本佛教著作或诗集，一本名《华蔓词》，描述历游天上与地狱的情形；另一本名《难陀优波难陀（龙王）经词》。

公元 1733 年

雍正认为禅学弊端太多，禅僧腐败严重，以维护佛教和禅宗的名义，对禅宗进行了声势浩大的清算和整顿，有关内容集中反映在他编著的《御制拣魔辨异录》和《御选语录》中。

内阁奉上谕：赐玉琳通琇、茆溪行森的法孙明慧紫衣，并封“悟修禅师”号。

敕令重建却藏寺，并赐名“广济寺”。

越南如澄禅师卒，年三十八。如澄在河内创建莲宗派，此派影响很大，成为竹林禅派的后身。

缅甸僧人智愿著《摄阿毗达摩义论要解》，并为学僧讲授。他还译巴利语字典《名义灯》为缅甸文。

公元 1734 年

实贤卒，年四十九。实贤俗姓时，字思齐，号省庵，江苏常熟人，出身于儒学世家。15 岁出家，参究“念佛是谁”的话头。24 岁受具足戒。他曾长期跟随绍昙学习天台和唯识教理。曾在鄮山阿育王寺、杭州迁林寺等处讲经十余年，晚年在杭州梵天寺结“妙莲法会”，指导僧俗专修净业。著《劝发菩提心文》《净土诗》108 首，《西方发愿文注》《续往生传》《涅槃忏》等。彭际清辑有《省庵禅师语录》2 卷。净土信仰者尊他为莲宗第九祖。

第二世夏日藏阿旺·赤列嘉措在隆务寺创建密宗学院。

雍正帝按旧例正式册封章嘉活佛若贝多杰为“灌顶普善广慈大国师”。

第三世章嘉活佛奉命与果亲王允礼一起前往康区泰宁慧远寺，看望第七世达赖喇嘛。

越南《御制禅典统要继灯录》刻印。

公元 1735 年

苏州巡抚高其倬奏报，据查，江苏的灵谷寺、崇报寺、圣恩寺、白马寺、翠岩寺、北寺、瑞光寺、开元寺、宁邦寺、拈花寺、宝云寺、清凉寺、宝轮寺、天宁寺、北来寺和上方寺都是法藏一派僧人的开堂之所。这些寺院立即撤除钟板，不许说法，并且削去支派，永远不许复入祖庭。高其倬又会同海保商量，选择天童系的其他支派承接。此外，圣恩寺和白马寺查出《三峰语录》及书版。翠岩寺和清凉寺查出了《五宗救》，这些书立即被销毁。

乾隆帝发布上谕：从前法会中的僧人有先帝赏赐的御书及朱批等件的，不论字数多寡，都要恭缴，不许私藏。如果有赏赐的字迹，也按照规定“缴进”。

乾隆帝令总理事务庄亲王、果亲王等寄上谕给各省督抚，查禁《北游集》《侍香纪略》《帝王明道录》等僧人著作。

公元 1736 年

《萨迦五祖全集》刻印完成。

第三世章嘉活佛朝见新继位的乾隆皇帝，禀报西藏政教事务。乾隆帝立即命他掌管京师寺院和喇嘛，赏赐“札萨克达喇嘛”印一枚，成为京城掌印喇嘛。

公元 1737 年

第二世哲布尊丹巴呼图克图首次进京觐见乾隆皇帝，受到清廷隆重而高规格的接待。

宫中将《甘珠尔》和《丹珠尔》重新整理出版，藏文《大藏经》完成，史称乾隆修补版，又因刻于北京，称“北京版藏文《大藏经》”。

德格版藏文《大藏经》刻印完成。

越南郑江在琼林寺造大佛像，并命朝廷大臣轮流到琼林寺拜佛求“国泰民安”。

公元 1738 年

乾隆帝规定：僧人如果不到 40 岁而招收徒弟，或者招收的徒弟不只 1 人，依照违令律笞责。僧官包庇的同罪。

公元 1739 年

乾隆帝议准：民间独子不允许出家，僧官有义务严查。僧官如果没有查出，革职。

公元 1740 年

清廷封西藏贝勒颇罗鼐为郡王。

公元 1741 年

第三世章嘉呼图克图若贝多杰和噶勒丹锡勒图呼图克图洛桑·丹贝尼玛奉乾隆帝之命，开始将藏文《丹珠尔》部译成蒙文。1749 年完成。

沙俄布里亚特首座寺庙——宗果尔扎仓建成。

沙俄女皇伊丽莎白·彼德罗夫娜下诏正式承认“喇嘛教信仰”。喇嘛被列为特殊阶层，享有免除赋税的权利。

公元 1742 年

纳塘新版《大藏经》《丹珠尔》部完成。

工布查布将《佛说造像量度经》译成汉文。为了进一步规范佛像，工布查布还撰述了《造像量度经引》《佛说造像量度经解》《造像量度经续补》3 篇重要著作。

越南了观禅师卒，年六十六。他在南朝将临济宗发扬光大，并创立了了观派。

公元 1744 年

乾隆帝命将雍和宫改建为藏传佛教寺院。

公元 1747 年

拉萨密宗下院高僧俄然巴·阿旺扎西在夏琼寺筹建密宗学院。

章嘉·若贝多杰开始撰写《章嘉宗义学》。

公元 1750 年

英国人帕莱·蒂芬德勒（Padre Tieffenthaler）在德里发现了德里 - 麦卢特（Delhi - Meerut）石柱及上面残缺的文字。同年，他又发现了位于阿拉哈巴德的阿拉哈巴德—憍赏弥石柱（Allahabad - Kosam）。

斯里兰卡国王遣使抵达泰国大城，礼请泰国僧团前往斯里兰卡传授戒法。泰王命令组成一个僧团，由优波离上座领导前往，为斯里兰卡僧人传授戒法，复兴了斯里兰卡的僧伽系统。此派后来发展迅速，因由泰国传入，就被称为“暹罗宗”（Syama－vamsa，Siam School），发展至今已成为斯里兰卡僧人最多的一个宗派。

公元 1751 年

清朝政府废除郡王掌权制度，授权第七世达赖喇嘛亲政，正式建立噶厦政府，内设四噶伦职位，共同操持西藏政教事务。

朝廷颁行《西藏善后章程十三条》。

公元 1753 年

乾隆帝覆准：僧纲专门负责管理僧人，如果其管区内有为匪不法之徒，就应该随时稽查、举报。如果坐视不理、包庇隐匿，一经发现，将僧纲“严提究审”。如果僧纲纵容、包庇逆犯，则依照“知情故纵逆犯本律”，区别已遂或未遂，进行量刑、处罚。僧纲即使疏于稽查，并没有包庇逆犯，也要被追究平时约束不严的责任，“坐以不应重律”，杖八十。

公元 1754 年

朝廷通令取消官给度牒制度。

第七世达赖喇嘛在布达拉宫创建僧官学校。

公元 1757 年

七世达赖圆寂，年五十。乾隆皇帝任命第六世第穆活佛为西藏摄政王。这是西藏历史上第一位摄政王。

公元 1759 年

敕和硕庄亲王允禄选择通习梵音之人，详译全藏经中诸咒，编为《满汉蒙古西番合璧大藏全咒》。

公元 1763 年

第二世嘉木样活佛在拉卜楞寺仿后藏扎什伦布寺创建时轮学院，始研习时轮金刚及天文历算等。

缅甸孟驳王即位。在位期间封旃陀婆罗（Candovara）为国师，建国誉无比寺（Bhumikiti－atula）供养国师。

公元 1764 年

沙俄政府授予丹巴·多尔日·扎雅耶夫为“班智达堪布喇嘛”，负责管理贝加尔湖以南的所有喇嘛。

公元 1765 年

文海福聚卒，年八十。雍正十二年（1734 年）奉诏进北京，住持法源寺（原悯忠寺），并奉敕开戒坛，为法源寺第一代律师。住持宝华山 30 年，受戒学徒据说超过 10 万人。其著名弟子住持南北各处寺院的有 20 余位。他著有《南山宗统》《瑜伽补注》《瑜伽施食仪观》等。

乾隆帝谕旨班禅额尔德尼担任第八世达赖喇嘛经师。

公元 1767 年

丁观鹏完成其代表作《法界源流图》。

清廷册封第三世夏日藏活佛为“隆务呼图克图宏修妙悟国师”，并赐印鉴，确认他在该地区的政教领袖地位。

公元 1770 年

澄光寺发生火灾，所藏《华严经》80 卷版全部化为乌有。尚彦发愿，雕成新版，藏于灵觉寺旁所建之新阁。

公元 1773 年

敕以满文翻译藏经，至乾隆五十五年告成，计 2466 卷。

乾隆帝降旨，特开清字经馆，翻译刊刻满文《大藏经》。

在将蒙古文、汉文《大藏经》翻译成满文过程中，乾隆帝禁止僧人以《续藏经》的名目编辑、整理语录。

第三世夏日藏根敦·赤列热杰在隆务寺创建时轮学院，专门研习时轮金刚及天文历算。至此，隆务寺初具格鲁派显密兼容之大型寺院规格和规模。

嘉木样·贡却晋美旺波在《宗义广论》基础上，编撰完成《宗义宝鬘论》一书。

公元 1774 年

乾隆帝同意永远停止发放度牒。至此，在中国实行了一千多年的汉传佛教度牒制度彻底废除。

日本两本愿寺、专修寺、佛光寺等真宗大寺院经过合议后，向幕府申请正式使用“真宗”的名称。

公元 1775 年

乾隆帝对军机大臣等发出上谕：“朕检查各省上缴应毁的书内有《千山和尚诗本》，该书‘语多狂悖’，自然应该查缴、销毁。盛京工部侍郎兼奉天府府尹富察善随后奏请，将双峰寺所建的碑塔全部拆毁，《盛京通志》内记载的函可事迹逐一删除，《千山诗集》和《千山剩人和尚语录》等亦被列入禁毁书目。”

乾隆帝在各省上缴的应毁书籍中发现了《偏行堂集》，随即下令予以彻查禁毁。

公元 1777 年

第一世策墨林活佛阿旺慈臣担任第二任摄政王。

公元 1780 年

彭际清著《一乘决疑论》，倡导儒释融合。

第六世班禅额尔德尼至热河庆祝乾隆帝七十寿辰。乾隆帝敕谕仿照后藏扎什伦布寺形制，特建须弥福寿寺，作为第六世班禅额尔德尼在热河的行宫。

公元 1781 年

乾隆帝封第八世达赖喇嘛为“西天大善自在佛统领天下释教普通瓦赤拉怛喇达赖喇嘛”。

公元 1782 年

达天通理卒，年八十二。雍正十一年（1735）通理奉旨进入圆明园校勘藏经，对《宗镜录》比较重视。乾隆十八年（1753）奉命管理僧录司印务。曾被称为“清代中兴贤首一人”。

公元 1783 年

彭际清著《华严念佛三昧论》，运用华严学弘扬净土信仰。

关于着衣问题，缅甸国王命全国比丘沙弥，应依被覆派实行。偏袒派此后逐渐衰微，甚至无存。

公元 1784 年

1 月 15 日，英国人威廉·琼斯召集 30 名英国管理者成立孟加拉亚细亚学会，学会出版会刊——《亚细亚研究》。著名建筑师威廉·钱伯斯在第 1 期《亚细亚研究》上发表了关于佛教的论文——《马维普兰的雕刻和遗迹》。第 1 期《亚细亚研究》大获成功。700 册送到了英国，其余的送到了美国。

劳瑞耶—阿拉拉贾（Lauriya - Araraj）石柱被发现。

公元 1785 年

鲍列（Captain Polier）上尉在德里弗劳萨·考特拉（Ferozshah Kotla）发现了德里—托普拉（Delhi - Topra）石柱，并把上面的文字拓片寄给威廉·琼斯。

公元 1788 年

第二世嘉木样活佛仿照扎什伦布寺弥勒殿，在拉卜楞寺建造大金瓦殿，内供大型弥勒佛像，成为该寺标志性建筑。

朝鲜李朝正祖为海南大芚寺沙门天默等所立的休静祠书写了匾额“表忠”二字，后又遣礼官前往祭祀。

缅甸若那毗沙陀阁（Nanabhisasa - nadhaja）受封为僧王。他著有《导论新疏》《长部疏》以及其他多种经论注疏。他任僧王期间，最重要的一件事是促成国王派遣僧人去斯里兰卡，同时带去巴利文献，传“阿摩罗补罗僧派”（Amarapura - niaya）至斯里兰卡。

泰国佛教召开僧伽长老会议，僧王任主席，决定在大舍利寺（Wat Mahadhatu，为王弟所建）整理结集三藏，费时 5 月完成。参加长老及上座比丘218位，另有在家居士学者32人。已经结集完成的三藏，为作永久保存，全部用贝叶印制，加贴金粉。此三藏共有354札、分律藏80札、经藏160札、论藏61札、声明差别等53札，共贝叶3686束。又编印其他藏经及注释，分送各地佛寺，供比丘们研读。从此研究佛法风气盛行。

公元1789年

功德林第八世达察活佛担任西藏摄政王。

公元1790年

满文《大藏经》全部完成。

噶玛噶举派红帽系第十世活佛曲珠嘉措勾结尼泊尔的廓尔喀人，入侵西藏日喀则地区，将扎什伦布寺的金银财宝洗劫一空。

公元1791年

清军进藏击溃廓尔喀侵略军，曲珠嘉措畏罪自杀。乾隆皇帝下令今后禁止噶玛噶举派红帽系活佛转世，并勒令羊八井寺等红帽系寺院及其僧侣改宗格鲁派。从此，噶玛噶举派红帽系活佛在藏族地区逐渐淡出。

公元1792年

乾隆帝参照选任文武官员时抽签确定其任职地点的办法，并借驱逐侵藏廓尔喀军队及整顿西藏政务之机，谕旨设立金瓶掣签制。

公元1793年

清朝政府颁布《钦定西藏善后章程二十九条》，确定了西藏地区政教合一的制度，所有西藏地区的寺庙和喇嘛都受清廷理藩院管理。

公元1794年

4月27日，英国人威廉·琼斯在加尔各答去世。琼斯著作是西方人对东方文化科学研究的真正开始，奏响了佛教向西方传播的序曲。

公元1796年

彭际清卒，年五十七。其早年从道士习修炼之术，后信仰佛教。受

“明末四大高僧”思想影响，倡三教融合、佛教内部各派融合，并且以净土信仰为归宿。代表著作有《居士传》等。

朝鲜正祖命造《佛说大报父母恩重经》，分木、铁、石三种版本，由领议政蔡济恭书写，藏于龙珠寺。

仁岳禅师卒，年五十一。他主张儒佛会通，开创了岭南流派。现存著作有《华严私记》和《仁岳集》。

公元 1799 年

莲潭卒，年六十。其主张儒佛会通，著有《起信蛇足》《金刚虾目》《圆觉私记》《楞严私记》《玄谈私记》《大教遗忘记》《诸经会要》《拈颂着柄》《林下录诗》等。

公元 1801 年

詹姆士·赫瑞（James Hoare）上尉在孟加拉亚细亚协会的会刊《亚细亚研究》上刊出德里—托普拉石柱铭文的图片，引起学界的关注。

公元 1802 年

阿玛拉浦拉派（又称缅族派）由上缅甸传入斯里兰卡，现为斯里兰卡第二大佛教宗派。

公元 1808 年

泰国自素可泰迎请座广六米高的巨佛，至曼谷王城中心新建的善见寺供奉。

公元 1810 年

彻悟际醒卒，年七十。其先后住持广通寺、觉生寺和红螺山资福寺，接受永明延寿的影响，从以弘扬禅法为主转向以弘扬净土为主，被后世奉为莲宗第十二代祖师。

一批中国劳工到巴西短期务工，将佛教传入巴西。

公元 1814 年

巴黎的法兰西学院在欧洲学术界首次设立梵文研究专业。德·谢齐成为欧洲梵文研究的第一人。

公元 1815 年

越南明命帝重修天姥寺。

公元 1818 年

波昂大学的奥古斯特·威廉·冯·施莱格尔教授第一个在德国开设梵文和印度学研究课程。从此，德国许多大学相继设立了印度学方面的课程，开始从事相关研究。

公元 1819 年

性海觉远卒，年六十九。觉远未出家之前就热衷于学习《华严》《法华》等多种经典，40 岁才受具足戒。后投曹洞宗禅师焦山借庵门下习禅，成为其弟子。此后在随觉源学习的众多弟子中，有数十人住持名山寺院，但是他从未做过住持，只是常年应请为各地僧俗信徒讲演。著有《普明观法》1 卷、《宗镜目录》2 卷、《毕竟毗尼》2 卷、《出世上上禅》1 卷等。借庵禅师把他的遗稿刻刊，题为《拾遗集》1 卷。

第四世章嘉活佛晋升札萨克掌印大喇嘛，全权管理京城藏传佛教事务。

一队正在巡逻的英国士兵意外发现了阿旃陀石窟，引起轰动，被视为当时最重要的考古发现。此后，在西印度的诸多地区，又发现了不同形式与风格的石窟，如埃劳拉（Ellora）、纳什迦（Nasik）、卡尔勒（Karle）、帕贾（Bhaja）、朱那尔（Junnar）等。

公元 1822 年

在布达拉宫三界殊胜殿主持金瓶掣签仪式，康区理塘地方出世之灵童中签，成为首次通过金瓶掣签选定的达赖喇嘛，即第十世达赖喇嘛慈臣嘉措。

詹姆士·都德上校（Major James Todd）在古吉拉特的吉那尔（Girnar）首次发现岩刻铭文。

沙俄通过《东西伯利亚异族人管理章程》，强迫佛教徒改信基督教的情况被禁止，喇嘛的人数急剧增加。

公元 1824 年

英国传教士本杰明·克拉夫（Benjamin Clough）出版《简明巴利语文法——附丰富词汇》（*A Compendious Pali Grammar with a Copious Vocabulary in the Same Language*, *Colombo* 1824）一书，首次在英语世界用 Pali 一词。

公元 1826 年

西方第一位系统、科学地研究佛教，被称为欧洲佛教研究之父的法国学者尤金·布诺夫（E. Burnouf, 1801—1852）与德国学者拉森（Christian Lassen）合著《试论印度半岛恒河流域之圣言巴利语》一文，使巴利文及巴利文记载的佛教圣典开始引起西方学界的普遍关注。

公元 1829 年

泰国国王之弟摩诃蒙骨，法号金刚智（Vajiranana），为了改革佛教、提倡严格戒律，创立“法宗派”（Dhammayutika nikaya），而原有的多数僧团被称为“大宗派”（Mahanikaya），至此泰国僧团分成两派，流传至今。

公元 1830 年

豁然悟开卒。悟开曾住荆南显亲寺和苏州灵岩山宝藏寺，精通多种经论，以倡导净土信仰为主。著作有《莲宗九祖传略》《净土知津》《念佛百问》各 1 卷。

越南明命帝诏全国五十位高僧回京城（顺化）赐戒刀和度牒。

公元 1832 年

法国人布诺夫从德·谢齐手中接过梵文研究的接力棒。布诺夫精通梵文和巴利文，语言天赋极高，这使得他成为西方佛学研究的理想人选，而他在这个研究领域所创立的思想模式从此成为欧洲佛学观念的模式。

公元 1833 年

爱默生回到美国，开始全面介绍自己的超验主义理论，从而成为超验主义运动的核心人物。

公元 1834 年

阿拉哈巴德的石柱铭文复件由陆军少尉 T. S. 博特（T. S. Burt）在孟加拉国亚细学会杂志上刊出。两年后，巴基斯坦白沙瓦的沙巴尕黑（Shahbazgarhi）岩石铭文由法国官员科尔特（M. A. Court）发现，其时他正服务于锡克教的拉吉·辛大王（Maharaja Ranjit Singh）王国。到 1836 年，大量的岩石与石柱铭文在印度各地被发现。

公元 1837 年

7 月，普林塞刊出了 7 种石柱铭文的传真照片、语音转写，以及英文翻译。在这些铭文的开始，都有这样一句话："为上天所喜爱的 Piyadasi 王如是言曰。"（Devanampriya Piyadasi）

康宁汉姆在贝拿勒斯城外发现鹿野苑。

杨文会出生，号仁山，安徽石埭（今石台县）人。

乔治·特诺尔（George Turnour）以英文翻译并出版了斯里兰卡编年史《大史》（*Mahavamsa*）。原书有一百章，出自多人之手，乔治仅翻译了前三十八章。此书的出版不仅帮助普林塞翻译出阿育王碑铭，且对巴利文系佛教历史的研究产生积极影响，后来巴利文经典学会的创始人里斯·戴维斯即把此书视为"所有巴利学问之基础"。

公元 1838 年

詹姆士·普林塞解读并出版了诸多岩石铭文，这些铭文分别发现于吉尔那尔（Girnar）、普里（Puri Diss.）的多里（Dhauli）、奥立萨（Orissa）（1837，由列泰难特·奇多（Lieutenant Kittoe，发现）。阿育王铭刻文字的解读与阿育王身份的确认，为佛教在印度的复苏拉开了序幕。

公元 1839 年

斯里兰卡瓦拉那悉达他（Walanesidhartha）大长老创建"圣法塔学院"（Paramadharmacetiya Parivena）。

公元 1840 年

虚云出生，俗姓萧，初名古岩，字德清，别号幻游，原籍湖南湘乡，生于福建泉州。

公元 1841 年

在布达拉宫三界殊胜殿举行金瓶掣签仪式，康区噶达（泰宁）地方灵童中签，由第七世班禅额尔德尼剃度授戒，取名凯珠嘉措；翌年，迎至布达拉宫坐床即位，后成为第十一世达赖喇嘛。

公元 1842 年

4 月，奥地利人山多尔·科洛斯·乔玛病逝。乔玛是国际藏学研究的先驱，西方世界第一位藏学家。

公元 1844 年

在大昭寺释迦牟尼佛像前举行金瓶掣签仪式，结勒切地方灵童中签，后成为第六世哲布尊丹巴呼图克图。

越南嗣德帝把顺化市的一些大寺住持封为僧纲。

布诺夫出版《印度佛教史导论》。该书详细阐述了印度佛教的历史、教义和经典，这是欧洲学者首次对佛教进行的系统性的科学研究。

公元 1846 年

第四世章嘉活佛圆寂后，其嗣法弟子在安多地区寻得前辈转世之候选灵童，上报理藩院，在京城雍和宫举行金瓶掣签仪式，华热地方（今甘肃省天祝县）出世灵童中签，后成为第五世章嘉活佛洛桑·土丹达杰。

缅甸般若殊多毗陀阇者（Pannajotabhidhaja）受封为僧王，他曾译《增支部》及《增支部注》为缅文。

公元 1849 年

斯里兰卡僧人悉达多在科伦坡城南数英里的拉特马拉那市创建斯里兰卡第一所现代僧伽学校。

美国第一座华人寺庙——“北溪庙”在加州北部的玛丽斯维尔（Marysville）建成。

公元 1850 年

在大昭寺释迦牟尼佛像前举行金瓶掣签仪式，藏族尼玛之子中签，后成为第七世哲布尊丹巴呼图克图。

罗伯特·斯彭斯·哈迪出版了《东方的寺院制度》，详细叙述僧人的戒行、仪式及寺院生活、制度等，对僧传及佛经也提出了看法。哈迪在斯里兰卡生活了 23 年，精通巴利文和梵文，并深入研究佛教。

公元 1851 年

太平天国运动爆发，对江西、浙江、江苏等省寺庙进行了严重破坏。

泰国国王拉玛四世即位，对佛教进行了改革，在上座部内出现了一个要求严格遵守戒律的派别，称为“正法派”，而把传统的佛教称为“大众派”，这两派在教理上没有重大差别，只在遵守戒律方面有宽严之别。

公元 1852 年

10 月，布诺夫由梵文翻译成法语的《法华经》出版。这是第一部从梵文翻译成欧洲语言的佛学经典。

公元 1853 年

5 月，沙俄政府颁布了两个法令——《关于东西伯利亚喇嘛教僧侣条例》和《东西伯利亚僧侣定员》，规定布里亚特的扎仓数量为 34 座，喇嘛人数为 285 名。

越南嗣德帝把土地赐给天姥、妙帝、灵佑、龙光、三台、应真、圣缘等寺。

泰国国王拉玛四世命令修建统大塔，在外层建造一大塔层罩着原有的古塔，此塔装修至拉玛六世时才完成，高约 120 米，圆径 240 米，为泰国最大的佛塔。

罗伯特·斯彭斯·哈迪出版了《佛教手册》。该书的学术性很强，并且使佛教在英国被更多的人了解。

公元 1856 年

在布达拉宫举行金瓶掣签仪式，由驻藏大臣、摄政王、噶厦官员，以及拉萨三大寺代表和后藏扎什伦布寺札萨克喇嘛参加，后藏南木林宗托布加溪卡灵童中签，后成为第八世班禅额尔德尼。

来自广东省四邑地区的劳工在澳大利亚墨尔本南部建立了一座寺院，供奉的神涵盖了三教。他们的信仰体现了儒、释、道三教合一的特点。

公元 1858 年

月霞出生，名显珠，一名识悔，俗姓胡，湖北黄冈人。

谛闲出生，浙江黄岩人，俗姓朱，名古虚，号卓三。

在布达拉宫三界殊胜殿举行金瓶掣签仪式，前藏沃噶灵童中签，后成为第十二世达赖喇嘛。

公元 1862 年

印光出生，法名圣量，字印光，别号继庐行者、常惭愧僧。俗姓赵，名丹桂，字绍伊，号子任，陕西合阳（今合阳）县人。

此年，缅甸全国佛教共分为五个宗派，即阿罗汉派、郁多罗耆婆车波多派、尸婆利派、多摩陵陀派、阿难陀派。

中国南粤禅僧续行和尚南渡暹罗，在今曼谷耀华力路谷斗巷观音宫（后改为永福寺）宣讲大乘禅法，华人皈依者甚众，并受到曼谷王朝五世王朱拉隆功的赞赏和礼敬。

公元 1863 年

中国劳工将佛教传入新西兰。

公元 1864 年

悟和瑞安卒。瑞安常住北京怀柔红螺山，专修净土。曾游历南京、苏州、泰州、通州等地，向僧俗信众弘传净土信仰。

杨文会归信佛法。

贡珠·云丹嘉措编写完成巨著《诸乘总摄经教大宝藏三学善说论》，简称《知识总汇》，并在八邦寺印制木刻版问世。

拉曼达派（又称孟族派）由下缅甸传入斯里兰卡，是斯里兰卡佛教第三大宗派。

公元 1865 年

荷兰莱顿大学设立第一个梵文研究职位。这标志着佛教研究在荷兰真正开始。

公元 1866 年

杨文会创办的金陵刻经处正式启动。

却藏寺再次毁于兵燹。

郭隆寺再次毁于兵燹，寺僧锐减。后由第六世土观活佛洛桑·旺秋嘉措奉命重建，寺僧虽逐步增至 1000 余人，但寺院已元气大伤，无法与昔日的盛况相比。

公元 1868 年

3 月 13 日，日本刚刚成立不久的明治政府宣布“王政复古、诸事一新”，制定了“祭政一致”的基本国策，颁布了重新设立“神祇官”的命令，确立了神道教的国教地位，否定了佛教的官方地位。

3 月 17 日，日本政府宣布“王政复古，旧弊一洗”，勒令在神社里担任别当和社僧的僧人或者还俗，或者辞去相应职务等待政府发落。

3 月 28 日，日本政府又颁布了《神佛判然令》（《神佛分离令》）。

公元 1869 年

4 月，日本各宗在东京增上寺会谈，推举鹈饲彻定为盟主，建立了诸宗会盟。会盟代表将佛教改革当务之急的事项概括为 8 条：“王法佛法不离之论、邪教研穷毁斥之论、自宗教书研核之论、三道鼎立练磨之论、自宗旧弊一洗之论、新规学校营缮之论、各宗人材登庸之论、诸州民间教谕之论。”

公元 1870 年

1 月 3 日，日本政府颁布了《宣布大教诏》，宣称：“祭政一致，亿兆同心，明治教以宣扬惟神之大道。”在神祇官之下设立宣教师，负责“天下布教”。同年 5 月，皇宫里被供奉的佛像、佛具被移除。政府特别规定寺院不得再使用“门迹”等称号。

公元 1871 年

欧阳竟无出生，江西宜黄人，名渐，字镜湖，五十岁以后改为竟无，人称“宜黄大师”。

在大昭寺释迦牟尼佛像前举行金瓶掣签仪式，选定第七世哲布尊丹巴呼图克图之转世灵童，藏民贡却慈仁之子中签，后成为第八世哲布尊丹巴呼图克图。

阿兰卡拉佛学院在科伦坡附近的克兰尼亚市创立，有力地推动了斯里兰卡佛教发展。

受木户孝允委托，日本的岛地默雷创办《新闻杂志》。

缅甸敏东王召集 2400 位高僧，在首都曼德勒举行“第五次三藏结集”，国王为护法人。这次结集以《律藏》为中心，详细考订校对圣典原文的同异，加以改正，经过 5 个月完成。更将结集三藏文字分别镌刻在 729 块方形大理石上，竖立在曼德勒山趾一座拘他陀塔寺（Kuthodaw）里，外护以 45 座佛塔围绕。

泰国曼谷龙莲寺建成。

康宁汉姆出版《古代印度地理》（*Ancient Geography of India*），首次收集了公元前 3 世纪孔雀王朝阿育王的法令。

公元 1872 年

1 月，西本愿寺派（本愿寺派）派梅上泽融、岛地默雷、赤松连城等人到欧洲考察西方宗教制度和现状。岛地和赤松后来成为明治时代佛教界的重要人物。

4 月，明治政府颁布《自今僧侣肉食妻带蓄发可为胜手事》法令，准许僧人自由娶妻茹荤，在事实上废除了戒律。

5 月，日本一些佛教宗派联合向政府请愿，表示愿意配合政府的皇民教化政策，请求设立相应的机构“大教院”，由佛教来承担相应工作。政府同意了佛教界的请求，指令在神道教至上的原则下，佛教开展相应配合工作。

9 月，日本东本愿寺派（大谷派）的法嗣现如（大谷光莹）在石川舜台等人的陪同下赴欧洲考察，其后又访问了美国。石川是东本愿寺改革派的重镇，他回国后立刻在东本愿寺内部设立了翻译机构，系统介绍西方知识、培养人才。

京都各宗派联合创办了“京都疗病院”。

日本真宗正式正名。

公元 1873 年

1 月，日本净土宗将增上寺大殿献给大教院。增上寺是前幕府将军德川家族的菩提寺，与德川幕府有特殊的密切关系。这一举措被认为是佛教界上层向新政府效忠的表示。大殿献给大教院之后进行了全面改造，殿中须弥坛上供奉的阿弥陀佛被挪走，换成神道教信奉的天御中主神、高皇产灵神、神产灵神、天照皇大神，殿内的供具也全部被换成神道样式。此后，在增上寺内，大殿旁边又兴建了天照大神的神殿，在寺院山门前还竖起了神社特有的鸟居。

6 月 8 日，大教院举行了成立仪式。一些被任命为大教院负责人的高级僧侣身着袈裟，却采用神道教的仪式向天皇的祖先等神祇祭拜行礼。

7 月，日本净土真宗西本愿寺派（本愿寺派）僧人岛地默雷撰写了《大教院分离建白书》，建议神佛分离、解散大教院。

7 月，日本净土宗东本愿寺僧人小栗栖香顶来到中国上海，后经天津入北京，居龙泉寺，在此期间著成《护法论》一书，一年后回国。

斯里兰卡的摩诃提瓦特·昆阿奈达法师代表佛教，戴维·德·席尔瓦和 F. S. 西林曼尼代表基督教展开一场宗教大辩论，显示了佛教的殊胜与优势。同年，美国人匹布勒斯（J. M. Peebles）把这次宗教讨论的实录译成英文出版，在当时东西方宗教界产生强烈反响，这也成为斯里兰卡佛教复兴运动的转折点。

维迪奥达亚佛学院在科伦坡成立。

公元 1875 年

1 月，日本东西本愿寺、专修寺等真宗四派宣布脱离大教院。

4 月，日本政府发布公告，允许各宗各派自由选择传教方式。

5 月，日本大教院宣告解散。

7 月，日本大内青峦组织成立“明教社”，发行会刊《明教新志》，试图调和佛教与自由民权思想和国家主义思想。

11月，奥尔科特、勃拉瓦茨基和威廉·Q. 贾奇等人在纽约创立神智学会。随着时间的推移，神智学会逐渐成为一个集佛教、印度教和基督宗教神秘教义于一体的学术组织。

倓虚出生。其法号隆衔，俗名王福庭，河北宁河县（今属天津市）人。

日本宗派联盟向政府提交《诸宗寺院连名建白书》，提出“佛法国益”的说法，主张振兴佛教符合国家利益。

奥托·多恩内尔成为赫尔辛基大学首位梵文教授。他发起成立了芬兰国家博物馆和芬兰—乌戈尔学会，并且组织了赴东方的探险活动。这些探险家们的报告对西伯利亚南部和中亚的佛教情况有一些粗略的记载。

公元1876年

受东本愿寺派遣，小栗栖香顶以中国弘教使的身份与谷了然、河崎显成、仓谷哲僧、崖边贤超、日野顺正等六人赴上海，租屋建立“真宗东派本愿寺上海别院”，开始在中国的传教活动，揭开了近代日本佛教在中国“海外开教”的序幕。

在石川的选拔安排下，东本愿寺派派遣笠原研寿、南条文雄二人赴英国牛津大学留学，师从研究东方语言与宗教的大师马克斯·缪勒（Friedrich Max Muller，1823—1900年）。学成回国后，笠原不幸早逝，南条则成为日本近现代佛教学的鼻祖。在缪勒的指导下，南条为日本政府赠予英属印度政府的黄檗版大藏经编写了英文目录，即《大明三藏圣教目录》。这部目录又被称为“南条目录”，在很长一个时期都被西方学者当作研究汉译大藏经的必备工具。此外，南条还与缪勒等人合作，先后修订、注释出版了《金刚般若经》《阿弥陀经》《法华经》《楞伽经》《金光明最胜王经》等重要佛教经典的梵文本，在早期佛教文献学领域做出了重要贡献。

公元1877年

1月，日本政府宣布废除由神祇省改制而来的教部省，将相应的管理事务纳入内务省的社寺局，其后分设神社科和寺院科，事实上承认了佛教与神道教的平等地位。

日本政府通过教部省接连发布命令，准许民众在举行葬礼、选择墓地时根据自己的信仰自由选择宗教派别。而此前，政府已经明文承认神道教的葬礼仪式。这打破了江户时代“一家一寺”即一个家庭只能固定选择佛教的某宗派某寺院从事相应服务的规定。民众与佛教结成一对一依附关系的“檀家制度”遂告瓦解，对寺院经济造成很大冲击。

日本大谷派本原寺的奥村圆心开始在釜山传教。

公元 1878 年

杨文会随曾纪泽出使欧洲，赴英、法二国，在伦敦结识日本著名佛教学者南条文雄，得知日本流传佛书甚多，其中中国早已佚失的佛教经论亦有很多。

日本各宗联合在东京设立了“福田会育儿院”，全国各地设立的育儿院、孤儿院达近 30 所。

中国移民开始在夏威夷修造第一座佛寺——观音庙。

C. 普尼出版了《佛陀、孔子与老子》。这体现了意大利人试图对中国儒、释、道三教有一个全面的了解。

公元 1879 年

英国人埃德温·阿诺德《亚洲之光》出版。《亚洲之光》取得了巨大成功，再版多次，不仅被翻译为法文、德文等欧洲语言，而且被译为梵文、印地语和孟加拉语，成为印度和其他亚洲国家的佛教经典作品。该书的出版标志着 100 多年前威廉·琼斯开创的东方文化研究达到了一个辉煌的顶点。通过《亚洲之光》普通西方人第一次了解了佛陀的生平和他的教义。

公元 1880 年

大内青峦等人设立“训盲院”，是日本最早的盲人学校之一。

密特拉编著完成《比卡奈尔大王图书馆藏梵文写本目录》。

美国的勃拉瓦茨基夫人和奥尔科特上校访问斯里兰卡，并创立佛教神智学会（Buddhist Theosophical Society），旨在保存佛教传统，并通过建立佛教学校，推行佛化教育。这件事被视为斯里兰卡现代佛教复兴的发端。

美国陆军上校奥尔科特（Colonel Henry Steel Olcott）为了振兴斯里

兰卡佛教，在科伦坡创立了“佛教神智学会”（Buddhist Theosophical Society）。

公元 1881 年

来果出生，俗姓刘，名永理，字福庭，湖北黄冈人。

英国学者里斯·戴维斯于伦敦成立巴利文经典学会（The Pali Text Society），专门校订、翻译、出版南传佛教巴利语经典及相关的研究著作，后来发展成为巴利语系佛教经典与整理的核心组织。作为世界上最古老的佛教学术组织，巴利文经典学会在学术界具有重要影响力。

赫曼·奥登伯格出版了其名著《佛陀：他的生平、教义和僧团》。该书批驳了法国学者辛纳关于“佛陀是神话人物”的观点，论证历史上确有佛陀其人，成为佛教研究史上里程碑式的著作，出版后，此书已经被翻译成 8 种语言，有 107 种版本。

公元 1882 年

佛教神智学会于南印度马德拉斯（Madras）成立本部，并陆续在亚洲、欧洲等地设立分会，所分布的国家多达 60 余国，颇受知识阶级的支持。后来，又有安妮·贝森特夫人（Annie Besant，1847—?）参与其会，对印度民族主义的宣扬及印度佛教的复兴大有帮助。

密特拉完成《尼泊尔佛教梵语文献》（*Sanskrit Buddhist Literature of Nepal*），此书的完成，开启了佛教梵文文献整理与研究的新纪元，获得了学界的高度评价。

公元 1884 年

8 月，日本政府进一步废除了神佛教导职，将寺院的人事任命、内部管理等权力重新下放给各宗派。至此，佛教界基本争取回了自由传教、自我管理的权益。

韩清净出生，名克宗，字德清，法号清净，河北河间人。

南条文雄回国以后，被东京大学聘任为特别讲师，教授梵文，培养了日本最早的一批梵文学者，其中的佼佼者是高楠顺次郎（1866—1945）。高楠于 1890 年出国，在南条的推荐下也师从缪勒学习。高楠在英国留学期间即完成了《观无量寿经》的英译，编入缪勒主编的《东方圣书》系列。其后他又整理了笠原研寿的遗稿，完成了义净《南海寄归内法传》的英译注释本。高楠其后又转往德国留学，师从著名学者奥登堡（Hermann Oldenberg，1854—1920）。他在欧洲留学期间，还与当时著名的印度学家列维（Sylvain Lèvi，1863—1935）、汉学家沙畹（Edovard Chavannes，1865—1918）等人建立了学术友谊。其后，列维与高楠合作编撰了法文佛教辞书《法宝义林》。

日本的岛地默雷、赤松连城、大洲铁然、井上圆了等人组成“令知会”，发行《令知会杂志》，以“将当世文化导向文明开化的高峰”。

公元 1885 年

日本《缩印大藏经》出版完毕。此经以高丽藏为底本，宋、元、明藏为校勘本，是世界上第一部用金属活字印刷的大藏经。该经参考明代藕益智旭《阅藏知津》的分类法，分为“经、律、论、秘密、杂”5部25门，入藏文献合计1916部8534卷，装订成40帙480册的方册本。1911年，中国上海的频伽精舍曾经复刻一部，称为《频伽藏》。

日本的福田行诫、释云照等人组成“能润会”，发行《能润会杂志》，祈愿“推广佛教的真理，促成日本的文明进步和国民幸福”。该刊后改称《能润新报》，1889年又更名为《佛教》。

日本田中智学成立“立正安国会”，宣扬复古的国粹主义、民族主义。

公元 1886 年

谛闲承迹瑞定融授记付法，传持天台教观第四十三世。

日本真宗本愿寺派学生组织“反省会”，提倡佛教的伦理道德，移风易俗。翌年创办《反省杂志》，1899年改刊为综合性评论杂志，即《中央公论》。

塞德霍尔姆出版了《觉悟者佛陀和他的教义》。这是芬兰出版的第一本佛教方面的书籍。

公元 1887 年

第五世却藏活佛洛桑·土丹夏珠尼玛筹资修建复原却藏寺，并建立显宗和时轮两个学院，使中断多年的教法传承得以恢复。

普纳萨拉阿阇黎在孟加拉国成立吉大港佛教会，这是印度次大陆最早形成的具有现代形态的佛教团体。

芬兰神智学会成立。

《佛教之光》月刊在加州出版。这是美国第一份佛教期刊。

公元 1888 年

在大昭寺释迦牟尼佛像前举行金瓶掣签仪式，前藏达布地方灵童中签，后成为第九世班禅额尔德尼。

山冈铁舟（1838—1888）、鸟尾得庵（1847—1905）等人创办“大日本国教大道社”，鼓吹神道教、佛教、儒教三教一致，该社创办的《大道丛刊》，宣扬“以三教为国教、排斥基督教，乃救国根本方略”。

泰国国王王弟金刚智领导编修巴利三藏，将原先的古柬埔寨文字改为泰文字母，并参考斯里兰卡及缅甸的巴利文写本校订，然后编成 39 册，印刷 1000 部，至 1893 年完成。这是世界上巴利文三藏印刷最完整的纸装本之始（早期都为贝叶）。

公元 1889 年

太虚出生。太虚俗姓吕，乳名淦森，学名沛林（沛霖），原籍浙江石门县（民国时改称崇德县，今为桐乡市），出生于浙江海宁长安镇。

大内青峦（1845—1918）倡导“尊皇奉佛大同团”，在帝国议会召开第一届会议之际奔走游说，呼吁佛教徒参政。

日本真宗本愿寺派在夏威夷设立了传教本院，此后大谷派、净土宗、曹洞宗、日莲宗、真言宗分别前往传教。

柬埔寨诺罗敦派往锡兰（斯里兰卡）求法的五位比丘携回了佛的舍利骨殖，还有大寺的菩提树枝。表明了柬埔寨王家所得的佛法直承锡兰，与泰国同源同种。

公元 1890 年

杨文会赴京礼旃檀佛像，并求藏外古德逸书。适逢内弟苏少坡随使节东渡扶桑，即专门托其带信与南条文雄，请其广求中国失传之古本佛经。后果然陆续由日本寻回多种我国久已佚失的隋唐古德注疏，如《中论疏》《百论疏》《唯识述记》《因明论疏》等，总数达“三百余种”。其中专谈净土之书，杨文会选择从元魏到南宋较佳者十种，汇集刻印。

日本任命广安真随为开教使长，在京城设置开教事务所，开始面向韩国人传教。

日本佛教各宗协调成立了“佛教慈善会”。

泰国在曼谷大舍利寺内成立“大舍利寺学院”（Mahadhatu Rajavidyalaya），为大宗派高级巴利语研究中心。

约于此年，大卫在巴姆巴格拉（Bambaragala）寺院发现了一本用僧伽罗语写成的禅定手册抄本。这就是后来由巴利圣典会出版的《瑜伽手册》（*The yogavachara's manual*），译作《神秘的修持方法》（*The manual of a mystic*）。大卫在仔细研究这本手册后，决定使禅定实践的传统焕发出新的活力。

公元 1891 年

5 月 31 日，“菩提迦耶大菩提学会”（The Buddha Gaya Maha Bodhi Society）正式在斯里兰卡科伦坡成立。当时，该会选出希卡杜维·苏芒迦勒·摩诃·纳耶迦长老（Ven. Hikkaduwe Sumangala Maha Nayaka Thera）担任大菩提学会的首任会长，达摩波罗担任秘书长。另由日本“印度佛迹复兴协会”的释云照、堀内氏两人担任理事。

6 月，杨文会收到南条文雄寄来的第一批书。此后三年中，杨仁山从日本寻觅回来的古代大德著述达 235 种 1000 多册。

10 月 31 日，在大菩提学会的倡议与主导下，一场国际佛教会议在菩提迦耶召开，来自斯里兰卡、中国、日本与吉大港的佛教代表共同思考拯救佛陀觉悟处免于进一步破败的方法与手段。

先后留学于德国、法国的井上哲次郎（1855—1949）学成回国，在东京大学开设了“比较宗教与东洋哲学”课程，这被视为日本比较宗教学的开端。

神智学会主要负责人之一奥尔科特来到澳大利亚。他做了一系列佛教方面的演讲，吸引了一小群澳大利亚上层白人。

公元 1892 年

玉峰古昆卒。古昆先后住杭州弥陀寺、明州慈溪西方寺等，持戒严谨，专修净土念佛，有《净土随笔》2 卷，及《莲宗必读》《净土必求》

《西方径路》《净土自警录》《念佛要诀》等书。

虚云接妙莲和尚的临济衣钵，传临济宗第四十三世；同年又承耀成和尚之曹洞宗法脉，为曹洞宗第四十七世传人。

克里帕萨兰在加尔各答建立孟加拉国佛教协会（Bauddha Dharmankur Sabha），逐步将其理念付诸实施。此后，他便持钵在印度各地的孟加拉国僧徒聚居地旅行，为在加尔各答建立一座佛教寺院而募集资金。1903 年，建立起达摩安古尔寺（Dhammankur），成为孟加拉国佛教协会的总部。

公元 1893 年

浙江普陀山法雨寺化闻和尚入都请藏，请印光法师伴行南归。从此印光驻锡普陀山法雨寺，前后 37 年，念佛阅藏，精进不已。

芝加哥世界博览会增设了一个项目，9 月 11—27 日召开“世界宗教大会”。这个增设项目的历史意义已经远远超出那次“万国博览会”，成为现代宗教传播史上最重要的里程碑之一。

日本净土宗本山成立“夏威夷福音会”，专门负责向夏威夷传播净土宗的事务。

在泰国国王拉玛五世朱拉隆功王要求下，全部泰文三藏出版，共 39 卷，印行 1000 部。

泰国在母旺尼域寺内成立“皇冕学院”（Mahamakut Rajavidyalaya），为法宗派高级佛学研究中心。

安尼伯森夫人来到印度，以贝拿勒斯（Benares）为中心，推广宗教、教育、社会改良及政治等方面的工作，成为近代印度社会改革的推动者。她先后于波罗奈城创设中央印度学院（印度大学的前身）与中央印度女子学校，同时在全印各地开设学校。

达摩波罗应美国佛教徒保罗·卡鲁斯（Paul Carus）之邀，访问美国，并在美国创建摩诃菩提会美国分会，是为欧美出现的第一个佛教组织。紧接着，达摩波罗又访问欧洲、日本等国家地区，在各国教友的援助下，他的摩诃菩提会（Mahabodhi Society）的影响力不断扩大。

达斯创立“印度佛典与人类学会”（Buddhist Text and Anthropological Society of India），出版佛教原典，如觉音的《清净道论》（*Visuddhimagga*，1893）、寂天的《入菩提行论》（*Bodhicaryavatara*，1894）等。另外，佛教圣典学会还出版过《自生往世书》（*Svayambhu - purana*）、夏斯特里

翻译的《八千颂般若波罗蜜经》、诃利莫罕·维第耶普扇节译的月称《中论疏》。该学会还参照国外的佛学研究机构，在加尔各答梵语学院设佛学研究系，开启了印度佛学研究的新里程。

公元 1894 年

杨文会在上海与斯里兰卡达摩波罗居士会晤，对达摩波罗复兴印度佛教的理想十分赞同，曾计划训练一批精通英文、梵文的青年到印度去协助达摩波罗弘扬佛教，这成为他后来创办祇洹精舍的机缘。

杨文会和英国人李提摩太把《大乘起信译》译为英文，流通国外。

卡鲁斯完成《佛陀的福音》。它是卡鲁斯影响最大的著作，被译成多种语言，而且被亚洲的佛教徒使用。

泰国皇冕学院创办《法眼》杂志，并继续出版至今，成为泰国佛教最久的杂志。

公元 1895 年

11 月 18 日，第一任日本台湾总督桦山资纪宣告“全岛平定”，日本佛教各宗如曹洞宗、真宗、净土宗、真言宗及临济宗妙心寺派，纷纷在台设立寺院、说教所或教务所，从事布教活动。

日本真宗僧人北方上人想将大谷派真宗的传教书籍《选择本愿念佛集》在金陵刻经处刻印流通，杨文会拒绝了北方上人的请求，并且立即著书反驳，一连写下了《阐教刍言》《评真宗教义》《评选择本愿念佛集》三书。

公元 1896 年

吕澂出生，字秋逸，又作秋一、鹫子，生于江苏丹阳。

日本神道教、佛教、基督教的代表在东京召开“宗教家恳谈会”。大内青峦代表佛教界发言，称：“若有耶稣教徒违背尊皇之大义，望莅临此会的耶稣教诸君能与我佛教徒携手痛击之。”

日本本愿寺派即派人前往台北、台中、台南等地考察，在台北设立了教会。其后大谷派、真言宗、净土宗、日莲宗、曹洞宗、临济宗各派纷纷前往传教。

净土真宗在夏威夷的首座官方寺院在帕乌哈乌镇建成。

公元 1897 年

2 月，铃木大拙抵达旧金山。铃木大拙在卡鲁斯家翻译了《大乘起信论》，并且开始写《大乘佛教概论》。这是他用英语写的第一本书。他完成了大量的论文、译作和书评，对佛教（尤其是禅宗）在西方世界的传播做出了巨大贡献。

7 月，缅甸故都曼德勒的知识分子建立了“曼德勒佛教复兴会”，该会还创办了一所学校。

王恩洋出生，字化中，四川省南充人。

西本愿寺派法师宫本惠顺在夏威夷檀香山福德街建立一座寺院。

高楠回国后即被东京大学聘任为专职讲师。第二年，高楠升任语言学讲座教授。

哈拉·布拉萨德于 1897 年在孟加拉国发现了仍然传承着的佛教。这个分布于吉大港的佛教社团，说明被认为已经沉寂的印度佛教仍然在以其独特的形式流传。

在奥尔科特帮助下，阿尤迭·达萨出访斯里兰卡，在那儿接受苏摩伽罗·纳耶凯（Sumangala Nayake）比丘的灌顶成为一名佛教徒。返回印度后，阿尤迭在马德拉斯建立了释迦佛教学会（Sakya Buddhist Society），后又在卡尔纳特迦（Karnataka）等地建立了许多分支机构。

公元 1898 年

1 月 29 日，康有为上《请大誓臣工，开制度新政局折》，明确提出将佛寺改为学堂。

5 月，张之洞将《劝学篇》一书呈送给光绪皇帝，提出将佛寺和道观改为学堂。

6 月，光绪皇帝采纳了张之洞和康有为的主张，发布占用庙产以兴办教育。

9 月，戊戌变法失败后，重新掌权的慈禧太后废除了庙产兴学的规定。

章太炎在《訄书·鬻庙》中主张毁淫祀与寺观来兴学，以实现教育兴国的目的。

第四世嘉木样活佛进京觐见光绪皇帝，并在雍和宫向僧众传授《白度母》《绿度母》等教敕。

月霞协助楚僧普照，在九华山翠峰寺创办“华严道场”，讲八十《华严》全部，由“普照主讲，月霞、可安佐之”。“华严道场”学制为三年，招收苏浙皖等省的学僧共32名，开创了近代中国僧教育之先河。

日本大谷派上层僧侣亲自到中国督导传教，并于翌年在上海别院设置“清国开教本部”，将传教区域扩展到苏州、杭州、泉州、厦门一带。

日本本愿寺派在日侨集中的旧金山设立了佛教青年会，正式开始传教，到1936年时，已经发展到30多所佛教会、40多所独立教会、200余所支部教会的规模。大谷派、曹洞宗、真言宗高野山派、净土宗、日莲宗也都积极开展在美传教。

中国僧人贤慧、会辉和转道等建造了新加坡第一座寺院——莲山双林寺，这标志着汉传佛教在新加坡正式扎根立足。

公元1899年

敏曦法师圆寂，年七十三。敏曦为清末天台宗高僧，光绪年间曾与海盐张常惺东渡日本考察佛教，先后住持过天台山华顶寺、宁海县广顺寺与苏州报恩寺，并在嘉兴楞严寺、上海龙华寺、杭州天龙寺等寺院主讲《法华经》，注疏天台经典，其中最重要的著作是对天台宗《四教义集注》的注释。

日僧水野梅晓、伊藤贤道见清政府压迫佛教，乘机来华，效法西方基督教徒来华传教的方法，引诱浙江、江苏等地佛教僧徒受其保护。

日本境野黄洋（境野哲，1871—1933）、高岛米峰（1875—1949）、田中治六、安藤弘等人组织成立“佛教清徒同志会”，后更名为“新佛教徒同志会”，把改革派结社活动推向高潮。他们的活动被称为“新佛教运动”。

朝鲜印海印寺大藏经四部，分藏各寺。

公元1900年

3月，蔡元培著《佛教护国论》，专论佛教在抵制基督教在中国传播方面的作用。

净土真宗寺院——初愿寺在檀香山建成。

弗里德里希·麦克斯·缪勒逝世，时年77岁。缪勒翻译、出版了6

卷本的《黎俱吠陀》，编纂了50册《东方圣书集》，并与20多位学者合作将它翻译成英语。缪勒还主持了巴利文经典学会主办的《佛教圣书集》的编辑工作，著有《宗教学导论》《佛教研究》等著作，还促成了“比较宗教”学科的建立。作为印度宗教和佛教哲学方面的权威，缪勒是第一个被邀请在威斯敏斯特教堂作宗教演讲的世俗人士。

公元1901年

9月，《申报》刊文指出应毁寺观以充学堂经费，从而引发了关于庙产兴学问题的讨论。

12月8日，《申报》刊登了李兰墅调查城厢内外庵观寺院欲酌量改设学堂的文章。此后《申报》便陆续刊登地方官府提取庙产兴建学堂的消息。

宗仰受孙中山革命思想的启发，组织中华教育会，为第二任会长，鼓吹革命，启发青年思想。

在高楠推动下，日本东京大学正式设立梵文学讲座，讲座教授由高楠兼任。高楠的门下高足有木村泰贤（1881—1930）和宇井伯寿（1882—1963）。

英国人查尔斯·亨利·爱伦·贝尼特正式出家为沙弥，法名“阿难陀·弥勒”，成为第一个英国僧侣，将英国佛教从学术对象变成真正的一种信仰体系以及修行方式。

澳大利亚政府制定并通过了《移民限制法案》。该法案为臭名昭著的白澳政策奠定了基础。这项政策预示了佛教在澳大利亚半个世纪的衰落的命运。

公元1902年

日本真宗本愿寺派在釜山设立布教场。

高木行运在夏威夷岛创立“日莲宗教会堂”。这是日本日莲宗在夏威夷建立的第一座寺院。

日本佛教界于京都成了藏经书院，由前田慧云和中野达慧主持刊印藏经，实际负责人是中野。这部藏经称为《卍正藏》，仍以忍澄校勘本为底本，于三年后完成。

日本伊东忠太在华北考察古建筑及云冈石窟。

日本大谷考察队前往新疆，在克孜尔石窟、库木吐喇石窟窃取部分壁画和文物。

日本佛教青年传道会设立。

朝鲜国家设置管理署来管理寺刹及僧徒，并于京城兴仁门（东大门外）建元兴寺，号称大法山国内首寺刹，下置左右教正各1人、大禅议及上讲议各1人、理务5人、都摄理1人。以奉恩、奉先、龙珠、麻谷、法住、松广、金山、海印、通度、桐华、月精、榆岾、释王、皈州、普贤、神光等16寺为中法山道内首寺刹，置道教正副教正，禅议、讲议各1人。道内各寺刹置住职各1人。

大雄在佛陀涅槃之地拘尸那迦建起一座佛教寺庙，是为近代印度建成的第一座佛寺。此后，大雄即在拘尸那迦地区弘扬佛法，为后来当地的佛教复兴打下了很好的基础。

斯里兰卡佛教青年会开始发行世界上第一份英文佛教杂志《佛教徒》，它至今仍是该会的会刊和现代世界最古老的佛教刊物。

泰国国王拉玛五世命令订立僧团约章，成为法规，传于后世。

泰国五世王首次颁布泰国的《僧伽管理法》，为加强对华僧的管理，僧伽内部特设“华僧大尊长及左右副尊长”，续行和尚又被敕封为暹罗首任“华僧大尊长”。

公元1903年

释笠云在长沙开福寺兴办了近代第一座新式僧学堂。

清政府颁布《奏定学堂章程》，明令“中学准借地方公所、寺庙等处办学”，庙产兴学运动展开。

日本“精神主义运动”的提倡者清泽满之去世，时年40岁。清泽满之全身心地致力于宗门改革与思想创建，认为“精神主义”超越现实、超越道德，是人类获得心灵宁静、安身立命的唯一方法。其代表作有《西洋哲学史讲义》《宗教哲学骸骨》《他力门宗教哲学骸骨试稿》等，有全集行世。

来自爱尔兰的僧人达摩卢迦在新加坡创立了新加坡第一个佛教组织“新加坡传教会”，这标志着新加坡佛教多元文化的开始。

塞登斯图克尔在莱比锡创立德国第一个佛教团体“德国佛教传教会”。

安东·华尔特尔·福罗瑞斯·古斯在缅甸剃发为僧，法名“三界智”。1904年2月，他在仰光受戒，成为德国第一位本土僧人。

英国的弥勒在仰光成立“国际佛教会”，他担任总秘书长。国际佛教会发行刊物《佛教》。

克里帕萨兰创办了孟加拉国语佛教期刊——《阇格竖底》，后来发展成为一份英语与孟加拉国语的双语杂志。

公元1904年

2月，日俄战争爆发。5月，日本佛教界与神道教、基督教的代表一起，召开“大日本宗教大会”，发表联合宣言，对战争进行美化。

虚云开始重建云南鸡足山道场。

寄禅因反对庙产兴学，绝食七日而逝，作《辞世偈》八首。

日人水野梅晓于长沙开福寺创办僧学堂。

日本曹洞宗的大隆大定在京城建日韩寺（曹溪寺），新义真言宗智山派在京城设教会所。同年，曹洞宗的富士洞然在龙山建瑞龙寺。

浙江巡抚聂辑规（字仲芳）拟创办工艺传习所，计划租借杭州龙兴寺（属云栖寺分院）的房屋作为校舍，龙兴寺住持向旅杭日本东本愿寺僧伊藤贤道求援，并同时邀集杭、嘉、宁、绍等属三十六大丛林盗用敬安僧名义寻求日僧保护。日僧伊藤贤道等赶往工艺传习所悬挂“大日本真宗本愿寺总布教场”匾额，引起纠纷。经过中日两国外交交涉，最终以驱逐日僧伊藤贤道而得以解决。

公元1905年

3月，清廷规定僧众寺产一律由官方加以保护。

4月，日本开始编刊《卍续藏经》，杨文会和式定禅师为其提供典籍达30多种400余卷。杨文会还多次致信南条文雄和藏经书院，对编藏目录提出增删意见，帮助勘定经书真伪，提出编纂建议。

6月，释宗演应亚历山大·拉塞尔之请来到旧金山。

觉先发起创办的中国佛教学务总公所在北京成立。这是近代中国第一个具有现代意义的佛教组织和教育机构。

毕业于东京大学又赴德国留学的姊崎正治（1873—1949）担任教授，正式创立了宗教学讲座，使宗教学正式成为日本现代教育体制中的一门学科。

德国佛教传教会建立柏林分会。

加拿大第一座净土真宗寺院在温哥华建成。

公元 1906 年

虚云赴京迎取藏经，获得朝廷的恩崇，加赐鸡足山迎祥寺为护国祝圣禅寺，获赐紫衣钵具、玉印、锡杖和如意等，并受赐“佛慈洪法大师”之号。

达摩波罗在斯里兰卡兴建佛教学舍，创办《锡兰佛教徒》（*Sinhala Buddhaya*）周刊。

2 月，文希与扬州各寺僧等共同创立的普通僧学堂于扬州天宁寺藏经楼正式开学，共招收学生 20 余人（学额 60 名），聘请了 7 位教员，3 名为僧人，4 名在家人。普通僧学堂的办学动机主要是保护寺产。

6 月，浙江佛教学务公所成立。

7 月，学部奏准颁布《教育会章程》，要求佛教学务公所改名为僧教育会。

9 月 1 日，朝廷宣布“预备立宪”，推广新式教育，明令在全国及各省府州县开设学堂，允许各地“不在祠典庙宇乡社”租赁为学堂之用，在此政策的支持下，各地官员及士绅纷纷觊覦佛教财物，提取庙产兴办学堂蔚然成风，演变成为一场声势浩大的运动。各省府州县纷纷成立教育会，佛教成立“僧教育会”与之对抗。

9 月，觉先和尚在宣武门观音寺设立了“佛教公立民小学堂”，分初等科、高等科，共有学生 40 多人。

留学日本的佛学家桂伯华发起迎请月霞法师到日本讲经，师抵东京，为留东京学人讲《楞伽经》《维摩经》《圆觉经》等经，听经的人士中有章太炎、苏曼殊、孙少侯、刘申叔夫妇、蒯若木夫妇等，留学生中因听经而学佛者，不乏其人。

年底，上海静安寺、海潮寺、青龙寺、龙华寺等各寺僧人共同创设上海佛教公会，推举静安寺僧会司正生为会长，各寺僧人能守清规并且不失宗派者都可入会。筹集款项设立义务小学堂，教育年幼僧徒和民间子弟。

马来西亚开始兴建槟城极乐寺。这是马来西亚第一座正规的佛教寺院，不少中国高僧陆续应邀前来传道弘法。

吴貌基（U Maung Gyee）、吴梅翁（U May Oung）、吴钦（U kin）、吴巴英（U Ba Yin）和吴巴佩（U Ba Pe）等20个接受过西方教育的缅甸人创立了具有宗教性和文化性的组织团体——佛教青年协会，协会的总部设在仰光市。

德国佛教传教会更名为“德国佛教会”。

公元1907年

杨文会在金陵刻经处内设立祇洹精舍，为中国近代第一所新式教育的佛教学堂，招收僧俗学生十余人，由他亲自教授佛学，著名的学生有释太虚、邱晞明等。

章太炎与苏曼殊发表《儆告十方佛弟子启》《告宰官白衣》；杨文会作《支那佛教振兴策》；敬安大师上书清政府，清政府最终明令准许各寺自立学校，自此各地新式的僧学堂广立。

日本真宗本愿寺派在汉城设置“朝鲜别院”推进传教活动。之后又根据教势发展的需要在汉城设置“朝鲜开教区”“朝鲜开教事务所”以及众多的寺院和布教所。

日本曹洞宗田中道圆和长田观禅分别在京城的釜山开教。

临济宗的吉川大航至平安北道的大刹妙香山普贤寺着手培养韩国僧人，整理该寺的财务。

11月3日，里斯·戴维斯、杰克逊、罗斯特、潘恩、弗朗西斯·培恩、米尔斯、亚历山大·费舍尔等大约25位人士在伦敦成立了“大不列颠及爱尔兰佛教会”。当时在曼彻斯特大学任教的里斯·戴维斯成为首任会长，米尔斯是主席，J. E. 艾伦是秘书。学会的目标是通过系统的巴利文学习来传播佛教教义。

公元1908年

敬安与栖云、圆瑛等创办宁波僧教育会。

第八世哲布尊丹巴呼图克图在库伦大寺主持雕刻完成了一部《甘珠尔》木刻版，史称“库伦版藏文大藏经”。

达摩波罗在加尔各答建摩诃菩提会会馆。

大不列颠及爱尔兰佛教会开始出版《佛学评论》。这是西方第一本佛学杂志。

公元 1909 年

安庆提学使沈子培迎请月霞住持迎江寺，于此创设安徽僧教育会，招收僧人受学，宣讲《法华经》《楞严经》等。

两江总督端方于南京三藏殿开办僧师范学堂，邀请华严学者月霞为校长。这是我国佛教中最早以新式教育方式培育僧才的学府。

祇洹精舍被迫停办。

三界智创立德国巴利文学会。此后他到瑞士南部地区弘法。

公元 1910 年

2 月，十三世达赖喇嘛出走印度，清政府宣布革去十三世达赖喇嘛名号。

3 月 20 日，缅甸佛教青年协会举行第一次全国大会。此时，全国已经有 22 个分会，正式成员 346 人。在这次会议上，佛教青年协会通过了一个决议，决定稍后将成立常务委员会指导和管理全国的佛教青年协会。

6 月 5 日，第一届“南洋劝业会”在南京开幕，杨文会在劝业会上设立了“佛经流通处”并亲自写广告，题为《南洋劝业会开设佛经流通所启》。

杨文会创办佛学研究会。

谛闲住持绍兴戒珠寺，兼上海龙华寺住持，并出任江苏僧师范学堂总监督。

江苏省僧教育会创设“僧师范学堂”，招收青年僧人入学，谛闲以杨文会之推荐，继月霞法师后出任学堂监督。后因革命军兴，学堂停办。

太虚、栖云、月宾等在广州组织僧教会，并在狮子林组织佛学精舍。

太虚于广州狮子林组设佛学精舍，按时讲说，编出《教观诠要》《佛教史略》教材，此为他平生讲学、著述之始。

日韩合并后，李晦光同曹洞宗总务弘津说三缔结了七条联合条约。为平息部分佛教界人士的反对，李晦光还著有《圆宗六谛论》。然而，总督府主张让韩国佛教独自发展。

百潭寺僧韩龙云参加独立运动，召开全国佛教徒会议，要求国家独立，并主张韩国佛教脱离日本佛教的影响。韩龙云上书中枢院，提出了佛教改革的具体措施——令僧尼嫁娶自由。韩龙云还发表了《佛教维新论》

一文，以此为其改革措施的理论铺垫。

自由思想者大会在布鲁塞尔召开，法国女探险家大卫—妮尔向大会介绍了摩诃菩提会。

乌·萨萨纳·达嘉来到澳大利亚，成为第一位在澳大利亚弘扬佛法的僧人。

公元 1911 年

6 月 3 日，日本吞并朝鲜半岛后，立即颁布了《寺刹令》（制令第七号）。《寺刹令》一共七条，之后又于 7 月 8 日颁布了《寺刹令施行规则》（八条），规定在全国按区域设 30 本寺（1924 年增至 31 座），各置住持。本寺下置末寺，30 本寺共下辖 1371 座末寺。本末寺之间定本末寺法，申请于朝鲜总督，得到认可后方可行。

7 月，佛教青年会成员吴巴佩创办并出版了全国第一张缅文报纸《太阳报》，开始提出缅甸民族在社会、经济等方面的要求。

秉韬在绍兴组织僧教会。

杨文会去世，年七十五。杨文会对近现代佛教复兴影响极大，被誉为近现代佛教运动的“复兴之父”。概括而言，其主要有三大贡献：第一，创建金陵刻经处，刻印流通佛典；第二，创办祇洹精舍，培养佛教人才；第三，具有世界眼光，弘扬佛法于国外。

在沙俄的策划下，第八世哲布尊丹巴擅称“大蒙古国皇帝”。

德国佛教徒创立了“摩诃菩提会德国分会”。

玛丽·拜勒斯来到澳大利亚。第二次世界大战后，玛丽·拜勒斯写了 4 本与佛教有关的书，来传播佛教思想。她还通过广播弘传神智学的思想以及佛教教义，并且收集佛教典籍。拜勒斯是最早在悉尼进行佛教修行的女性之一。

公元 1912 年

1 月 1 日，中华民国临时政府成立。设立内务部，受大总统管辖，下设六局。其中礼教局下设置三科，其中第二科有管理各种宗教的职能。

1 月，太虚、仁山等在南京创立佛教协进会，并面见孙中山，希望得其支持。孙中山命秘书与他洽谈，并表示赞赏协进会之成立。

2 月，太虚与仁山等在镇江金山寺召开佛教协进会成立会，发生“大闹金山”事件，震动佛教界。

2月，在政府提议下，日本佛教与神道教、基督教代表举行了盛大的“三教会议”（三教会同）。出席会议的佛教代表51名、神道教13名、基督教7名，政府的内务、司法、通信、海军各大臣，各次官、局长列席了会议。会议代表一致支持政府在“大逆事件”中镇压社会主义者的做法。

3月11日，中华民国临时政府制定的具有“宪法”性质的根本大法《中华民国临时约法》颁布施行，确立了宗教信仰自由政策。

3月12日，杨文会诸弟子李正刚、桂伯华、欧阳竟无、蒯寿枢、孙毓筠、张世畸、陈方恪、濮一乘、黎养正、邱之恒等十人发起组织佛教会，并撰文《佛教发趣文》《佛教会大纲》《佛教会求民国政府承认条件》等呈交孙中山临时大总统。孙中山复函赞扬该会“以求世界永久和平及众生完全之幸福为宗旨”，将《佛教会大纲》交教育部存案，令准予立案。佛教会创办近代期刊《佛学丛报》。

4月，中华民国政府成立内务部蒙藏工作处。

4月，中华佛教总会于上海留云寺召开成立大会，推举寄禅法师为会长，北京道兴、常州清海（静波）为副会长，以上海静安寺为本部，设机关部于北京。

5月，南京临时政府教育总长蔡元培以教育部的名义提议，将内务部负责宗教事务管理的部门礼教司移入教育部。

5月，中华佛教总会依照《章程》在上海召开第一次全国代表大会，治开仍为会长，但实权旁落于副会长清海，虚云长老、大春法师、圆瑛法师等均出席会议，会议延请扬州大圣寺文希（亚髡）为总务主任，玉皇为庶务，太虚任《佛教月报》编辑，仁山、宣天盘等住会办事。

春，欧阳竟无与李正刚等发起“中国佛教会”，主张政教分离，不久即解散。

7月24日，北洋政府设“蒙藏事务局”，取代清朝的理藩院全权处理边疆事务。

10月26日，中华佛教总会会长敬安法师赴京请愿，多次与礼俗司司长杜关进行磋商，希冀能够保护佛教僧众。

11月初，外蒙古的藏传佛教首领哲布尊丹巴与俄国签订《俄蒙协约》，使外蒙古受俄国支配。

11月10日，寄禅法师在北京法源寺圆寂，年六十二。

11 月，熊希龄就保护佛教僧众等致函袁世凯。

12 月 28 日，民国政府明令恢复了被清朝政府革除的达赖喇嘛名号。

太虚在追悼寄禅和尚的法会上，公开提出三种革命：教理的革命、教制的革命和教产的革命。

鉴于保护佛教寺产之需要，由诚修等发起创建了佛教僧林会，在内务部呈请立案奏批。后来佛教僧林会与佛教研究会合并，推举云升法师与澄海法师为正副会长，以合并之缘由在内务部更名立案，改名为中央佛教公会。

上海名流在留云寺创办佛学社，请谛闲任主讲，相继宣讲《八识规矩颂》及《圆觉经》等经论。

冬，谛闲接受宁波沈知事等的礼请，住持宁波观宗寺，改为观宗讲寺，被誉为中兴观宗之始祖。

日本高木行运在檀香山建立“檀香山传教院”。它成为日莲宗在夏威夷的总部。

憍赏弥从哈佛大学返回印度，任教于普纳的佛古圣学院（Fergusson College），由此在印度建立起以天城体学习巴利佛典的传统。

日本《卍续藏》刊印完成，共收录文献 1757 部 7148 卷，分为 150 套 751 册。

公元 1913 年

2 月，释式海、静安、桂明、志恒、英修等在平湖报恩寺发起弘誓会。

3 月，法源寺僧人道阶护送寄禅法师灵柩经上海至宁波，归葬于宁波天童寺冷香塔院，北京、上海等地皆有诸多悼念活动。

3 月，太虚发起了维持佛教同盟会，并撰写了《章程》《宣言》。

3 月 30 日，中华佛教总会上海本部召开第一次联合大会，各分部代表参加，投票选举了治开老和尚嗣寄禅为正会长，常州道兴和尚为副会长。

4 月 8 日，太虚在中华民国第一届国会上撰文《上参众两院请愿书》呼吁政教分开，佛教庙产由佛教统一机关中华佛教总会公有并加以保护，以兴办教育、慈善、布教等事业。

4 月，式海、太虚等人在观宗寺召开弘誓会成立大会。

4月，中华佛教总会上海本部、北京机关部暨苏、闽、湘、赣各支部代表上书参议院，主张："世界各国有宗教之信徒，则必有宗教之财产，举集会、讲经、传道、劝善等事，皆赖善男信女，发愿布施，集成财团，支取裕如，事乃举办。"

4月，北京民国政府大总统袁世凯封九世班禅额尔德尼"致忠阐化"名号。

5月，中华佛教总会依照《章程》在上海召开第一次全国代表大会，治开仍为会长，但会务工作主要由副会长清海负责。

6月20日，北洋政府内务部颁布了《寺院管理暂行规则》。这是民国时期制定的第一部寺庙管理法规。

10月1日，内务部给各省都督及民政长官发文，切实保护祠庙。

10月，内务部重新订定"寺院调查表"和"寺院财产调查表"对全国寺院进行摸底排查，以便制定管理方案，加强控制佛教寺产。

宗仰、章太炎等人依据日本弘教书院编印的《缩刷藏经》为底本编校而成《频伽大藏经》。

康有为在上海，建议哈同夫人弘扬佛法，开办华严大学，哈同夫人以创校事委托月霞，这是我国佛教界首创的第一所佛教大学。

月霞创办华严大学。

谛闲成立"观宗学社"，自任主讲，专攻天台教观。

日本曹洞宗本山派遣矶部峰仙来到夏威夷，以建立曹洞宗别院。

斯里兰卡高僧达摩波罗来到韩国，献佛舍利一颗，由海印寺住持李晦光代表韩国佛教界奉受，后递传于三十本山会议所。

医生波恩建立了"佛教生活联盟"，并担任主席。它不像德国巴利文学会那样强调巴利文佛典的研究，而强调佛教的适应性。佛教生活联盟同样信奉上座部佛教教义。它在柏林、汉堡、慕尼黑设立了分会，发行《佛教月报》季刊。

在爪哇，来自格雷兹的阿瑟·菲兹受戒成为僧人。他成为有正式记载的第一名奥地利佛教徒。

公元1914年

1月13日，禅教两宗三十本山住持于会议所（旧元兴寺）召开第三回总会，决定于京城设立高等佛教讲塾，以朴汉永为塾师。各本山送学生

1—2 人来京听讲。一年以后，讲塾停办，各本山开始派遣僧人留学日本。第一批派遣 13 人。

3 月，中华佛教总会召开第二届全国大会。各省支部、分部代表暨来宾到者 400 余人参会，由副会长清海和尚报告周年成绩及进行事宜。正会长治开法师以年迈为由函请辞职，后经推选清海和尚升任正会长。又举焦山定慧寺镜融为副会长，静安寺正生为理财正长，普陀山开如暨留云寺应乾为理财副长，前名誉会长章嘉呼图、副会长道兴和尚仍旧。会议还提议兴办黄卐字会慈善暨实业布教等事。

5 月 1 日，袁世凯政府公布《中华民国约法》，取代了《临时约法》，依然沿用了前者的宗教政策。

11 月 25 日，韩国佛教界于觉皇寺设立佛教振兴会。

袁世凯将蒙藏事务局改为直属大总统府的蒙藏院，地位与各部相同。

太虚大师到普陀山闭关，撰写《整顿僧伽制度论》《大乘正法论》等重要论著。

印光在高鹤年居士请求下在《佛学丛报》上先后发表《净土法门普被三根论》《宗教不宜混滥论》《佛教以孝为本论》《如来随机利生浅近论》等文章。

月霞法师主持筹办的“华严大学”正科开始。

九世班禅额尔德尼在扎什伦布寺主持建造高达 26.7 米的铜质鎏金强巴（弥勒）佛像。

田中创立了具有浓郁右翼色彩的政治团体“国柱会”。国柱会的政治目的是“王佛冥合”，即推动以天皇为中心的日本国家整体信仰日莲主义，因此他又是日莲系统中国立法华戒坛（本门戒坛）思想的始作俑者。

公元 1915 年

2 月 25 日，朝鲜寺刹三十本山联合事务所成立，龙珠寺住持姜大莲任委员长，所址设在觉皇寺。

3 月 5 日，桂念祖去世，年四十七。他是近代东渡日本求学密法最早的人。陈铭枢、黄忏华尝从其学佛。

3 月 15 日，朝鲜发行佛教振兴会月报第一号。

6 月，北洋政府内务部制定《寺产管理暂行条令》，以保护寺产为名，规定各寺住持及有关者不得将寺产变卖、抵押或赠予，实际上架空了寺院对财产的处置权。

7月2日，佛教振兴会于京城奖忠坛设无遮大会，为朝鲜500年以来一切冤死之人追荐冥福。

10月29日，袁世凯发布《管理寺庙条例》，宣布取消中华佛教总会，将寺庙财产处置大权交予地方长官。该条例从立法角度看属于国家的宗教立法，其效力级别高于属于部门规章的内政部的《寺产管理暂行条令》，以此而言，该条例提高了我国宗教立法的级别，是我国已有的宗教立法中效力级别最高的，而且其条款数量较多，内容涉及范围较广，在我国宗教立法史上有重大影响。

秋，华严大学于杭州望江门外海潮寺继续兴办，校名正式定为“中华佛教华严大学”，由浙江巡按使屈映光报请内务部总长准予成立。

日本向袁世凯提出派僧人至中国“布教”，北京社会名流延请谛闲等北上讲经，维护国权。

斯里兰卡佛教徒与穆斯林发生摩擦，引起暴乱，政府以达摩波罗的教唆为主因，遂查封《锡兰佛教徒》周刊，达摩波罗被拘留于加尔各答五年。

摩诃菩提会正式成立，继续致力于佛陀伽耶大菩提寺的归还运动。

卡尔·欧仁·纽曼因肺炎去世，时年50岁。他是最早的德国佛教学者之一。纽曼在翻译佛经的数量上仅次于巴利文经典学会的荷娜小姐。他的翻译采用意译的手法，译文颇有文采、富有诗意。

受第一次世界大战的影响，在缅甸的几名德国籍僧人被英国作为敌对国公民而送到悉尼关押。其中就有著名的僧人三界智。

公元1916年

11月，华严大学迁往安徽青阳县大九华山东崖寺继续兴办。

韩国姜大莲代表禅教两宗三十大本山住持于京城设立佛教中央学林。

公元1917年

立春，太虚出关，旋应请赴台湾弘法，并游历日本各地考察佛教。这是太虚平生首次走出国门，奠定了他日后改革中国传统佛教的国际视野。

月霞在常熟虞山兴福寺住持，升座伊始即筹设华严学院，培育僧材，因积劳深重，率弟子十余人至西湖玉泉寺养病，不久圆寂，年六十。

村上专精在东京大学正式设立印度哲学讲座，涵盖印度哲学和佛教学的内容。至此，在日本近现代教育的最高学府东京大学，与佛教学相关的几个学科全部完备。

关荣觉在檀香山谢立坦街建立“真言宗夏威夷别院”，作为夏威夷真言宗的总部。

一名越南士兵在法国弗雷瑞斯建立了西方第一座佛塔。

荷兰人亨德里克·科恩去世，时年 84 岁。科恩是荷兰东方学研究的奠基人之一。他的研究重点是印欧及东方语言，但他也撰写过佛教方面的著作。这为荷兰的佛教研究打下了基础。

俄国卡尔梅克佛教徒代表大会在阿斯特拉罕召开，通过决定改造卡尔梅克人的宗教事务管理。

缅甸佛教青年协会第五次年会的召开，标志着这一个组织不再仅仅是“超政治的组织”，它的注意力已经转向了政治问题。

公元 1918 年

7 月，谛闲在北京讲完《圆觉经》，交通部长叶恭绰和铁路督办蒯若木因北方佛法不兴，劝谛闲留在北京，创办一佛学院。因观宗寺的建设尚未完工，谛闲决定将佛学院设于观宗讲寺，将原先的观宗研究社改组为观宗学社。

7 月，印光法师昌印《拣魔辨异录》《三十二祖传》及《安士全书》三书。

7 月，《俄罗斯苏维埃联邦社会主义共和国宪法》通过。其中的第十三条规定：“为保障劳动者享有真正的信仰自由，实行教会同国家分离和学校同教会分离，并承认所有公民都有进行宗教宣传和反宗教宣传的自由。”

北洋政府内务部以《中华佛教总会登记案》与《管理寺庙条令》相抵触为由，公然宣布取缔中华佛教会。

太虚与章太炎、蒋作宾、陈裕时等学者名流，王一亭、刘仁航等居士在上海创立觉社，并主编《觉社丛书》（季刊）。

王与楫、沈惺叔等在太虚支持下成立上海佛教居士林。这是第一个较规范的中国近代居士独立组织，成立伊始便订立了《上海佛教居士林规约》。

徐蔚如以历年搜集所得印光文稿二十二篇，在北京刊印，题名《印光法师文钞》。

公元 1919 年

谛闲在观宗寺增设“观宗学社”，网罗高才僧众，讲授天台大小诸部，造就了一批僧才。

释仁山于高邮放生寺创立“天台学院”。天台学院为北洋政府时期最孚众望的僧教育机构之一，吸引了众多优秀的僧青年前来学习。

徐蔚如与印光法师合订的《四十华严》由扬州江北刻经处印行。

来果出任高旻寺方丈，矢志恢复高旻寺旧制。

日本井上圆了去世，时年 61 岁。井上出身于日本真宗大谷派的僧侣家庭，曾经赴中国和欧美考察、学习。他在东京大学读书期间喜爱研读康德、黑格尔哲学，毕业后创立“哲学会”、《哲学杂志》，还创办了哲学馆大学（现东洋大学）。与明治启蒙时代一些人重视科学、技术的态度不同，井上非常重视哲学的意义和作用，他是日本将哲学教育与佛教思想改革相结合的开拓者。

日本妹尾义郎创立了“大日本日莲主义青年团”，并发行了机关刊物《若人》。他认为，佛教的核心教义是无我、无我所，佛教徒的理想生活方式是彻底消灭私有制的集体主义生活。

格利姆与塞登斯图克尔创立了一本佛教月刊《佛教世界之镜》。

公元 1920 年

2 月，《海潮音》正式于杭州创刊，太虚作《〈海潮音〉月刊出现世间的宣言》。《海潮音》自创刊以来，从未中辍，现在仍然在台湾发行，成为近代以来中国佛教史上办刊时间最长的刊物。

太虚在汉口黄冈会馆讲《心经》及《佛法大意》，并指导建立汉口佛教会，后改为汉口佛教正信会。

倓虚离开宁波观宗寺，北上行脚参访。从此，开始了他在北方各地讲经、建寺、培育僧才的弘法事业。

摩诃菩提协会本部及寺院在加尔各答落成。后来该会又在沙尔那特兴建鹿野苑寺、图书馆、慈善诊所等。

10 月 29—31 日，缅甸佛教青年协会在卑谬召开第八次年会，大会一致通过了健全“佛教青年协会”的宗旨和扩大协会的决议。决议中提出佛教青年协会不仅要从事宗教和文化活动，而且要公开地开展民族运动。决议还决定把协会的名称改为缅甸人民团体总会，从而完成了把佛教青年协会转变为一个政治组织的过程，带有宗教性的佛教青年协会至此也退出了缅甸的历史舞台。

11 月，加尔各答法王寺建成，孟加拉国行政长官罗纳尔多沙依（Ronaldshay）主持了庆典仪式，在安得拉邦巴提布罗鲁（Bhattiprolu）发现的佛陀灵骨也由印度政府作为礼品送给大菩提学会，供奉在寺庙里。

公元 1921 年

3 月，太虚大师出任杭州净慈寺住持，进行新的改革试点，对于净慈寺的丛林制度进行了诸多修正，使净慈寺成为当时名副其实的“杭州第一丛林”。

5 月，北京佛教筹赈会改组为北京佛教会。

5 月，程德全谒见大总统徐世昌，呈请《修正管理寺庙条例》“二十四条”，以修订《管理寺庙条例》的诸多纰漏。

5 月 20 日，北洋政府公布《修正管理寺庙条例》。

9 月 29 日，了尘法师创办的汉口华严大学（又称华严学校）于九莲寺开学，该校发起人为直慧、云峰、了尘、戒尘、法戒、参波、常波、法衍、朗慧、慈舟、如九、性彻 12 人。由了尘担任校长，聘请戒尘、慈舟、性彻等为教授。

韩清净在北京与研究佛学的同仁朱芾煌等组织“法相研究会”，由他主讲《成唯识论》，这是他讲经弘法之始。

此年前后，梅光羲任山东省高等监察厅厅长，在济南大明湖畔组织佛学社，开办法相唯识学讲座。

“摩诃菩提会德国分会”与“佛教生活联盟”合并。

“德国佛教团体”在慕尼黑成立。

克里斯蒂安·F. 梅尔拜博士成立了“丹麦佛教会”。这是丹麦第一个佛教组织。

公元 1922 年

7 月 17 日，欧阳竟无于南京创办支那内学院，弘扬佛学。欧阳立师、悲、教、戒为根本院训。揭明在家众可以为师、可以说法，堪以住持正法，教证凿然，居士道场坚确不动。欧阳创讲《唯识抉择谈》，学人毕集，吕澂、熊十力、汤用彤、梁漱溟、黄忏华、王恩洋、蒙文通、梁启超、陈铭枢等人皆尝游学于其门，后来他们在民国学术史均卓有成就。

8月26日，武昌佛学院开董事会成立会，推举梁启超为院董长（暂由陈元白代），王又农为文牍，李隐尘为院护，智信为监院、大觉任学监，玉皇为庶务，竹林为会计。聘定了空也、史一如、杜汉三、陈济博等任教员，由李隐尘、孙文楼等合资办了一个正信印书馆，预备印刷流通经典和讲义。教员方面，有了空法师、史一如、杜汉三、陈济博等人。

9月，太虚创立的武昌佛学院举行开学典礼。

10月，在革新派的领导下，苏维埃俄罗斯和远东共和国佛教徒第一次代表大会顺利召开，通过了《关于西伯利亚佛教徒宗教事务管理条例》，以取代1853年的法令。

12月27日，英国人里斯·戴维斯去世，时年79岁。他对佛教知识及佛学文献做出了重要贡献。戴维斯学习并掌握梵文、巴利文、僧伽罗语、泰米尔语等，并从1872年开始专心研究佛教，翻译、出版了《佛教》《佛陀本生故事集》《律典》《佛教圣书集》《摄阿毗达磨义论》《佛教：它的历史与文献》《佛教的印度》《巴利语—英语字典》等，这些书和字典多次重印、再版。戴维斯逝世后，戴维斯夫人负责巴利文经典学会的工作，时间长达20年，出版了《法聚论》《最早岩迹》《巴利文经典研究》《清净道论》《长老偈》等。

12月，太虚出任沩山住持，提出32项改革办法，得到各界认可。

虚云移锡昆明华亭寺，开始重建古刹的工作，将寺更名“云栖寺”。

太虚弟子大勇法师与月霞弟子持松东渡日本，入高野山随金山穆昭阿阇黎习学东密，后得阿阇黎位后归国开坛弘法。

日本人千崎如幻开始在美国传播佛教。

日本学者常盘大定在河北邯郸调查南北响堂寺石窟。

日本设立全国佛教少年团。

挪威学者艾香德在华创建“差会”，研究佛教，后著有《中国的宗教：中国宗教史手册》《东亚敬神和默祷的类型》等。

公元1923年

1月14日，武昌佛学院院外研究部成立，太虚为讲《教观纲宗》。

10月，大勇回国，在上海开坛传授东密教法。

冬，谛闲之高徒显荫东渡日本习学习密教。

11月15日，九世班禅被迫离开扎什伦布寺，远走内地。

扬州长生寺住持可端法师创办“华严大乘学院”。后更名为“中华佛教华严大学院”，至1927年呈请国民政府教育行政委员会备案时，得到批准，要求将名称中的“大学院”改为“大学校”。

胡瑞霖、唐大圆、释大圆、张化声等14人发起成立佛化新青年会，出版《佛化新青年月刊》。

日本净土宗椎尾辨匡（1877—1971）提出“共生之道”，呼吁将个体修行与解脱的道路转向社会改造，实现人与人、人与自然、人与社会的“共生”，实现人间乐土。为此他还撰写了《社会的宗教》等著作，发动了“共生运动”。

日本近代影响最大的法西斯主义理论家北一辉修订完成《日本改造法案大纲》。在日本青年军官之中引起强烈反响。

英国政府封缅甸僧伽领袖坦温（Taunggwin）长老为“教统”（Sasanabaing），职位与僧王相等。

印度国民会议派全国委员会成立专门的委员会，讨论有关大菩提寺归还问题。几个月后，委员会拟出两项决定，其一是印度教徒、佛教徒均可参拜大菩提寺；其二是选出5名佛教徒、5名印度教徒组成大菩提寺管理委员会。

洛伦佐·博吉斯和其他人创立了巴西第一个佛教协会——“巴西佛教会”。

缅甸僧人雷迪逝世，时年77岁。他的《双论研究》与《哲学关系》由“巴利圣典协会”出版，成为缅甸僧侣在欧美学界占一席之地的第一人。他广泛推广以观察“受念住”为入口的直观法门，影响深远，遍及缅甸的各种禅修道场。目前在缅甸北部重镇曼德勒（Madalay）近郊有一间专属的雷迪禅修道场，负责雷迪大师作品碑文的维修等。

公元1924年

1月，大勇传秘法于武昌佛学院。

2月，太虚大师编《慈宗三要》于武昌佛学院，特弘弥勒净土。

春，大勇到北京求教于雍和宫白普仁喇嘛。

6月，日本丰山新义真言宗权田雷斧应潮安居士王弘愿之请，至潮州开元寺弘法，曼殊揭谛即以王弘愿师兄的身份接受传法灌顶，得传法灌顶大阿阇黎位。

7月，世界佛教联合会正式成立，太虚被选为首任会长。

8月，哈尔滨极乐寺在倓虚主持下全部竣工。倓虚还在极乐寺开办了一座佛学院。

9月13日，大勇在北京慈恩寺成立“藏文学院”，邀请出身西藏哲蚌寺的多杰觉拔高僧讲课，他为学僧开示西藏佛教住持传承规模、学法习定、修持浅深、成就过程等，学员中有来自武昌佛学院的法尊、观空、严定、法舫等学僧，藏文学院创立后得到名流居士的经济支持。

10月，太虚率领中国佛教代表团出席在日本东京召开的“东亚佛教大会”，并考察日本佛教。

秋，持松法师任武昌洪山宝通寺住持。两湖巡阅使兼湖北省长萧耀南为持松法师斥巨资修筑了密宗法界宫、瑜伽堂，购置法器，绘制诸曼荼罗，拟将洪山建成真言宗在东方的根本道场。

11月19日，英国人克里斯玛斯·汉弗瑞创立“神智会佛教分会”。

12月6—14日，在加尔各答的那烂陀公园召集了世界佛教徒大会，在这次会议上，来自印度、孟加拉国与缅甸的知名巴鲁阿佛教徒与宗教领袖会聚在一起，共同思考壮大佛教复兴运动的途径与方法。

慈舟至常熟兴福寺创办旨在弘扬华严、律宗的法界学院。

太虚大师首于庐山举行世界佛教联合会，邀请世界各国佛教徒与会。

是年，武昌佛学院与欧阳竟无之内学院发生法义之诤。太虚亲作《起信论唯识释》，回应内学院对《起信论》的驳难。

宁玛派活佛诺那活佛绕道印度至北京传法，其所传藏传佛教密法主要为宁玛派“莲花生大士”“度母”等本尊修法，并著有《应化记》《语录》《诸门普传真言录》等刊刻印行。

支那内学院《内学年刊》第一辑刊成。

廖容等20位居士共同发起在北京成立龙华佛学会。

唐生智拜佛教密宗居士顾子同（法名净缘）为师，自称“佛教将军”。

朴重彬在全罗北道里里市新龙洞成立了“佛教研究会”。该会一方面从事研究；另一方面开垦荒地，模仿着百丈禅师一日不作一日不食的家风，不假外缘，自力更生。

公元 1925 年

2 月 2 日，九世班禅额尔德尼抵达北京，受到隆重接待，段祺瑞册封班禅大师“宣诚济世”封号，并按惯例颁授金册金印。同时，批准设立班禅北京办事处。从此，九世班禅额尔德尼开始了在内地讲经传法的传教生涯。

3 月，太虚在中央公园社稷坛开讲《仁王护国般若经》，其间，值孙中山先生逝世，停灵社稷坛。太虚往谒遗体致敬并赠送挽联。

4 月，田树海等 20 人组织蒙汉佛教联合总会。

6 月，北京佛教联合会成立。

6 月，雍和宫住寺蒙古大喇嘛白普仁组织中华佛教联合会。

7 月，关炯之、闻兰亭等人敦请白普仁喇嘛南下传法并发起“金光明法会”，以祈祷全国和平。

7 月，欧阳竟无开办法相大学特科。

8—9 月，太虚在庐山讲学，作了《论法相必尊唯识》等文，驳欧阳竟无的唯识、法相分宗说。后来又在杭州作了《再论法相必宗唯识》。

秋，会泉法师在厦门南普陀寺创办闽南佛学院。

能海法师与同戒果瑶、永光、果蓉、传品结伴西行抵康定，恰与 1925 年大勇法师所率北京佛教藏文学院学生 20 余人相遇，同住康定跑马山，依止降巴格西学“菩萨”“比丘”“密乘”诸戒及《菩提道次第》《俱舍论》，并经灌顶传授“度母”等密法。

格鲁派高僧白普仁应段祺瑞之请带领 108 位喇嘛主法于雍和宫修“金光明法会”21 天，以祈祷国泰民安、消弭国难。

多杰觉拔尊者南下杭州等地灌顶授法，并译出了 20 余种密教仪轨。后在杭州、汉口传法期间，吴佩孚、赵炎午、汤芗铭等政界要人及北大教授张怡荪、罗庸中等皆皈依座下，虔诚听法。

吕澂《西藏诸本〈摄大乘论〉》发表于《内学》第二辑。这是玄奘翻译之后，第一次从藏译《摄大乘论》译为汉文，仅译出《摄大乘论》第一品所知依品。

唐大圆受聘为上海世界佛教居士林名誉讲师，开讲“唯识方便谈”，并担任《世界佛教居士林林刊》主编。

京兆尹呈请内务部颁布《寺产登记条例》，要求对寺庙财产进行严格登记。印光会同谛闲上书段棋瑞，据理力争，《寺产登记条例》亦遂取消。

持松再次东渡日本，入学京都比叡山延历寺、高野山等日本密教道场，深入学习了台密、东密教法和梵文。

应慈正式创办清凉学院，招收学僧30余人，学制5年，预科2年，专科3年）。华严预科的课程有《四十二章经》《华严五教仪》《华严教义章》等，每日坐禅讲经，结冬打七。

达摩波罗前往瑞士休养，途经伦敦，于当地成立摩诃菩提协会的分会。其后，德国慕尼黑、柏林，美国纽约等地的分会也相继成立。

佩卡·厄瓦斯特将《法句经》翻译、出版。这是被翻译成芬兰语的首部完整的佛经。

布里亚特蒙古州党委发布文件《喇嘛教在布里亚特》。它提出了在布里亚特消除佛教的一整套措施。从此，有计划的反宗教的无神论宣传在布里亚特展开。

麦克斯·泰勒、麦克斯·邓恩和大卫·莫里斯在墨尔本成立了佛法小团体。莫里斯还出版了澳大利亚第一本佛教著作。

公元1926年

1月7日，唐生智令全体官兵摩顶受戒当佛教徒，部队佩戴“大慈大悲救人救世”胸章。

4月30日，克里帕萨兰在加尔各答去世，时年61岁。他主持兴建的达摩央古尔寺发展成为一处佛教思想与文化中心，在他领导下的孟加拉佛教协会，先后在孟加拉国及东北印度地区的西姆拉（Shimla）、勒克瑙（Lucknow）、迪布鲁格尔（Dibrugarh）、兰契（Ranchi）、西隆（Shillong）、大吉岭（Darjeeling）、詹谢普尔（Tatanagar Jamshedpur），以及今属孟加拉国的萨格普罗（Sakpura）、萨特巴利亚（Satbaria）、诺亚普罗（Noapara）、尤尼奈普罗（Uninepura）、吉大港（Chittagong）等建立起分支机构或活动中心，使这些地区的佛教得到广泛传播。

12月，内学院设“树因研究室”，以巴利文、藏文、梵文佛典订正、补充汉藏佛典的不足。

真达和尚将苏州灵岩山寺交与戒尘法师住持，拟建成十方专修净土道场，商请印光法师为订立专修净土之章程、制度。后印光法师与真达和尚共同拟定了五条规约，以此为创建灵岩山寺专修净土道场的根本依据。

中央大学教授邰秋爽成立“庙产兴学促进会”并再次掀起庙产兴学之风，引起佛教界一致反对。

宝静应广州南华佛学院之请，至广东弘传，于中山大学讲《佛教与革命之关系》，政府要员谭延闿、戴季陶等皆于座下受教。与当地居士一起组织广州弘法佛学社，并讲《楞严经》《大乘起信论》《地藏经》《阿弥陀经》等经，法缘甚胜，又创办《经法旬刊》，广东佛法得以兴盛。

布里亚特蒙古自治共和国对扎仓财产实行国有化，关闭宗教学校。

达摩波罗买了一间房子作为传教机构。他将房子命名为“福斯特精舍”，以纪念夏威夷的福斯特夫人。福斯特夫人曾经捐款给他，作为传播佛法的基金。这样，英国摩诃菩提会宣告成立。

英国神智学会佛教分会决定脱离神智学会，成为一个独立的实体，并更名为“伦敦佛教分会”。1943 年，佛教分会更名为“佛教协会”。该会有《佛教会报》，后改为《英国佛教》，最后改为现在流通的《中道》。

公元 1927 年

3 月初，广东省政府饬广州市政厅将所属不规则之尼庵悉予没收。

4 月，太虚应聘往厦门南普陀寺任方丈和闽南佛学院院长，主持制定了南普陀寺的建设大纲，进一步尝试寺庙制度的改革。

4 月，冯玉祥派军警包围河南相国寺，驱逐僧众，没收寺庙财产。后复下令改相国寺为中山市场。又有薛笃弼等人相助，相继发布通令，河南佛教发生了灭佛逐僧的大惨案。

春，台湾茂峰在新界荃湾山上建东普陀寺，寺内后设“佛教宗学研究班”，专门研究天台、净土二宗，为天台宗在香港的传播打下了良好的基础。

5 月 15 日，武汉《革命军日报》载国民政府命令，重申宗教信仰自由原则。

5 月，武汉佛教徒成立两湖佛化联合会，并设两湖佛化讲习所。

6 月，湖南佛化会召集四众举行会议，请唐生智参加指导，讨论整理僧伽制度、统一佛化问题。

7 月，浙江省政府通令各县整顿风化，禁止未成年人剃度出家，20 岁以内的僧尼道士勒令还俗。

8月，湖南佛化会唐生智将各寺产收归会有统收统支，各住持群起反对。

9月，蒋介石电邀太虚游奉化雪窦寺，两人长谈竟日、相偕游千丈岩，太虚又为蒋介石、毛福梅夫妇等略说《心经》大意。

9月，四川铜梁县佛教会反抗县教育局提拨寺产，通电全国请求救援。

9月，韩清净发起并创办三时学会，学会设总务、研讲、修持、刻印四部。

太虚法师撰写《僧制今论》，对于《整理僧伽制度论》进行补充和修正。

持松法师在《佛教对于人类将来的根本使命》中提出了“人间的宗教”的说法。

日本近现代佛教学的鼻祖南条文雄去世。

达摩波罗开始于鹿野苑（Sarnath）建立根本香积寺（Mūlagandhakūṭ ivihara）。

公元1928年

3月，内政部部长薛笃弼提议改僧寺为学校，与此同时，邰爽秋在给即将召开的全国教育会议的建议中明确主张庙产兴学运动，提出“打倒僧阀、解放僧众、划拨庙产、振兴教育”的口号。发起“第一次庙产兴学运动”。

3月，国民政府在南京改组，九世班禅额尔德尼派代表前往南京祝贺，并与南京国民政府正式建立了联系。

4月，上海佛教维持会王震、施肇曾、闻兰亭、聂其杰、赵嘉荣、李云书、史量才、丁传琳、狄葆贤、关炯、黄庆澜、谢健等，致电国民政府，指责各地有强封佛教寺院、没收财产、驱逐僧人等种种压迫，完全违背了孙中山所提倡的尊重宗教居住完全自由的国民党党纲，并且与政府历来保护佛教庙产的明令相悖，应该取消前议。

4月，欧阳竟无致函蔡元培，商讨当前佛教问题。

4月，太虚在《对于中国佛教革命僧的训词》一文中系统阐释了人生佛教思想，提出了佛僧主义、佛化主义及佛国主义的“三佛主义”。

5月8—9日，为反对庙产兴学，江浙佛教联合会整理僧伽委员会召开大会，一方面组织整理僧伽委员会，对佛教进行整顿，另一方面积极兴办佛教利他之各种社会事业。

5月13日，江浙佛教联合会整理僧伽委员会理事谛闲、印光、寂山、德浩、青权、静修、常惺、如幻、德宽、慧明、德峻、知慧、惟宽、净心、王一亭、闻兰亭、关炯、孙嘉荣、黄庆澜、谢健、聂其杰、施肇曾、黄文叔、江味农、狄葆贤、许止净、陈圆白、包承志等，联名致电南京国民政府，要求罢议提拨庙产兴办教育。

5月15日，中华民国大学院于首都南京召集全国教育会议。与会者包括各部、各省区、各特别市和大学院当然会员及专家，共78人，会期历时两星期。会议共收到各类议案402件，其中有不少涉及庙产兴学的问题。

5月，太虚在上海组织的“全国佛教代表会议”主张消除佛教界新旧之分歧，提出了期望通过召开全国佛教代表会议的形式，成立全国统一、永久的法定佛教团体的设想。

7月3日，大学院院长蔡元培、内政部部长薛笃弼等呈复国民政府，对江浙佛教联合会整理僧伽委员会请求政府通令保护函及计划书进行了答复。

7月28日，太虚于毗卢寺成立中国佛学会筹备处，组织召开预备会，会议签到者有宁波代表禅定、了悟、源巃，普陀代表达严，湖南代表太虚，山东济宁代表印古、征贤，四川代表克全、谢健，杭州代表玉皇、惠宗，湖北代表王森甫、陈维东，福建漳州南山学校代表达如，岭东佛教会代表欣西，及临时筹备员黄忏华、孙慧风、宁达蕴等各地佛教代表到23人参加会议，会议推举太虚法师为主席，由观同、惠宗、王一亭担任筹备主任。

夏天，太虚作了“人生佛学的说明”的演讲，提出了人生佛学并明确了人生佛学的构成内容，这标志着人间佛教这一思想的基础已奠定。

8月，太虚发起筹备的中国佛学会在南京成立。通过了《组织大纲》，对于组织宗旨、入会准则等做了具体规定，并将《组织大纲》分别呈请国民政府大学院、内政部认可施行。

秋，太虚游历讲学于英、德、法、荷、比、美诸国，在法国发表“西来讲佛学之意趣”“佛学与科学、哲学及宗教之异同”“佛学之源流及其新运动”等重要演讲。在巴黎筹设世界佛学苑，开中国僧人弘法欧美之先河。

9月，能海法师与永光、永轮、永严四僧历时4个月到达拉萨，住哲蚌寺郭莽扎仓瓦须弥村依止康萨仁波且。此后，他们学显密教法5年，深得喇嘛显密法要。

10月2日，国民政府公布《寺庙登记条例》，该条例共18条，对寺庙的登记范围、登记事项、登记机关、登记程序、登记时限等做出了明确规定。《寺庙登记条例》颁布后，各地借废除淫祠神像为由，任意毁灭、侵占寺院，引起了佛教界的恐慌和抵制。

10月，太虚抵巴黎，在东方博物院召集友人商谈成立世界佛学院。

顾净缘东渡日本习学东密、台密教法，得阿阇黎位，回国后在上海建畏因同学会，创办《威音》佛刊，常以“谢畏因”的笔名在该刊发表文章。

国民政府成立“蒙藏委员会”，为中央主管蒙藏政务之最高机关，下设蒙事处、藏事处、蒙藏教育委员会、编译室、调查室等。

谛闲将观宗弘法社、研究社二社合并为弘法研究社，召回在香港、广东等地弘法的宝静法师，协助社务。

第九世班禅额尔德尼在达尔罕旗温都尔庙启建首次“时轮金刚法会”，蒙古王公、各寺僧人等踊跃参加，人数高达十几万，法会历时月余。

日本佛教、基督教与神道教的1145名代表联合出席了“日本宗教大会”。大会决议称：“我国宗教界，必觉醒于一世界大使命，确信富于包容性的展现我国民精神的惟神的大道……认识到应为世界渴望的新文化创造、为世界更生贡献力量。”决议还表示：“本大会期盼着消灭违反我国国体的共产主义结社和运动。”充分表明了宗教界效忠天皇、拥护国策的政治立场。至此，佛教等宗教在军国主义淫威下，已完全丧失了自由、独立的地位，沦为专制主义的统治工具。

摩诃菩提会在加尔各答召开全印度佛教徒会议（All India Buddhist Conference），有300多人参加。会议做出一致决议，要求大英博物馆归还桑奇出土的舍利弗、目犍连遗骨。这一决议直到1952年才达成，两位长老的遗骨终得归葬桑奇。

公元 1929 年

1 月 21 日，内政部颁发部令，禁止民众擅自处分寺庙，并呈请国民政府采取补救办法。

1 月 25 日，国民党政府颁布《寺庙管理条例》。

1 月，班禅驻南京办事处成立。

2 月，海军部部长兼福建主席杨树庄、前主席方声涛请虚云住持鼓山。

3 月 27 日，守培法师呈文内政部，认为《寺庙管理条例》“不但消灭佛教财产，且丧失国府威信，亦败坏世道人心”，要求国民政府设法保全庙产以免伤风败德。

3 月，四川佛教团体联合全省 19758 寺，通电力诋新颁《寺庙管理条例》十种不合法，誓不承认。

4 月 12 日，中国佛教界因痛感《寺庙管理条例》之苛刻，由中国佛学会谢健、黄忏华等，会同江浙佛教联合会，召集 17 省代表，于上海觉园召开第一次全国佛教代表大会，会议决定再行成立中国佛教会。会议选举太虚、圆瑛、仁山、可成、德浩、禅定、惠宗、荫屏、寂山、明道、大悲、兴慈、弘伞、德宽、静修、常惺、慧轮、克全、王一亭、关䌹之、闻兰亭、黄涵之、钟康侯、范古农、江味农、狄楚青、李云书、宁达蕴、罗奉僧、陈正有、谢铸成、许止净、徐平轩、朱石僧、简玉阶、孙厚在 36 人为执行委员；谛闲、印光、德峻、白普仁、转道、达如、施省之、庄蕴宽、焦易堂、程德全、梅撷云、王森甫 12 人为监察委员；并请政府设立宗教委员会，要求政府修正《管理寺庙条例》。

4 月 25 日，中国佛教会代表德峻等为中国佛教会拟定会章，呈请内务部备案。

6 月 3—5 日，中国佛教会第一次执监联席会在上海举行，推选圆瑛、太虚、仁山、寂山、惠宗、王一亭、关䌹之、钟康侯、谢铸陈 9 人为执行委员会常委。于是日起，在南京毗卢寺成立会所，并于上海赫德路十九号设立总办事处。决议全体执监委员于 6 月 6 日赴南京请愿政府及立法院，要求废止《寺庙管理条例》，并请速颁宗教法。

8 月 10 日，大勇在甘孜札迦寺去世，年三十七。大勇法师是汉藏佛学交流的开创者之一，他在北京创建藏文学院，组建入藏学法团，不畏艰辛，亲自带领30多名学法团成员入藏学法，在汉藏佛学交流史上留下了不可磨灭的足迹。

9月22日，北平第九区党部主任白彦章、第九区党部党员兼电车工会工人子弟学校女校长石又磊以铁山寺和尚不守戒律为借口，假借慈善、教育之名，率工人手持铁链、棍棒等武器强占铁山寺，将佛像全部捣毁，20余名僧人被驱逐出寺，除衣服以外概禁携带，引起长期纠纷。1931年11月，北平社会局才最终拟定了处理办法，将铁山寺有条件地交由长椿寺接收。

9月，圆瑛法师发表《奉劝全国佛徒实行真佛教》，奉劝全国佛徒集腋成裘，建设佛教大乘救济事业。

12月7日，国民政府公布《监督寺庙条例》，并将《寺庙管理条例》明令废止。

能海到达拉萨，拜康萨仁波切为根本上师，得喇嘛上师显密法要及灌顶加持不计其数。能海上师留藏七年，在显宗方面主要研习《现证庄严论》，在密宗方面主要修学《大威德生圆次第》。最后康萨仁波切上师将其弘法所用衣钵授予能海，以示付予密法传承。

诺那活佛由重庆前往南京，接受国民政府所委派的蒙藏委员会委员职务，以及兼任立法委员职务。国民政府和蒋介石非常重视诺那活佛，赐封“诺那呼图克图”称号，批准设立诺那呼图克图驻京办事处。诺那活佛历任国民党中央候补执行委员、西康建省委员等职。

蒙藏委员会改名为“北平事务处”。

王恩洋在南充设立龟山书房，聚众讲学，佛学与儒学并重。

日本提倡理性研究佛教的首创者村上专精去世，时年78岁。

西尔万·列维与日本学者高楠顺次郎共同创编的佛教百科全书《法宝义林》第一卷出版。这是世界上第一部用法文编写的佛教辞书。其所收佛教词目以中国佛教典籍（包括汉译佛典）中的词汇为主，为法国及欧美学者研究佛教，特别是研究以中国佛教为中心的北传佛教和亚洲文化提供了参考。

巴黎佛学会成立。后更名为“佛教之友”。“佛教之友”的目的是把佛教作为一种真实的、理性的东方智慧呈现出来，从而使其远离神智会的神秘主义。“佛教之友”发行杂志《佛教思想》，很多东方佛教的倡导者都为杂志撰稿。1943年，“佛教之友”并入神智会。

公元 1930 年

3 月，太虚在漳州南山寺成立“锡兰留学团”，学习英文以备留学。

3 月 18 日，内政部致函行政院，请通令各省市政府查禁幼年剃度。

春，太虚法师于闽南佛学院讲课时，再作《建僧大纲》，对整理僧伽的范围以及僧格的培养等诸方面进行了详细论述。

5 月，中国佛教会在上海召开第二次全国代表会议，获内政部批准和中央党部认可，成为合法的团体，并且通过了《中国佛教会各省县佛教会组织大纲》。

9 月，太虚在北京柏林寺创立柏林佛学院，请台源、常醒为院长，法舫任监学，胡瑞霖主财务。后因“九一八事变”而停办。

11 月，中央大学教授邰爽秋等以联合全国民众力谋划拨庙产创办教育为宗旨，重组“庙产兴学促进会”，并公开发布《中华民国庙产兴学促进会宣言》，史称“第二次庙产兴学运动”。

12 月 1 日，中国佛教会议定召集临时紧急执、监委员会议，并致函国民政府各院部，积极呼吁取消庙产兴学。

印光法师离开普陀山到苏州报国寺闭关，又将经书流通处弘化社自上海迁到苏州。

内蒙古格鲁派高僧宝珍金刚在北平极乐庵传“大威德金刚”生、圆二次第，“那若空行母”等法。

日本牧口常三郎、户口城堡创立“创价教育会”。牧口著《创价教育学体系》刊行。

日本妹尾义郎组成“新兴佛教青年同盟”。

缅甸原佛教青年会和人民团体总会中的部分中坚分子，在仰光大学成立了“我缅人协会”，主张民族独立，主要成员为吴努与昂山。

世界佛教徒会议（WFB）创设于斯里兰卡。

公元 1931 年

1 月，卢燮机于《海潮音》发表《庙产兴学之法律上意见》，反对庙产兴学。

2 月，《弘法社刊》第 18 期载有《庙产兴学教育界的民众大不赞同有不合理由十三条宣言》《阅各处驳〈庙产兴学宣言〉之感言》等文章，反对庙产兴学。

4 月 8—10 日，中国佛教会在上海觉园召开第三次全国代表会议。太虚大力批判中国佛教会并要求改组。改选结果太虚一系大胜，圆瑛当选常委随即辞职，保守派对改组后的中佛会采取不合作态度，抗缴以前认可的经费。太虚、仁山等全面接管中国佛教会，并且移址南京毗卢寺。

4 月 20 日，太虚作《由第二次庙产兴学运动说到第三届全国佛教徒代表大会》、大醒作《驳“庙产兴学促进会宣言”》、圆瑛等著《驳庙产兴学促进会主张庙产之理由》，反对庙产兴学。

4 月 25 日，中央大学又召开全国庙产兴学促进会宣传大会，意图在国民会议召开之前扩大影响。

4 月，《四川佛教月刊》发表《庙产兴学促进会宣言驳议》。

春，法尊法师到昌都，亲近安东格西求学，受灌顶，并对显宗诸论略闻纲要。是年秋季，法尊法师随安东进藏，到达拉萨后奉师命，入哲蚌寺进修佛学。

5 月 10 日，第九世班禅额尔德尼在南京新亚西亚学会第三次会员大会作题为“西藏是中国的领土”的重要演讲。

5 月，国民会议在南京召开，会议通过了代表罗桑楚臣等提出的保障汉蒙藏佛教徒约法上所许可之权利一案，由行政院发布《国府通令保障佛教徒权利》。

5 月，中国佛教会太虚、仁山、常惺、王震、谢健、黄忏华等常委移总办事处至南京会所。

5 月，日本佐佐木指月与其他 3 个人签署结社协议，在纽约建立“美国佛教会”。

6 月 3 日，太虚公开发表辞职声明《宣布退出中国佛教会通告》。太虚辞职以后，上海部分执行委员以协调挽留的名义召开第三届第二次执行委员会议，通过了请王一亭居士复职和王一亭建议南京设立会所、上海设立办事处的建议。南京由太虚法师负责，上海由圆瑛法师和王一亭等负责。

6 月，国民政府颁布《蒙古喇嘛寺庙监督条例》，共 18 条。

8 月 1 日，南京政府明令保护寺产。同时，国民党中央党部批准中佛会备案。

8 月 20 日，汉藏教理院正式开学，太虚主持开学典礼，题“澹宁明敏”四字为院训。

9月12日，内政部公布施行《寺庙兴办公益慈善事业实施办法》。

“九一八事变”后，太虚发表《为沈阳事件告台湾朝鲜日本四千万佛教民众书》，号召广大信佛民众要“以菩萨大悲大无畏之神力”，制止日本的侵略行径。

“九一八事变”后，诺那活佛与第十三世达赖喇嘛、第九世班禅额尔德尼驻京代表等发起成立“康藏旅京同乡抗日救国会”。诺那活佛在上海、武汉、长江、广州等地主持护国息灾法会。

11月11日，鹿野苑根本香舍寺举行盛大落成庆典仪式，印度考古调查局局长巴哈杜尔·萨哈尼（Rai Bahadur Dayaram Sahni）代表印度政府，将约翰·马歇尔（John Marsharl）于1913—1914年在塔克希拉（Taxila）法胜寺发现的佛陀灵骨作为礼品，赠送给大菩提学会，大菩提学会则将其秘藏于寺院佛像的基座之下。寺内附设图书馆、施药处、佛教会馆、学校、宿舍等机构。这座寺庙的建成堪为印度现代佛教史上的重要里程碑，在开幕仪式上，达摩波罗激动地宣布：经过800年的放逐，佛子们重新回到了属于他们自己的神圣而敬爱的鹿野苑。

12月，湖南衡阳花药寺住持寄居发起组织抗日救国输送队，并发表《告全国僧伽书》。

天台宗宝静应虚云和尚之请，入滇弘法，先后于西山云栖寺、云南省佛教会、佛教居士林等处开讲《法华经》《楞严经》《大乘起信论》《台宗方便》等，并编印《弘法特刊》。

印光法师令弘化社重新排印《普陀山志》。

西藏地方政府在南京设立了西藏驻京办事处，恢复和改善了同中央政府之间的关系。

日本妹尾义郎宣布解散“日莲主义青年团”，组建了“新兴佛教青年同盟”。

公元1932年

1月18日，日本驻上海武官田中隆吉和女特务川岛芳子唆使“血盟团”成员、日莲宗僧人天崎启升、水上秀雄及其信徒藤村国吉、后藤芳平、黑岩浅次郎五人，以举行“寒中修行”为由，到上海马玉山路（今双阳路）三友实业社门前挑衅，为不明身份的人所打（此人实为日本驻沪领事馆武官田中隆吉和川岛芳子所指派），造成一死二伤，事后日方将此次流血事件嫁祸于中方，此即轰动一时的“日僧事件”；并以此为由，发动“一·二八”淞沪事变。

1 月，“一·二八事变”后，第十三世达赖喇嘛土登嘉措令西藏各大寺庙数十万僧人为抗日战争的胜利祈诵经文。

2 月，北平法源寺释空也函请中国佛教会通令全国各省市佛教会转知各寺院僧侣共赴国难。

4 月 5 日，西康省僧民抗日大会常务委员会格桑泽仁等呈文国民党中央执行委员会，要求组织西康省义勇军，并请对日宣战。

4 月 5 日，日本“新兴佛教青年同盟”在东京举行了第一次全国代表大会，制定了明确的纲领：第一，我等景仰代表人类最崇高人格的释迦牟尼佛，期望本着同胞信爱的纲领，（在人间）实现佛国土。第二，我等认为：既有的全部教团，乃是亵渎佛教精神的尸骸，必须予以摒弃以步入佛教新时代。第三，我等认为：资本主义经济组织违反佛教精神，损害大众生活福利，必须对之改革以实现未来社会。大会还提出了“全佛教徒大同联合”“维护世界和平”等口号，表明了反战的态度。

4 月 14 日，国民政府特派九世班禅为“西陲宣化使”。

5 月 19 日，观宗讲寺举行隆重的传法及升座典礼，宝静法师受谛闲法师传天台法脉，成为第四十四代祖师，出任观宗讲寺住持，并兼任弘法研究学社社长。

7 月 2 日，谛闲法师圆寂，年七十五。其一生讲经说法 40 余年，教在《法华》，行在《楞严》，先后掩关三次，专修禅观。他培养的天台宗僧材中著名的有宝静、仁山、常惺、倓虚、显荫、戒莲、禅定、可瑞、根慧、妙真等，在家皈依弟子著名的有徐蔚如、王一亭、蒋维乔、潘对凫、馨航、黄函之、施省之、李斐然、朱子谦等。其著作有《法华经普门品讲义》《华严经普贤行愿品辑要疏》《普贤十大愿王别释》《圆觉经讲义附亲闻记》《观经疏钞演义》《首楞严经序指昧疏》《大乘止观述记》《念佛三昧宝王论义疏》《教观纲宗讲录》《始终心要解钞》《省庵劝发菩提心文讲义录要》《梁皇忏随闻录》《水忏申义疏》《金刚般若波罗蜜经新疏》《八识规矩颂讲义》等，弟子倓虚法师等于香港合辑为《谛闲大师遗集》出版，此外还有《谛闲大师语录》流传于世。

7 月，王弘愿以“白衣身份”受广州解行精舍之邀请前往传授密法。

8月，内政部发布《寺庙兴办公益慈善事业实施办法》，规定了寺庙兴办公益慈善事业的范围。

8月20日，太虚在川渝地方实力派刘湘、刘文辉、潘文华等军政要员的支持下，于重庆北碚缙云山之缙云寺，以“沟通汉藏文化、融合汉藏感情”为宗旨及奋斗目标，正式创建汉藏教理院。1936年7月，呈请四川省政府教育厅，正式立案。

10月8日，太虚应蒋介石延请，任奉化雪窦寺住持。此后数年太虚在该寺开讲《出生菩提心经》《弥勒上生经》《解深密经》等多部经典，并曾设药师法会，祝蒋五秩之庆。

10月11日，中国佛教会常务委员仁山、智圆、黄庆澜、圆瑛、明道、闻兰亭、常惺、王震、赵云韶等发布《中国佛教会第二十号通告》，明确反对《寺庙兴办公益慈善事业实施办法》的公布实施。与此同时，中国佛教会呈文给行政院、内政部等，请求修正《寺庙兴办公益慈善事业办法》。

10月22日，九世班禅后在段祺瑞、吴佩孚、朱庆澜等人为施主的支持下，在故宫太和殿举行第六次时轮金刚法会，参加法会的十万余人。

虚云应福建长汀八宝山表持明湛和尚之请，遥接法眼宗良庆和尚法脉，成为法眼宗第八世弟子。

颁布《释寺庙登记条例疑义案》。

法尊入藏，于拉萨哲蚌寺学习显密经论。

太虚授意刘定权针对熊十力的《新唯识论》作《破新唯识论》，并亲作序文，批评熊十力“逞才智”，“惟非尧舜、薄汤武是事”。熊十力撰《破破新唯识论》还击。后来内学院弟子参加论战的有吕澂、王恩洋、陈铭枢等。

《大正新修大藏经》编纂完成，简称《大正藏》。该藏经由高楠顺次郎和渡边海旭担任监修，实际工作主要由小野玄妙负责。该藏经的编纂动用了日本佛教界所有可以动用的资源，在经费和人员使用上都是规模空前的。该藏经以增上寺所藏《高丽藏》为底本，以北宋福州开元寺本、南宋思溪藏、元普宁藏、明嘉兴藏、日本正仓院圣语藏、宫内省图书寮藏经为校本。该藏经的编订者也汇集了日本佛学界的精英，充分运用传统和现代的校勘方法，并吸收了当时所取得的语言学、文献学的最新成果。

由井上日昭组织的法西斯团体“血盟团”策划了一系列刺杀日本政

界元老、重臣和财经界重要人物的行动，其中日本前财政大臣（藏相）井上准之助等人被杀死，震惊内外。

德怀特·戈达德出版佛经选集——《佛教圣经》。这本书主要汇集了中国禅宗、日本禅宗及藏传佛教噶举派经典中的一些内容。

公元 1933 年

初，印光法师令重刊净土宗的根本经典《净土五经》，并作序流通，在序中正式将《普贤行愿品》列为净土五经之一。

3 月 15 日，闽南佛学院的学僧在致实业部的信中要求对国家要负相当的责任。

4 月 15 日，诺那呼图克图应朱子桥将军请，赴上海闸北居士林修十三轮金刚大法。

4 月 29 日，达摩波罗因病示寂，时年七十。正是因为达摩波罗富于使命感的热忱、虔诚与奉献，以及他领导下的大菩提学会近四十年的努力，才使得佛教重新在印度复苏，并在各个方面获得长足发展。

5 月 7 日，太虚在上海永生电台播讲《佛教与护国》，号召僧众和全国人民同心协力，共同抵抗日本帝国主义的侵略。

10 月 1 日，太虚应汉口律师公会、佛教正信会、红十字会邀请，于汉口市总商会作了《怎样来建设人间佛教》的演讲，提出从一般思想、国难救济、世运转变三个方面来建设人间佛教。

12 月 17 日，十三世达赖喇嘛在拉萨圆寂。经西藏大会提名，国民政府批准，由第五世热振呼图克图担任摄政。

震华法师撰写《佛伽护国史》，并于上海佛学书局出版，激励僧众积极投身抗战护国运动之中。

觉初和尚在华岩寺创办“天台教理院”。

能海法师取道印度回国，先后在成都近慈寺、绵竹云雾寺、重庆慈圣庵、上海觉苑、五台山清凉桥等处建立金刚道场，又至北京、上海、汉口、苏州等地讲经传戒传法，皈依者甚众。

王弘愿主持解行精舍，传法期间开坛灌顶，有比丘从受灌顶，引起了白云山曼殊揭谛等全国缁素各界的一致反对。

第九世班禅在南京应戴季陶、石青阳、居正、贺耀祖、黄慕松、叶恭绰等人之请，在城东宝华山的护国圣化隆昌寺举行密法灌顶三日。

太虚受湖南沩山宝生和尚之请，远承沩仰宗兴阳词铎禅师，传沩仰宗第八世。

太虚聘请诺那活佛为“中国佛学会”名誉会长。

希特勒的国家社会主义工人党（纳粹党）取得政权，德国进入了白色恐怖时期。希特勒政权仇视佛教，取缔佛教团体，秘密逮捕了许多佛教团体领导人，焚毁佛教著作。

公元 1934 年

1 月 24 日，九世班禅额尔德尼到南京，参加追悼十三世达赖喇嘛的活动，被选任为国民政府委员。

1 月，国民政府制定《边疆宗教领袖来京展觐办法》。

《海潮音》第 1 期出版了人间佛教专号。

6 月 17 日，新加坡佛教居士林正式成立，以弘扬佛法、慈悲济世为宗旨。

7 月，日本佛教界于东京成立“日华佛教研究会”。

8 月，法尊应太虚之请返回内地主持重庆“汉藏教理院”，直到 1949 年。期间翻译校改《菩提道次第广论》《密宗道次第略论》和《菩萨戒品释论》。

9 月，中国佛教会拟订《佛教寺庙兴办慈善公益事业规则》，经内政部修正后，呈交行政院核准，由内政部备案，并通行各省市。

虚云开始主持重兴禅宗六祖慧能大师的道场广东曲江南华寺。

谈玄法师奉太虚之命东渡日本求学，得台密、东密两大传法阿阇黎位，是我国获得日本密教台密、东密两大支流密法灌顶的第一人，回国所携 2000 余种密典和许多密乘法器，曾在上海佛学会对外展览，颇受关注。

香港跑马地成立“香港菩提”，在觉一、可仁、华庵诸法师的倡导下，努力传播天台教观。同年夏天，芝峰应佛学会邀请，赴港讲《大方等如来藏经》。

观宗弘法研究学社设立学戒堂，“为初学比丘修学律仪规范，补习普通学识”。

日本政府在东京组织“东亚佛教会”“佛教兴亚会”“国际佛教协会”。

日本主持召开泛太平洋佛教青年大会，同邀中国佛教会和伪“满洲国”的“佛教青年团”与会，妄图制造分裂中国的事实，太虚断然拒绝。

第一届欧洲佛教议会在英国摩诃菩协提会召开。会议的议题是佛法如何在同一时代的欧洲社会最好地提高自己。

公元 1935 年

7 月 18 日，中国佛教会在上海召开第七届全国佛教徒代表大会，保守派修改会章为《中国佛教会章程》，后又呈请政府民众运动指导委员会备案，改中国佛教会为中国佛教总会，委员制为理事制，改国、省、县三级组织机构为国、县二级，取消省佛教会，在各县直接设置分会。

8 月 16 日，湘、浙、鲁、皖、鄂、豫、苏七省教育厅联合呈请中央励行监督寺庙条例，以庙产办短期小学或其他地方教育事业。接着，江苏省教育厅厅长周佛海、山东省教育厅厅长何思源、安徽省教育厅厅长杨廉、浙江省教育厅厅长许绍棣、湖北省教育厅厅长程其保、湖南省教育厅厅长朱经农、河南省教育厅厅长李敬斋向南京政府教育部提出接收寺产，充作教育基金的提议，经全国教育会议通过，报内政部。史称“第三次庙产兴学运动”。

8 月 24 日，中国佛教会推举代表圆瑛、大悲、明道、王一亭、关䌹之赴京请愿，反对庙产兴学。由理事长圆瑛，常务理事大悲、明道、弘伞、可端、远尘、王震、闻兰亭、关炯、黄庆澜、屈映光等起草《请愿文》，分呈国民政府行政院、内政部、教育部等。

8 月，北平僧俗举办大规模的“盂兰盆法会”，诵经追悼华北抗战中的阵亡将士。

11 月，内政部发布《内政部通知礼字》致中国佛教会。

12 月，国民政府制定《管理喇嘛寺庙条例》。

诺那活佛函邀贡噶活佛来内地代为传法。活佛于 1935 年、1945 年两度东来，在成都、重庆、杭州、沙市、昆明、长沙、南京、庐山、汉口、上海等地灌顶传法，先后历时五年，较系统地传授了藏传佛教噶举派之主要密法“大手印”“胜乐金刚”“金刚亥母”“那若六法”及“宁玛派大圆心髓法”等，并翻译出百余种传法仪轨，重要者有《大手印讲义》《恒河大手印直讲》《大密妙义深道六法引导广论》等。

诺那活佛返回四川，被刘湘推荐出任西康宣慰使。诺那活佛在任内试图解决刘文辉部驻康北各地武装，并撤换了各地县长，由此与刘文辉矛盾不断升级，最后双方都向中央告状。同时，诺那活佛在西康企图阻止红军长征，后被红军俘获，经教育转为同情红军。

能海学成返回内地弘法，他将主要精力倾注在两项弘法事业上。一是建立道场，在四川先后创建近慈寺、吉祥寺、云悟寺，以及慈圣庵和重庆金刚道场，广传藏传佛教格鲁派密法；二是从事译述，将汉藏双方互缺之经论，互译刊印，两次由西藏运回大量藏传佛教显密典籍，多属汉传佛教所无者，践行将藏语系佛教在内地广为弘传的夙愿。

芳莲尼师在马来西亚创立菩提学院。

西尔万·列维逝世，时年 72 岁。列维精于梵、藏、汉佛教文献的比较研究。他承袭了法国佛教研究的传统，即以梵典为中心，参校汉、藏资料。列维的佛学研究为欧洲现代佛学的研究奠定了基础，并由此派生出欧洲佛学界的现代学派法国比利时学派。

公元 1936 年

1 月 4 日，内政部公布《寺庙登记规则》，1928 年公布之《寺庙登记条例》即行废止。

1 月，国民政府公布《喇嘛奖惩办法》。

5 月，由太虚、圆瑛、王一亭、屈映光、朱子桥、江味农、范古农、关䌹之、简玉阶、赵朴初等 229 位上海佛教界人士和 14 个佛教团体联合发起，在上海佛教净业社内启建了规模盛大的丙子息灾法会，同时成立了由 163 人组成的理事会，设有常务理事 70 人，王一亭任理事长，朱子桥、屈映光任副理事长。

5 月，国民政府蒙藏委员会委员长黄慕松护送班禅回藏。到达青海玉树时，因西藏亲英势力从中挑拨，班禅回藏遭受阻碍。

5 月，诺那活佛在甘孜圆寂，年六十一。国民政府追赠诺那活佛为“普佑护国禅师”，并拨专款指示将诺那活佛的骨灰运至庐山小天池进行塔葬。

6 月 9 日，中国佛教会江苏代表仁山、法权、霜亭、静严，安徽代表本僧、镜空，以及四川、贵州、湖南僧诸代表齐集金山寺对当时不尽如人意的佛教会新修订法案筹商办法，得到了国民党政府民众训练部、江苏党委等高度重视。会议主要通过了“维持佛教会”“停止中国佛教会新章”“请愿迅速召开大会”等决议。

6月，国民政府民众训练部拟定《中国佛教会章程草案》70条和要点说明8条，直接参与了佛教会内部的纷争。

7月，国民政府训练总监部令各地僧尼编入壮丁队接受军训，太虚函请改僧侣为救护队、看护队，以符合佛教宗旨。得到回复，僧道受训单独编组，受训后不列入战斗部队。

7月，汉藏教理院呈请四川省政府教育厅，正式立案。

8月，圆瑛法师于南京毗卢寺再次主持中国佛教会第七届四次理监事联席会议。会议决定恢复中国佛教会三级制；决定10月15日前召开第八届全国佛教徒代表大会；居士不得入会留待大会讨论等。

9月2日，民众训练部提出了“改组中国佛教会为中国佛教寺僧会和中国佛教居士会”“采取国省县三级制度”以及“废止现行选举制度，代表只产生由民众训练部全国范围内选拔”三项办法，其中建立佛教居士会等方案赢得了佛教会内部革新派的认可。

10月，汉藏教理院“翻译处”成立，由代理院长法尊主持。

11月15日，中国佛教会第八届全国佛教徒代表大会在上海觉园召开，出席代表200余人。会议主要讨论修改了《中华佛教会会章》《会员入会规则》《各分会组织通则》《选举代表规则》等。

11月，中国佛教会拟定《中国佛教会灾区救护团章程》并制订了“中国佛教会灾区救护团僧众训练班纲要”，呈请内政部、民众训练部备案，民众训练部通过审核准予备案，内政部则对章程及纲要进行了修正。

11月，菩提学会与上海佛教净业社联合启建上海护国息灾法会。

12月17日，中国佛教会灾区救护团在上海开始办公，圆瑛法师任总团长，宏明法师任总干事。

欧阳竟无著成《大密严经叙》，自称“晚年论定之学说”。

法尊携带大量宗喀巴大师著作从藏地返回，丰富了汉地对宗喀巴大师甚至整个藏传佛教的认识。1935年，为迎请藏传佛教高僧安东格西来汉地传法，法尊法师第二次入藏，却因格西圆寂而未能遂愿。

日本“新兴佛教青年同盟”集体参加了“人民战线运动”，并在机关刊物《新兴佛教》上表明了支持“人民战线运动”的立场。

金刚智从剑桥大学毕业，获得博士学位。这也是从剑桥大学获得博士学位的第一名僧人。

费利克斯·居约将哈他瑜伽介绍到法国。

公元 1937 年

1937 年春，喜饶嘉措在黎丹、杨质夫、格桑嘉措格西、贡巴萨·土登却札等陪同下，到达南京，先后受到蒋介石、林森等国民党要员的接见。

“七七事变”后，支那内学院院舍及图书被毁，欧阳竟无率众携经版迁至重庆江津，建内学院蜀院，恢复“讲学以刻经”旧规。

中国佛教会理事长圆瑛在上海觉园召开理监事紧急会议，号召全国佛教徒参加抗日救国工作，并成立中国佛教会灾区救护团，圆瑛为团长。

太虚发表《电告全日本佛教徒众》，劝其自救救人，开人类大同之运。

抗战前夕与初期，九世班禅多次在内蒙古、青海、四川等地召集各大寺庙的喇嘛修建坛城，虔诵靖国消灾大经，祈祷和平，超荐抗日阵亡将士。

近代佛教杂志《佛海灯》出版“僧伽护国专号”。

8 月，中国佛教会理事长圆瑛与上海慈善团体联合会救灾会共同组织僧众救护队。圆瑛法师被选为“中国佛教会灾区救护团”团长，僧侣救护队由宏明担任队长，队址设在上海法藏寺内。

8 月，屈映光、黄涵之、赵朴初等居士建立上海慈善团体联合救灾会救济战区难民委员会，由赵朴初担任收容股主任，专门负责难民收容工作。

10 月，圆瑛携徒明旸到新加坡，组织新加坡华侨，协助中国佛教会灾区救护团募捐委员会，开展募捐工作。

10 月，重庆佛学社启建护国息灾法会，由能海主坛修法。

10 月，喜饶嘉措抵达重庆，应邀在汉藏教理院讲演西藏各宗教流派及教义。

11 月，汉藏教理院以“国难严重，外患日亟，吾辈僧伽亦国民之一分子”，召开院务会议，决定组织僧伽军事训练班，以为僧伽救国之先声。训练班定名为“汉藏教理院防护训练队”。

冬，苏州沦陷，印光法师移居吴县灵岩山寺。

12 月，九世班禅在青海玉树圆寂，年五十五。他是中国近现代最杰出的藏传佛教领袖之一，也是对汉藏佛学交流和融合做出巨大贡献的著名人物。

朱芾煌汇编完成《法相辞典》。此辞典始编于 1934 年，共 260 余万言。

徐蔚如去世，年六十。与杨文会一样，徐蔚如一生致力于创办刻经处，流通佛经，同时也是著名的华严学者。他校刊了许多华严宗的重要经典，曾在天津功德林讲解《华严经》大意。

喜饶嘉措加入国民党，并任国民党政府参政会参议员。

梁思成考察山西五台山，发现湮没已久的佛光寺大殿，确认其为当时已知最早的中国古代木构建筑。

山西洪洞广胜寺住持力空发动僧众将《赵城藏》秘藏于广胜寺飞虹塔，以防被日军破坏。

南京中山陵园藏经楼兴建。

日本“新兴佛教青年同盟”被宣布为非法组织，被迫解散。

日本学者荻原云来卒，时年 68 岁。其生前曾赴德国从事梵文与佛学研究，著有《印度的佛教》《梵日大辞典》等。

在巴黎召开第二届国际佛教大会。

公元 1938 年

2 月 6 日，《新华日报》发表专论《宗教与民族解放》，指出中国宗教界不但要负担起对国内同胞的抗日宣传，而且要通过国际性的宗教组织联合各国民众，扩大反侵略运动，以争取各种财力和物力的援助。

3 月 2 日，山东招远陈言忠利用普云佛教会负责人的名义，树起抗日大旗，称“普云佛教抗日救国军”。

4 月，圆瑛等宣布在上海孤岛恢复办公，在重庆的部分中佛会理监事决定成立“中国佛教会临时办事处”，由太虚主持，推动僧众救护队、伤兵慰劳队募捐救济流亡同胞，并与大后方各省县佛教会保持联络。

4 月起，国民政府教育部每月拨付 400 元经费，资助翻译处编译汉藏对照初级教科书。同时改翻译处为“编译处”，加强组织，制定章程预算呈教育部备案，并命编译处按月报告工作，随时将编译稿本送教育部审查。

4 月，五台山台怀镇内 48 座青庙和 21 座黄庙的 1700 余名各族僧侣联合成立“佛教救国同盟会”。

6月，中国佛教会监事圣钦具呈内政部，以中国佛教会在沪处境恶劣，建议将该会及沦陷地分会明令解散，另行指派后方佛教缁素名德加以改组。之后太虚法师、七世章嘉呼图克图以理事、监事地位具呈设立中国佛教会重庆临时办事处以领导各地会务。

11月，国民参政会在重庆召开的第二次大会上通过了以佛教文化增进汉藏感情案，及推行佛教加强民族团结开拓国际援助案。

冬，圆瑛法师再次到槟榔屿等地进行爱国演说，发动“一元钱救国运动”。

“天台教理院”更名为“华岩佛学院”。

太虚任“佛教访问代表团”团长，偕同苇舫、慈航、惟幻出访缅甸、印度、斯里兰卡以及星、马各地，宣传抗日救国，争取国际支持。

汤用彤《汉魏两晋南北朝佛教史》出版。

日本策动汉奸在天津成立伪“中华佛教会”，妄图代替我国原有之中国佛教会，随后每占领一个地方，都相应设立各种伪传教组织，并在这些地方开办日语班，倡日语、禁汉语。

莱昂纳德·布伦在墨尔本建立第二个佛教组织——佛教研究小组。他用英语教授佛法，每月传法一次，并组织讨论。他将佛教视为一种心理学派，认为佛教能够通过提供一种精神训练体系，来解决现代问题。

刘易斯·德·拉·瓦利·普辛去世，时年69岁。普辛出生于荷兰里奇，主要著作有《涅槃》《佛教伦理》等。他是西方说一切有部研究的先驱。他出版了《阿毗达磨俱舍论颂》，将世亲的注释作了翻译。在此之前，西方学者几乎没有人认识到说一切有部的思想。普辛还是比利时藏传佛教研究的领军人物。他为英国伦敦印度事务部图书馆整理出学术价值很高的《敦煌藏文写本目录》，将英国探险家斯坦因从敦煌和中国新疆南部盗走并带回英国的藏文资料分为“律”“文献”“经”“论”及其注疏等十大类，方便了学者们的研究。

公元1939年

正月，康藏民众抗战赴难宣传团在拉萨传召大法会期间，深入各大寺庙拜访高僧，介绍抗战情况。

春，太虚门人苇舫发表《应速组织佛教访问团》一文回应《宗教与民族解放》之呼吁，倡导佛教界尽快组织南亚访问团宣传抗战，以回击日本在南亚对中国的诬蔑宣传。

春，应慈法师到上海开办华严学院，宣讲60卷《华严经》。

3月，戴传贤、屈映光等人发起在重庆再次举行护国息灾法会，请贡噶活佛主坛，追悼阵亡将士和死难同胞。

3月，西藏佛教界派代表赴前方慰问抗日将士和伤兵难胞，捐献价值5000元的医药费和一些慰问金。

5月15日，国民政府蒙藏委员会与教育部决定派遣藏传佛教名僧道玮、喜饶嘉措、格西等人赴青海各大寺庙宣传佛教文化，宣传日本专行违背教义之无耻暴行。

5月18日，应慈法师在上海发起成立《华严经疏钞》编印会。在他主持下，校勘出版了卷帙甚富的有关华严经的著述，至1944年方完成。

6月21日，国民党中央社会部朱家骅致陈立夫函称："中缅邦交关系甚巨，敌人在彼间活动甚力，近更以收买报纸对我作种种不利宣传，故总裁对此弥见关切。遵拟进行步骤三项，其中以佛教访问团最为重要，务请提前进行，能于最短期内出发尤妙。"

6月，兼任国民参政会参议员的喜饶嘉措提出"注意佛教文化，以增进汉藏感情"的议案，获得国民政府的批准。

9月，国民党中央社会部策划组织以太虚为团长的中国佛教访问团，前往缅甸、泰国、越南、印度、斯里兰卡、新加坡、马来西亚各国，进行抗战宣传。此次中国佛教赴南亚访问团于1939年10月底从云南出境，到次年5月4日回国。

欧阳竟无重建支那内学院，分毗昙、戒律、瑜伽、般若、涅槃五科。

汉藏教理院学僧碧松到拉萨佛寺深造。他在藏期间，先后从100多位著名的上师接受了600多次密教各派的传法灌顶，成为有史以来第一个获得西藏三大寺最高学位——拉然巴格西称号的汉族僧人。

喜饶嘉措前往甘肃、青海一带，发动僧俗团结抗日。他积极宣传抗战救国，发表了《为宣传抗战告蒙藏同胞书》《白螺的声音》，并举行息灾诵经法会。

甘南拉卜楞寺嘉木样五世活佛派兄长黄正清在兰州成立"藏民文化促进会"，两次组团赴抗日前方慰问抗日将士，并捐献出可购30架飞机的巨资30万元银币。

中国南岳佛道救难会成立。

陈垣《释氏疑年录》出版。

日本制定《宗教团体法》。

日本学者小野玄妙卒。他曾在中国、朝鲜考察佛教史迹，著有《佛教的美丽和历史》《佛书解说大辞典》等。

公元 1940 年

1 月，圆瑛辞中佛会理事长及灾区救护团团长等职。

2 月 22 日，十四世达赖喇嘛丹增嘉措坐床大典在布达拉宫隆重举行。国民党中央政府派遣蒙藏委员会委员长吴忠信，取道印度前往拉萨主持十四世达赖喇嘛坐床大典。

9 月，圆瑛从南洋回到上海，被日军以“抗日”罪名抓到宪兵队，后解往南京日本宪兵司令部的监狱关押。

9 月，能海率弟子照通、普超等，到达拉萨迎请康萨仁波切到内地弘法。康萨仁波切为能海取名云灯嘉措，同行 4 人亦各命藏名，均与汉名相应。能海在拉萨续从康萨仁波切学密法，得传承衣钵。康萨仁波切以病不能离藏，能海携带《宗喀巴师徒三尊全集》及法器等于民国三十年（1941）九月抵达打箭炉。

10 月，时任重庆市僧侣服务队筹备主任的乐观法师致呈国民党中央社会部，拟组织中国佛教国际宣传步行队，赴印度、缅甸、泰国等国家宣传抗日，得到当局的批准与支持。队员共 5 人，其中 2 人是汉藏教理院肄业学生，由太虚指派参加。

12 月 2 日，印光法师圆寂于灵岩山寺，年八十。印光曾建立专修净土道场，专事念佛，卒后被尊为中国净土宗第十三祖。他著有《净土决疑论》《宗教不宜混滥论》《印光法师文钞》正续编及《嘉言录》等。

国民政府册封喜饶嘉措为“辅教宣济禅师”，并授大小银印两枚。

印顺于贵阳大觉精舍写成他的第一部佛学著作《唯识学探源》。

太虚派遣汉藏教理院教务主任法舫赴斯里兰卡、印度，传播大乘佛教，研究巴利文、梵文，交流中印文化。

太虚作《建立菩萨学处》。

支那内学院发起编印《精刻大藏经》。

陈垣著《明季滇黔佛教考》。

周叔迦在北平创立中国佛教学院。

巨赞等在桂林创办《狮子吼》月刊。

泰国由政府赞助，以僧王帝须提婆（Tissadeva）为领导，组织“巴利三藏全译泰文委员会”，集合二三十位精通巴利文高僧主持。

公元 1941 年

1 月，暮笳发表《培植青年的心》一文，呼吁广大青年以乐观的精神迎接中华民族的明天。

1 月，宝静法师圆寂，年四十二。他著有《摩诃止观述记》《大乘起信论讲义》《妙法莲华经弘序浅述》《台宗二十五方便浅述》《修习止观坐禅法要讲述》《佛遗教经讲义》《省庵劝发菩提心文讲录》《佛说八大人觉经讲义》《念佛开示录》《观音普门品讲义》《宝王三昧论讲录》等。他一生讲经说法 20 年，共计 80 余会，其中与观宗讲寺法缘最深，其次为香港和余姚。

4 月 2 日，国民党五届八次会议主席团批准颁布《关于加强国内各民族及宗教间之团结以达成抗战建国成功目的之施政纲领案》，具体编定了关于边疆之施政纲要。

5 月，甘肃酒泉、安西、敦煌等七县佛教联合发起了捐献“佛教号”飞机运动，获得大后方佛教徒的热烈响应。

广东佛教会在曲江正式成立省佛教会，虚云被推举为理事长，积极为佛教事业忙碌奔波。

陈垣著《清初僧诤记》。

慈航入驻马拉西亚洪福寺，随后应任第一任住持，由本道协助寺务任监院。洪福寺正式转变为汉传佛教寺院。

“大日本宗教报国大会”召开，全国各地汇集而来的 500 名佛教、基督教、神道教代表会前集体参拜了国家神道的象征——明治神宫和靖国神社。

朝鲜“韩国佛教法华宗”创立。

“珍珠港事件”发生以后，夏威夷的日本学校被关闭，并被改成慈善机构。寺院被占领，传教师（法师）及日语教师大多被遣送到美国大陆的“战时拘留所”监禁。

公元 1942 年

3 月，太虚、觉通、钟益亭、雷心佛等人于重庆慈云寺组设佛教中医慈济院。

6 月，日本佛教真宗大谷派出版河崎显了撰写的《佛教经典战争观》一书，认为佛教肯定战争是“破邪显正”的菩萨行。

6 月，圆瑛在天津佛教居士林演讲，明确提出爱国与爱教不可分离。

王恩洋赴四川内江创办东方佛学院，同年 9 月改名为东方文教研究院，招收学员，讲授儒学和佛学。

11 月，国民政府主席林森等在重庆举行“护国息灾大悲法会道场”，虚云应邀赴渝主修法会。

能海在近慈寺举行大威德金刚大灌顶。在此安居期间，他讲授了《大威德生起次第》，还主译了《大时轮上师相应法》。

汉藏教理院及其他佛学院的一些在渝学生毅然脱去袈裟，在重庆兵役处报名上前线。

弘一法师李叔同卒，年六十三。李叔同出家后，致力于弘扬律学，著《四分律比丘戎相表记》《南山律在家备览略篇》等，创建“南山律学院”培养律学人才，被尊为“南山律宗”第十一世祖。

日本神、佛、基三教召开“奉戴大诏宗教报国大会”。神、佛、基、回等宗教团体组成兴亚宗教同盟。

朝鲜“大韩佛教弥勒宗”创立。

苏联学者谢尔巴茨柯伊卒。其曾赴印度研究佛教，著有《佛教因明》等。

瑞士文学家麦克斯·拉德内在苏黎世组成了一个佛教小组。

公元 1943 年

1 月，太虚与冯玉祥、于斌、白崇禧发起组织中国宗教徒联谊会，呼吁一致抗日。

1 月，韩清净历时 5 年，撰成《瑜伽师地论科句披寻记》，这是他最重要的著作。

2 月，金剑山创立大雄中学，太虚任董事长，吴子诒任校长。

2 月，欧阳竟无因肺病不治而逝，年七十三。吕澂继任支那内学院院长。欧阳竟无依止杨仁山学习佛法，一生精研佛法，著述甚丰，晚年自编所存著作为《竟无内外学》，凡 26 种 30 余卷，均由支那内学院蜀院刻印，今由金陵刻经处流通。

9 月，威廉·盖格尔逝世，时年 87 岁。他是世界著名的东方学学者，在伊朗研究、巴利语研究、锡兰研究等方面都有重要的贡献。

11 月，内政部颁布《寺庙兴办公益慈善事业实施办法》，引起佛教界惶恐。

12 月，重庆佛教界组织前僧侣救护队队员 22 人，应政府发动远征军运输队的号召前往印度工作。

冬，虚云开始重兴云门宗祖庭，并遥承已庵深静禅师法脉，传云门宗第十二世。

太虚创办巴利文三藏学院。

日本创价教育学会遭到镇压。

日本佛教青年会主办大东亚佛教青年大会，成立大东亚佛教青年会。

韩国圆佛教的教祖朴重彬去世，时年 52 岁。教团一致推举他的大弟子鼎山宋奎担任佛教研究会的宗法师（朴氏被称为大宗师）。

柬埔寨王国颁布《僧伽组织管理法》。

公元 1944 年

1 月 2 日，太虚致书蒋介石，要求阻止内政部等机关对佛教事务的不正当处理措施，否则自己不能苟活，内政部的《办法》被搁置。

10 月，西藏僧俗群众省吃俭用，捐赠国币 500 万元，用这笔钱可购飞机 25 架，组成近 3 个空军大队。

班禅堪布厅认定青海循化县文都乡宫保慈丹为九世班禅转世灵童，并将其迎到青海塔尔寺供养。

在莫高窟建立国立敦煌艺术研究所。

日本神、佛、基各教组成“大日本战时宗教报国会”。

公元 1945 年

春，巴利三藏学院在西安大兴善寺成立，太虚任院长。

8 月，抗战胜利后，国民政府内政部与社会部对中国佛教会进行整理，拟定了中国佛教会整理委员会组织章程。

11月17日，内政部、社会部确定太虚、章嘉、李子宽、虚云、圆瑛、昌圆、全朗、朱庆澜、屈映光9人为整理委员，太虚、章嘉、李子宽为常务委员。

12月，内政部与社会部一起发布训令“依法组织中国佛教整理委员会”，指定太虚法师、七世章嘉活佛、虚云法师、圆瑛法师、李子宽居士、屈映光居士等9人为委员。

斯里兰卡摩诃菩提会会长金刚智函商世界佛学苑苑长太虚，请交换教授、学生各1人。

圆瑛创立上海圆明楞严专宗学院。

日本宗教团体法废除，取消对信仰自由的限制。

朝鲜“大韩佛教华严宗”“大韩佛教一乘宗”天华佛教创立。

韩国“佛教研究会”正式称为“圆佛教”。宋奎执掌教团后，便积极地推进弘教事业。他趁战争结束之机，成立了战灾同胞救护事业会，同时将教育事业和建国事业当作新时期的两大目标。

英国学者柏尔卒。其生前四度入藏，著有《西藏的宗教》《达赖喇嘛的画像》等。

克里斯玛斯·汉弗瑞起草一份叙述佛教准则的文件，涉及南传佛教和大乘佛教，并保留了各自的独立信条。经过讨论，“佛教的12项准则”（*Twelve Principles of Buddhism*）被编纂出来，现在已经被全世界公认，并有了16种语言的版本。

斯里兰卡独立后，政府把复兴佛教看作恢复民族文化的一个重要内容，建立了具有世俗性质的各种佛教社团，创办佛教大学，编辑出版《佛教百科全书》。

公元1946年

元旦，国民政府因太虚在抗战期间对国家民族的巨大贡献，特授予他宗教领袖胜利勋章。

1月1日，中国佛教整理委员会从重庆迁至南京毗卢寺。

2月25日，台湾省佛教会在万华龙山寺成立，选本圆法师为理事长。

7月19日，中国佛教整理委员会第三次会议在上海玉佛寺召开，太虚、李子宽、章嘉（大醒代）、虚云（张小廉代）、黄涵之、圆瑛（白圣代）出席，王慧达、心高列席会议。会议讨论召开全国代表大会、各地对该会章程及各规则草案所提的修正意见等。

9 月，根慧出任观宗讲寺住持，发起筹备四明佛学院，成立董事会以筹募四明观宗佛学院基金。

日本重建创价学会。

南朝鲜佛教法华宗、天台宗创立。佛教青年党组建。

泰国法宗派皇冕学院改为皇冕佛教大学，分为三个部门，学制七年。

第一次全苏喇嘛代表大会在布里亚特首府乌兰乌德市召开。大会通过了《苏联佛教僧侣（喇嘛）条例》，成立了全苏佛教组织——苏联佛教徒中央宗教管理委员会。

加拿大马尼托巴省佛教教会在该省省会温尼伯市成立。

公元 1947 年

1 月 25 日，国民政府颁予贡嘎活佛“辅教广觉禅师”封号，并赐金册银印。国民党中央委员会委员长蒋介石亦为贡噶活佛亲笔题写：“辅教广觉禅师贡噶呼图克图。”

3 月 17 日，太虚于上海玉佛寺逝世，年五十八。太虚是中国近代佛教改革运动中的一位理论家和实践家。他提倡“人生佛教”，兴办现代佛学院，培养新的僧伽人材，其创立、主持或讲过学的佛学院有武昌佛学院、闽南佛学院、柏林教理院、汉藏教理院等。当时，在大师僧教育思想和实践的影响下，还创办了许多佛学院。太虚造就培养之人才甚多，有法舫、法尊、芝峰、大醒、大勇、印顺等人。太虚著述等身，今已由其弟子印顺法师等汇编成《太虚大师全书》。

印顺得到太虚逝世的消息，到达上海，被推举担任《太虚大师全书》主编，全书至第二年 4 月编集完成。

5 月 26 日，中国佛教会在抗战胜利后召开第一届全国代表大会。

5 月，梅光羲去世，年六十八。其生平所得薪俸多用于佛教事业，资助金陵刻经处印经、支那内学院办学等；著作有《相宗纲要》、《相宗纲要续篇》、《大乘相宗十胜论》、《相宗史传略录》、《因明入正理论解录集注》、《法苑义林章唯识注》等。梅光羲在佛教界声望甚高，与北京夏莲居齐名，时称“南梅北夏”。

5 月，日本宗教联盟召开“全日本宗教和平会议”，反省侵略战争中的错误。

6月，贡嘎活佛于内地传法。

6月，达摩难陀·D. 憍赏弥去世，时年71岁。他是一位杰出的佛教学者与巴利文专家，1929年，其完成天城体版《清净道论》的整理工作，获得哈佛大学博士学位。憍赏弥还为《清净道论》作了一部注释。为了向民众传播佛教，憍赏弥用马拉提语写了许多关于佛教的著作，其中最流行的是他的佛陀传记——《薄伽梵佛陀》(*Bhagavan Buddha*)。憍赏弥还有11种佛教与耆那教的著作，分别用马拉提语、梵语与古吉拉特语等完成，他曾将巴利文的《经集》译为印地语、梵文、阿尼阿辛萨语（Aniahimsa）与马拉提语。另外，他在普纳佛古圣学院任教期间，培养的几位弟子后来成为印度佛教研究的中坚力量。

霭亭撰成《华严一乘教义章集解》10卷，此书是继清代续法之后阐释法藏《华严教义分齐章》的重要撰著。

韩乐然卒，年五十。其生前曾赴新疆考察克孜尔千佛洞壁画，绘有《千佛洞飞天图》等。

能海重校《大威德怖畏金刚甚深道第二圆成次第》，主持修建峨山慈圣庵。

日本佛教联合会开设“佛教讲座”，第一次讲座设在镰仓圆觉寺，讲师为铃木大拙。

缅甸僧人杜难陀访问德国，在各大城市弘法，吸引了许多人改信佛教。

缅甸总理吴努（U Nu，1907—1995）与吴屯爵士（Sir U Thwin）在仰光创立“佛教摄益协会”与“教法禅修中心”(Sāsana Yeiktha)。

泰国大宗派大舍利寺学院改为朱拉隆功佛教大学，分为四个部门，学制八年。

普净法师在泰国创建普仁寺，使其成为泰国依律剃度受戒的第一座合法华僧寺院，华僧不必再回国受比丘戒，普净法师成为第一位华僧宗传戒师。

柬埔寨宪法中规定佛教为国教。

老挝宪法规定佛教是国教。

芬兰一些不正式的佛教研究小组成立了“佛教之友”。这是芬兰，同样也是北欧建立的第一个佛教协会。该协会的目的是研究佛陀的教义、支持僧人并促进比较宗教方面的研究。

公元 1948 年

3 月，中国佛教会通告全国各寺庙：凡有干涉寺政寺产，违反宪法及该会规章的任何组织，一律不予承认。

5 月 21 日，中国佛教会第三次理事会在上海玉佛寺召开。章嘉（雪嵩代）、巨赞、茗山、东初、赵朴初等 20 余人出席，会议讨论经费问题，决定设立蒙藏教务委员会，通过《中国佛教会蒙藏委员会组织规则》。

倓虚应邀到香港弘法，从此，即驻锡香江，对香港、澳门乃至海外佛教的振兴发挥了重要的作用。

能海在近慈寺首讲《毗卢仪轨》；安居后赴北京迎请扎萨喇嘛，并发起印行《龙藏》，途经上海，在觉园讲授《大悲仪轨》《五字真言》《雅马达嘎略法》《护摩略法》和《普贤行愿品》，后又赴苏州灵岩山开示法要。9 月抵达北京，在北海菩提学会讲《律海十门》，在居士林讲《定道资粮》。10 月偕扎萨喇嘛飞往成都，迎住近慈寺译经院，教授四众弟子。

冬，印顺受性愿老和尚约请，到厦门南普陀寺创办大觉讲社。

日本学者望月信亨卒，时年 79 岁。曾著《望月佛教大辞典》《中国净土教理史》等。

斯里兰卡青年佛教会举行成立 50 周年大庆。

印度尼西亚李俊承受邀为华族四众佛教徒发起组织成立“星洲佛教总会”。

美国詹宁士女士在华拜虚云为师，正式出家，是美国第一位女尼。

公元 1949 年

9 月 21 日，赵朴初、巨赞当选为全国政协第一届代表会议代表。

9 月 29 日，全国政协第一届第一次会议上，赵朴初当选为全国政协委员。

10 月 3 日，巨赞、赵朴初当选为中国人民保卫世界和平委员会委员。

应慈在南京建立华严速成师范学院，讲授法藏《华严探玄记》。

倓虚在香港新界荃湾弘法精舍创办华南学院。

十世班禅额尔德尼·确吉坚赞在青海塔尔寺坐床。

《赵城藏》被运送至北京。

日本“全国佛教同盟”组成。

日本奈良法隆寺失火，金堂烧毁。

印度新的《佛陀伽耶寺院管理法》（Buddha GayaTemple Manage Act）终于获得通过，标志着佛教在佛陀觉悟之地的复兴。自1952年起，师子鬘一直为管委会的成员，直至去世。

维也纳佛教会成立。

美国学者何乐益卒。

曾入华研究佛教，著有《中国的佛教和佛教徒》。

公元1950年

5月，世界佛教联谊会（World Fellow - ship of Buddhists，简称世佛联）在锡兰（斯里兰卡）首都科伦坡召开首届世界大会。会议由马拉拉色克拉主持，共有29个国家和地区的代表参加。大会规定六色旗为世界佛教教旗。

6月18日，赵朴初、巨赞、喜饶嘉措、李济深、周叔迦等人在北京成立现代佛学社，负责出版发行《现代佛学》月刊。

9月15日，《现代佛学》创刊。该月刊内容分为学理、历史、文物、艺术、问答、通讯六大类。陈铭枢为社长，巨赞为主编。

支那内学院改名中国内学院，吕澂继续担任院长。

法尊法师在北京主持菩提学会藏文译事，翻译《论人民民主专政》《新民主主义论》《社会发展史》等，又将格西却扎编的《藏文辞典》译成汉文，同时还译出《五次第论》和宁玛派的《七宝论》。

喜饶嘉措多次写信给西藏的故旧、学生，并向西藏地区发表广播讲话，宣传党的民族宗教政策，劝说西藏上层人士，对促成西藏和平解放起到了重要作用。

甘孜县白利喇嘛寺活佛格达被英国人杀害。

全日本佛教社会事业联盟组成。

缅甸政府组建宗教事务部，宪法也强调了佛教的特殊地位。议会通过《佛教组织法》《巴利语大学与达摩师法》《巴利语教育法》等一系列有关佛教的法令，把弘扬佛教文化及其管理用法律的形成固定下来。

缅甸政府延请英国巡洋舰到斯里兰卡，将珍藏在那里的佛教圣物——佛牙迎回国内，供人民瞻拜。

缅甸佛教在政府协助下，公布了三个规章：第一，设立僧伽法庭；第二，设立宗教部；第三，设立佛教评议会。

公元 1951 年

5 月 1 日，毛泽东主席在天安门城楼接见班禅额尔德尼。

5 月 23 日，《中央人民政府和西藏地方政府关于和平解放西藏办法的协议》在北京正式签字，西藏和平解放。同日，达赖喇嘛致电毛泽东主席，表示拥护和平解放西藏协议并积极协助人民解放军进藏。26 日，毛泽东主席复电达赖喇嘛，表示感谢和祝贺。

5 月 24 日，毛泽东主席接见阿沛·阿旺晋美等谈判代表和班禅额尔德尼一行，并于当晚举行盛大宴会，庆祝《协议》的签订。

8 月 26 日，缅甸全国性佛教徒组织——佛教评议会在仰光正式成立。

10 月 23 日，中国人民政治协商会议第一届全国委员会第三次会议在北京召开，佛教界除赵朴初以委员身份出席会议外，能海、吕澂和嘎拉僧格根也应邀列席会议。

仁山去世，年六十五岁。其著有《华严新疏》《法华析疑》《瑜伽师地论注释》《法海波澜》等书。

大醒法师创办台湾佛教讲习会。

根敦群培病逝，时年 48 岁。根敦群培在继承藏族传统学术研究的基础上有新的突破，是现代藏学的开拓者。代表作为《白史》。此外，他在拉萨期间给弟子教授中观义理，后由弟子整理笔记成书，名《中观甚深心要善说——龙树意趣庄严论》（又称《中观精要——龙树心庄严》），这是一部重要的有关佛教中观思想的著作，对中观甚深意趣作了充分的论述。

敦煌艺术研究所更名为敦煌文物研究所。

日本《宗教法人法》颁布。

日本“佛教徒和平恳谈会”成立。

日本创价学会发起“传教大进军”。

日本印度学佛教学创立。

韩国“唯一学林专门部”改称圆光大学，学林的中学部分别改为圆光中、高等学校和圆光女子中、高等学校。

新加坡成立“世界佛教徒友谊会新加坡分会”，毕俊辉居士曾长期担任领导人，并担任过世界佛教徒联谊会的副主席。

泰国巴利三藏全译完成，计律藏 13 册、经藏 42 册、论藏 25 册，合计 80 册（表示佛陀住世寿命）。

日本净土真宗在伯克利佛寺设立“佛教研究中心”。

冯善甫、冯善敦两兄弟等人在旧金山唐人街组建“佛禅会”。

柏林佛教会成立。

公元 1952 年

1 月 27 日，春节，达赖喇嘛和班禅额尔德尼互相拜年，并向毛泽东主席、刘少奇委员长、周恩来总理拜年。

2 月 24 日，达赖喇嘛和班禅额尔德尼二人在京举行了庆祝藏历木羊年新年佳节的盛大宴会。毛泽东主席、刘少奇委员长、周恩来总理等应邀出席。

2 月，印度尼西亚佛教徒成立三达摩会，此为印度尼西亚第一个佛教组织。

8 月 1 日，中央文化部拨款修葺南京栖霞山寺、鸡鸣寺、灵谷寺；浙江普陀山的普济寺，天台山国清寺。

8 月，台湾印顺法师与章嘉大师、赵恒惕等一行 5 人前往日本出席世界佛教友谊会第二届大会。此后，印顺法师由香港移驻台湾，留在台湾弘扬佛法。同年，印顺法师接任《海潮音》杂志社社长。

10 月 2—12 日，亚洲及太平洋区域和平会议在北京召开，亚非国家的 26 位宗教界代表出席了大会。圆瑛、喜饶嘉措、赵朴初等作为中国代表团的成员参加了会议。与会佛教代表签署了《参加严洲及太平洋区域和平会议的佛教的联合声明》。

11 月 4—5 日，中国佛教协会发起人会议在北京举行。全国佛教界著名人士虚云、喜饶嘉措、噶喇藏、圆瑛、柳霞·土登塔巴、丹巴日杰、罗桑巴桑、多吉占东、能海、法尊、巨赞、陈铭枢、吕澂、赵朴初、董鲁安、叶恭绰、林宰平、向达、周叔迦、郭朋等为发起人。与会者用汉、藏、蒙三种语言和汉、藏两种文字认真仔细地研究和讨论了中国佛教协会的宗旨、任务、组织及《中国佛教协会发起书》。会议通过了《中国佛教协会发起书》，推举组成了以赵朴初为主任的中国佛教协会筹备处。

11 月，大英博物馆归还从桑奇出土的舍利弗与目犍连遗骨，大菩提学会将其送到桑奇的支提山寺供奉，印度与缅甸两国政府的总理都出席了供奉仪式。由此，桑奇重新恢复了其原有的宗教神圣性地位，大菩提学会作为印度佛教复兴运动的领导者的地位也再次彰显出来。

由赵朴初居士和上海佛教界人士发起组织了金陵刻经处护持委员会，赵朴初为主任委员。该会委托徐平轩居士前往南京整理恢复。

中央人民政府拨款修缮山西五台山文殊菩萨塔院、显通寺、菩萨顶和广济茅蓬。

支那内学院院董会决议内学院停办，此一创立30余年之佛学研究机构至此结束。

第二届世界佛教徒会议在日本东京召开。

日本东本愿寺派的首座寺庙在巴西建成。

比丘尼达摩丁娜首次来到澳大利亚传播上座部佛教。在佛教早期传播澳大利亚的过程中，她起到了重要作用。

缅甸设立佛教大学。

泰国政府邀请缅甸政府委派业处阿阇黎到泰国教导念处禅修。马哈希尊者应政府的请求，派遣两位弟子，阿沙巴法师与英达旺沙法师前往泰国，建立了泰国的马哈希禅修中心。

镜盦长老在马来西亚创建八打灵观音亭。

苏曼迦罗法师在华盛顿创立一个佛教的外围组织，称为FRIENDS OF BUDDHISM（佛教之友）。

公元1953年

1月，中共中央宣传部、中共中央统战部就关于修庙问题复示中南局统战部，指出在宗教方面有重大影响的寺庙和确有重要价值的文物，可予以整修。

5月30日，中国佛教协会成立会议在北京广济寺开幕，包括汉、藏、蒙、傣、满、苗、维吾尔7个民族的121位活佛、喇嘛、法师、居士参加了大会。喜饶嘉措致开幕词，中国佛教协会筹备处主任赵朴初居士作《关于中国佛教协会发起经过和筹备工作的报告》。

春，能海率弟子上五台开荒造林，重建律宗道场，选定清凉桥三昧律师道场故址开始筹建，定名为吉祥律苑。

6月3日，中国佛教协会成立会议闭幕。大会通过了《中国佛教协会章程》；推举达赖喇嘛、班禅额尔德尼·确吉坚赞、虚云、查干葛根为名誉会长；选举产生了中国佛教协会第一届理事会和常务理事会；选举圆瑛为会长，喜饶嘉措、公德林晋美吉村、能海、赵朴初、噶喇藏、祜巴、阿旺嘉措为副会长，赵朴初兼秘书长，巨赞、周叔迦、郭朋为副秘书长。

6月，虚云开始修复江西云居山真如禅寺。

7月，400多名美籍华人佛教信徒在夏威夷成立了“檀香山华侨佛教总会”。

中国佛协会长圆瑛逝于浙江宁波天童寺。

持松在静安寺内设立真言宗坛场，恢复中国失传已久的唐代密教。

河南省人民政府呈请中央拨款，全面修理龙门石窟，1954年竣工。同时完成了石窟初步编号工作。

来果禅师圆寂于上海，年七十三。其著有《自行录》《语录》《开示录》等。在恢复禅宗丛林制度等方面，来果禅师做出了重大的贡献。

第一次全日本佛教徒会议在高野山召开。

伯克利的团体正式组建“新南威尔士州佛教会”，伯克利被推选为会长。新南威尔士州佛教会的主要成员是白人。它是澳大利亚现存的最古老的佛教组织。

几名佛教徒在墨尔本成立“维多利亚州佛教会”。

公元1954年

1月，毛泽东主席会见中国佛教协会名誉会长达赖喇嘛、班禅额尔德尼。

5月17日，缅甸在纪念释迦牟尼涅槃2500年活动时，邀请各国佛教界代表在缅甸召开上座部佛教第六次结集大会，参加者有印度、斯里兰卡、尼泊尔、柬埔寨、泰国、老挝、巴基斯坦等国的比丘共2500人。会上根据各国的各种版本和缅甸第五次结集的总结，对巴利文经典进行严密的校勘，从而产生了目前最完善的巴利文大藏经版本，印行结集版大藏经51卷本。

9月15日，第一届全国人民代表大会第一次会议在北京召开。达赖喇嘛、班禅额尔德尼、喜饶嘉措、能海、赵朴初、噶喇藏、阿旺嘉措、赤江、松布、松谍等当选为出席会议的代表。

9月28日，第一届全国人民代表大会第一次会议闭幕。达赖喇嘛当选第一届全国人民代表大会常务委员会副委员长，班禅额尔德尼为常务委员。

12 月 3 日，“第三届世界佛教徒友谊代表大会”在缅甸仰光和平塔附近大石窟举行，会议连续 3 天，出席大会有 40 多个国家单位，共 300 多人；政府首长、人民团体、及各地往观礼的人有 2000 人以上。

日本日莲宗发起“世界立正和平运动”。

日本“全日本佛教会”成立。

斯里兰卡佛教徒组成了“佛教调查委员会”（Buddhist Committee of Inquiry），选举 6 位著名比丘及在家居士为委员（后又增加 1 名），及 2 名干事。它的目的是调查斯里兰卡佛教的现状，强化改善佛教的社会地位。委员会的调查工作自 1954 年 6 月从罗多那城（Ratnapura）开始，至 1955 年 5 月阿耨罗陀城为终点，旅程共历 6300 英里。

5 名僧伽罗慈善家在伦敦发起成立佛教精舍。它的目的是重建僧团，以实现达摩波罗未竟的事业。精舍的住持是那拉达和维尼塔两名法师。

汉堡佛教会成立。它经常举办佛学讲演、讨论以及坐禅，并且出版《佛教月报》。《佛教月报》是联邦德国发行量最大的佛学刊物。

一些来自蒙古、西藏的藏传佛教徒在柏林建起欧洲第一座藏传佛教佛寺——“圣弥勒寺”。该寺宣传藏传密教教义。

西北行政委员会文化局和新疆人民政府文化局联合组织了“新疆文物调查组”，重点调查了天山南路各地的“千佛洞”。从拜城经库车、焉耆到吐鲁番长达 2000 里的路线上，共有公元 3—14 世纪的千佛洞 13 处，计有洞窟 645 个。这些佛窟大都遭到帝国主义的多次劫掠和破坏。

缅甸僧人明坤杰打汪西亚多逝世，时年 85 岁。他是缅甸近代首位设立禅修中心供僧俗二众禅修的僧人。他以教导四念处禅法闻名，也是为人所熟知的巴利学者，以巴利文撰有《弥兰陀王问经注》一书，并曾在书中提倡恢复上座部比丘尼传承。他培养了马哈希西亚多这样的禅修老师，为缅甸的禅修培养了大量人才。

泰国僧侣委员会主席拍旺那叻副僧王（Somdet Phrawanrat）任命“华僧宗”长老比丘组成华僧宗僧务委员会，按僧律教规统一管理泰国华僧宗佛寺及僧务。普净法师又被任命为华僧宗僧务委员会第一任主席，华僧宗僧务委员会也迁入普门报恩寺。普门报恩寺的建成标志着华僧宗的复兴。

公元1955年

4月11日，中国佛教访缅代表团向缅甸佛教界赠送佛舍利、藏经、僧装、钵和锡杖，赠送仪式在仰光和平塔大佛窟举行。

7月，缅甸禅师马哈希西亚多应斯里兰卡总理之请求，派遣以苏迦塔（USujāta）为首的三位弟子前往锡兰教导念处内观修行。

8月9日，中国佛教协会副会长赵朴初参加中国代表团前往日本出席禁止原子弹、氢弹世界大会。

8月31日，中国佛教协会理事会第二次（扩大）会议闭幕。会议选举喜饶嘉措为中国佛教协会会长，并增选6名常务理事和30名理事。

10月15日，缅甸联邦佛教代表团奉迎佛牙从中国回到仰光。中国佛牙护送团也同机抵达。缅甸联邦总统巴宇、总理吴努亲自到机场奉迎佛牙。

檀香山华人成立当地第二个华人佛教组织——夏威夷中华佛教总会，同时开始建立檀华寺。

联邦德国的各个佛教团体在法兰克福联合建立了“德国佛教会”。后更名为“德国佛教联合会”。德国佛教联合会的宗旨是：联络各地的佛教团体，推行弘法事务，举行年会。

公元1956年

2月5日，目犍连子帝须阿罗汉，以及其他9位阿育王时代的阿罗汉灵骨被迎请回印度。这些灵骨是1851年运至英国伦敦保存在英国博物馆的。1956年，印度驻英联邦的大使斯立摩底·维阇耶·拉克希米（Shrimati Vijaya Lakshmi）班智达将这些灵骨携回，在德里机场受到尼赫鲁总理的热烈欢迎。

2月22日，中国佛教协会第三次常务理事（扩大）会议闭幕。会议通过了《中国佛学院章程草案》和《中国佛教百科全书编纂委员会试行工作简则》，选出了中国佛学院院务委员会和中国佛教百科全书编纂委员会。

3月19日，经由大菩提学会与印度政府、比哈尔邦协商，在菩提迦耶成立了由22人组成的咨询委员会，其中印度人11名，其他亚洲佛教国家如中国、缅甸、斯里兰卡、泰国、柬埔寨、老挝、尼泊尔、锡金、日本等11人。时任印度副总统的拉达克里希南博士主持会议。经过大菩提学会60余年的努力，菩提迦耶终于重新成为佛教崇拜的中心。

5月16日，以祜巴勐为团长，赵朴初、大悲为副团长的中国佛教代表团应缅甸政府和缅甸联邦佛教协会的邀请，前往缅甸参加佛陀涅槃2500年纪念活动及第六次佛经结集大会闭幕典礼并迎奉佛牙回国。

5月23日，印度总理贾瓦哈拉尔·尼赫鲁在新德里雷兹路埋下佛陀纪念碑的基石，并在雷兹路曼迪尔路佛陀寺后面辟出一片空地建设佛诞公园。

联合国教科文组织等在尼泊尔加德满都举办“佛教对艺术、文学和哲学的贡献”讨论会。各国佛教徒在印度举行纪念释迦牟尼涅槃2500周年系列活动。

8月30日，马来西亚关吉打佛学院的注册申请获得槟州政府正式批准，成为一个合法的宗教（佛教）团体。

9月28日，中国佛学院在北京法源寺成立。院长是喜饶嘉措，副院长有周叔迦、法尊、巨赞、赵朴初，教务长由周叔迦兼任。该院是由中国佛教协会主办的，它是我国历史上规模最大的一个佛教教学机构。

9月28日，中国—尼泊尔友好协会在北京成立。中国佛教协会副秘书长周叔迦当选为副会长。

9月，应中国佛教协会的邀请，由印度、斯里兰卡、尼泊尔、老挝、柬埔寨、泰国、越南七国的高僧组成的国际佛教僧侣代表团到达北京。代表团把从印度携来的释迦牟尼像三尊、种在金盆中的菩提树苗六株赠送给中国佛教协会。

10月6日，中国佛教协会西藏分会成立会议在西藏拉萨举行。会议宣布中国佛教协会西藏分会在这一天正式成立。

10月14日，印度贱民运动的领袖人物安贝卡带领50万追随者在那迦浦尔集体皈依佛教，创造了人类宗教上的一个奇迹。

11月20日，中国佛教协会会长喜饶嘉措在尼泊尔举行的第四届世界佛教徒大会上当选为该会常设机构“世界佛教徒友谊会”副主席。

12月6日，安培克辞世，时年64岁。宾饶·兰吉·安培克（Bhimrao Ramji Ambedkar，1891—1956）在印度通常被人们称为巴巴萨海布（Babasaheb），是印度的法理学家、政治家、哲学家、人类学家、历史学家与经济学家，是佛教在印度复兴的领导者，被印度佛教徒尊称为菩萨。

作为印度独立后首任司法部长，他也是印度宪法的缔造者。著作有《佛陀及其正法》（*Buddha and His Dharma*）等。

周恩来总理应斯里兰卡总理和《佛教百科全书》主编的函请，委托中国优秀佛教学者撰写中国佛教条目。

中央文化部决定拨款修整世界闻名的石刻宝库——龙门石窟。

斯里兰卡举行佛涅槃2500年纪念庆祝大会。

斯里兰卡那罗陀长老至欧洲建立道场弘法，在伦敦成立了“伦敦佛教精舍”（London Buddhist Vihara），长期轮派斯里兰卡比丘住持精舍推行各种弘法活动。

“汉普斯德佛教精舍”在伦敦成立。该机构又名“英国僧伽信托”。该精舍尝试在英国严格按照南传佛教的传统建立僧团。

阿雅弥勒曼荼罗在匈牙利建立了一个国际佛学研究所。为了纪念乔玛，该中心被命名为“亚历山大·乔玛·德·科洛斯国际佛学研究所”。

新西兰佛教会成立。它被视为该国最早的佛教组织。该团体重视佛教的经典、哲学。

新加坡佛教界成立“世界佛学社”。

公元1957年

1月29日，贡噶活佛圆寂于西康，时年65岁。贡噶活佛是一位才华横溢、学识渊博的佛学家、藏学家、教育家和诗人，他为促进汉藏佛学交流、传播和弘扬藏族文化付出了毕生精力，做出了巨大贡献。

3月19日，中国佛教协会会长喜饶嘉措当选为政协第二届全国委员会委员。

3月26—31日，中国佛教协会第二届全国代表会议在北京召开，参加会议的有汉、藏、满、蒙、傣等11个民族的代表共213人。会议通过了中国佛教协会新的章程和关于中国佛教协会第一届理事会工作报告的决议；选举了中国佛教协会第二届理事会的理事、常务理事；选出喜饶嘉措为会长，噶登赛持、应慈、赵朴初等11人为副会长，赵朴初兼秘书长。

4月30日，以持松法师为团长的中国佛教代表团前往柬埔寨参加佛陀涅槃2500周年纪念大会。

5月12日，柬埔寨国内隆重举行历时7天的纪念佛陀涅槃2500周年纪念大典。为了这次大典，全国朝野做了精心准备，专门派人到斯里兰卡迎回佛舍利供国内人民瞻拜，还邀请了十几个国家的代表团观光同庆。国王亲自主持开幕式，致开幕词。

5月16日，由日本日华亲善昙鸾大师奉赞会会长菅原惠庆法师发起，赠送我国山西交城玄中寺的昙鸾、道绰和善导三大师画像三幅，由日本第七次中国殉难烈士遗骨护送团带来中国，并由该团副团长大河内隆弘法师等于北京广济寺交由中国佛教协会暂时保管。该团还带来日本黄檗宗大本山塔头绿树院住持树濑玄妙法师代表该宗赠送中国佛学院的铁眼禅师所刻600卷般若经。

金陵刻经处归属中国佛教协会，由吕澂在南京具体领导。

近代四大活佛之一的十九世章嘉呼图克图逝世，年六十八。去台湾后，他曾担任中国佛教会理事长，促成了玄奘大师顶骨归还中国。

查干葛根活佛逝世于查干敖包庙，年七十一。他曾受中共中央委托不顾路途遥远，到青海、西藏等地会见西藏宗教领袖，有效地说服和鼓励一批高层喇嘛接受中国共产党的领导，为和平解放西藏、保护我军力量、保障人民群众安全做出了巨大的贡献。在支持抗美援朝及社会主义建设等方面也出色地做出过丰功伟绩。

泰国佛历2500年，举行盛大庆祝纪念，在曼谷王宫前面广场，自五月十八日起，一连举行七日七夜庆祝，高僧每日轮流诵经讲法，并邀请各佛教国家派代表参加。

公元1958年

6月29日，周恩来总理接见以胡达法师为首的柬埔寨佛教代表团。

6月30日，毛泽东主席接见了以胡达法师为首的柬埔寨佛教代表团。

11月9日，中国佛教协会自1956年4月起对房山石经进行调查、发掘、整理、拓印的工作全部完成。共拓印了完整的石经15000多片，残缺的石经782片，经碑、石刻、经幢、刻像、题名、题记等75片。

11月24—30日，世界佛教友谊会第五届大会在曼谷召开，18个国家188位代表参加。

噶玛噶举派黑帽系第十六世活佛若比多杰携带许多珍贵宗教用品和宗教经典，并率领不少僧侣逃往印度。

比利时人艾蒂安·拉莫特出版《印度佛教史》。

旺加格西创立“美国喇嘛教寺院”。这是美国第一所藏传佛教寺院。

在巴西的日本佛教各团体组成了统一的组织——巴西佛教非宗派联盟（Federaçao das Seitas Budistas no Brasil）。

公元1959年

虚云法师圆寂，年一百二十。虚云修复鸡足山、南华寺、云门寺、真如寺等祖师道场，传承鼓山曹洞宗法脉，兼嗣临济，中兴云门，匡扶法眼，延续沩仰，以一身而系五宗法脉，为海内外佛教界所公认的禅宗泰斗。著有《鼓山列祖联芳集》《校正星灯录》《具行禅人行业自化记》《虚云和尚法汇》等。

周宣德、丘汉平居士推动成立大专奖学基金，以引导大专学生接近佛法，促使台湾佛教逐渐由“非知识分子为主的信仰”，转型为“知识分子为主的信仰”。

开始在西藏地区推行民主改革。经过民主改革，包括西藏在内的藏族地区实现了政教分离，宗教信仰完全成为个人的私事。

西藏上层贵族发动叛乱后逃离西藏，来到印度。一些流亡的藏人也前往欧美各国。限于英国移民法规，英国政府只收留了大约50名喇嘛到英国定居。在英国的喇嘛大都从事佛教活动，他们人数虽少，但活动积极。这样，藏传佛教在英国迅速传播。

斯里兰卡政府将智严学院改为智严国际大学，并邀请印度三位著名的学问僧分别担任三个系的主任，即阿难主印地语系，罗睺罗主哲学系，夏斯特里主梵文系。在接下来的九年里，阿难任教于斯里兰卡，并完成多种著作，如《巴利语—印地语辞典》《斯里兰卡》《目犍连语法》等。其间，他还保持与印度佛教复兴组织的联系，并到旁遮普、德里、乌代尔、北方邦与马哈拉斯特拉邦旅行。

西哈努克佛教大学正式落成。

老挝政府公布《老挝僧伽法例》，其中第三条为：“老挝国内所有佛教出家人，即比丘和沙弥，须遵守本国僧王所颁布的法令。”

马来西亚佛教总会在槟城极乐寺成立，为独立后的马来西亚佛教翻开了新的历史一页。

罗伯特·艾特肯在檀香山创立了“金刚僧伽”。金刚僧伽是日本三宝教团的分支，秉承了临济宗原田祖岳及安谷白云的法系。

新南威尔士州佛教会和维多利亚州佛教会合并，在悉尼成立“澳大利亚佛教联合会”。澳大利亚佛教联合会是该国最主要的泛佛教组织。

公元 1960 年

4 月 7 日，中国驻柬埔寨大使王幼平代表中国佛教协会将佛教经典著作《玄奘法师全集》《释氏十三经》《玄奘传》和《佛国记》赠送给西哈努克佛教大学。

12 月 5 日，泰国普门报恩寺于曼谷王朝九世王（1927— ）诞辰纪念日举行奠基仪式，寺址由泰王御赐，1961 年开始施工，1970 年落成。泰国国王和王后参加晋升宝盖典礼（相当于汉地的落成开光典礼），并敕任普净法师为普门报恩寺开山住持。

12 月，静权于国清寺示寂，年八十。

“意大利佛教协会”成立。它与“奥地利净土真宗佛教会”有密切联系，出版机关刊物《大乘》。

梁惠民居士在旧金山成立“美洲佛教会”。

创价学会第三任会长池田大作访美，创价学会正式传入美国。

新佛法的创始人、心理治疗师道格拉斯·穆雷·伯恩斯出版了第一本书《佛教哲学原理》。

一批华裔佛教徒在巴西圣保罗建立中国佛教会弥陀精舍。

公元 1961 年

6 月 6 日，周恩来总理接见斯里兰卡迎奉佛牙代表团全体团员。

6 月 22 日，柬埔寨王国政府赠送中国佛教协会东文藏经。

7 月 13 日，在尼泊尔首都加德满都举行“马亨德拉大厦”落成和“科学大厦”奠基仪式。这两座大厦是中国佛教协会赠款兴建的。尼泊尔国王马亨德拉为大厦剪彩。

7 月 25 日，世界宗教徒和平会议在京都开幕。中国宗教界代表团团长赵朴初在会上作了发言。

8 月，缅甸政府公布关于佛教为国教的两个法案，10 月宣布佛教为国教，但同时又宣布给其他宗教一定的权利，引起包括佛教徒在内的各教教徒的不满，发生了各宗教间的流血冲突事件。

11 月 14 日，第六届世界佛教徒大会在金边举行。柬埔寨国家元首西哈努克亲王亲自主持了开幕式。中国代表团团长喜饶嘉措参加大会并发表了讲话。

吕澂受中国科学院哲学社会科学部委托，在南京办了一个为期五年的佛学研究班，为新中国培养了一批佛学研究人才。

印度迦叶波主持编辑的天城体标准版三藏全部印刷完成。

老挝在首都永珍成立“摩诃菩提大会”。

创价学会领导人池田大作在巴黎建立法国创价学会。这也是创价学会在欧洲的总部。

汉堡佛教会在罗斯伯格得到一处乡村住宅，它被取名为“静庐”。从20世纪60年代以来，静庐不仅成为德国佛教的活动中心，也成为欧洲止观修行中心之一。

公元1962年

2月12—27日，中国佛教协会第三届全国代表会议在北京举行。出席会议的有汉、藏、蒙、傣、满、土、白、崩龙、布朗、裕固、卡佤、纳西12个民族的代表共244人。会议通过了决议，选举了第三届理事和会长、副会长、秘书长、副秘书长等领导机构负责人。会议礼请班禅额尔德尼、应慈为名誉会长；喜饶嘉措继续当选为会长；阿旺嘉措、噶丹赤巴·土登贡嘎、赵朴初、能海、松榴·阿戛牟尼（景洪）、噶拉藏、巨赞、周叔迦、伍古腊、嘉木样当选为副会长；赵朴初继续兼任秘书长；巨赞、周叔迦、石鸣珂、明真、正果、逝波、隆莲任副秘书长。

3月，缅甸奈温开始执政，采取措施限制僧侣干预政治，加强对佛教寺庙和团体的控制。

4月，颁布“缅甸社会主义道路”的政策，规定信仰各种宗教的自由，取消以佛教为国教。

泰国颁布新的僧伽法令，在次年1月1日执行。新僧伽法令内容有：国王从有名望的大长老中选出一名僧王，为僧伽领袖。大长老会议代替了僧伽内阁，只对僧王起咨询作用，国家宗教厅长担任大长老会议的秘书长。在各地方僧伽组织中，任命一名督察，负责监督僧伽的宗教活动。政府教育部有权辅助僧王的任命及对僧伽财政补贴，按委任僧职的级别领取政府薪金。依新法令，军政府对僧伽就更容易管理了。

应金玉堂女居士在纽约创立美东佛教研究总会。

宣化法师到美国弘法。

安谷白云首次来到美国，在檀香山举办首次闭关。

公元 1963 年

4 月 14 日，罗睺罗·僧格里底衍那在大吉岭去世，时年 70 岁。罗睺罗应用印地语、梵语、巴利语、比哈尔语与藏语 5 种语言，撰写了近 150 余种著作，涉及社会学、历史、哲学、佛教、科学、戏剧、民间故事、政治、西藏研究、词典、传记、自传、随笔等。罗睺罗编辑与翻译的梵文佛典有《俱舍论》《成唯识论》《释量论》《百五十颂》《释量论疏》《释量论注》《释量论自注》《释量论自注释》《正理门论》《毗奈耶经》《因一滴论》《大品般若》等十余种，对后来的佛学研究而言厥功甚伟，被中国学者金克木称为“现代三大士”之一。

5 月 5 日，应全日本佛教会的邀请，中国佛教协会副会长赵朴初率中国佛教访日友好代表团到达东京，参加日本佛教界、文化界举行的“纪念唐鉴真和尚逝世一千二百周年”活动。

10 月 4 日下午，首都佛教界、文化界、医药界 1500 多人在政协礼堂隆重集会，纪念鉴真和尚逝世 1200 周年。人大常委会副委员长、中日友好协会名誉会长郭沫若，中日友好协会会长廖承志，中国人民对外文化协会会长楚图南，鉴真和尚逝世 1200 周年纪念筹备委员会主任委员、中国佛教协会副会长赵朴初等出席了大会。

10 月 17 日下午，亚洲 11 个国家和地区佛教徒会议在北京法源寺开幕。参加会议的有柬埔寨佛协主席雷·拉摩斯，中国佛教协会副会长阿旺嘉措，印度尼西亚佛教徒协商会副会长苏马多诺·麦多洛约，日本佛教大长老、年近九十高龄的大西良庆，朝鲜佛教徒联盟中央委员会委员长安淑用法师，老挝佛教徒联盟协会主席坎丹法师，尼泊尔阿弥尔拉玛居士，巴基斯坦佛教会主席维苏达难陀大长老，越南南方六合佛教徒联合会主席释善豪法师，泰国马哈奥帕·奥帕梭法师，越南统一佛教会会长释智度法师，以及这 11 个国家和地区的佛教界人士。

倓虚法师圆寂，年八十九。其一生说法 40 余年，讲《心经》60 余遍，《金刚经》40 余遍，《阿弥陀经》20 余遍，《楞严经》10 余遍，《华严经》《法华经》10 余遍，其他经论等各数遍不等。门人弟子搜集整理编订为《倓虚大师法汇》4 册，共 90 余万字。

伊藤证信去世，时年 87 岁。伊藤证信为日本真宗僧人，在真宗大学学习期间组织成立“无我苑”，开展与贫民共同生活的苦修活动，并发行《无我爱》刊物。“无我爱”运动不仅认为应该内在地理解佛教信仰，还认为“无我”的爱是宇宙的普遍真理，是建立人类统一信仰的普世价值。

越南释广德禅师和七八位南方禅师为反对美国对越南人民和佛教采取野蛮的政策而自焚。

公元 1964 年

2 月，王恩洋病逝，年六十八。其为欧阳竟无弟子，学兼内外，佛学则专精法相唯识，是一位致力推广佛教的精神与义理于现代社会的学者。主要著述有《摄大乘论疏》《二十唯识论疏》《阿毗达磨杂集论疏》《唯识通论》《八识规矩颂释》《人生哲学与佛学》《儒学大义》《论语疏义》《孟子新疏》《老子学案》《新理学评论》等。

3 月 18 日，首都佛教四众弟子在法源寺隆重举行“玄奘法师圆寂一千三百周年纪念法会”。正在北京访问的日本佛教界人士西川景文长老、大河内隆弘长老、中浓教笃法师和西川春惠、大河内经世两位女居士也参加了法会。法会由中国佛教协会会长喜饶嘉措大师主持。中国佛教协会副会长赵朴初居士和日本西川景文长老分别致辞。

4 月，遵照毛泽东主席关于加强对外国工作报告研究的指示，在中央宣传部的领导下，组建世界宗教研究所筹备小组，开始筹备工作。其中佛教是主要的研究内容之一。

5 月，泰僧智成法师与随侍翻译帝须达多比丘到伦敦弘法。智成法师采取知识学习与修行并重的方法来教授止观，他的弘法受到西方高级知识分子的欢迎。

6 月 25 日，中国佛教协会举行了隆重的八大处灵光寺佛牙舍利塔开光典礼。来自柬埔寨、斯里兰卡、印度尼西亚、日本、老挝、蒙古、尼泊尔、巴基斯坦、越南和越南南方的佛教代表团以及一些国家的驻华使节与外交官员也参加了典礼。

6 月 27 日，为纪念玄奘法师逝世 1300 周年，由中国佛教协会、中国人民保卫世界和平委员会、中国人民对外文化协会、中国文学艺术界联合会、中国美术家协会、中国历史学会、中国历史博物馆 7 个单位组成的“玄奘法师逝世一千三百周年纪念委员会”在全国政协礼堂举行隆重而庄严的纪念大会。

7月27日，世界宗教徒和平会议第二届大会在东京开幕。中国佛教协会副会长赵朴初率领中国宗教代表团出席了会议并在大会上发言。

10月，姜黄玉靖女居士、沈家桢居士和香港乐渡法师在纽约创立“美国佛教会”。

汤用彤卒，年七十一。汤用彤从清华学堂毕业后留学美国，入汉姆林大学、哈佛大学深造，获哲学硕士学位。回国后，历任国立东南大学、南开大学、北京大学、西南联大教授。中华人民共和国成立后，历任北京大学副校长，中科院哲学社会科学部学部委员，中国人民政治协商会议第一届全国委员会委员、第三届常务委员，第一、二、三届全国人民代表大会代表。汤用彤是现代中国学术史上少数几位会通中西、接通华梵、熔铸古今的大师之一，其著作有《汉魏两晋南北朝佛教史》《印度哲学史略》《魏晋玄学论稿》等。

泰国僧伽与政府推出“传法使计划”，选拔对国家和佛教忠诚及解行优秀的僧人，特别是两所佛教大学毕业僧，又具有方言能力者，派往各府、市、县、乡村宣扬佛法。

泰国比丘智成就（Nanasiddhi）在伦敦成立“佛光寺“（Wat Buddha Padipa），轮派五六位比丘长住，经常演讲佛法及教授止观，经费亦由泰国政府资助。

公元1965年

1月5日，中国佛教协会常务理事帕巴拉·格列朗杰当选为中国人民政治协商会议第四届全国委员会副主席。

6月30日，中国佛教协会副会长赵朴初当选中国人民保卫世界和平委员会副主席，中国佛教协会副会长巨赞当选为委员。

应慈卒，年九十三。其生前任中国佛教协会副会长，著有《心经浅说》、《正法眼藏》等。

菲力普·卡普勒在日本出版《禅门三柱》；不久，该书又在美国出版。它是第一本西方人根据自己的禅修经验而写出的书，该书明确提出了坐禅的方法，认为即使没有禅师的指导，一个人也能禅修。它在西方社会中引起了空前的反响。

公元 1966 年

1 月 1 日起，斯里兰卡废止了西方的星期日休假制度，代之以佛教的每月四斋日（农历初八、十五日、二十三日、三十日），即僧伽罗语的“波耶日”（Poya Day，意为斋戒日）。

4 月 8 日，竺摩法师在马来西亚创建的三慧讲堂正式开幕，启建吉祥大法会，除本地高僧外，港星及泰缅锡印各地高僧，皆有莅临诵经祝贺。

4 月 20 日，下午，中国人民对外文化协会举行常务理事会，决定将中国人民对外文化协会改组为中国人民对外文化友好协会（简称对外友协）。中国佛教协会副会长赵朴初当选对外友协副会长。

5 月，证严法师在台湾普明寺成立“佛教克难慈济功德会”，开始从事济贫救苦的工作。

6 月 15 日，下午，全国人大常委会副委员长郭沫若接见了由名誉团长古川大航、团长山田无文率领的日本临济宗访华代表团全体成员。中国佛教协会副会长阿旺嘉措、巨赞、周叔迦会见时在座。

8 月 1 日，佛光寺在伦敦东希恩区基督教堂路 99 号落成。它是一座泰国寺院，泰王及王后主持了开光典礼。佛光寺不断发展壮大，成为欧洲最重要的南传佛教中心之一。

8 月 4 日，全国人大常委会副委员长郭沫若接见了由团长小野冢润澄率领的日本真言宗丰山派访华友好代表团。中国佛教协会副会长阿旺嘉措、周叔迦会见时在座。

5 月，“文化大革命”开始，中国佛学院被迫解散。

日本学者铃木大拙卒，时年 96 岁。其著有《禅与念佛心理学的基础》《入楞伽经研究》等。

日本前田惠学著作《原始佛教圣典成立史研究》获日本学士院奖。

阿玛浦拉各派僧伽代表集会，成立“斯里兰卡阿玛浦拉大僧伽协会”联合组织。

华盛顿佛教精舍建立。它是南传佛教在美国的一座重要寺院，得到了斯里兰卡、泰国两国政府的资助。

加拿大僧人纳木加仁波切创立了安大略佛法中心，后更名为加拿大佛法中心。纳木加仁波切是在加拿大弘扬佛教卓有成效的一名僧人，在印度和锡金期间，他被第十六世噶玛巴认定为纳木加活佛的转世。

在科伦坡的“德国弘法团”支助下，斯里兰卡比丘又至德国弘扬佛法。

公元 1967 年

1 月 1 日，能海圆寂，时年 81 岁。能海上师是近代汉藏显密圆通的著名爱国高僧，出家后不畏艰辛，两度入藏求法，并在内地多处创建密宗道场，讲经弘法、注译密宗经典，尤其在沟通和融合汉藏佛教文化方面做出了杰出贡献。重要译著有《现证庄严论》等。

5 月 16 日，台湾星云法师在高雄县大树乡兴建“佛光山”，定下四大宗旨：“以文化弘扬佛法、以教育培养人才、以慈善福利社会、以共修净化人心。”

7 月，日本僧人弟子丸泰仙抵达巴黎，逐步建立了很多坐禅中心。

日本佛教振兴财团成立。

分散在印度尼西亚各地的佛教组织联合成立印度尼西亚佛教徒联盟，佛教界的活动有统一的趋势。

西方佛教僧团之友在伦敦建立。它是英国佛教团体中最独特的组织。该僧团有 100 多名受具足戒的法师，其余信徒都是居士。僧团在英国各地成立了社团与中心。

丘扬创巴和阿贡达热在苏格兰建立“噶举桑耶林藏族中心”。这是欧洲第一个藏传佛教中心，属于噶举派。噶举桑耶林藏族中心接纳来自各个国家对藏传佛教感兴趣的人，指导他们修习佛法。

日本曹洞禅传入比利时。

性空、诚祥法师留在多伦多弘法，成立了“加拿大佛教会”。

公元 1968 年

8 月，天爱・师子鬘去世，年六十四。师子鬘是达摩波罗最值得信赖的弟子，在他的努力经营下，大菩提学会在印度的影响越来越大。到师子鬘去世时，大菩提学会在印度国内有十多个分会，在英国、美国、日本、韩国、斯里兰卡等地也有分会，已成为国际性的佛教组织。在其担任大菩提学会秘书长的 30 余年中，师子鬘以其多方面的能力，使大菩提学会的兴佛运动获得令世人肯定的成绩：兴办大菩提学会的弘法中心，在印度与海外创建佛教寺院与教育机构，并使这些机构能够相互关联，成为富有影响力的弘法网络。

11 月 1 日，喜饶嘉措去世，年八十五。他精通《现观庄严著论》、《宝性论》等慈氏五论及各类显乘经典的佛学大师，对宗喀巴大师的学说和著作进行了长期研究，并作了大量阐释，尤其是在中观学说方面，是数一数二的大学者。此外，他是一位显密兼修的大德，在密法方面亦有高深理论和实践，他追求和平、统一，为后人留下许多宝贵的精神食粮。生前曾校编藏文《大藏经》。

冯公夏居士联合其他 4 名居士，在温哥华发起成立了世界佛教会。

德田龙胆（Ryotan Tokuda）从日本本山来到巴西。在 20 世纪 70 年代上半叶，他打破传统制度，为普通巴西大众传法。德田龙胆是推动巴西禅宗运动在非亚裔群体发展的最重要人物之一。

公元 1969 年

4 月 1 日，柬埔寨举行隆重庆典，庆祝编纂翻译了近 40 年的高棉文佛教三藏全部出齐。这部高棉三藏共 110 卷，其中律藏 13 卷，经藏 63 卷，论藏 34 卷。

陈寅恪卒。其首提“敦煌学”以敦煌经卷证史，并开拓藏学研究，多有创获。

朝鲜“大韩佛教总和会”创立。

亚历山德娜·大卫 - 尼尔去世。尼尔是最早的真正意义上在法国宣扬藏传佛教的人。法国的几代藏学家和佛教学家都是在大卫 - 尼尔的事迹与著作影响下，才对这两个学科产生兴趣并刻苦钻研，最后成为颇有成就的学者的。

《苏联佛教徒中央宗教管理委员会章程》通过。它对委员会的活动、喇嘛与在家信徒的关系、佛事活动等诸多内容做了具体规定。

塔尚活佛抵达加州伯克利。他的周围很快就聚集了一小群追随者，他们建立了“西藏宁玛禅修中心”。

南非藏族友谊小组成立。

公元 1970 年

10 月，祖籍浙江绍兴的沈家桢居士在美国纽约创立“世界宗教研究院”。该机构的目的是：第一，收集、保存各类宗教的资料，结合现代科技，方便学者利用它们进行研究；第二，将不同宗教、不同语言的各种重要经典翻译成英文出版；第三，促进不同宗教之间的对话；第四，加强学者、教育家之间的合作，而且努力将宗教实践贯彻到普通人的日常生活中，提升人生的质量。

世界宗教徒和平会议（总部在美国）在日本京都召开第一次大会，讨论主题是“非武装”“开发”“人权”等。

越南僧人释天恩在洛杉矶创立了国际佛教静修中心，致力于研究佛教义理及指导学生们修习禅定。

泰国开始兴起一项很有影响的佛教改革运动：静无忧运动（Santi Asoke）。其中，静无忧运动的创始人 Samara Bodhirak 就受到佛使比丘关于“在当下涅槃”的思想影响。

公元 1971 年

3 月 7 日，在镜盦长老的带领下，马来西亚成立“八打灵观音亭福利会”，这是以照顾社会福利、支持老弱病残为主要宗旨的慈善机构。

4 月，旅居英国多年的缅甸商人乌·米亚舍将牛津城附近一座富丽堂皇的维多利亚式的乡村大宅邸买下，同年 12 月 4 日将其作为佛教中心开放。后来佛教中心被选为南传佛教在英国的传戒中心。西方人士可以在佛教中心出家为僧。

台湾僧人释东初应印度尼西亚佛教会的邀请首次对印度尼西亚进行访问，他在雅加达等地受到广大华人佛教徒的热烈欢迎，参观了数十所佛寺。

比利时布鲁塞尔成为藏传佛教宁玛派在欧洲传播、活动的基地。它同样成为研究宁玛派的中心。

公元 1972 年

1 月，廖英源居士在悉尼成立澳大利亚中华佛学研究社。

6 月，斯洛塞尔洞修道院创立，其位于英国诺森伯兰德的一个美丽山谷中，是美国“霞斯塔修道院”的分支机构，信奉日本曹洞宗。斯洛瑟尔洞修道院除了提供学生修习坐弹之外，住持禅师也为人主持婚礼、为孩子命名、主持葬礼等，并且举行活动，庆祝佛教的主要庆典。

持松卒，年七十九。其生前曾赴日学密法，后主持静安佛教学院，创办《学僧天地》杂志，著有《密教通关》等。

朝鲜“大韩佛教普门宗”创立。

尼达尔夫妇在哥本哈根建立了第一个金刚乘佛教中心——哥本哈根佛教中心。金刚乘佛教是丹麦最大的藏传佛教团体。

崇山行愿抵达洛杉矶。他成为韩国首位到西方国家弘法的禅师。

智海法师在旧金山创办佛山寺般若讲堂。

来自台湾的浩霖法师在纽约唐人街创立东禅寺。

卡鲁仁波切在温哥华郊区的伯纳比创立了噶举贡嘉曲林藏传佛教中心。

公元 1973 年

6 月 20 日，印顺法师以《中国禅宗史》一书获日本大正大学文学博士，此为中国第一位博士比丘。

10 月，释天恩与美国学者共同创办了东方研究学院，后改名东方研究大学，致力于东方文化及佛学的研究。该大学请来著名学者及高僧授课或举办讲座，教学内容涉及佛教的诸多方面，既有南传佛教，也有北传佛教；北传佛教中涉及藏传佛教、禅宗、日本真言宗等。

11 月，“康藏之家”在埃塞克斯正式成立。锡金王子为它的落成揭幕。该坐禅中心主要是作为隐修之所，便于信徒静修，以净化身心。它是继桑耶林藏族中心之后成立的又一个噶举派的坐禅中心。

中国佛教协会开始恢复工作。

日本国际佛教兴隆协会在印度菩提伽耶建成日本寺。

斯里兰卡学者马拉拉·色克拉卒。其生前曾任锡兰佛教大会主席、世界佛教徒联谊会主席，主编有《佛教百科全书》。

奢摩他信托成立，以支持英国各地奢摩他禅定类的禅定训练和建立一个全国性的中心。奢摩他信托是从泰国的南传佛教发展起来的，但它是一个完全世俗的组织，不属于任何寺院的分支。

噶举派喇嘛丘扬创巴建立了“金刚界”。它是一个覆盖全美国的组织，将其所有的禅修中心及其他机构管理起来。

塔尚活佛在伯克利建立了“宁玛研究所”，旨在向专业人员、学者和公众“传播宁玛派的心理学、哲学及经验上的觉悟”，开设的课程有哲学、艺术、藏语、坐禅理论与实践、心理学等。

昆噶塔泽仁波切在加州建立了埃万曲登萨迦中心。

噶玛噶举派僧人噶玛丹津·多杰纳木加到新西兰传播佛教。

公元 1974 年

5 月 8 日，英国佛教协会在伦敦的埃尔金大厦举行了正式的成立仪式。它是英国唯一的人们可以在业余时间用一种学术的方法来学习佛教的组织，倾向于传播南传佛教的教义，教学的主要内容是巴利文经典，也包括一些大乘佛教的题目。

迦叶波于印度佛教圣地鹿野苑创建国际佛教研究大学。

日中友好佛教协会成立。

日本创价学会与日本共产党达成为期 10 年的“协议”，提出共同的目标是反对法西斯主义等。

敖尔艾旺潘德林成立。

位于法国巴黎的灵山佛塔建成。随后，灵山寺逐渐发展起来。灵山寺是灵山世界佛教联合会的总部。该联合会下辖全世界 50 个灵山佛教中心，它们广泛分布在亚洲、欧洲、北美洲、大洋洲和非洲各主要国家。灵山寺的主体建筑及其附属部分既实用又美观，还有某种超现实主义的意蕴。

土登益西和佐巴仁波切在澳大利亚维多利亚州建立了“阿底峡中心”和“度母研究所”。他们还在昆士兰州成立了观音研究所（Chenrezig Institute）。该研究所是藏传佛教在西方国家最早出现的机构之一，也是迄今为止最大的组织之一。

美国临济寺的住持佐佐木承周到新西兰传播佛教。

公元 1975 年

1 月，第十六世噶玛巴乘直升机来到法国多尔多涅省。他把本森捐赠的土地作为噶举派在欧洲的中心，而且把临时的直升机场作为一座寺庙的地点。

日本国际佛教兴隆协会在印度菩提伽耶主持“第一次国际佛教徒集结”。

12 月 3 日，中国社会科学院世界宗教研究所正式建立。下设佛教研究室专门研究佛教。

台湾圣严法师来到美国，开始海外弘法事业。

日本创价学会在关岛成立国际组织“世界佛教徒联盟”。

奥地利各佛教团体和组织成立了奥地利佛教联盟。它是欧洲佛教联盟的发起组织之一，也是世界佛教徒联谊会的成员。奥地利佛教联盟的下属佛教团体和组织有20多个，涵盖了该国绝大多数的佛教团体和个人。

韩国僧人奇大圆法师在檀香山南金街创立“夏威夷大圆寺”。在夏威夷的韩裔佛教徒终于有了聚会以及从事佛事活动的场所。

卡鲁仁波切还在索特斯普林岛上创立了贡藏德钦欧色林。它是温哥华噶举贡嘉曲林藏传佛教中心的属寺。它首先在北美地区建立了为期3年的金刚乘隐修训练。

悉尼禅中心成立。

康提帕洛来到澳大利亚昆士兰州弘法。昆士兰州的佛教发展从此进入了一个全新的阶段。

尼泊尔大乘佛教传统保护基金会的土登益西喇嘛和土登佐巴喇嘛到新西兰传播佛教。

公元1976年

印度学者迦叶波去世，时年68岁。其著有《巴利语大辞典》《佛教概论》等。

亚洲佛教徒和平会议（总部在蒙古乌兰巴托）第四次大会在东京举行。

在信徒的支持下，两位喇嘛购买了位于英国坎布里亚的科尼舍德修道院，建立了文殊师利佛学院。

“大不列颠净土真宗协会”成立，会长是杰克·奥斯丁。该协会出版学报《西方佛教徒》，还印行一些小册子和书籍，用来介绍西方净土的观念。

在波拉·库尔金努力下，弥勒研究中心在荷兰阿姆斯特丹建立。

萨迦派喇嘛塞拉嘉森·阿米巴在荷兰海牙建立了“萨迦德钦林”。

公元1977年

7月7日，阿姜·查主持了菩提奈那拉玛寺的落成典礼。它是法国第一座依据泰国森林僧伽传统建立起来的寺庙。

法国达波噶举林建立。几年后，达波噶举林成为藏传佛教在欧洲的几个早期中心之一。每年夏天，有几千名西方人来到这里接受藏传佛教的思想并进行修行。

卡鲁仁波切在法国东部勃艮第的普雷格城堡建立了第一个闭关中心。这是噶举派在法国建立的第一个修行中心。

噶玛提因利及其英籍法嗣江巴塔叶在英国的布里斯托尔成立了提因利仁钦林。这是萨迦派在英国创立的第一座道场。

在圣—博姆，松仁波切带领一些喇嘛给300人第一次传法。随后，其中的20人依照法律组建起了一个团体，它为金刚瑜伽师研究所的成立打下了基础。

格西拉顿仁波切在蒙特—佩勒林建立了拉顿曲林佛寺，僧、尼及俗人都可以到这里来学习、修行，它主要为居住在瑞士的藏族人提供精神方面的服务。

土登益西喇嘛和佐巴仁波切在意大利创立了喇嘛宗喀巴研究所。它致力于佛教显、密经典的研究，设立了多种研究项目，开设举办各种研修课程。

此年后，净空法师极力倡导以“净宗学会”“净宗学院”的形式，为现代社会提供修学道场以及流通法宝、培养继起人才的佛陀教育机构。

西班牙女居士鲁尔德斯·克拉佩斯在巴塞罗那创立了噶举桑耶宗。

南传佛教联络中心在澳大利亚布里斯班成立。

藏慧法师从台湾来到澳大利亚，成为第一位定居该国的华人僧侣。

世友组织印度的TBM，也即“三界佛教僧伽团”，这是西方佛教团（WBO）的一个分支。

公元1978年

3月8日，帕巴拉·格列朗杰当选为中国人民政治协商会议第五届全国委员会副主席。

4月10—28日，应日本“日中友好宗教者恳话会”“日中友好佛教协会”的邀请，以赵朴初为团长的中国佛教协会友好访问团对日本进行了友好访问。

6月，孟加拉国政府和佛教会派遣代表团来我国迎接阿底峡尊者灵骨。双方共同举行了隆重的法会，并为这个活动将阿底峡尊者的《菩提道灯论》译为汉文、英文，且出版这部论的汉、藏及英文合本。

达波仁波切在法国建立了一个佛教中心古佩勒仓珠林（Guépélé Tchantchoup Ling），开始广泛地传播藏传佛教。

秋，在日本东京举行的世界佛教徒联谊会第十二届大会通过决议，吸收“欧洲禅宗联盟”作为区域中心，机构设于巴黎。这标志着禅宗在法国的传播及影响进入了一个新的阶段。

迪果钦哲仁波切在法国弟子和白玛旺加活佛的要求下在香特洛贝附近的索内创立了道场——协辛丹尼达杰林。

荷兰佛教联盟成立，但它实际上只代表了荷兰的部分佛教组织。在欧洲佛教联盟中，荷兰佛教联盟是代表荷兰的佛教组织。它成立了“佛教广播频道”和利用佛教来对监狱中的囚犯实施感化、帮教的机构——佛教囚犯僧职。

年底，在弟子们的帮助下，圣严法师在纽约市皇后区伍德塞德成立“禅中心”，作为固定道场。

张曼涛主编的《现代佛教学术丛刊》出版。

世友在印度宗教学术之城——浦纳（Pune）组织了“三界佛教僧伽之友”。考虑到自己的出家身份不利于弘法，世友便脱下僧袍，并娶了一个出身贱民的女子，以居士身份领导“三界佛教僧伽之友”，开展各种佛教活动。

公元 1979 年

7月，圣严法师将“禅中心”更名为“东初禅寺”，以纪念东初老人。圣严法师创立东初禅寺的目的是向西方人士弘扬汉传佛教佛法。东初禅寺的一切活动用汉语和英语进行。

星云法师担任佛光山在美国的组织——“国际佛教促进会”会长。

在法源寺成立了中国佛教图书文物馆，进行搜集、整理佛教经典和有关图书资料，保管、陈列及举办佛教文物展出，并进一步为佛教学术研究工作服务。

吕澂《印度佛学源流略讲》《中国佛学源流略讲》出版。

印度尼西亚佛教总会建立，共包括三个僧伽（Sangha，其中一个即是郑满安的僧伽）、七个佛教理事会（Majelis）。

弟子丸泰仙建立的“欧洲禅宗协会”转型为著名的“国际禅宗协会”。

法国学者戴密微卒，时年 85 岁。他对西藏学、佛学、敦煌学有较深的研究，著有《拉萨法诤》《佛教学研究现状》等。

英国僧伽信托购买位于西萨塞克斯郡（West Sussex）的奇瑟斯特庄园，试图建立一个由西方僧侣组成的南传佛教僧伽。

英国人爱德华·孔兹病逝，时年 75 岁。孔兹是英国研究大乘佛教的代表人物。他是一位成果丰硕的佛学研究者，写了近百篇论文，100 多篇书评，出版了《佛教：它的本质及发展》《现观庄严论》《佛教禅定》《金刚能断般若波罗蜜多经》《佛教简史》《佛教经典》《般若波罗蜜多文学》《佛教思想在印度：佛教哲学的三个层面》《佛教研究 30 年：文选》《小品般若经》《佛教的深入研究：文选》等。

根洛·考德拉在美国加州被授予禅师资格。他回到维也纳，创立了“菩提达磨禅堂”。

两个佛教组织——禅学校和噶玛塔西林佛教中心在挪威创立了佛教联合会。其目的在于建立一个共同的组织来保留和发扬佛教传统。

“昆士兰佛学会”成立。该机构的目的是研究巴利文佛教经典，并据此修行。

藏慧法师在悉尼雷德芬创建华藏寺。

达摩查理·阿查拉和噶玛谢珠森杰喇嘛受第十六世噶玛巴的指派，来到新西兰弘法。

公元 1980 年

4 月，中国佛教协会编辑的、新中国成立以来第一部大型综合性佛教知识丛书《中国佛教》第一辑由世界知识出版社出版。

4 月 13 日—5 月 28 日，由日本奈良唐招提寺、日中文化交流协会和朝日放送社联合组织的“鉴真和尚像中国展”先后在江苏扬州和北京展出。

5 月 4 日，回国巡展的鉴真大师像在北京中国历史博物馆展出。全国人大常委会副委员长邓颖超，全国政协副主席刘澜涛、班禅额尔德尼·确吉坚赞以及首都各界群众 3000 多人参加了开幕式。邓颖超为开幕式剪彩，对外友协会长王炳南致祝词，日本驻华大使馆公使加藤吉弥宣读了大平正芳首相的贺电。

6 月 2—5 日，中国佛教协会代会长赵朴初、理事李荣熙和中国基督教人士李寿葆到泰国曼谷出席世界宗教和平会议常务理事会。

6月，星云法师在加州洛杉矶主持西来寺奠基仪式。1988年11月，西来寺建成，它是佛光山在美国最早建立也是最重要的道场。

10月26日—11月11日，香港佛教联合会访问团一行24人，由副会长黄允畋率领应邀访问北京、洛阳、西安、上海、杭州、苏州等地。其间，访问团拜访了中国佛教协会，受到赵朴初会长、巨赞副会长的亲切接待。中国佛教协会在人民大会堂设宴招待全体团员。

12月7日，为纪念我国现代高僧弘一大师诞辰100周年，由中国佛教协会所属中国佛教图书文物馆主办的“弘一大师（李叔同）书画金石音乐展”正式展出。

12月10日，中国佛学院苏州灵岩山分院举行开学典礼，中国佛教协会副会长、中国佛学院副院长巨赞专程前往祝贺。

12月16—23日，中国佛教协会第四届全国代表会议在北京召开。来自全国各民族、各地区、各宗派的佛教徒代表共254人出席了会议。会议修改了《中国佛教协会章程》，选出新的领导机构。会议礼请班禅额尔德尼·确吉坚赞为名誉会长，选举赵朴初为会长。

12月22日，中国佛学院预科举行开学典礼。班禅额尔德尼·确吉坚赞、赵朴初、帕巴拉·格列朗杰、张执一、萧贤法等参加了开学典礼。因“文化大革命”而停办的中国佛学院于该年9月得到正式恢复，招收青年学僧40余名，学制2年。

12月24日，中国佛教协会第四届常务理事会在法源寺召开第一次会议，确定了本届理事会的秘书长为赵朴初（兼），副秘书长为巨赞（兼）、正果（兼）、明真（兼）、隆莲、逝波、李荣熙，并商讨了有关事宜。

法尊圆寂，年七十九。其最突出的贡献表现在两个方面：一是协助太虚法师振兴中国佛教，特别是培养现代僧才；二是翻译了大量藏传佛教文献资料，为内地认识、了解藏传佛教做出了突出贡献。

世界佛教徒联谊会第十三次大会在曼谷和清迈召开，中心议题为“现代生活中的佛教信仰”。

日本学者冢本善隆卒，时年82岁。其生前曾任中日友好佛教协会会长，著有《中国佛教史》《中国净土教史研究》等。

达桑噶举林建立了西方国家第一个开光的塔楼。

高棉佛教协会利用捐款在克雷泰伊建立了一座具有柬埔寨传统意义的

寺庙——高棉寺。这是柬埔寨僧人在法国建立的第一座佛寺。高棉寺以其包容、开放的精神（具体体现为没有种族和国籍的歧视，向所有人开放）而很快获得了很好的声誉。

越南僧人鱼波法师在安大略省多伦多市斯班丹那街租下一层楼房，成立“佛圣堂佛教老人会”，主要为贫困的老年佛教徒服务。

温哥华里士满市的佛教徒捐款修建了国际佛教观音寺，并礼请诚明尼师住持。

旅居澳大利亚的越南籍华侨在墨尔本成立了维多利亚州佛学明月居士林。

南非佛教隐修中心正式成立，位于伊克索波附近。

公元 1981 年

1 月 30 日，中国佛教协会会刊《法音》杂志创刊号出版，该杂志为季刊。

石峻等编《中国佛教思想资料选编》出版。

阿姜·苏美多被授权剃度和尚，英国开始了第一批僧人的剃度。这被看作“佛教在英国的真正建立”。

里卡多·马里思·贡萨尔维斯（Ricardo Mário Gonçalves）在京都受戒，成为东本愿寺派的一名僧人。他在圣保罗东本愿寺担任了重要角色。

在澳大利亚的越南佛教徒成立了“越南佛教联合会”。

新西兰惠灵顿佛教协会成立。

公元 1982 年

5 月，法尊翻译的《释量论》（法称著）由中国佛教协会出版流通。

6 月 10 日，中国佛教协会在广济寺隆重举行赠经法会，由中国佛教协会会长赵朴初代表内地佛教界向香港佛教界赠送一部清刻《大藏经》。

7 月 22 日，中国佛学院 1980 年复课后的第一届预科毕业典礼在法源寺举行。中国佛教协会会长兼中国佛学院院长赵朴初在毕业典礼上讲话并颁发毕业证书。

11 月 15 日，中国佛教协会举办的栖霞寺僧伽培训班在南京举行开学典礼，这次培训班共招收学僧 184 名，学僧来自广东、广西、福建、江苏、上海等 17 个省市和自治区，学制 1 年。这是新中国成立以来佛教界举办的规模最大的一次培训班。中国佛教协会会长赵朴初专程从北京赶去出席了开学典礼并讲话。

11 月 27 日，上午，中国佛学院 4 年制本科在法源寺举行开学典礼。此次共录取学僧 60 名。国务院宗教事务局局长乔连升、副局长赤耐，中国佛教协会领导人和中国佛学院院务委员会以及全体师生 100 多人出席了开学仪式。中国佛教协会会长兼中国佛学院院长赵朴初、中国佛教协会副会长兼中国佛学院副院长巨赞和国务院宗教局局长乔连升在仪式上讲话。

圣严法师在纽约成立法鼓出版社，出版圣严法师的禅学及佛教方面的英文书籍。

崇山禅师创办了国际观音禅院。

扎色仁波切在温哥华建立了族鲁林藏传佛教禅定中心。

德阿泽维多（Azevedo）在日本受戒，成为西本愿寺派僧人。1982—1989 年，德阿泽维多在巴西西本愿寺中起了突出的作用，为普通巴西公众打开了寺院的大门。德阿泽维多使 3 名巴西人皈依了净土真宗，他们后来对净土真宗在巴西的发展起了重要的作用。

澳大利亚布里斯班佛教理事会成立。

达摩中心在南非西索莫塞特建立。

藏族友谊小组在南非建立了一个禅定中心。从 20 世纪 80 年代中期起，藏传佛教尤其是噶举派的教法逐渐成为藏族友谊小组的首要修行内容。

公元 1983 年

6 月 17 日，中国佛教协会会长赵朴初、副会长帕巴拉·格列朗杰、常务理事周叔弢当选中国人民政治协商会议第六届全国委员会副主席。

6 月 19 日，全国人大常委会副委员长、中国佛教协会名誉会长班禅额尔德尼在人民大会堂会见了来我国访问的新加坡宏船法师一行。赵朴初会长、乔连升局长等会见时在座。

8 月 23 日，赵朴初会长撰写的《佛教常识答问》一书由中国佛教协会出版流通。

12 月 5—11 日，适逢中国佛教协会成立 30 周年之机，中国佛协在北京召开了第四届理事会第二次会议及庆祝中国佛教协会成立 30 周年茶会。会上，建议汉族僧、尼受戒时废除在头顶烫香疤的仪式。

12月，加拿大金佛寺建成。它是宣化法师的法界佛教总会在加拿大的第一座道场。

印度尼西亚政府同意佛诞节为国家节日，苏哈托总统亲自关心的婆罗浮屠修复工程也于这时全部完成。

佛教被奥地利政府正式承认为合法宗教。这标志着佛教在奥地利的发展进入了一个全新的阶段。

创价学会传播到丹麦。

公元1984年

7月4—30日，由全国政协副主席、中国佛教协会会长赵朴初任组长的全国政协宗教调查组前往陕西、四川、湖北三省了解宗教政策落实情况。

7月28日—8月11日，应斯里兰卡总统贾亚瓦德纳和世佛联斯里兰卡地区中心的邀请，中国佛教协会会长赵朴初率领中国佛教代表团一行5人，赴科伦坡出席了世界佛教徒联谊会第十四届大会。

7月，心道法师建立“灵鹫山无生道场”。

8月23—31日，由基督教和佛教组成的中国宗教代表团一行7人，赴肯尼亚首都内罗毕出席了世界宗教和平会议第四届大会。

10月1日，北京民族图书馆编辑的大型藏文佛教资料目录——《藏文典籍目录文集类子目》第一分册由四川人民出版社出版。

10月，为纪念弘一法师诞生一百周年，中国佛教协会编辑的《弘一法师》大型豪华版纪念集由文物出版社出版。

12月1日，中国佛学院栖霞山分院在南京栖霞山寺举行开学典礼。

活佛坚白赤列卒。其生前曾任西藏佛学院院长，著有《因明精要》等。

巨赞法师卒，年七十七。其生前曾创办《现代佛学》杂志，著有《新佛学概论》等。

蓝吉富主编《现代佛学大系》出版。

公元1985年

1月15日，由中国佛教协会会长赵朴初任名誉院长、四川省佛教协会会长隆莲法师任院长的四川尼众佛学院在成都铁像寺开学。

2月13日，下午，日本庭野和平财团在东京宣布，将1985年“庭野和平奖”授予中国佛教协会会长赵朴初，以表彰他多年来为促进中日友好、中国宗教界与世界宗教界的友好交流以及维护世界和平所做出的卓越贡献。

5月17日，上午，中断48年之久的闽南佛学院在厦门南普陀寺举行复办暨开学典礼，南普陀寺方丈妙湛法师出任院长。

5月，中国佛教协会出版了由觉音著、叶均翻译的，综述南传上座部佛教思想的佛学名著《清净道论》。

7月21日，西藏佛学院在拉萨哲蚌寺举行开学典礼。全国人大常委会副委员长阿沛·阿旺晋美，全国政协副主席、中国佛教协会副会长帕巴拉·格列朗杰，以及西藏党政负责人和宗教界人士参加了开学典礼。中国佛教协会名誉会长班禅额尔德尼派私人代表前往祝贺。

第一届日中佛教学术会议在日本京都召开。

意大利佛教联盟成立。1991年，意大利政府承认它是意大利佛教的官方代表。

澳大利亚新南威尔士州佛教理事会成立。该理事会在诸多事务上提供帮助，从移民和地方政府事务，到为州内学校中的佛教学生提供宗教指导。

尕旺曲达来到悉尼。他开始教一些在印度遇到的澳大利亚人佛法。生活在印度的宗萨钦哲仁波切将这些澳大利亚人组成的团体命名为五字文殊菩萨联谊会（Manjugosha Fellowship）。后来，宗萨钦哲将组织改名为“佛教教育基金会”。

公元1986年

1月17日，应中国佛教协会的邀请，以朝鲜佛教徒联盟中央委会委员长朴泰浩为团长的朝鲜佛教徒联盟代表团一行3人到达北京，对我国进行友好访问。这是朝鲜民主主义共和国成立以后第一个来华访问的佛教代表团。在华期间，代表团一行拜访了中国佛教协会，受到会长赵朴初居士、副会长正果法师、李荣熙居士等的热烈欢迎，中国佛协在人民大会堂设宴招待。

3月16日，演培法师创建的福慧讲堂举行开幕大典，由新加坡政府第二副总理王鼎昌主持，政府政要、诸山长老、无数佛门善信参加盛会，美国、中国台湾、菲律宾诸山长老也都组团参加。

3月，中国佛教协会常务理事兼副秘书长、四川省佛教协会会长、四川尼众佛学院院长隆莲荣获日本佛教传道协会授予的第二十届佛教传道文化奖。

6月25日，世界宗教者和平会议国际理事会议在北京人民大会堂开幕。来自30个国家和地区的120多名代表出席了会议。开幕式由世界宗教者和平会议主席依纳姆拉·汗主持。中国佛教协会会长、世界宗教者和平会议国际理事会议中国接待委员会主任赵朴初在会上致欢迎词。中国佛教协会名誉会长班禅额尔德尼·确吉坚赞、世界宗教者和平会议名誉主席庭野日敬和秘书长约翰·泰勒也在会上讲了话。

6月28日，法国佛教联盟由法国创价学会之外的法国各界佛教徒组成，它谋求在法国议会中得到一个席位。法国佛教联盟代表着法国佛教徒的公共权力，法国80%的合法佛教协会和佛教团体是它的成员。法国佛教联盟的主席信奉藏传密教，其余4个副主席分别信仰南传佛教、越南的大乘佛教、日本的禅宗和藏传密教。

6月，方立天《佛教哲学》出版。

6月，郭朋《汉魏两晋南北朝佛教》出版。

8月6—12日，中国佛教协会在北京召开了全国汉语系佛教院校工作座谈会。中国佛学院、中国佛学院栖霞山分院、中国佛学院灵岩山分院、上海佛学院、闽南佛学院、四川尼众佛学院和安徽九华山僧伽培训班等8个院校的负责人，中国佛协有关部门的负责人及座谈会筹备小组成员，共35人出席了座谈会；国务院宗教事务局应邀派员参加了会议。赵朴初会长到会致开幕词并作总结讲话。会议形成了《汉语系佛教院校工作座谈会纪要》。

9月13日，中国佛学院在北京法源寺举行了建院30周年庆祝会。中国佛教协会会长、中国佛学院院长赵朴初出席大会并致辞，国务院宗教事务局局长任务之也到会表示祝贺。首都宗教界人士及该院学生150余人参加了大会。

11月24日—12月5日，以中国佛教协会常务理事贡唐仓活佛为团长的中国佛教协会代表团一行5人，前往加德满都出席了世界佛教徒联谊会第十五届大会，并对尼泊尔王国进行友好访问。

12月10日，在斯里兰卡佛教教育中心举行的仪式上，5名中国留学僧换上上座部僧装，开始他们在该学院的正式学习。斯里兰卡克拉尼亚大学校长罗睺罗长老、佛教教育中心住持维普拉萨拉法师和中国驻斯里兰卡大使周善延出席了仪式。

证严法师筹建的“慈济综合医院”落成启业，一改台湾花东地区医疗荒漠的宿命。

世界佛教徒联谊会第十五次大会在尼泊尔加德满都召开。中心议题是“世界和平与尼泊尔和平区”以及“开发蓝毗尼”等。

世界宗教者和平会议国际理事会议在北京召开，议题是“通过活动和祈祷来争取世界和平”。

藏历新年在拉萨大昭寺举行西藏佛教祈祷大会，此为中断20年后的第一次。

在泰裔僧人马欣达法师的支持下，澳大利亚佛教传教会成立。

公元1987年

2月23日—3月1日，中国佛教协会第五届全国代表会议在北京召开。全国各地区、各民族佛教界代表近300人出席了会议。会议继续礼请班禅额尔德尼·确吉坚赞为名誉会长，再次选举赵朴初为会长。

2月26日，中国佛教协会在京召开了佛教弘化基金委员会座谈会。会议推举正果为主任委员，修改通过了《关于设立佛教弘化基金的办法》。

7月16日，应美国法界佛教总会主席、万佛圣城总住持宣化法师的邀请，由北京广济寺和上海龙华寺联合组成的大型僧伽法务团赴美举行水陆法会。

9月1日，中国藏语系高级佛学院在北京西黄寺正式成立，并举行了首届学员开学典礼。中国佛协会长名誉会长班禅额尔德尼·确吉坚赞担任院长，聘请中国佛协会长赵朴初为高级顾问，国务院宗教事务局局长任务之为政策顾问。国务院总理赵紫阳发来贺信。邓颖超、习仲勋、胡启立、田纪云、郝建秀、陈丕显、彭冲、杨静仁、汪锋、王汉斌和阎明复等有关方面负责人前往祝贺。首届招收了来自西藏和内蒙古等地的42名活佛为学员，学制1年。

10月7—8日，第二届日中佛教学术会议在北京召开。

12月8—12日，中国佛教协会在北京召开了汉族地区重点寺庙管理工作座谈会并提出了《全国汉传佛教寺庙管理试行办法》草案，经过讨论修订，由中国佛协印发给本会常务理事进行审议后，发给各地试行。

12 月 25 日，中国佛教协会会长赵朴初主持召开了在京常务理事会议。赵会长在会上作了中国佛教协会 1987 年工作概况和 1988 年工作安排的报告。

正果卒于北京广济寺，年七十五。其生前著有《禅宗大意》《辩了不少义论讲义》等。

韩国崇山禅师举办第一届“世界一花”大会，邀请佛教大德及不同宗教人士参加，传达“世界一花，万民同体”的和平讯息。从此，“世界一花”大会每三年举办一次。

在新加坡的一座萨迦派道场任职的喇嘛嘉木样·勒谢（Jamyang Lekshe）造访澳大利亚，他的周围很快聚集了一批信徒。勒谢最初将该组织命名为“萨迦中心”，后来，萨迦崔津法王将它命名为“萨迦塔巴林”。它附属于佛教教育基金会，是萨迦派在澳大利亚最重要的道场。

新加坡宏船法师荣获泰王御赐“华僧大尊长”法号和象征资历的大爵扇。这是泰国首次向外国高僧授予这样的荣衔。

一小群缅甸裔移民在悉尼的北帕拉玛塔租下一间小房子，作为进行佛事活动的场所。

越南僧人释普慧在威瑟里尔公园建立了普慧寺。释普慧是第一个到澳大利亚弘法的越南裔僧人。普慧寺后来成为越南佛教联合会总部的所在地。

在雅加达召开了首届妇女佛教徒会议，有 45 个分部 260 名正式代表和 18 省的 500 名非正式代表与会，会议的主题是：“加强佛陀信仰，印度尼西亚妇女佛教徒将按照戒律为振兴宪法和祖国的民族建设而奋斗。”

公元 1982—1988 年

1982—1988 年，任继愈主编的《中国佛教史》（前三卷）出版。

6 月，帕丹多·阿难·憍萨尔耶衍（Bhadant Anand Kausalyayan）因病去世，时年 83 岁。阿难是著名的佛教圣徒与学者，并且是一位富有创造性的印地语作家。阿难把斯里兰卡的纪年史书——《大史》（*Mahavamsa*）翻译成印地语。他还用印地语翻译了巴利文佛典，如《大史》《本生集》《杂尼迦耶》《法句》《阿毗达磨集论》等。著述立说的同时，阿难为了弘扬佛法还到处旅行，曾到过缅甸、斯里兰卡、日本、中国与尼泊尔。1982 年后，阿难来到离那格浦尔不远的坎普特（Kampte），重新建起一个佛陀之苑，目前此地已发展成一个占地 8.5 英亩的佛教培训研究所。在阿难 60 余年的弘法生涯中，最后的 20 年是他与印度佛教复兴运动联系最为密切的时期，他继承安贝卡的遗业，在马哈拉斯特拉邦的那格浦尔全力弘扬佛法，成为当地人心目中引导他们走向正法之道的朋友、哲学家与导师。

11 月 19—24 日，世界佛教徒联谊会第十六届大会在美国洛杉矶举行。

11 月 24 日，木版印刷本《乾隆版大藏经》首批发行仪式在北京人民大会堂西藏厅隆重举行。全国人大常委会副委员长、中国佛教协会名誉会长班禅额尔德尼·确吉坚赞，全国政协副主席、中国佛教协会会长赵朴初到会祝贺并讲话。

12 月，中国佛教协会在北京主办了第二届中日佛教学术讨论会。

巴西第一座藏传佛教寺院“塔尚活佛宁玛中心”在圣保罗建成。

在格鲁派喇嘛冈钦的指导下，希德曲佐佛法中心在圣保罗建成。

萨迦崔津法王来到澳大利亚弘法。他的到来促进了萨迦派在该国的传播。

一些旅居悉尼的华侨请求台湾佛光山到澳大利亚建寺、弘法。

公元 1989 年

1 月 22—27 日，应“世宗和”及其第五次大会东道主澳大利亚委员会的邀请，中国佛教协会会长赵朴初以“世宗和”十主席之一的名义率团赴澳大利亚出席了在墨尔本曼纳大学举行的世界宗教和平会议第五次大会，并在 22 日举行的开幕式上做重要发言。

1 月 28 日，第十世班禅在驻锡地德虔格桑颇章宫圆寂，年 51 岁。其著有《菩提道次第广论简释》等。

3 月 25 日，全国政协副主席、中国佛教协会会长赵朴初在全国政协七届二次会议上就宗教问题作了重要发言。

3 月 27 日，台湾佛光山和美国西来寺创始人星云法师率领弘法探亲团一行 70 余人飞抵北京，中国佛教协会会长赵朴初、中国佛教协会副会长明旸法师等到首都机场迎接。

7月8日，吕澂逝世于北京清华园，年93岁。吕澂主要研究印度和中国佛学，主要著作有《佛典泛论》《佛教研究法》《中国佛学源流略讲》《印度佛学源流略讲》《因明纲要》等。

10月13日，香港宝莲禅寺隆重举行天坛大佛圆顶洒净仪式。中国佛教协会会长赵朴初出席了仪式并发表讲话。

10月16—18日，浙江普陀山隆重举行全山佛像开光、妙善法师升座法会。中国佛教协会会长赵朴初亲临剪彩并讲话。海内外各名山大寺的长老、法师及信众1万多人出席了这一盛会。

10月25—28日，中国佛教协会在北京广济寺举行了“佛教书刊出版发行工作协调会议”。上海市佛教协会出版流通组、福建莆田广化寺、南京金陵刻经处和中国佛协、中国佛教图书文物馆、中国佛教文化研究所以及国务院宗教局的有关负责人等出席了会议。赵朴初会长到会作了重要讲话。

12月30日，中国佛教协会发布了《汉传佛教寺庙管理试行办法》和《汉传佛教寺庙共住规约通则》，并向各省、自治区、直辖市佛教协会发出通知，要求各汉传佛教寺庙照此试行。

12月，香港举行“太虚诞生一百周年国际会议”。会议由香港佛教法德学会主办，中国佛教协会、北京大学、台湾中华佛教百科文献基金会等单位协助。中心议题是“太虚大师的行谊、思想及其所推动的佛教改革运动”。

海灯法师卒，时年87岁。其著有《气功精要》等。

江西庐山东林寺新建大雄宝殿竣工。

圣严法师开始在台北县金山乡兴建一座世界性的教育园区——“法鼓山世界佛教教育园区”，具体实践大学院、大普化、大关怀三大教育，以它为实现“提升人的质量，建设人间净土”理念的基地。

香港举行天坛大佛圆顶洒净仪式，赵朴初出席。

纽约东海禅林举行开光法会。净慧法师主持了为期七天的观音法会。

纽约佛教四众弟子数十人云集华埠正觉寺大雄宝殿，举行传供法会，纪念虚云和尚圆寂30周年。

星云大师为南华寺（现称东禅寺，在雪兰莪仁嘉隆）主持动土仪式。从此，马来西亚有了自身的佛光山道场。

公元 1990 年

2 月，真谛帝须逝世，年 76 岁。他生前曾担任伦敦佛寺住持、英国摩诃菩提分会主席、大不列颠僧伽委员会主席和大不列颠寺派僧团长老，通晓梵文、巴利文、僧伽罗文，曾在欧美、斯里兰卡、日本、印度、加拿大等地学院或大学讲学或开过佛学讲座，有《佛陀之道》《佛教徒伦理》《佛的一生》《佛理入门》等著作留世。

3 月 30—31 日，中国佛教协会在北京召开了藏传佛教座谈会，赵朴初会长作了重要讲话。出席座谈会的有来自西藏、内蒙、青海、甘肃、四川等省、自治区和在京的藏传佛教界人士以及中共中央统战部、国务院宗教事物局的有关负责人共 20 余人。这是中国佛教协会第一次专门就藏传佛教工作问题召开会议。

5 月，赵朴初会长应邀赴日本接受京都龙谷大学授予的名誉文学博士学位。

7 月 25 日，甘肃夏河拉卜楞寺隆重举行大经堂重建落成开光典礼。中共中央统战部、国务院宗教事务局、中国佛教协会以及西藏、青海、四川、内蒙、云南、新疆、河北、上海等省市区和甘肃省内各地县的佛教代表共 3000 余人出席了开光典礼。全国人大常委会副委员长习仲勋、中国佛教协会发了贺电。

9 月 2—4 日，中国佛教协会与中国社会科学院联合举办“西域佛教与文化学术讨论会”。

9 月 20 日，经国务院批准，十世班禅额尔德尼金质灵塔建造工程在西藏日喀则扎什伦布寺开工。

11 月，台湾佛光山星云法师前往欧洲弘法。他在途经英国时给当时正在英国的依益法师和永有法师两项任务：第一，在伦敦建立道场；第二，在英国成立佛光会。

12 月 5 日，全国宗教工作会议在京召开。

12 月 22—24 日，中国佛教协会和云南省统战部、云南省宗教事务局在西双版纳州首府允景洪召开了上座部佛教座谈会。中国佛教协会会长赵朴初出席了座谈会并发表重要讲话。这是中国佛教协会成立以来首次举行的关于上座部佛教工作的会议。

12 月 25 日，新加坡光明山普觉禅寺住持宏船法师圆寂，世寿八十四岁。

桑塔西塔拉玛佛寺在意大利拉齐奥区的列蒂省建立。它遵循泰国森林派著名僧人阿姜·查的法门修行。

法鼓山在美国的第一个联络处——“加州联络处”成立。

新西兰泛佛教协会成立。

台湾晓云法师创办华梵大学。

20 世纪 90 年代，佛光山在新西兰建立了国际佛光会北岛协会和南岛协会。

公元 1991 年

1 月，星云大师派遣当时任台湾高雄普贤寺住持的依来法师来到南非了解情况，为佛光山在南非弘法做准备。

3 月 6 日，通愿法师圆寂，世寿七十八岁。通愿 1940 年从慈舟老法师出家，法名通愿，号妙体。1941—1955 年于北京通教寺参学，依止开慧比丘尼，开始弘法生涯。1956—1969 年随师及母居五台山。1972—1985 年住五台山南山寺，弘传戒律，培养僧才。此间，曾在成都、大同两次为出家女众传二部僧戒。后又居繁峙圭峰寺、陕西终南山大愿寺弘戒，并建弘戒道场“吉祥精舍”。曾任五台山佛教协会副会长、山西省佛教协会副会长、中国佛教协会常务理事。

3 月 10 日，中国佛教代表团赴印度参加玄奘纪念堂落成开光大典。

4 月，星云法师派遣慈庄法师和依晟法师前往法国，筹划在巴黎购买土地、修建寺庙的事宜。在当地居士的大力支持下，两位法师选中了位于弗德洛特—加龙省的一座建造于 14 世纪的洛诺雷诺城堡。这是佛光山在欧洲建立的第一座寺院，慈庄法师担任第一任住持。信徒们往往将它称为“巴黎古堡道场”。

4 月 10 日—5 月 1 日，台湾圣严法师率团到大陆考察佛教建筑，受到佛协会长赵朴初等会见。

5 月 30 日—6 月 16 日，以香港宝莲禅寺方丈初慧法师为团长的香港宝莲禅寺访问团访问内地，受到国务院宗教局、中国佛教协会的热情款待。

7 月，国际佛光会多伦多协会和多伦多禅净中心成立。

8 月 24 日，香港显密佛学会会长郭兆明居士向中国佛教协会赠送英译本《南传大藏经》仪式在北京广济寺举行，赵朴初会长亲自接受赠经。

9月7日，江西永修县云居山真如寺举行“虚云纪念堂”落成典礼法会。

12月4日，“落实修复玄奘故里倡议座谈会”在中国社会科学院举行。

新噶当派正式建立。格桑嘉措的中观学派中心与主流的格鲁派分裂，强调三个新的学习项目，并声称其包含了来源于格鲁派创始人宗喀巴的“纯洁”传统。

爱尔兰最具代表性的禅宗组织“爱尔兰禅宗小组”开始活动。它隶属弟子丸泰仙建立的国际禅宗协会，修习曹洞禅法。

一些曾经在乔玛国际佛学研究所学习、任教的人建立了法门佛教学院。该学院成长为在匈牙利正式注册的、国际性的知名佛教大学。该学院不属于任何佛教宗派或团体。它教授的课程兼顾佛教的方方面面。

出生于西藏的拉卡喇嘛尝试在丹麦建立一个跨越宗派的佛教组织——佛教论坛。

布里亚特复兴佛教的纲领被通过，原来关闭的寺庙恢复开放，新的扎仓开始建设。在乌德兰德建立佛教综合体，设有佛学院、藏医医院等机构。除了扎仓外，一些在家佛教徒的组织也纷纷成立。

缅甸佛教在加拿大最重要的组织——玛纳玛雅上座部佛教会成立。

公元1992年

1月7—12日，中国佛教协会又在上海召开了第二次全国汉语系佛教教育工作座谈会。中国佛教协会会长赵朴初主持会议并讲话。

1月28日，中共中央总书记江泽民邀请赵朴初等14位宗教团体领导人到中南海座谈。

4月8日，上海市佛教协会会长真禅法师赴美国弘法。

4月，星云法师主持了佛光会伦敦协会的成立仪式。9月，伦敦佛光寺宣告建成。

4月，星云法师来到巴黎古堡道场主持了国际佛光会巴黎协会的成立仪式。接着，古堡道场举行了孝亲报恩盂兰盆法会、观音法会，吸引了许多人参加，并加入佛光会，甚至要求皈依佛门。

4月，一名巴西信徒将别墅捐献给佛光山。星云大师将它命名为“如来寺”。

4月，国际佛光会巴西协会成立。

5月17日，广东南华寺举行方丈升座暨虚云、惟因和尚舍利塔开光法会。

5月20日，印度总统拉马斯瓦米·文卡塔拉曼到陕西化觉寺参观。

6月18日，上午，深圳弘法寺隆重举行佛像开光、本焕法师荣膺第一代方丈升座庆典。中国佛协会长赵朴初到会并讲话。

10月15日，中国佛教三大语系四众弟子1000多人在北京广济寺举行盛大法会，庆祝中国佛教协会成立40周年和中国佛教协会第六届全国代表会议的召开。

11月6日，开封大相国寺隆重举行佛像开光、迎奉藏经、方丈升座典礼和中国开封大相国寺与日本京都相国寺结为友好寺院签字仪式。中国佛教协会会长赵朴初、中国佛教协会副会长明旸法师等参加了典礼活动。

中国佛教协会在北京主办了第四届中日佛教学术讨论会。

西班牙佛教团体联合会成立。

来自泰国的著名僧人威立延·斯林沙罗（Luang Phor Viriyan Sirinthararo）买下了东温哥华地区的一座旧教堂，并将它改建成延威里亚寺（Wat Yanviriya Buddhist Temple）。

11月，慧礼法师与依来法师组团到南部非洲各国巡回弘法。

潘桂明《中国禅宗思想历程》出版。

公元1993年

1月，国际佛光会西澳协会成立。

1月23日，春节，佛光山在非洲的第一座道场——纽卡斯尔禅净中心正式成立。

1月27日，塔尔寺举行第十三世赛赤呼图克图活佛转世灵童认定仪式。

3月，佛光山在布里斯班以南的黄金海岸市成立“黄金海岸禅净中心”。

6月21日，北京广济寺举行法会欢迎泰国僧王，中国佛教协会会长赵朴初会见了僧王及随行人员。

6月24日，国家主席江泽民会见泰国僧王，中国佛教协会会长赵朴初、国务院宗教局局长张声作参加了会见。

7月16日，国家主席江泽民视察青海塔尔寺。

7月，佛光会曼彻斯特协会在曼彻斯特成立。

7月，佛光山约翰内斯堡讲堂成立。

7月20—26日，首届生活禅夏令营在河北赵县柏林寺举行。中国佛教协会会长赵朴初为夏令营题写了横匾并亲笔致信，委托中国佛教文化研究所所长吴立民先生到会祝贺。在开营仪式上，河北禅学研究所亦正式成立。

8月，杜继文、魏道儒《中国禅宗通史》出版。

8月11日，郭济航赴台湾花莲本会，从证严上人手中传承一尊观世音菩萨圣像。同年农历六月二十四日，马来西亚第一所慈济联络处正式在槟城成立。

9月4日，十世班禅大师灵塔祀殿开光庆典在札什伦布寺举行，国务委员兼国务院秘书长罗干、全国人大常委会副委员长帕巴拉·格列朗杰、全国政协副主席杨汝岱等前往祝贺。

9月，国际佛光会中华总会秘书长慈容法师来到南非，为约翰内斯堡、比勒陀利亚、布隆方登、纽卡斯尔、德班5个佛光协会主持成立大会。此后，它们在南非各地展开多种慈善及社教活动，备受瞩目，广为称道。

9月28日，日本佛教各宗派负责人350余人云集京都，在山田惠谛长老主持下举行盛大集会，纪念日中佛教友好交流暨庆祝中国佛教协会成立40周年。

10月14日上午，北京雍和宫隆重举行弥勒大佛开光庆典。庆典仪式由雍和宫住持图布丹活佛主持，中国佛教协会会长赵朴初致开幕词。

10月15—21日，中国佛教协会第六届全国代表会议暨中国佛教协会成立40周年纪念大会在北京举行。通过了新修改的《中国佛教协会章程》《全国汉传佛教寺院管理办法》和《全国汉传佛教寺院共住规约通则》。

10月，星云大师主持中天寺佛像开光法会。随后又举行三皈五戒典礼，有20名新西兰人前来皈依受戒。此外，中天寺还举办了各种社会文化公益活动，得到了当地社会各界人士的一致肯定。

10月，南非南华寺举行开工典礼。

12 月 10 日，中日两国在扬州举行纪念鉴真和尚东渡日本 1250 周年活动。

12 月 23 日，中国藏语系高级佛学院在北京召开中国藏语系佛教研讨会。

12 月 29 日，香港举行大屿山宝莲禅寺天坛大佛开幕典礼，中国佛教协会会长赵朴初在剪彩仪式上致辞，由明旸、真禅法师率领的法务团赴港举行水陆法会。

惟觉法师成立中台佛教学院，培育僧才，并于各地普设精舍，广开禅修课程。

柏林佛光山成立。

欧洲佛教联盟年会在奥地利举行，10 多个欧洲国家的佛教徒们参加了盛会。

乌克兰舍钦林寺建成。2003 年，它在政府获得了正式的注册。舍钦林寺不仅是一座佛教道场，也是一个传统医药中心。这里生产藏药和中药为人治病。

欧德萨林建成。欧德萨林后来成为宁玛派僧人恰都活佛在巴西所有中心的总部。

巴西属于新噶当派的摩诃菩提佛教中心出现。

洛桑丹巴格西在巴西建立了土登达杰林。

罗斯琳·斯通在布里斯班创立了“山月僧伽禅堂”。

公元 1994 年

4 月 20 日，以中国佛协副会长明旸法师为团长、国务院宗教局副局长赤耐为顾问的佛牙舍利赴缅护送团护送佛牙舍利赴缅供奉。

5 月，中国首届佛教医药学术研讨会暨传统医药文化学术会议在福建武夷山市举行。

7 月 2 日，由我国宗教界著名人士组成的中国宗教界和平委员会在北京成立。中国佛教协会会长赵朴初当选为委员会主席。赵朴初主席在成立大会上发表了讲话。

7 月 8 日，中国佛教协会咨议委员会副主席、江苏省佛教协会名誉会长、苏州市佛教协会会长明开法师圆寂。

8 月，国际佛光会荷兰协会成立。

8 月，南非德班禅净中心成立。

10 月 6 日，经中国佛教协会批准，1994 年度中国佛教协会传授三坛大戒试点工作在江西省永修县云居山真如寺举行，戒期一个月。这是中国汉传佛教首次传戒试点。

10 月 22—23 日，第五届中日佛教学术交流会在日本京都召开。

11 月 3 日，陕西省扶风法门寺隆重举行了佛指舍利赴泰供奉、大殿落成、佛像开光、澄观法师升座庆典仪式。中国佛教协会副会长周绍良专程由北京赶来主持盛典。

11 月 28 日，李鹏总理会见专程来京迎请佛指舍利的泰国外长他信－西那瓦。首都佛教界举行法会，恭送佛舍利赴泰同巡礼，赵朴初会长在仪式上致辞。

惟觉法师在台湾南投县埔里镇创建中台禅寺。

星云法师创办佛光大学。

台湾佛教慈济基金会印度尼西亚分会成立。这是印度尼西亚最大的慈善组织。

英国创价协会举行了与日本日莲正宗分裂后的第一次入会仪式。英国创价协会可能是英国最大的佛教组织。

西班牙佛光协会成立。

索纳比丘在加拿大不列颠哥伦比亚省潘伯顿附近的伯肯森林建立了一处隐修处。

世友在那伽浦尔兴办龙树学院。

南非开普敦禅净中心成立。

公元 1995 年

2 月 23—28 日，中国佛教协会六届一次常务理事扩大会议及省级佛教协会工作座谈会在北京举行。

3 月 10 日，《中华大藏经·丹珠尔》（藏文）对勘本首发式在人民大会堂西藏厅举行。

3 月 26 日，法门寺地宫唐密曼陀罗文化陈列开放。

4 月 12 日，第十三世嘉雅活佛转世灵童坐床典礼在塔尔寺举行。

5 月 22—23 日，首次中国、韩国、日本佛教友好交流会议在北京召开，国务院总理李鹏发来贺电，全国政协主席李瑞环会见了中国、韩国和日本参加佛教友好交流会议代表。中国佛教协会会长赵朴初致开幕词，国务院宗教局局长张声作致贺词，会议通过“北京宣言”。

10 月，澳大利亚南天寺落成开光。国际佛光会在这里举办第四届世界会员大会。

11 月 25 日，第十一世班禅额尔德尼册立典礼举行。全国人大常委会副委员长、中国佛教协会副会长、班禅转世灵童寻访总顾问帕巴拉·格列朗杰宣读了中国佛协的贺电，全国政协副主席、中国佛教协会会长、班禅转世灵童寻访总顾问赵朴初专门派代表致贺。

黄心川主编《玄奘研究文集》出版。

杨曾文《唐五代禅宗史》出版。

加拿大“西海岸佛法会”成立。该组织重视隐修，并请精神之岩冥想中心的老师来弘法。

“不列颠哥伦比亚省内观”（BC Vipassana）成立。它是一个由传教师和修行者组成的网络。

夏洛特·常光·贝克和她的法嗣创立了平常心禅学校。

公元 1996 年

3 月，俄罗斯联邦佛教徒中央宗教管理委员会更名为“勃特斯尔”（俄国佛教传统僧伽）。它的活动扩大到俄罗斯所有佛教组织。

4 月 22 日—5 月 6 日，由台湾中华佛学研究所所长、台北市农禅寺住持、法鼓山开山圣严法师率领的“台湾 1996 年大陆佛教圣迹巡礼团”296 人先后朝礼了江苏、安徽、浙江、上海的佛教圣迹。

5 月 31 日，国际佛光会法兰克福协会成立。

9 月 10 日—11 日，韩国、中国、日本三国佛教友好交流会议在汉城举行。

10 月 21 日，中国佛学院在北京隆重举行建院 40 周年庆典。中国佛教协会会长、中国佛学院院长赵朴初发表了讲话。

12 月 5 日，首都佛教四众弟子在西山灵光寺、广济寺举行诵经仪式，欢送佛牙舍利第三次出访缅甸。中国佛教协会会长赵朴初在广济寺会见了以宗教部部长苗纽中将为团长的缅甸迎请佛牙舍利代表团全体成员。

演培法师圆寂，年八十。演培为当代著名佛教学者，数十年来弘化各地，有《谛观全集》。《谛观全集》全书 40 余册，800 万言，包括大、小乘各宗派理论，是不可多得的佛学巨著。

喇嘛丹尼·东珠在巴黎创立了欧洲佛教大学。

泰国佛教寺院斯里那嘉林德拉瓦拉兰寺（Wat Srinagarindravaram）在瑞士落成。

斯里兰卡佛教协会在意大利米兰建立了兰卡拉玛佛寺。

公元 1997 年

1 月 5 日，法国电视二台在每周日上午播放“佛教之声”。法国佛教联盟中的各种佛教团体在电视中相继出现。

3 月 14—16 日，中国佛教协会六届三次常务理事扩大会议在北京举行。

3 月 27 日，由中国佛教协会赵朴初会长命名的“玄奘三藏法师院”奠基法会在西安大慈恩寺举行。

3 月，国际佛光会安特卫普协会（比利时）成立。

5 月 8—12 日，中国佛教协会与云南省佛教协会在德宏州首府芒市共同举办第二届上座部佛教工作会议。

7 月 1 日，由香港佛教联合会发起主办的香港佛教界庆祝回归祈福大会在香港大球场隆重举行。中国佛教协会应邀组成了以副会长明旸为团长、一诚为副团长、圣辉为秘书长的代表团一行 12 人，前往出席了大会。

8 月 31 日，中国藏语系高级佛学院建院十周年庆祝大会在北京华北大酒店举行。全国政协副主席、中国佛教协会会长赵朴初等到会祝贺并讲话。

10 月，来自美国各州联络处的信徒在象冈道场举行了法鼓山护法总会美国分会的首届北美年会。

10 月 26—28 日，第三届“中韩日佛教友好交流会议”在日本京都举行。

11 月 15 日，目前世界上最大的露天青铜佛像——灵山大佛开光典礼在无锡祥符禅寺举行。中国佛教协会会长赵朴初发了贺词。

比利时佛教联盟成立。它将以慈善或私人名义成立的各种佛教组织联合起来。

妇女佛教寺院在乌德兰德建成。这是俄罗斯佛教史上首次出现比丘尼。

一座传统的缅甸修行中心在南非皮特马里兹伯格建成。

公元 1998 年

1 月，俄罗斯佛教徒成立佛教组织——“茨杜勃尔弗”。

3 月 17—18 日，中国佛教协会在北京举行了会长扩大会议。

3 月 30 日，中国佛教协会在北京人民大会堂举行了授予日本友好人士水谷幸正先生荣誉称号暨祝贺其古稀华诞的仪式，赵朴初会长分别代表中国佛教协会、中国佛学院、中国佛教文化研究所授予他“中日佛教友好使者”、中国佛学院名誉教授、中国佛教文化研究所名誉研究员的荣誉称号。这是中国佛教协会首次向外国朋友授予“友好使者”的荣誉称号。

7 月 7 日，首届“海峡两岸佛教教育交流座谈会”在台北召开，中国佛教协会、中国佛学院、中国佛教研究所的有关负责人以及中国佛学院栖霞山佛分院、闽南佛学院、岭东佛学院、四川尼众佛学院的有关人员 14 人赴台参加了研讨会。

9 月 6—7 日，由中国社会科学院世界宗教研究所与台湾法鼓山中华佛教研究所主办、法鼓大学协办的“佛教与东方文化——纪念佛教传入中国二千年”海峡两岸佛教学术会议在北京民族饭店举行。

9 月 25 日，以世界佛教僧伽会会长、台湾玄奘大学董事长悟明长老为名誉团长，世界佛教僧伽会副会长、台湾善导寺住持、玄奘大学创办人了中法师为团长的台湾玄奘三藏法师舍利奉迎团一行 198 人到达北京。中国佛教协会会长赵朴初在人民大会堂会见并设素宴款待台湾玄奘三藏法师舍利奉迎团一行。

10 月 29 日，中韩日佛教友好交流联络委员会会议在北京举行。会议达成共识：今后不再召开大型交流会议，原则上每年召开联络委员会会议；三国佛教界每年 4 月在本国植树，推动环境保护；三国佛教界可开展多种交流形式互相学习，增进法谊；确认《心经》为中、韩、日三国友好交流会议联络委员会的共诵佛经。

11 月 8—14 日，应斯里兰卡宗教部的邀请，中国佛教协会副会长净慧法师出席了由该国主办的题为“永恒的佛教”的国际佛教大会。

11 月 15 日，《频伽大藏经》重印出版。该经是中国历代大藏经中收经种类最多的三大佛经之一。

11 月 26 日，以香港宝莲禅寺监院智慧法师为团长，澳门菩提禅院住持健钊法师、香港楞严精舍住持绍根法师为副团长的港澳佛教界访京团一行近百人拜访了中国佛教协会，受到刀述仁副会长等的热情接待。

11 月 28 日—12 月 2 日，应尼泊尔王国政府文化大臣的邀请，中国佛教协会副会长刀述仁、圣辉、却西等一行 5 人赴尼泊尔参加了在佛陀诞生地——蓝毗尼圣园举行的“蓝毗尼——世界和平之源”的世界佛教领导人大会。

魏道儒《中国华严宗通史》出版。

创价学会意大利佛教研究所成立。

公元 1999 年

3 月，瑞典佛光山正式成立。9 月，星云大师抵达该寺，为信徒传授三皈五戒，并进行佛学讲座。12 月，寺庙建成。

5 月 13 日—6 月 3 日，应中国佛教协会邀请，以一行禅师为团长的法国梅村坐禅中心研修团，先后到北京、河北、江苏、福建、广东等地参访。这是改革开放以来，我国佛教界首次与西欧佛教界开展的一次比较深入的大型多边佛教友好交流活动。

5 月 21—29 日，佛牙舍利赴香港供信众游客瞻礼、膜拜。

9 月 9 日，北京房山云居寺隆重举行辽金石经回藏庆典。中国佛教协会副会长、云居寺住持净慧法师主持了回藏仪式。

9 月 28 日，新加坡净宗学会会长净空法师向国家宗教事务局捐赠《乾隆版大藏经》仪式在北京钓鱼台国宾馆举行。

12 月，布鲁塞尔佛教中心成立。它是比利时出现的第一个金刚乘中心，隶属噶玛噶举派。

赖永海《中国佛性论》出版。

阿洛卡禅定中心（Aloka Meditation Centre）成立。它的出现标志着澳大利亚佛教传教会的发展进入了一个新的阶段。

后　记

度过九年奋力挣扎的岁月，留下许多刻骨铭心的记忆，到了今天，《世界佛教通史》终于出版了！

在这里，我首先代表本课题组所有成员，也就是本部书所有作者，向关心、关怀、指导、帮助我们工作的领导、前辈、同事和朋友表示衷心感谢。

从2006年11月7日到2006年12月24日，在我筹备成立课题组，为争取立项做准备工作期间，世界宗教研究所党委书记曹中建先生最早表示全力支持，卓新平所长最早代表所领导宣布批准我申报《世界佛教通史》课题。前辈杜继文先生给了我最早的指导、鼓励和鞭策。王志远先生在成立课题组方面提出了原则性建议，并提议增加《世界佛教大事年表》。同事和好朋友尕藏加、何劲松、黄夏年、周齐、郑筱筠、华方田、纪华传、周广荣、杨健、周贵华、王颂等人从不同方面给我提出具体建议，提供诸多帮助。没有这些领导、前辈、同事和朋友最初的厚爱、最可贵的指教、最温暖的援手，成立课题组就是一句空话。时间已经过去九年了，每次我回忆那些难忘情景的时候，眼前总会出现他们当时脸上流露出的真诚和信任。

2007年11月，课题组筹备工作完成，正式进入研究工作阶段。我在分别征求课题组成员的意见之后，聘请中国社会科学院世界宗教研究所所长卓新平研究员、党委书记兼副所长曹中建先生、副所长金泽研究员、中国社会科学院荣誉学部委员杜继文研究员、中国社会科学院荣誉学部委员杨曾文研究员为课题组顾问。八年来，三位所领导和两位前辈关心、关怀课题的进展，从不同方面为课题的顺利进行创造条件。

2012年12月31日，在《世界佛教通史》课题结项时，中国社会科学院学部委员卓新平研究员、世界宗教研究所副所长金泽研究员、北京大学姚卫群教授、中国人民大学张风雷教授、北京师范大学徐文明教授应邀出席答辩会。他们在充分肯定本书学术价值和现实意义的同时，为进一步修改完善献计献策，提出了许多有价值的修改意见。

中国社会科学出版社赵剑英社长非常重视本书的编辑和出版工作，自始至终关注本书的运行情况，组织了责任心强、专业水平高的编辑和校对人员进行本书的编校工作，并为项目的落实四处奔走，出谋划策。黄燕生编审从本课题立项开始就不间断跟踪，在最后的审校稿件过程中，她让丈夫在医院照顾96岁高龄患病的母亲，而自己到出版社加班加点编辑加工书稿。其他编辑也是这样，如孙萍编辑经常为本书稿加班到夜晚才回家。

从本课题正式申请立项到最终完成，我们一直得到了中国社会科学院前任和现任领导的关心、关怀和支持，得到院科研局前任和现任领导的具体指导和帮助。科研局的韦莉莉研究员长期关心本课题的进展，为我们做了许多具体服务工作。

我们这个课题组是一个没有任何行政强制条件的课题组，是一个纯粹由深情厚谊凝结起来的课题组。在共同理想、共同追求的支撑下、促动下，我们终于完成了这项最初很少有人相信能完成的任务。回忆我们一起从事科研工作的八年岁月，回忆我们相互切磋、相互学习、相互鼓励、相互促进的学术活动经历，回忆我们在联合攻关、协同作战过程中品尝的酸甜苦辣，总会让人感到真诚的可贵，情义的无价。

在课题组成员中，有两位青年同事帮我做了较多的科研辅助性工作。杨健在2007年到2012年，夏德美在2013年到2015年分别帮助我整理、校对各卷稿件，查找要核对的资料，补充一些遗漏的内容，处理与课题申报、检查、汇报等有关的事宜。他们花费的时间很多，所做工作也不能体现在现行的年度工作考核表上。

八年来，本课题组成员几经调整，变动幅度比较大，既有中途因故退出者，也有临时受邀加入者。对于中途因故退出的原课题组成员，我在这里要特别为他们曾经做出的有益工作、可贵奉献表示衷心感谢。中国社会科学院学部委员史金波前辈、西北大学李利安教授等学者是在课题组遇到困难时应邀参加的，他们为了保证本课题按时结项，不惜放下手头的工作。

《世界佛教通史》是集体创造的成果，是集体智慧的结晶。作为本课题负责人，我对每一位课题组成员都充满了感谢、感激之情。由于自己学术水平所限，本部著作还存在着许多不足之处，所有已发现和以后发现的错误，都应该由我承担责任。

本课题是迄今为止我负责的规模最大的项目，我曾为她振奋过、激动过、高兴过，也曾为她沮丧过、痛苦过、无奈过。我的家人总是在我束手无策时，给我注入精神能量。我要感谢我的妻子李明瑞：三十多年来，她的操持家务，能够让我自认能力有限；她的鼎力相助，能够让我不敢言谢；她的体贴入微，能够让我心生惭愧。

魏道儒

2015 年 11 月